叢書・ウニベルシタス　953

限りある思考

ジャン=リュック・ナンシー
合田正人 訳

法政大学出版局

目次

凡例

一、原文の« »は、訳文では「 」を用いた。
一、原語を示す場合は、（ ）で括った。
一、訳者による補足を挿入する場合は、〔 〕を用いた。
一、原文の［ ］は、訳文でも［ ］を用いた。
一、原文中、大文字で強調されている語は、訳文では〈 〉を用いた。
一、原文で強調のイタリック体が用いられている語には、傍点を振った。

終わる思考

「実存は何らかの意味を有しているのか。——この問いが完璧な仕方で、その深遠さをいささかも減じることなく聞き届けられて理解されるためだけにも数世紀が必要である」。

（ニーチェ『華やぐ智慧』三五七節）

「哲学は全体としての人間に、人間が有する最も高尚なものに宛てられているのだから、有限性は哲学のなかでまったく徹底的な仕方で指し示されねばならない」。

（ハイデガー「ダヴォス討論」、『カントと形而上学の問題』［éd. 1973, p. 267-268］）

意味《サンス》（*sens*）は今やこの世で最も共有されることの少ないものである。しかるに、意味をめぐる問いは、ありうべき留保も回避もなしにわれわれが分かちもつ運命（partage）である。問いと言ったが、きっと問い

以上でも問い以下でもあるもの、すなわち気遣い、使命、機縁である。(1)

「意味というもの」(le sens) はここではもちろん絶対的なものと解された唯一の意味 (*le* sens) を表している。生命の、人間の、世界の、歴史の、実存の意味を。言い換えると、実存は意味であり、意味を成している。

(1) 一九九〇年春にヨーロッパで起こった事件に呼応する以下のくだりは、『レットル・アンテルナシオナル』誌 (*Lettre internationale*, n°24) に掲載されたものだが、それをここに再録させていただきたい。このくだりは「続く」〔後を追うべき〕(A suivre) と題されているが、以下がその続きである。「誰もこの点で思い違いをしてはいない。これはもはやひとつの危機ではないし、「イデオロギー」のひとつの終焉でさえない。これは意味の全般的壊滅なのだ。意味はここではそのすべての意味で解されねばならない。歴史の意味、共同体の意味、人民ないし国民の意味、生存の意味、それが何であれいくたりかの超越または内在の意味など、すべての意味で。それだけではない。無効を宣せられたのは単に数々の意味の、意味づけ――われわれのすべての意味づけ――の内容だけではないのだ。奇妙なブラックホールが穿たれたのは、意味の形成、その誕生ないし付与の場所そのものにおいてなのだ。意味を成したり受け取ったりする根源的能力がまとう数多の形象が、われわれに至るまで近代的〈主体〉――哲学の主体、政治の主体、歴史の主体、実践の主体、信の主体、コミュニケーションの主体、芸術の主体――の歴史を織り成してきたのだが、あたかもその能力の解体のなかでのようにすべてが進行している。ひとつの世界、あるいは諸世界が、あるいは世界の諸断片が生じはするが、それを「世界」である限りで迎え、摘み取り、集める者が誰もいないかのようにすべてが進行している。「西」は、砕ける「東」を迎え入れることができない。

「どんな意識も何かについての意識である」はまずもって「自己についての意識」であるのだから。これがわれわれの思考の要約であるのだが、今やいかなる意識にとっての事象でもない事象が繁茂し、意識と事象との連関から切り離されたさまよえる「自己」がある。「どんな行動も自由の王国での共存に向けて整序される」、これがわれわれの格率の要約であった。しかるに今や、これらの語の各々が償いえない災禍の負債を背負わされている。

誰もこの点で思い違いをしていない。事実、最良の証人たちは、実際には単なる商品でしかなく、しかもとうに賞味期限の切れている知的商品を再度売り出すための機会を鈍重にも利用している者たちだ。「リベラリズム」「ヒューマニズム」「対話」「人間教育」「開かれた社会主義」は、それらを援用する者たちでさえ、慎重に、短調でしかそれを口にすることはなく、そこになおも付着している若干の色褪せたぼろ切れを失うまいと心配するほかない。もちろん、ベルリンの壁に鶴嘴を入れることのできた者たちの熱狂は理解できるし共有できる。マルコスを、現在ではチャウシェスクを追放しえた者たち。プレトリアの通りでデモをなしえた者たちの熱狂は。けれども、誰もがまた、誇張ではなしに、これらの瞬間に続く控え目さも理解できるし共有できる。控え目でなければならない。あるいは、誰も不躾である権利や力をもはや自分に認めることはない。

ここでは、不躾であることはひとつのことしか意味しえないだろう。意味の問題を惹起すること、あるいは、もっと古典的で、結局のところもっと断定的な言い方をするなら、数々の終末《ファン》——終末なるもの、終末性《フィナリテ》〔目的性〕一般の問題を提起することである。まさに終末性について、ネオ・リベラル、ネオ・デモクラット、ネオ・エステット〔唯美主義者〕、ネオ・エティックの美しい魂たちは最も控え目で口が堅いのだ。おそらく、彼らは「終末《ファン》」（「地平」、「未来」）といった語彙でしか話すことがない。なぜなら、それはわれわれの思考の通常の、そして強いられた体制であるからだ（それはまたわれわれの思考の要約の形式でもある）。ただし、気をつけて言わないようにしていること、それは、われわれのあらゆる終末性〔目的性〕が、意味の超越ないし内在のこれらの体制と内在的に結びついているということである。そうなると、これらの体制自体は控え目にも、もはや問題にならなくなる。

次のことを前にしてひとはたまらず降参するか、逃避を試みるかする。すなわち、数々の終末についての問いはこれ以降、全面的に改めて作動させられ、われわれの前に留保なく開陳されるのだが、それもただ単に「どのような終末？」といった問いとしてではなく、まず手始めにそのような問いとしてでもなく、「終末」という観念そのもの、あるいは「意味」という観念そのものについての問いとして開陳されるのだ。現代の知性のほとんどの部分は、この逃避のために執拗に用いられている。

問いがこれまで提起されなかったからではない。思考のこの三〇年についての詳細かつ明確な歴史が今から書かれねばならない。しかるに、ネオ・リベラル、ネオ・ソシアリスティックな合意はあくまで道を外れようとし続けている……」（続く）。

いるのであって、それなくしては実存は実存しえないだろう。また、意味は実存するところのものであり、実存させるところのものであって、それなくしては意味は意味たりえないだろう。

＊＊＊

思考は決してそれ以外のものに占められることはない。思考が存在するのは、意味が存在するからであり、それはまた、そのつど思考するきっかけを与え、みずからそのようなきっかけとなる意味に即してのことである。しかし、知性なるものもまた存在する。もっと悪しきことには、主知性なるものが。まず第一に、そしてひたすら、意味など関係ないかのように、知性や主知性はそれらの行使に身を委ねることができる。この弛緩ないしこの怠惰はいつもきわめて広汎に行き渡っている。言説が存在するや否や――そして言説はつねに存在するのだが――、この弛緩や怠惰はおそらく、思考の一切の努力、その一切の傾動のうちに不可避的に導入されてしまうのだろう（意味については、意味が語の限界（limite）のうちにあり、語の限界そのものであるにもかかわらず、沈黙せる脱自は存在しない）。しかし、その結果として、この世紀末に固有なと言ってよいような知性の弛緩と無責任とが存在することになったと思われる。つまり、謂うところの世紀末がたとえその象徴的価値によってだけにせよ（また、他の何らかの政治的、技術的、美的情勢によっても）、問い、機縁、意味への気遣いへと、いささか荒々しくわれわれを立ち返らせることなどないかのように、まさにそのように振る舞うこと、である。この終わりゆく世紀は、意味の、意味の漂流の、意味の遺棄の、意味の衰弱の――要するに意味の終末のいくつもの難破だったとされるのではないだろうか。

終末にあたって、最後にわれわれは終末を思考するのだろうか。知性の弛緩は「終末《ファン》」（fin）という語にうまく反応できない。たとえば「哲学の終末」「芸術の終末」「歴史の終末」などに。あたかも、それに反応するなら、知性の弛緩はただちに若干の明証性と確実性を剝奪され、そのため、みずからが避けているものと直面せざるをえなくなるかのように。すなわち、思考の極限性、その根底性と直面せざるをえなくなるかのように。(2) 問題となるのは、いや、待ったなしで問題とならざるをえないのはまさにこのことである。意味の多形的で、かつ増殖していくところのこの終末を、留保なしに思考しなければならないのだ。というのも、その場合、その場合にのみ、われわれは意味の出自を、いかにして意味が新たにわれわれに到来するかを思考する何らかの機会を得るのだから。

＊＊＊

「終わる思考」〔限りある思考、有限な思考〕(pensée finie) というタイトルはこうして、三つのとても単純なことがらを争点にしている。第一に、すでに最後を迎えた思考が、思考のある様相がわれわれにとって存在するということである。思考のこの様相は、意味の難破と共に、西欧の意味作用 (signification) の諸可能性〈神〉、〈歴史〉、〈人間〉、〈主体〉、ほかならぬ〈意味〉の成就ならびに封鎖と共に連れ去られてしまった。けれども、みずからを成就して引退しながらも、この思考は、このうえもなく強力な波が引き際に浜辺の境

(2) これと対称的な仕方で、思考は「数々のイデオロギーの終焉」という言い回しを作り出したが、「イデオロギーの終焉」は思考にとっては善き終焉、過剰－な－意味の終焉である。しかしだからといって、思考は意味の欠如に立ち向かってはいない。

界を変容させるのと同じ仕方で、ある新たな配置（この思考に特有の配置だが、ということはつまり、自分自身の限界で自己解体する配置でもある）を出来させる。かくして第二に、こう言ってよければ終末の高さに見合った思考がわれわれに到来する。「意味」が終わりえたという事態を尺度としてまず測られるべき思考が。この事態はまた、意味の本質的有限性（finitude essentielle）――意味のこの本質的有限性が今度は思考の本質的有限性（essentielle finitude）を要請するかもしれない――が問題となりうるかもしれないということでもある。実際、これが先のタイトルの第三の賭金なのだが、こうして「有限性《フィニチュード》」（本書はこれ以外の何とも係わっていない。それをめぐる概論であるにはほど遠いが）と名づけられたものの内容ないし意味がいかなるものでなければならないにせよ、「有限性」という「対象」についての思考が、みずから有限な思考であるがゆえに、この「対象」の形式ないし条件を共有しなければならないということ、少なくともこの点は明らかである。真理を、普遍性を、要するに意味を諦めることなく、思考が思考できるのは、みずからの限界、みずからの特異性に同一化的に触れることによってのみである。ひとつの思考のなかで、ただひとつの微細な線の限界のなかで、いかにして全体――全体とは意味の全体の謂で、意味が不可分である以上、それ以下にはなりえない――を思考するというのか。そしてまた、この限界が意味の全体にとっての限界であることをいかにして思考するのか。

　あるひとつの必然性を最初に肯定することによって以外の仕方では、直接的に答えようと努めることはできない。「有限性の最も内密な本質の練成は、それ自体がつねに、第一義的な仕方で有限でなければならない[3]」。

＊＊＊

意味とは何か。言い換えるなら、この「意味」という語の「意味」はいかなるもので、「意味」というこの物（chose）の実像はいかなるものなのか。概念とはいかなるもので、指示対象《レフェラン》とはいかなるものなのか。すぐさま精神に到来するのは、概念と指示対象がここでは混じり合わねばならないということだ。それというのも、概念（あるいはまた、お望みなら観念、思考などと言ってもよいが）である限りで、この「物」は実在するのだから。意味とは概念のそのまた概念である。そうした概念を、意味作用、了解、言わんと欲することと等々として分析することができる。(4) ただし、このような様々な分析すべてのなかに含まれ、そこで関連づけられ、開発＝活用されていることはと言えば、それは、問われている概念（ないし意味）が単に、そ

（3）ハイデガー『カント書』（*Kantbuch, op.cit.*, p. 229）。ヴェーレンス／ヴィーメルのフランス語訳（Gallimard, 1953, p. 292）を参照。この文の直接的文脈が示されたとしても、この文が正当化されるわけではない。そこでハイデガーは、「有限な思考」の結局は相対主義的な考え方に捕らわれており、この考え方は、有限性の「真理そのもの」を認識すると強く主張することができずに、数ある可能性のなかの「ひとつの可能性」にずっととどまるだろう。このことは解明されることを少なくとも求めている。有限性「それ自体」は認識されないが、それは遠近法主義の効果のせいではない。それは有限性「それ自体」が存在しないからなのだ。問われているのはこのことであって、思考のつましさについてのひとつのレトリックではない。ここでハイデガーはこのレトリックの罠に捕らわれたままである。

（4）これらすべてのものの判決理由のごときものとして、ニーチェ、フッサール、デリダによる、次いでマリオンによるフッサール読解、ハイデガー、ドゥルーズが前提とされている。これは言うまでもないことだが、言っておいたほうがよいだろう。

の外延と内包の全体において、それ自体はみずからの概念と関係せずに外的現実のなかに措定され、位置づけられたままに留まる何かについての概念（少なくとも普通は、一個の石やひとつの力との関係、音や音の概念との関係はこのようなものと解されている）ではありえないということだ。なぜなら、意味の概念は、意味が意味である限りで自分自身を把持することを含意しているからだ。意味である限りで自己‐自身を‐みずから‐把持することのこの様相、この挙措は意味を成す、それも、一切の意味の意味を成す。不可分なのだ、意味の概念とその指示対象は。ある概念が、石の石たること、力の力たることを有するのと同様に。（これこそまさに、〈知識〉と〈言葉〉の、〈哲学〉と〈詩〉の一切の形而上学の極限に存する意味の絶対性である。）意味は、意味がそれ自体でそうであるところのものたるためには、「自己において」〔自己に向けて〕そのようなものであるほかない。

　意味を表す«sens»という語のもうひとつの意味、その「感性的」意味にとっても同様である。感覚すること、それは感覚があるということを必然的に感覚することだ。感覚することはみずからを感覚するのでなければ何も感覚しない。理解することが、みずからを理解するのでなければ何も理解しないのとまったく同様に。語の「他なる」意味が他なるものであるのは同性（mêmeté）に即してのことでしかない[5]。このことは交叉配列《キアスム》を呼びよせる。すなわち、感覚することのなかで感覚するもの、それは自分が感覚しているのを理解しているということであり、意味のなかで意味を成すもの、それは自分が意味を成していると感じているということだ。反論が提起されるかもしれない。そんなやり方では、意味の意味をめぐる問いを無限《アド・インフィニトゥム》に後ずさりさせるだけだし、この撞着語法的な遊びのなかでは、意味の意味をめぐる問いを提起する一切の可能性さえ失われてしまう、と。このような遊びのなかでは、「意味＝感覚を感じる」「感覚することを理解する」ことがまさに何でありうるかをわれわれに知らしめるものは何もない、と。

おそらく偶然の事態ではまったくない。もしこの二重のアポリアが、哲学全体にとって最も強力な区別、すなわち（意味を有するものにおける）感性的なものと知的なものとの区別に差し向けられるのであれば。それに、この二重のアポリアを何らかの仕方で乗り越えたり、解消したり、弁証法化したりすると言い張ることのなかった哲学も詩も存在しないということは容易に示されるだろう。このようなものが、たった今喚起されたばかりの形而上学的極限性の先端である。しかも、いつもそうなのだ。哲学に後続する使命、われわれの使命は哲学の使命と同じもので、単に変質させられているにすぎない。ただ、意味の終末によって限界なく変質させられているのだ(6)。

＊＊＊

ひとつの時代——自分自身の終末に幾度も穴を穿ち、自分自身の意味を脱構築するような哲学の時代——の労働全体が今後はこのことを、同じアポリアのこの他なる展開（それはアポリアの「解決」であるよりもむしろ、意味の場所そのものである限りでの「解決」の不在についての思考である）をわれわれに教えてくれるだろうが、このアポリアについては、それを次のように言うべく試みることができる。
意味は、ひとつの他者である限りでの、他なるものである限りの自己との関係に由来している。意味を有

（5）すでにヘーゲルは *Sinn* の二重の意味を賛美していた（当然だろうが、その『美学』のなかで）。
（6）後の「省略的意味」を参照。

することと、もしくは意味を成すこと、もしくは意味づけられてあること、それは、他なるものが自己性を触発する限りで、この触発が自己《イプセ》そのもののなかに還元されることも、そこに留められることもない限りで、自己において〔自己に向けて〕存在することである。逆に、意味の触発が解消されるなら、意味もまた消滅する。石（少なくともわれわれがそれについて表象するものに即した石）についてもそうだし、〈神〉や〈存在〉、〈自然〉や〈歴史〉、〈概念〉や〈直観〉など哲学の巨大な一枚岩《モノリス》の建造物――墓碑的建造物《モニュメント》であり一組の合わせ文字《モノグラム》――についてもそうである。「哲学の終末」とは、意味のこのような解消を先延べすることを意味している。しかしまた、意味に属しつつこの解消に抵抗し、解消された意味を再開し、なおも開いていくことをも意味している。

意味とは自己への連関の開け＝始まりである。すなわち、この連関に着手させ、それを開始し、それを、当の連関の差異のうちで、その差異によって、自己において維持することである。（「自己」のいかなる構成も「同一性《イダンティテ》」「主体性」「固有性《プロプリエテ》」〔特質〕等々として把握されるのだが、そのいずれの場合にも、〈自己〉はここでは、そう言ってよければ「意味」の「自己自身」を指している。）自己‐へ〔à-soi 自己‐において〕のこの前置詞 *à* は、それに与えうるすべての価値（欲望、承認、鏡像的反射性、固有化〔我が物にすること〕、組み入れ等々）を伴っているが、まずは亀裂、ずれ、開けの間《まあ》空け（espacement）である。あるいはこう言ってもよい。「意味可能性（significativité, *Bedeutsamkeit*――意味をもつ、あるいは意味を成すところの特質）とは、それに向けて世界そのものが開かれているところのものである」(7)、と。

しかしながら、「開け」は今日では平板な主題になってしまった。それは、流行の良識ある言説（そこではまた「他性」「差異」等々も強制的に登場する）のなかで言及されるしまりのない一種の寛大さであって、存在論的特質であるよりもむしろひとつの道徳的特質とみなされている。ところで、存在が問題でなければならないのだが、存在の意味でないとしたら、いかなる意味が意味であり、意味を成すのだろうか……。そして、存在が（存在の）意味でないとしたら、いかなる存在が存在するのだろうか(8)。

自己への開けはこのような存在論的徹底性をもって思考されねばならない（「存在論」の「意味」がどうならねばならないにせよ）。結局のところ、われわれの時代にあって、思考という労働の本質的な面を定義しているのはこのことなのである。

＊＊＊

開かれてある〔開けを存在する（*est*）ところの〕存在はこれやあれではないが、それと共に（*et*）、更には、開けによって徴しづけられてそれとして区別される。開かれてある〔開けを存在する〕存在――それはわれわれが意味の存在もしくは自己－への－存在として探し求めているものだが――は、開けである限りで、開けのな

(7)『存在と時間』第三一節。ついでに指摘しておくと、この書物は、存在の意味である限りでの意味の「脱構築」の原理を定義しているのだが、それにもかかわらず、そこでのハイデガーはやはり、意味の呈示についての古典的な二つの体制に従属したままである。これら二つの体制とは、「了解」としての体制であり、もう一度は「感じること」ないし「感情」（*Befindlichkeit*）としての体制である。ハイデガーは、これら二つの体制は不可分でありつつも、二つは二つであり続けるだろうと繰り返し言っているが、この二元性を明確には問いただしていない。

(8)「存在の意味と区別されるような存在はない」というマックス・ロローの言葉を参照（Max Loreau, *La genèse du phénomène*, Paris, Minuit, 1989, p. 301）。

かにある。かかる存在はそれ自身が開かれたものである。同様の仕方で、他性によって、また、他性のなかで自己－へであるような自己はこの「他なるもの」をみずからの相関者として有するのではないし、まさしく「自己」とみずからを「係わらせる」ような連関のひとつの項として有しているのでもない。このうえもなく厳密であるなら、これは「他なるもの」でも「連関」でもない。これは、他なるものとの一切の連関に先立つと同様に、自己の一切の同一性にも先立つような「自己」の分音ないし解離である。このような分音のなかでは、他なるものはすでにして同じものであるが、この「である」は混同ではないし、ましてや融合でもない。他なるものは、「自己」も「他なるもの」も両者の何らかの連関も起源として与えられえない限りで、自己が他なるもの－であることである。それは起源以下のものであり、起源以上のものだ。自己－へとは、みずからの自己－へ――みずからの意味という我が物にできないものを我が物にすることとしての自己－へなのである。

　みずからの起源であり、みずからの終末を我が物とするような自己（そのような自己はヘーゲル的〈自己〉であり、また哲学的〈自己〉一般である、もしくはそのように見える。たとえこの哲学的〈自己〉がこのように我が物とすることを「統制的理念」に、あるいはまたあらゆる種類の相対主義に、更には「終末の謎」もしくは「問いの不断の追求」に、要するに思考の四散に溶かして薄めるとしても）――このような自己はきわめて正確な意味で意味づけされざるもの〔常軌逸脱したもの、狂ったもの〕（*insensé*）である。勝者があらかじめ与えられているとする、そのようなルールを伴ったゲームにいささか似たやり方で。終末（図式論、絶対知、神の死）における哲学はきわめて正確には、このような意味づけされざるものに触れている。そして、きわめて正確にはこの接触《タッチ》が、この表現のすべての意味において終末を思考させるのである。

自己－へ－存在することが自己に帰属せず、自己に帰着しなくなるや否や、意味が存在する。自己－へ－存在することが、自己に－帰着－しないことであるや否や、そうなるのだが、それは、余すところなく、欠如にせよ余剰にせよ外部に「残存」しないような残余なしに自己に帰着しはしないことであって、この残余はそれ自体で自己－へ－存在することのへであり、その開けにおいて開かれたものなのである。意味とは自己－へであり、自己－へのへが自己を規定するのだが、そのためこのへは、「自己」の方向転換、「自己」の没利害、「自己」の忘却そのものであり、かつ、「自己」のなかでの、「自己」であるような、世界における「きみ」の、「われわれ」の、更には「彼」の錯綜でありうるほどなのである。

＊＊＊

単純な、そして過酷な、そして困難な思考である。どんな思考にも反逆する思考ではあるが、思考はかかる思考をまさにそのようなものとして思考し、理解し、感じる。それも、思考するところの思考のうちで。言説と判断と意味作用の一切の可能性と同様、直観と喚起と呪いの一切の可能性にも永続的に反旗を翻すような思考。そうではあるが、この思考はこれらの言説、これらの語によってしか現前しない。言説や語にこの思考は暴力を振るい、また、この思考それ自体が言説と語の暴力なのだが。だからこそ、この思考はまた「エクリチュール」、言い換えるなら、かかる暴力の内記的刻印（inscription）と呼ばれるのだが、それはまた次のことの内記的刻印でもある。すなわち、この思考によって、どんな意味も外記的に刻印される（*excrit*）こと、余すところなく自己に帰着しはしないということ、そしてまた、どんな思考もこの無限の剰余についての有限な思考であるということの。

唯一の意味についての思考へと委ねられた思考――それというのも、いくつもの意味はありえないし、また、「充溢」や「威厳」の多寡を尺度とした意味の数々の位階や状況や条件もありえないのだから。（悪については後で論じるが、それは意味の自己抹殺である。）しかし、この意味、絶対性と特異性を伴った絶対的意味、それにはまさに、本質的（意味がある「本質」を有しているとして）理由によって、みずからの統一性も唯一性も把持せず、それを呈示しないということが属している。この「唯一の」意味は統一性も唯一性も有してはいない。それは（「唯一の」存在の）「唯一の」意味である。なぜなら、「唯一の」意味はそのつど意味であるからだ。それは「一般的に」意味なのではないし、それは一挙に意味であるのではない。もしそうだとすれば、意味は完成され、解消され、意味づけされざるものとなろう。無限でかつ意味づけされざるものと。

有限性は、意味の、あるいはまた存在の「本質的な」多様性と「本質的」非‐解消性を指している。言い換えてみよう。存在が問題になるのは、実存として、もっぱら実存としてのみだとすると、この実存は実存することの本質なしを指しているのである。

「存在が無限として措定されるとき、その場合にこそ存在は規定される。存在が有限なものとして措定されるとき、その場合には、存在の根拠‐の‐不在が肯定される」[9]。

根拠‐の‐不在（*Abgründlichkeit*）とは、ここで「意味」と転記されているものである。根拠‐の‐不在は、それがそうであるところのものとして、また、それがそうであるところのものにおいて根拠づけられ、正当化され、起源たらしめられるべき存在が欠如していることではない。根拠‐の‐不在は存在する。それは、存在が、自己へ、世界へ、～へ存在することのへ以外には、実体にも主体にも更には「存在」にも、何ものにも差し向けられないということなのだが、この〜へはまた実存の開け、その投企、その投げられてあることを成してもいる。
もっと厳密に言うなら、存在は存在という実詞でも実体でもない。「存在」は存在することという動詞でしかない。――ただし、動詞それ自体をも脱実体化し、文法を不安定化できる限りで。とはいえ、言語がわれわれにもたらした自動詞的な動詞ではない。そうではなく、「存在する」は実在することなき他動詞なのだ[10]。「実存者を作る、それを根拠づける、それを食べる」などと言うのと同様に、「実存者を存在する」と言うのであって、それはまさに、いかなる性質や特質も伝達せず、単に自己しか伝達せず、伝達におけるこの〜へ、意味への－存在以外の何ものも実存者には伝達せず、意味である限りでの存在を実存に与える意味作用の内容としての「存在の意味」ではなく、存在が意味を－存在することを与えるのだ。現前化や緊迫や方向や遺棄における単なる〜へであるがゆえに、これはある献納〔捧げ物〕(offrande)によって存在を「与える」

---

(9) ハイデガー『存在への寄与』(*Beiträge*, Frankfurt a. Main, 1989, p. 268-269)。
(10) ハイデガーは『哲学とは何か』でこのような動詞の可能性に言及している。この意味では、存在と存在者の差異は、「差異」として指定されることさえできないだろう。存在者を(他動詞的に)存在するような存在が存在者と異なるのは、この差異そのものが「存在者」への(自動詞的)「存在」の差異と異なる限りでしかない。後者の差異(それは「存在的－存在論的差異」の意味として大抵銘記されるところの差異である)はしたがって自分自身と異なり、自己と差異化する。存在はそこでは〈存在〉としては到来しないのだ。これはジャック・デリダが、「差延」(différance)という語でも概念でもないものをもって掘り出そうとしたものである。彼が『声と現象』(*La voix et le phénomène*, Paris, PUF, 1967, p. XXX)のなかで、「有限な差異は無限である」と書いているように。――「この文は意味を持たないのではないかと私は危惧する」と彼はある日言う。おそらくそうなのだろうが、意味はそこにあるのだ。

ことではない。このような献納はただちに、何の根拠もなく、実存者をそれ自身の実存に「借り」がある状態に置き、そのようなものとして実存者を成してしまう。言い換えるなら、実存者の実存が実存者にとって過剰であるものとして。実存者は存在（実存、自己）へを有しつつ、存在しなければならず、また、自己が、起源以上のものにして起源以下のものであり、かつ実存者の存在たるこの無底、この固有化できないものである限りで、自己を固有化しなければならなくなるのだ。

「有限性」は次のことを言わんとしている。意味の全体が与えられることはないとか、意味の全体を固有化することを無限に延期（放棄）しなければならないとかいうことではなく、――まさに、意味の全体は「存在」を固有化しないことのうちにあり、実存（ないし実存すること）はそれを占有することにほかならないということを。

実存者にとって、意味を成しているもの、それは、意味づけされ‐ざる（in-sensé）実存を、存在の一枚岩の建造物のごときものとして成すところの〈意味〉の固有化ではない。逆にそれは、そのつど、各々の誕生から各々の死にかけて、この意味づけされ‐ざる意味のなかには意味は存在しないという事態の（自己への）固有化である。それは例えば死についての思考が言わんとしていることだ。ただしその場合、死についての思考は、死が意味を与えると思考するのではない。逆に、死がその固有化を中断し、～への‐存在――それ自身はもはや他の何ものにももはや属していない――という占有不能なものを固有化するがゆえに、意味は意味を成すのだと、死についての思考は思考するのである。

次のような言い方をしてみよう。「死への存在」（*zum Tode sein*）[11]といった表現のなかへと思考をもたらすもの、それはまずもって「死」なのではなく、～へであって、「死」はこの～へが存在の構造である限りで維持されること、「果てまで」を単に示している。――「果てまで」と言ったが、「果てまで」とは、そこで意味づけされ－ざる固有化の無限の円環が閉ざされるような「果て」、極限、終末の不在である。～への－存在は～への－存在へ「到達」するのだが、これは循環でも同語反復でもない――ましてや、病的な英雄主義への呼びかけなどではないし、ましてや、使命または奉仕の徴しのもとに、死の不意を襲え〔自死せよ〕との誘いなどでもない。なぜなら、我が物にされ固有化された死こそ、意味を成さないものであるからだ。意味、それはそのつど生まれ、かつ死ぬべき実存である（生まれること、それがすなわち死ぬこと、元に戻らないことである）。死を我が物にしたとしても、死から過酷さや、死を前にした不安を奪い去ることにはならない。それは真の意味では慰めも償いももたらしはしない。このことが示しているのは単に、「有限性」のなかでは、目的としての終末も、成就としての終末も問題となってはいないということだ。問題となるのは、そのつどやり直され、改めて開かれる、無－限の意味の宙吊りだけである。かかる意味は、根底的な新しさを伴ってそのつど曝露されるのだが、ここにいう新しさはあまりにも根底的なものなので、すぐさま欠損してしまう。

＊　＊　＊

（11）《pour la mort》と訳そうとすると、テクストとは無縁な目的性〔終末性〕が導入される。あるいはまた、この《pour》、この *zum*、*à* のほうがより正確に訳しているこの *zum* を解釈し直さねばならない。いずれにしても、ここでは、死を一切の犠牲的論理の外で思考しなければならないのだが――このことは、ハイデガー自身におけるこの〔犠牲的論理の〕モチーフの批判と脱構築を要請することにもなるだろう（後の「犠牲にしえないもの」を参照）。

新しいものとして、意味という出来事はそれ自身から逃れ去る。「私の実存の意味はこれであり、それはここにあり、それはこのようなものである」とは私は決して言うことができない。そう語るなら、そう感じるだけで、私はすでに意味を完成のほうへと逸脱させている。しかしながら、逃れゆくそれそのもの、あるいはまたこの逸出――それが意味である――を、われわれはそのつどすでに了解している。本質的に、有限性についての有限な思考は、実存するや否や、われわれは実存者として、存在の有限性をすでに「了解」しているということについての思考である。有限な存在についての存在論は、「人間である限りでわれわれ全員がすでに、そしてまた恒常的に了解しているもの[12]」以外の何ものをも練成しはしない。

「了解すること」は一定の概念のもとで把持することを言わんとしているのではなく、まずは次のことを言わんとしている。すなわち、「了解」の次元そのものに入ること（すでにそこにあること）、言い換えるなら、何らかの意味＝方位と関係をもつことを。それは意味という境域へと、意味の現前という特異な様相で（この様相へと）生まれることである。真に生まれること、それはある現前へと至ることだが、このような現前の現在はすでにして逃れ去っており、「〜へと至ること」のなかで逸せられている。ただ、至ることなのだ。この到来のなかで、「了解すること」は、実存という到来せる現前、〜への‐現前がどうなっているかをすでにして「了解」していることである。世界へと到来すること、それがすなわち意味（sens）へと到来することなのだ。そして、それは感じること（sentir）へと、あたかも感覚することへと到来することである。「意味」の意味というアポリア的交叉配列《キアスム》に関してすでに言われたこと以上のことをここで語ることはできないだろう。もっとも、「すでに了解した」の「すでに」を更に二つに分けるのでなければ。すでに了解したのは感じたからで、すでに感じたのは了解したからだ。あるいはまた、意味へと〔意味において〕あるのは、世界へと〔世界において〕あるからで、世界へと〔世界において〕あるのは、意味へと〔意味において〕あるからだ。一方が他方を開く――そのことなのだ、そのこと以外の何ものでもないのだ、「了解した」ということは。

意味は、実存がみずからに達し、みずからを欠くような、みずからの欠損に達するようなこの存在論的先行性における実存の謂である。この過酷で、光り輝き、不分明な点から、いかにして眼をそらすことができるだろうか。誕生がわれわれをこの点へと振り向けたのだから。しかし、どうすれば眼を開くことだけでもできるのか。この点では、死がすでに眼を閉じてしまっているというのに。この絶対的な二重拘束――実存のこの絶対性そのもの――に従うこと、それは有限な思考のなかに入ることなのである。

＊＊＊

あるいはまた、それは一切の思考の有限のなかに入ることである。なぜなら実際、ひとつとしてこの点を知らない思考はなく、この点は一切の哲学――それがいかに「形而上学的」なものであれ――の中心にあるからだ。いかなる思想家も、そのひとが思考したことがあるとすれば、このことを思考することなしには思考しなかったのだ。単にわれわれには、本来的なこととして、この有限を有限として、有限を無限化することなしに思考することが必要となる。有限な課題、いまひとつの課題と同じく、それは歴史の一契機であって、偶然でも運命でもなく、意味という出来事の区切りなのである。課題は確実であるが、それは課題の完

（12）『カント書』（*Kantbuch, op.cit.*, p. 219）。続く分析はまず、第四一節全体に依拠している。

遂についての知を有しているという意味ではない。皆が問い続けている、「一体何を思考しなければならないのか」、と（「考えすぎるな！」の方を好まないとすれば、だが）。こう思考しなければならない、思考は与えられたもの（donnée）ではない、起源においても終点においても。したがって、「与えうるもの」（donnable）でも決してない。受け取ったり伝えたりすることのできる一「グラム」〔文字〕の意味も存在しない。思考の有限性、それは思考においては、意味は特異な実存についてのそのつど特異な「了解」と不可分であるということだ。（それは共通に思考すべき何もないという意味ではない。後でそこに戻るとしよう。）

＊＊＊

実存とは存在の意味である。とはいえそれは「存在」一般との連関に即して（あたかもそのような何かがあるかのように）ではなく、そのつど存在することの（有限な）特異性があるような仕方でである。「特異性《サンギュラリテ》」は単に「個体《アンディヴィデュ》」とは理解されず（単にハイデガーの言う「そのつど私のもの」とは理解されず）、数々の区切り、数々の出会い、個体以前的であると同じく個体的で、共通な数々の出来事、あらゆる種類の段階の共同性と理解される。「私」「の内」では、意味は多様である。たとえこの多様性に、あちこちで、「私のもの」たる意味もまた属しうるとしても。「私」の「外では」、意味は諸契機の多様性のなかに、共同性の（しかしそれゆえ、また、そのつど特異な「われわれ」の）数々の状態もしくは屈折のなかにある。存在の意味の特異性はいずれにしても、存在の意味を‐成すことが、ひとつの本質の自己‐であるのではないことを意味している。本質は所有の秩序に属している。すなわち、諸性質の寄せ集めである。しかし、実存はそれ自身にとって自己固有の本質である。言い換えるなら、実存は本質なきものである。実存は、それ自身によって、意味である限りでのその存在の事実への連関である。この連関は欠如に、欲求に属している。「実存するという特権はそのうちに、存在了解が要るとの必要性（そしてまた窮乏 *die Not*）を収容している」。実存がそのつどすでに、恒常的にそうであるところのもの、実存はそれを持たない。まさに実存は、所有することではないからだ。実存すること、意味を欠いて存在すること。

逆に、本質という様相であるところのそれ——そのような何かが存在しうるとして(13)——それもやはり意

(13)　そして結局のところ、たとえそれを様態化しつつであるにせよ、実存（ek-sistence）を人間の彼方にまで拡張し、単に人間的なものとしてよりも広い意味で実存を解してはならないとして。難しい問い（『自由の経験』のなかですでにかろうじて示されている）であって、ハイデガーはそれを思い描くことがなかった。それは根底的に世界の実存についての問いなのである。単に「（人間的）実存の意味はいかなるものか」ではなく、もし世界がこの実存と不可分であるなら、世界が実存性の偶然的文脈ではなく実存性の場所そのものであるなら、「なぜ世界がその全体性においてあるのか」である。ただ単に「なぜ何かがあるのか」一般ではなく、「なぜあるがあり、あるものすべてがあって、あるもの以外には何もないのか」——そして、「ある」の全体があるのか。言い換えるならこうでもある。なぜ、人間、動物、植物、鉱物、銀河、隕石といった諸存在者たちの、繁茂し続ける差異があるのか。この点については、「石とじかに接触した石」は「純粋内在性には容易には還元できないことをはっきり打ち明けねばならないか、あるいはまた、一切の「内在性」がある意味では「自己への」でもあることを打ち明けねばならない。その場合、石はひとつの本質ではなく（さもなければ、石の硬さはいかにして硬く感じられるのか）、本質は悟性にとってしか存在しない。（石については、スピノザ『エチカ』第二章定理十三備考を参照）。しかし、石の実存のごく小さく、鈍重化され、ほとんど実存せざる様態を理解＝聴取させ、それに触れさせるためには、おそらく、文学を経由しなければならないだろう。例えば次の一節を読まれたい。「壮麗で、とてつもない、石々！　それらはわれわれの周りを埋め尽くすように置かれ、何千年もの齢を数え、波に揉まれて何世紀にもわたる研磨によって単に角が取れ磨き上げられただけでなく、山々の隆起やそれらの慢性的侵食によって石々の実質そ

味を持つことではない。それはまったく単に、意味づけされ－ざるものである。だから、意味を欠くこと、意味に属する何かを欠くことは、充溢を欠くことには帰着しない。さもなければ、欠如は充溢の数々の痕跡、もしくは数々の兆し、もしくは数々の烙印を帯びるだろう。逆にこう言うことができるだろう。意味を欠くこと、意味の窮乏／必要性のなかに存在すること、それがそれそのもの、意味である。だから、こう言うこともできるだろう。意味に属する何かを欠くこと、それは厳密に言うなら何も欠かないことなのだ、と。

われわれは、欠如（深淵、非－場所、喪、裂け目、不在など）の魅惑に抗して、思考によって欠如を埋めることを間違いなく終えてはいない。思考の近年の歴史にとって、欠如の必然性は明証的であり続けたのだが、欠如を欠如ならざるものと弁証法的＝ニヒリスト的に取り違えることの危険もまた劣らず明証的である。しかしながら、「何も欠いていないこと」（意味のなかに存在すること）はまた、ひとつの本質の十全で、充たされた条件なのでもない。否定神学がここに隠れているわけではない。無の欠如、いずれにしても欠いていること、そのようなものが実存することである。

のものが乳のように攪拌され、捏ねられ、捏ね直されるのだ――それも一度だけではなく、永遠性というこの遠ざかりゆく法外な聖餐のなかでしばしばそうされるのだ……」（ジョン・アップダイク『イーストウィックの魔女たち』（John Updike, *Les sorcières d'Eastwich*, trad. Maurice Rambaud, Paris, Gallimard, 1986, p. 229)）。ここでは、石々の実存（たしかにそれは「置かれること」「捏ねまわされること」に還元されている）は、ひとつの主体性へのこれらの石の連関ではない。逆なのだ。ひとつの主体性がエクリチュールのなかで弛緩し、それなくしては何も書くべきものがなくなることのこれに、あたかも指先でもってのように触れるに至る。このものは外にとどまり、かつ世界であるのだが、しかるに、間違いなくこのエクリチュールの身振りのなかでのみ「実存者」として自己を呈示する。「ある」（il y a）は所有の秩序には属していない。（所有として扱われた存在については、ジル・ドゥルーズの『襞』に関するアラン・バデュの指摘（« Annuaire philosophi-que », Paris, Seuil, 1989, p. 170）とここで交錯する。「所有する」という動詞はここでは、我が物とすることから、「存在」の「所有」の瞬間的回折、分解、撒種によって、存在へと横滑りしていく。「持つ」という動詞は本質を持たず、この動詞は、そこに存在することしか持たない。この動詞に先立つことも、それにとって外的であることもないそこに。この動詞は「そこ」（y）を存在することしか「持たず」、すべての「ある」（il y a）のすべてのそこしか「持た」ない。「そこ」は正確には空間にも時間にも属していないが、それと同様に、「そこ」は正確には所有（すること）にも存在（すること）にも属していない。（後論「物々の心臓」を参照）。これは出来事の管轄に属しているのだ、と言われるかもしれない。しかし、まさにそれこそが問いなのだ。どこから世界の出来事は。出来事－世界は、世界の数々の出来事（世界はそれらを有しているのではなく、それでしかないものとして世界はそれらの出来事であるのだ）の特異な撒種のなかに、どこから生じた〔provient〕のか。外－に来ることはすでにこのように前に－来ること〔生じること〕を含意している。どこから石は。存在を成すところの、存在の炸裂から、存在であるような存在という炸裂から。こうした条件で、あるのは数々の出来事（諸本質と諸事実は悟性にとってある）だけで、どんな出来事も出来事－世界という構造を「有している」。あるいはまた、すべての出来事は代替可能であり、すべての特異性もそうだ。無差別的であるのではなく、特異なものである限りで、ひとつの特異なものからそのつど分離された絶対的なものである限りで、代替可能なのである。実際、もしひとつの出来事がすべての出来事を交流させ、それらと交流するのでなければ、いかにしてそこに意味があるというのか。このコミュニケーションそれ自体が、所有（諸性質、諸特性）の伝達として生じるのではなく、ただ単に、「出来事－世界」のこの普遍的代置可能性としてのみ生じるのであれば、いかにして、意味は、終わったもの〔有限なもの〕でないことがあるだろうか。「出来事－世界」はしたがってそこから生じる〔provient〕――言い換えるなら、それはどこからも、誰からも生じない。すなわち、諸原子からも、神からも。しかしながら、諸原子（クリナメンを伴った）も、神（至高の存在ではなく創造者としての。ただし二つを区別できるとしてだが）も、おそらく、指定可能で統一可能な起源なき世界の出来事性以外のものとして真に思考されたことは一度たりともなかった。諸原子ないし「神」は、有限な意味を思考によって無限化する橋台であった。世界の由来《プロヴナンス》は、予告《プレヴナンス》のなかにも摂理《プロヴィダンス》のなかにもない。世界はその出来事に由来する。だから世界は隅から隅まで実存する――それに対して実存はそこでは自分自身と等質ではない、人間のであれ石のであれ魚のであれ。それに近づくことでしか意味はない。しかし、それに近づくと、有限な意味しかない。

別の調子で、ハイデガーは、「存在者に向けての」、「存在者である限りでの自己自身へ向けての」「責任を課せられること」(*Ueberantwortung*) を語っている。言い換えるなら、このことに、それがある〔彼がいる〕ことに、「自己」があることに責任を負わねばならないということを。それゆえ、存在の「了解」は「それ自体で有限性の本質である」。有限性は、実存が、「存在」はある本質の土台に立脚することに存しているのではなく、ただ単に、「存在」があるというこのことへ向けて、このことについて責任を負うことに、言い換えるなら、ひとつの実存の実存することである限りでの自己自身に向けて、自己自身について責任を負うことにのみ存している。有限性とは意味への責任である、それも絶対的に。他の有限性はない。

だから、こうも言われるだろう。有限性は意味の分有〔分割=共有、分かち合い〕(*partage*) である、と。言い換えるなら、意味は実存のそのつどにおいてのみ、実存の応答/責任の特異なそのつどにおいてのみ生起する。のみならず、意味は実存の分け前 (lot)、その持ち分であり、この持ち分は実存のすべての特異性へと分配される(だから、ひとつの実存者だけに関与しうる意味はない。共同体はただちに、そのままで意味の約束《アンガジュマン》=関与である。が、ひとつの集合的意味のではなく、有限性の分有のである)。

＊＊＊

このことはまた「自由」とも名づけられうる。そのように解された自由は、実存に付与された意味(ひとつの〈主体〉の自己‐構成という意味づけされることなき意味、もしくは本質としての自由のような)ではない。自由とは、実存することそのものへの開けである限りでの実存という事実〔為されたこと〕そのものであり、この事実が意味を存在するのだ。[14] この事実は、それ自体で意味であるような唯一の事実であり、意味である。それはまさに、われわれに先立つ数々の思考のなかで、また、ひとつの時期から別の時期への関節において、「意味」を思考しようと明らかになおも欲した数々の思考のなかで、自由を要請せざるものが、それも手段としてよりもむしろ意味の存在そのものとして、あるいは意味の真理として要請せざるものがひとつとしてなかった理由である。何よりも、マルクスとハイデガーにおいて、最も顕著な仕方で事情はかくのごときだった（サルトルはこのことを理解していた）。そこに、まったく異なる角度からランボーを加えられるだろう(15)。

これらの思考は、「神の死」（言い換えるなら、意味づけされざる意味を成したところのこの内展と内破）に合わせて進みつつ、世紀の断絶を作り出した。なぜなら、これらの思考は、賭けられているのが意味――意味の全体――であること、そしてまた、「自由」が「意味」なのではなく（啓蒙の、カントの、ヘーゲルの言説）、意味が自由であること、それも有限な意味である限りで、あるいはまた、意味を固有化することの無限の不在性である限りでそうであることを述べ示すか、あるいは少なくともそれを予感していたからで

---

(14)『自由の経験』(*L'expérience de la liberté*, Paris, Galilée, 1987) の論議全体をここで改めて取り上げねばならないだろうが、その論議は、無限の〈主体〉の自動的規範化という「自由」を有限な実存者の曝露へと移動すること以外のものではない。

(15) 後の「魂と身体のなかに真理を所有すること」を参照。マルクスに関しては、有限性の思考が彼にあてがわれるのを見て驚くであろう者たちに対しては、ここでは簡単にこう言っておきたい。少なくとも、マルクスにおいて問題なのは、「リアルなもの」、特殊なもの、それらの物質性、一切の一般性の無効性、更には自然と歴史の偶然的なものにさえ向けられた呼び戻しの恒常的で決定的な筆致である。後で想起するように、マルクスにとっては人間は類的人間にとどまったとしても、このことは、人間の本質がマルクスにおいてその解体を開始していること、歴史のなかでおよび自由のなかで解体を開始しているということに変わりはない。

ある。「自由」（この名を保持しなければならないなら）とは意味の窮乏／必要性の行為〔証明〕なのである。

　しかし、全面的もしくは部分的に、これらの思考はみずからを閉じてしまった。それらは、最初の意味作用と最後の意味作用によって環を閉じることを思考した。そこから、人間の自己産出、あるいは破滅と運命のヒロイズム、あるいはたとえそれが決定的な仕方で不幸な意識であろうとも意識の制御が生じる(16)。そこにおいて、これらの思考は、それらがかつてみずからの地平で認めた有限性を否認していた。別言するなら、これらの思考は最後には「神の死」を搾取することになり、その際、己が否定性においてさえも、無限に固有化され、固有化可能な意味を再構成し、再‐創設していたのだ。けれども、「神の死」――この歴史そのものからわれわれはかくしてそれを学ぶことになるだろう――は定義からして搾取不能である。ひとはそれを確認し、その後で〔それを求めて〕思考する、それだけだ。

　だからこそこの世紀は断絶し、引き裂かれ、意味の「問い」へと開かれたのだ。一方には、怪物的であると同時に枯渇させられた意味づけされ‐ざるものの展開。他方には、打ちのめされ、錯乱させられ、意気消沈させられたこれらの思考、ほとんど‐もしくは‐まったく‐意味‐なき思考（「ヒューマニズムのぼろきれ」、不条理、数々の苦々しいゲーム）。最後に、明るみに出された有無を言わせぬ必然性、意味一般の可能性の条件をめぐる数々の主題、すなわち、数々の形式、手続き、有効性の領野、諸力、意味の諸効果を成す、もしくは成すかに見えるすべてのもの――数々の論理、言語、体系、規範――の交換（これらすべては、その唯一の賭金がひとつの問いもしくは意味のひとつの使命の周辺を新たに引き出すことであるにもかかわらず、好んで「形式主義《フォルマリズム》」と称されてきた）。

　このような歴史はわれわれに今日、意味の動機を引き渡し、それは今後次の要請のもとに置かれることになる。意味の有限性を思考すること、この有限性を補塡することも平定することもしないこと、それも、否定神学ないし否定存在論の陰険な運動に即することなく。この運動においては、意味づけされざるものが最後には、終わりつつ無限に、意味を閉じてしまうのだ。そうではなく、意味への接近そのものとして意味の接近不能性を思考すること、それも新たに、まったく容赦なく。意味へのかかる接近は場所を持たず〔生起せず〕、接近不能な何かに接近せず、しかし場所を持ち〔生起し〕、自分自身に、この宙吊りに、この終末（*fin*）に、この境界上で非‐接近するのだが、この境界（limite）では、意味は、一方の挙措からもうひとつの挙措への媒介なしに、解体すると同時にみずからを締め括る。[17] 有限な思考は、このような非‐媒介性（im-médiation）の上に留まる思考なのである。

したがって、ここで「自由」が問題にならざるをえないにしても、それは、もう一度言うなら、「自由」のごとき何かが意味を「満たす」ことになるからではない（わけても、あたかも数々の人間的自由が、神的必然性の無人空間のなかで静謐に戯れることになるかのようにではないのだ）。けれども、「自由」は、意味の欠如ならびに欠如したものとしての意味へと曝露するものを語るための――暫定的で不確実な――語でありうる。このように、「自由」の意味は意味の有限性そのもの以外ではない。

そして自由「そのもの」は、欠如への接近と接近の欠如とのあいだの宙吊りであること以外の意味をもたない。

---

(16) しかし、ここではランボーのことはごくわずかにしか考えていない。むしろ、ランボーの両側で、ニーチェとバタイユのことを考えている。

(17) 接近を語ることで、もちろんバタイユのことを考えている――先の言及とは異なる言及によって。その他の点で何を言うべきであるかはともかく、要請が裸のものとして出来したのはバタイユにおいてである。

ないだろう。結論はしかしながらひとつの解決ではない。無限の前でも、無限のなかでも、崩壊することなき終末――とはいえ終末は終末であるのを終えることがない。

＊　＊　＊

われわれの歴史は、みずからの限界に至ったひとつの文明、それ自体が一切の「文明」の意味ならびに意味一般を清算する文明と化した文明の計画化された野蛮のなかでの、意味の崩壊ないし破壊の過程として表象されてきた。

このこと自体は、この窮乏ないしこの狼狽は、ここまで何ものもそれを緩和することがなかったのだが、それらはなおも意味に属している。これはおそらく、西洋の尺度では、意味の最も大きな窮乏であり最も大きな必要性だろう――少なくともこのように測ることができるとしたら。また、各々の時期が――あたかも西洋がこの法則ないしこの計画をみずからに与えたかのように――、数々の制御と勝利の裏面にまで刻印された測り知れない窮乏の表象を受け容れてはならないとしたら。

おそらくこれ以降語ることが可能になること、あるいはまた、われわれがこれ以降示すべく努めねばならないこと、そこにおいて、われわれの窮乏とわれわれの必要性は、われわれのものである限り、窮乏と必要性がわれわれの現在の歴史に――われわれが意味へと生まれるところのこの「度《たび》」に――属している限り、有限な意味の窮乏と必要性として理解されるべきである。そういう次第なら、われわれを「モダン人」もしくは「ポストモダン人」として指し示すのは妥当ではないし、もはや重要ではない。われわれは、有限でなかったであろう＝終わることのなかったであろう〈意味〉の前部にいるのでも、その後部にいるのでもない。

そうではなく、ただ単に終末の分節、その屈折に臨んでいるのであって、かかる終末のまさに有限性は、他なる来たるべきもの、他なる意味の要請の開け、ありうべき――唯一の――迎えであって、「有限な意味」についての思考でさえ、終末を解き放ったとはいえ、もはやそれを思考することはできないだろう。

有限な思考はまた、そのつど、こう思考する思考でもある。自分は自分に到来するものを思考することができない、と。もちろん、それは予見するのを拒否することでも計画化するのを拒否することでもない。けれども、有限な思考はまた自分自身の自由によってそのつど不意をつかれる思考でもある。それゆえ、みずからの歴史によっても不意をつかれるのだが、有限な歴史はというと、意味づけされ‐ざる過程の無限として表象されたものを介して出来事と意味をなすのである(18)。それゆえにまた、われわれの時代には、みずからの出所を固有化することは妥当でないし重要ではない。われわれはギリシャ人でもユダヤ人でもローマ人でもキリスト教徒でも、これらの名称の規則的な組み合わせでもなく、いずれにしても、その意味が単に与えられることなどないのだ。われわれは「形而上学」の「成就」でも「超克」でもなく、われわれは過程《プロセ》＝訴訟でも迷いでもない。けれども実際には、われわれは実存しており、われわれは、これ（われわれ）が、解消され無効化された意味作用の意味づけされ‐ざるものではないのを「了解している」。窮乏と必要性のなかで、われわれは、「われわれ」が今ここで、特異な意味についてなおも新たに責任があるのを「了解している」のだ。

（18）『無為の共同体』所収の「終わる歴史」（«L'histoire finie», in *La communauté désœuvrée*, 2e éd. augmentée, Paris, Bourgois, 1990）を参照。

われわれの窮乏は四つの項目＝論点のもとで呈示される。絶滅（extermination）、収奪（expropriation）、擬制（simulation）、技術化（technicisation）の四つの項目＝論点のもとで。この時代を嘆く言説はすべて、この四つの動機で織られている。（それに、嘆き以外に、われわれの時代についての言説があるだろうか。窮乏そのものが知的消費のひとつの対象となる。洗練された数々の郷愁から「破壊」に至るまで。このことはわれわれに、もしそれが必要なら、窮乏の真理は他所にあることを知らせている。）

＊＊＊

絶滅。収容所による、武器による、労働による、飢えによる、貧困による、人種的、国民的、部族的憎悪による、イデオロギー的憤怒による。日刊紙を単に読むことが、忌まわしい我慢と計算の修練と化した。個々人の、数々の民の、数々の文化の絶滅、〈北〉による〈南〉の、大都市によるゲットーとスラムの絶滅、ある南による他の南の、あるアイデンティティによる他のアイデンティティの絶滅、強制移送と麻薬。Ex-terminer〔絶滅させること〕は「決着をつけること en finir avec」（「最終解決」）を意味している。言い換えるなら、ここでは、終末への接近を無化すること、意味を清算することを。犯罪は人類のなかで何ら新たなものではないし、大量破壊でさえそうではない。ただ、ここには全般的で多型的で、巨大な経済的・技術的ネットワークのなかで接合された追い込みがある。あたかも意味ないし実存がみずからを終わらせ、そうすることで、もはや自分固有の終末をもたなくなろうとするかのようだ。

悪をめぐる問いはつねに意味の地平のなかで提起され「解決されて」きたのだが、意味の地平は、最後には――無限に――悪の否定性を転換していたのだ。二つのありうべきモデルがあった（大雑把には、ひとつは古代のモデル、いまひとつは近代のモデルと言うことができるだろう。しかし、それらの実践的形態はもっと複雑である）。〔まずは〕不幸のモデル、言い換えるなら悪しき運命、悲劇的ドゥストゥキア〔不幸、不運を意味する語で、ラカンの用語のひとつでもある〕のモデル。この悪は、実存と自由それ自体へと与えられ、送付される。この悪は神々または運命に由来し、それは、たとえ生を破壊するにせよ、実存を、意味への、あるいは意味としてのその開けにおいて確証している。だからこそ、この悪は共同体によって担われ、承認され、哀惜され、乗り越えられるのだ。恐怖と憐憫は呪いに応えている。

次に、病のモデル。すなわち、あるひとつの正常規範の断絶として、病はかかる規範の正常規範性を確証している。悪はここでは偶発事（権利上は修復可能な）であり、劣った、更には無に等しい存在の度合いである。つまるところ、古典的世界のなかでは悪は、表面と外観において以外には実在せず、死も権利上（知の進化――デカルト――によって、あるいはまた普遍的交換――ライプニッツ――のなかで）解消されてしまう。

絶滅の悪、悪行（もしくは悪性）はそれとは別物である。かかる悪は他所から到来するのではないし、より少なく存在するものでもない。そこでは実存それ自体が実存それ自体に対して荒れ狂うのだ。悪はそこでみずからに根拠〔理性〕を与え、理性（形而上学的、政治的、技術的）としてそこで与えられる。次のことが――未曾有の知として――判明する。実存はその存在を本質として、したがって実存の破壊として、意味づけされ‐ざるもの――実存のうちにあって意味の欲求への通路そのものを塞いでしまうもの――として理解することができるのだ。絶滅は単に大量に、最後まで絶滅させるのではなく、それは「窮乏」そのものを絶滅させる。そもそも、これら二つのものは歩調を合わせている。殺人が一挙になされるという性質は、意味の一切の「窮乏」ならびに一切の「必要性」の特異性の否定、意味の、自己‐に向けて〔において〕‐存在することの「そのつど」の否定を成就させるのである。

したがって、今後はこの容赦ない、反抗的でさえある思考のなかに身を置かねばならない。有限性はあまりにも根底的なので、有限性はこの可能性の開けでもあり、この開けによって意味は自己‐破壊される。有限性は、不在化としての意味であり、意味づけされざるものが、決定的な瞬間に、欠如せる意味と識別不能となるまさにその地点まで、このような意味であるのだ。（おそらく、このことが終末において生起する〔場所を持つ〕のかどうかも尋ねなければならない。もしこのことが生起して場所を持つなら、すべてはすでに破壊されていることになるのではないだろうか。しかしまさに、われわれの問いが、すべてはすでに破壊されているのではないか、であるべきなのをまさに打ち明けておかねばならない。すべてが破壊されていないとしても、意味‐への‐存在が抵抗する、それも絶対的に抵抗する――さもなければ誰がわざわざ「悪」の「意味」〔感覚〕を得ようなどとするだろうか――としても、意味‐への‐存在が、意味づけされざるものが欠如せる意味と識別不能であるような現実の地点に抵抗していることに変わりはない。）

この識別不能なもののなかで識別すること、これは自由を回復することだ。意味づけされざるものを識別しつつも、〈意味〉を意のままにはできないこと[19]――何も意のままにできないが、にもかかわらず、われわれが実存（の存在）についてすでに、絶えず理解していることを意のままにできるという自由。真理を奪われて存在するわけではないが、諸規則を奪われて存在すること。

こういう次第でのみ、ひとつの倫理《エティック》は可能である。このことはまず、われわれは、その用途がわれわれにとっては類比的で暫定的でしかありえないような「不幸」の論理もしくは「病」の論理を再び見出すことができないという意味である。それは悪行としての悪の倫理でなければならない。このことは「善」なるものの規範ないし価値を意味しているのではない。実存の自分自身の意味への接近は、善意へと無限に近づけることができるようなひとつの「価値」を成すものではない。まさにこの接近がひとつの「善」として固有化できないがゆえに、この接近が実存の存在であるがゆえに、この接近は実存としての実存のなかにあり、かつそこで曝露されねばならない。ここでは「当為」(devoir être) は、存在が存在すべき=存在へ (*à-être*) であるがゆえに、存在の形式である。けれども、「義務」(devoir) は「目的の王国」の成就という無限へと差し向けられるのではない。「義務」は自由を強いるか、あるいはまた、*fin* が終末と目的という二つの意味をまとう限りで、ただちに、無媒介的に、遅延なくみずからを強いる。自由は、それがみずからの意味を固有化しない限りで、それが意味づけされざるものへと開かれてもいる限りで、みずからを強いる。次のように言えるだろう。かくして(実存の)存在は義務である。しかし、義務は存在の有限性を、その欠如せる意味を指し示している、と。

これはひとつの道徳《モラル》を意味しているのではない。そうではなく、固有化不能で根拠なき、自分自身の意味への実存の接近を維持し増大させるひとつの構えなのである[20]。単に倫理は可能であるだけではなく、それは

(19) 同じく犠牲のいかなる道も自由にしうることなく。不幸と病いは、様々な仕方で、犠牲に訴えることができる。われわれはもはやそうすることができない。(後の「犠牲にしえないもの」を参照)。

(20) だからスピノザを再読すること。——そして、プラトンをも。存在の彼方 (*epekeina tès ousias*) もしくは「本質〔存在すること〕の彼方」に位置づけられた〈善〉は道徳的規範にいう善ではない。それはあらゆる事象の根拠〔理性〕にして終末〔目的〕である。終末〔目的〕についての一切の思考の始まりなのだ。

確実であって、倫理は、われわれがすでに存在について理解していることによって担われている。このことは、まったく単純かつ即座に、各々の実践的決断をなし、それを評価し、それと交渉するという意味ではない。そうではなく、このことは、ある倫理への呼びかけが今日われわれの窮乏の証言であるとすれば、それはこの窮乏がすでに倫理がいかなるものであるかを知っているからだという意味である。それは実存を実存に返すことなのだ。どんなヒューマニズムもこのことに十分でないのは明らかである。ヒューマニズムはこの要請を不分明にするのだ。（おそらく言うまでもないだろうが、このことは逆に、われわれの文明がそうであると思われている文明のなかで、「生きる」と呼ばれることに向けて、各々の人間の生活が絶対的で直接的で遅延なき権利を有することを妨げはしない。）

＊　＊　＊

収奪。有限性に最も固有な可能性としての意味の非固有化を指し示すことと、実存者の実存の諸条件を実存者から収奪することとのあいだには、大いなる相違が、実を言うと対立がある。別言するなら、欠如せる意味についての思考を起点としつつ、マルクスに従って疎外と名指されてきたものについての批判を放棄するという結論に至らねばならないのではない。それゆえにまた、人間たちの物質的、経済的、社会的条件を、無視することが可能な情勢、有限な意味についての思考の実行領域にとって外的な情勢とみなすこともまた問題ではない。

　これとは逆に、実存のいわゆる「物質的」条件はそのつど、「そのつど」を作るところのものである。ひとつの場所、ひとつの身体、ひとつの肉、ひとつの身振り、ひとつの労働、ひとつの力、ひとつの苦痛、ひとつの安楽ないし悲惨や、時間があるかないか、それらが有限な意味への接近の有限なそのつどを規定している。それらは、因果性のひとつの審級のような仕方で、そのつどを「規定する」のではない。それらがそのつどを存在するのであって――われわれの語彙とわれわれの言説（たとえそれが「二元論的」たらんとしても）の二元論的配分（distribution）全体がかかる思考を聴き取らせるのに抵抗するとしても、有限な意味についての思考は本質的に意味への接近の「物質性」についての「物質的」思考である。意味は有限であるのだから、この世界の外ではそれに接近することはない。「外部」がないがゆえに、接近することはない。「意味」について語る「哲学者」、彼とその「思考」は物質的特異性（一束の「意味」、ひとつの場所、ひとつの時間、ひとつの歴史のなかのひとつの点、諸力のひとつの状態）以外のものではないが――もっとも、かかる物質的特異性は、そこにいるからといって、問われている「意味」により近くあることをまったく保証しはしない。有限性についての思考はそれ自体が有限な思考である。なぜなら、この思考が思考することにそれは接近せず、このことを思考したところで、やはりこの思考はそれに接近しないからだ。意味の経験についての特権化された「思弁的」もしくは「精神的」な秩序は存在しない。そうではなく、実存はそれだけで、実存が今・ここ（*hic et nunc*）に存在する限りで、この経験なのである。そして、この経験は、つねに、そのつど、絶対的「特権」であり、そのようなものであるがゆえに、「特権」として、「絶対的なもの」としての自己を欠いている。誰も、どこで、いつ、いかにして実存が実存するのかを言うことはないだろう。（「書くこと《エクリチュール》」――後で再び話すつもりだが――その言うところはこの言わざること（non-dire）である。）

それでもやはり、実存しうる何か、何か「一なるもの」がなければならない。それでもやはり、ひとつの実存者は今・ここに存在しうるのでなければならない。実存すること、それは存在のここ－と－今であり、存在のひとつのここ－今を存在することである。このことが可能でないような諸条件がある。――おそらく実存はつねに絶えず抵抗し、それは一切の最果てに至るまで、それを超えて抵抗し、「この人生には意味はない」と単に言うことは決して可能ではないのだが、にもかかわらず、実存者が単に遺棄されず、しかし、実存者が実存の諸条件をいわば収奪されたものであるような諸条件が存在する。このように収奪がなされた場合、実存者はひとつの生産の、ひとつの歴史の、ひとつの過程の、ひとつの組み合わせの道具もしくは対象であり、この道具もしくは対象はつねにあらかじめここ－今から強制移送させられ、いつでもただ他所にあるか、飢えや恐れや生き残りや給料や貯金や蓄積といったものの後にある。

しかしながら、今・ここから収奪されないことは、今・ここを我が物とし固有化することを意味しない。対称性は存在しない。今・ここの言わんとするところは、実存することであり、それ以外の何ものでもなく、有限な実存すること「そのもの」である。もちろん、「この人生」もしくは「人生のこの時期」「は意味をもたない」とは決して言うことができない。しかし、まさに意味については決定できないがゆえに、これらすべての条件に差異はないと決定することもできないし、特にそれはできない。あらゆる実存は意味のなかにあるが、しかし誰も、ある者たちにとっての条件が結局、人生を（人生のどんな形式をも）犠牲（*sacrifice*）にすることであり、そうでなければならないと決定することはできない。ここ－今は有限性であり、意味を固有化できないこと（inappropriation）であるから、「ここ」を「他所」、「今」を「後」（もしくは「前」）に合わせること（appropriation）こそが悪であり、悪を作るのである。

どこから、ひとつの「ここ－今」を可能にし、それを「疎外」しないものを決定するのか。何も、誰もそれを決定することはできない。しかしながら、そのつど、ひとつのここ－今、ひとつの実存することは存在することへと、意味へと開かれていることへとみずからを決しうるのでなければならない。そのつど、存在は存在させられていなければならない。させられて（laissé）、すなわち、実存することの有限性へと引き渡され、打ち捨てられていること。

　このことは、若干の保証とともに人生を実際に想定した数々の基礎的自由の行為のもつ、「正常」だと評判の諸条件と識別できるのだろうか。ある意味ではそれは、今日、少なくとも、われわれにとって、まず識別可能ではない。しかし、このことは、この「させること」、この「打ち捨て」が実存者に、その有限性そのものとして実際に戻されるような仕方であらねばならない。言い換えるなら、身振りは、そこですでに意味の本質が決定されているような「世界観」と「人間観」の地平に差し戻されることはなく、だから、これら複数の「世界観」「人間観」のあいだで、この「地平」によって事実上すでに「疎外」（aliéné）されたひとつの「主体」の「自由選択」が働かねばならないということもないだろう。このように、一方では、数々の基礎的諸条件（文明は絶えずそれらを荒らして台無しにする）があって、それらの基礎的経験性（empirie）はまた、実存のここ－今の「超越論的なもの」（transcendental）を成している。そして他方にはこのことがある。すなわち、有限な存在－を存在－させることにおいては、まさにそのようなものとしての有限性が指示されねばならないのだ。

　このことは「疎外」ないし「収奪」（ないし「搾取」）についてのまったく他なる思考を要請している。まったく他なるものではあるが、資本の「本源的蓄積」を前にしたマルクスとまったく同様に非妥協的なものでもある。

「疎外」はこれまで、始原的本来性の剝奪として表象されてきた。その場合には、この始原的本来性を維持し、修復しなければならないだろう。始原的所有、本来的な充溢と保存のもつこの決定性に対する批判さえ、人間の始原的な自己生産の喪失ないし詐取というモチーフである限りでの、疎外というモチーフの消失に大部分は貢献したのだった。事実、実存は自己生産的なものではない。かといって、他のものの産物でもないのだが。これはまた有限性が言わんとするところでもある。それでもやはり、すでに見たように、実存者からその実存の条件ないし諸条件を、すなわち、その力、その労働、その身体、その数々の意味〔感官〕、そしておそらくはつねにその特異性の空間 - 時間を収奪することはできる。それでもやはり、このことは絶えずなされ、先に描かれたような絶滅に参画する。それでもやはり、「資本」ないし「世界市場」は、いずれ新たな事態が生じるまでは、大量収奪〈今日では何よりも〈北〉による〈南〉の収奪だが、それだけではないことは知られている〉によってしか保証されないし繁栄することもない。したがって、一切の闘争を放棄することが問われているのではない。何の名においてなのか、何の名において、実存者が実存することを望むのかを知ることが問われているのだ。闘争はここまで、人間の〈始原的でかつ終末的な〉自己 - 生産という統制的理念によって導かれてきた。と同時に、この「人間」という一般的で発生的な概念によって。闘争が有限性に即して、その数々の特異性に即して思考されねばならないなら、おそらく闘争の諸条件は変化するだろう。有限な意味への接近は自己生産およびその再生産を前提しているのではなく、逆にそれらを「脱前提」している。この接近は過程の支配、過程の論理への時間の繋縛を「脱前提」している。言い換えるなら、この時間は線形的で連続的で空間〈時間的間隔〉なき時間で、つねに自分自身の「後」に密着させられ急がされている。〈「脱自」のハイデガー的時間も、おそらくはあまりにも圧縮されて急がされてある。〉しかるに、接近はむしろ時間の開けを、その間空けを、生産的諸操作の切り離しを、有限なここ - 今を前提している。この接近は、有限なここ‐今が、「死せる時間」、「回収の時間」でありまた「余暇の時間」（「余暇」が、「文化的余暇」も含めて、意味に関する無益さを言わんとしている限りで）であるような過程に従属させられたこれらの形式においてとは別の仕方で措定されうることを前提している。ここ‐今の時空間＝時間的間隔、すなわち具体的有限性として措定されうることを。[21]

生誕と死は末端を画定することで特異な時間を間空けする。接近は何も生産しないし、それは生産的なものではない。しかるに、も一般的再生産の時間を間空けする。意味への、意味の「有限態」へのどんな接近は、ここ‐今の特異で固有化できない物質性として、言ってしまえば享楽（jouissance）として――それが「生起する」〔場所を持つ〕と言いうるとして――生起する〔場所を持つ〕。享楽と言ったが、享楽の概念が固有化の概念なのではなく、ここと今においてみずからに回帰することなき意味（あらゆる意味のなかでの概念であるとして、である。

＊＊＊

世論をリードする人々が見誤り、見て見ぬふりをするべく固執している六八年の「真実」[22]は二つあ

（21） 資本が「放置することなき」時間についてのジャン＝フランソワ・リオタールの分析（*L'inhumain*, Paris, Galilée, 1989）と同時に、幾冊もの著作でなされた労働時間短縮についてのアンドレ・ゴルツの分析に依拠することができるだろう。――類的人間の諸「特異性」による置き換えに関しては、エチエンヌ・バリバールの『平等自由の提案』（Étienne Balibar, *La proposition de l'égaliberté*, Conférences du Perroquet, 1989）を参照。

（22） ここにもやはり怠惰と弛緩がある。この問題がどうなっているか、その状態の概観については、パスカル・デュモンシ

った（いささか現実から乖離した社会の成長危機という挿話を超えてこの「真実」を探すなら）。一方では、労働組合的政治モデルから引き剝がされた社会闘争における未曾有の諸形態の始まり。ここではそれについて語るべきではない（実際、その分析は、「収奪」を論じた前節にあってしかるべきだろう）。他方では、「六八年」は、「スペクタクル」社会（これは状況主義者インターナショナルの語彙である）、見せかけの社会、擬制の社会に対する批判を巻き起こした。数々の社会的・文化的仮象に対する批判のまずはマルクス主義的資源から、自分自身の本性もしくは社会的・政治的・文化的、要するに人間的現実の性質の擬制に全面的に捧げられたものとして表象された現実への全般的告発が生じた[23]。

このような批判は——またしても「疎外」（状況主義者インターナショナルはこの語彙を用いていた）の徴しのもとに——十分にみずからの後継者を作り、後継者を発展させた。全般的擬制は、生を「商品‐スペクタクル社会」の諸機能の再生産に縛り付けることで生を疎外し、この生が秘めている、それどころか、この生そのものであるような創造性、現実の人間を作っている創造への欲望に接近することを、当の生に禁じる。疎外とそれが前提としている始原的本来性という対への批判を繰り返しても無駄である。明らかに、そのとき引き合いに出された「生」「創造性」「想像力」は、つねに同一のものとして、自己‐生産ないし主体の形而上学、発生における主体‐人間の形而上学であるような形而上学に属している。今日もやはり繁茂しつつある擬制というモチーフは、プラトン主義をまぬかれえないだろう。

しかしながら、見せかけに対する批判の「六八年」バージョンは——この点においてマルクス主義的であるよりもむしろニーチェ的なのだが——「芸術家的な」バージョンである（もっとも、このバージョンはマルクスにも完全に不在であるわけではない）。このバージョンは、非本来的な仮象に対する批判の数々の主題ないし図式を、感知できないほど微妙にずらしていた（とりわけこのバージョンが、その芸術家的なモデルにもかかわらず、審美主義を再構成しないよう気をつける場合には）。このずれ、それを次のように定式化することができる。すなわち、「創造」は生産ではないのだが、それは「創造」が無を起点として作用するからというよりもむしろ、それが無意味に〔無のために〕――「創造者」がその創造によって凌駕され不意をつかれる――魅了される――ためだけに作用するからである。それでもやはり、ある意味ではかつてないほどに、自分自身の意味へと無限に接近する主体が、かかる主体がまさに問題なのである。それゆえにまた、このモデルはわれわれに至るまで本質的に言語的で、口述的で詩的なものにとどまるのである。

ではいかにして、有限な意味の思考は、擬制のかくも執拗でかくも巧妙な動機と係わり合うのか。というのもここでは、神学的‐審美的図式は壊れてしまうからだ。問題はこのことである。すなわち、実存は「本質的に」（＝実存的に）、ひとりの神のように、あるいはまたひとつの作品のように構築された意味を欠いているのであって――この欠如において〔この欠如に向けて〕、実存は存在するのである。

「本来性」の多少なりとも混乱した充溢は、六八年にわれわれがこの欠如に接近するのを妨げた。しかしながら（そして、だからこそ六八年に立ち上がったことを思い起こすことが不可欠なのだが）、「スペクタクル」の批判は、次のような何かの周りをおそらく不分明な仕方で廻っている。すなわち、実存の意味がそこ

エ『状況主義者たちと六八年五月』(Pascal Dumontier, *Les situationnistes et mai 68*, Paris, Éditions Gérard Lebovici, 1990) を参照。彼は正当にも、「六八年五月をめぐって組織された沈黙」について語っている (p. 13)。

(23) この批判はボードリヤールによって引き継がれ、方向を変えられ、逆転させられたが、それはある意味では、表象になおも従属した「シミュレーション」への批判の限界を表している。

に含まれ、そこで触れられることのないような形式も、イマージュも、ゲームも、更には他ならぬ「スペクタクル」も、言い換えるなら、生の必要への剰余もひとつとしてないのだ。残りのことはすべて「文化財」の消費である。生産に対する批判は、そこまで行かなければ、つまり意味の生産そのものとして与えられうるものの批判まで行かなければ、価値をもたない。このことはまた次のことを言わんとしている（そうすることで、このことを思考しなかった思考の運動についての解釈を繰り出すことができるなら）。作動しているのは、ある現前の表象ではなく、現前ならざる実存への接近、ありうるなかでも最も僅かで、最も儚く、最も過剰で、そしてまた、最終的には、最も欠如的な接近なのである。このように、全般的擬制についての批判はおそらく、自分自身について思い違いをしていた。批判されていたのは、擬制化された表象、擬制化する（隠蔽する）ところの表象ではなく、表象にまったく属さないものだったのだ。

今日、ある意味では「擬制」は繁茂するばかりである。いや、それにはとどまらない。「擬制」はみずからを拡大して、遂には自分自身を上演し、みずからを糾弾しつつも自己を享受し、最後には、映ってはいるが誰も見ていないテレビのように、空回りする。幻影《シミュラクル》を破産させ、本来的なもの、現実的なもの、「生」に接近するのを欲する批判のための取っ掛かりはかくして摩滅させられる。ほとんど大抵「イマージュ」の相のもとに目指される「幻影」は、謎めいたそのイマージュとしての裸をただ呈示するだけだ。――芸術に関しては、それは長々と――たしかに時にはみすぼらしく――、絶対的なもの、〈理念〉、〈真理〉の（再）現前化〔表象〕である限りでの芸術の終末から、数々の厳密な結論を引き出す。[24] けれども、芸術はこうして結局のところ、「芸術」が何を言わんとするのかについての問いを開くのだ。

したがって、それについて再-現前化、想像力、形態化、再創造がありうるような完成された現前、閉じられた意味という前提がひとたび汲み尽くされるなら、表象の領域全体が空回りすることになる。「現前化不能なもの」が結局のところ無限としてしか思考されないとすれば、この前提は、「現前化不能なものの現前化」という近代的かつポスト近代的な伝統全体のなかに、たとえ否定的な様相であっても、依然として宿っていたのである。無限といったが、「善き」無限もあれば「悪しき」無限もある、記念碑的なバージョンもあれば断片化されたバージョンもある、超現実主義的なバージョンもあれば状況主義的なバージョンもある、偉大な芸術もあれば偉大な人生もある、けれどもそれらはつねに非‐現前のある秘密を指示している。

ところで、有限なものしかないのであれば——あるものが有限なものであるならば——、あるものはすべて現前するだろうが、この現前化は有限な現前化であって、それは現前不能なものの表象でもその現前化でもない。実存することが欠いている無〔何も欠いていないこと〕、意味を成すところのこの意味の無（しかしそれは秘密をなすことはない）が現前するに至るのだが——、芸術において、あるいはまた、おそらく最後には別様に名づけねばならないだろうものにおいて、問題となっているのはこのことなのだ。今述べたことは、表象の（そしてすべての見せかけの、更にはまたすべての徴し＝記号の）問題系全体が、全面的に——たしかにかくも細い軸の周りを廻っているので、われわれは依然としてこの軸をはっきり見分けられずにいるということを想定している。もしミメーシスが(25)、いかなる再現前化のでもなく、現前化される必要なきものの、

（24）「芸術の終末」においては、このことだけが——ひいては他のものの誕生もまた——問題になってきたのだが、この他のものにはおそらく「芸術」の名はもはやふさわしくないだろう。この点には「乙女における芸術の肖像」（*Portrait de l'art en jeune fille*）（近日発表）で立ち戻る予定である。

（25）この語〔ミメーシス〕はフィリップ・ラクー＝ラバルトに帰される。ここで言われていることは、ミメーシスをめぐる彼

完成され補完されえないものの、〈自然〉でも〈理念〉でもないものの、言い換えるなら、有限性が現前――それ自体は現前なきもの――へと至る限りでの有限性そのものの現前化の概念と化すなら、「擬制」に係わるどの事柄も根底的に変化する。

だから、もはや（再）現前化は問題ではない。ひとりの主体にとっての現前化も、最初の現前の再生産も問題ではない。これら二つの概念の排除はまた一切の擬制を排除する。（とはいえそれは、どんなイマージュにもどんなスペクタクルにも真理を見なければならないという意味ではない。それは、もはや「真理」は表象の体制のなかでは目指されないという意味である。）問題は、現前へと到来するもしくは現前へと生まれるということが何を言わんとしているかである。実存すること、すなわち不在の意味へと、意味の不在へと、一切の現前ならびに一切の現在の不在化へと到来すること。疎隔、隔たり、「外に」（apo）という接頭辞の価値が聴き取れる限りで、準現前化（*apprésentation*）のミメーシスと名づけるべく努められるだろうミメーシス。意味の疎隔としての「現前化」。

* * *

技術化。「技術」――端的に「技術」として絶対用法で解されたこの語は、一般に流布した言説によってきちんと形成されることの最も少ない概念のひとつである（それだけによりいっそう、この概念は駄弁の対象となる）。この語の絶対用法はすでにして、（煙突掃除や望遠鏡の映像の記録など）ある一定のタイプの操作についての技術でないような技術など存在しないことを忘れさせる。一般的な技術なるもの、数々の技術からなる一種の巨大な機械的装置、それらの網羅的組み合わせがあるのだという漠たる考えが妨げられることなく浸透してくる。そしておそらく、数々の技術の相互依存、インターフェイス、相互作用は絶えず増えていくだろう。それでもやはり、運搬の技術は運搬の技術にとどまり、受胎させる技術は受胎させる技術にとどまる。だから、あらゆる技術の絶対的連繫（*nexus*）を示すには大いに苦労するだろう。コミックもしくは映画に登場する、巨大で唯一の普遍的コンピュータという表象は、絶対用法での技術「なるもの」が何についての「技術」かという問いがコンピュータのなかで解決されていると想定している。だが、この問いを提起しようとするなら、一切のコンピュータに先立って、すべてがロボット化された一切の大人形劇に先立って、答えはすでに与えられている。技術「なるもの」は、所与のなかに実存が含まれえないこと、この非‐内在性を補填する（suppléer）ことの「技術」なのである。技術の操作は、純粋な内面性であるのではないもの、それが実存する際の操作である。この操作は少なくとも最初の道具と共に始まる。なぜなら、一切の動物的「技術」、更には植物的「技術」との単純かつ明確な境界線を引くことは、考えられているほど容易ではおそらくないからだ。数々の技術の「連繫」、それは実存することそのものである。実存することの存在が単に存在するのではなく、その有限性の開けである限り、実存することは隅から隅まで技術的である。実存はそれ自体では何か他のものの技術ではまったくないが、技術「なるもの」もまた実存についての技術ではない。実存とは、それが本質なきものであり、存在の代補（suppléance）である限り、実存の「本

の思考の運動を要請し、と同時にそれを要約しようと努めている。因みに、この思考と、表象に何ら負うことなき「イマージュ」についてのジル・ドゥルーズによる思考との収斂——両者がたとえ遥かに隔たっているにせよ——を示すのもおもしろい（し、有益だろう）。

質的」技術性なのである。

「技術なるもの」——今度は、複数の技術の還元不能な多様性でもあるところのかかる「本質的」技術性という意味での——は、無の不在（何ものも不在ではないこと）を補塡する。それは補塡するが、何も付け足しはしない。あるいはまた、技術は非‐内在性を補塡する、言い換えるなら、数々の手段が目的と共に与えられ、その逆も成り立つような諸事物の「自然な」秩序として表象されるものの不在を補塡する。技術はこの意味では「自然」に対する超越である。けれども、純粋な内在性として表象された自然——石に直《じか》に触れる石——は、どの点でも意味に依存してはいないもの、実存することなきものであろう[26]。こういう次第で、技術は超越するが——何かを超越するのではまったくない。あるいはまた、「自然」は数々の場所、数々の瞬間＝契機、数々の力の外在性を指し示している。技術とは、実存としてのこの外在性を作動させることであるが、この「超越性」は世界の「内在性」に背くものではない。技術は〈大いなる技巧〉のなかで〈自然〉を形成し直すのでも、ひとつの〈存在〉を形成し直すのでもない。技術とは、自然が存在しないということの「技巧＝人為」（および「芸術＝技」）なのだ。（たとえば法律もひとつの技術である）。その結果、技術は最後にはこのことを、内在性も超越性もないことを示すに至る。それゆえまた、技術「なるもの」、「唯一の」技術はなく、多様な技術があるのだ。

「技術」とは、有限性へのわれわれの無理解や、もはや自分の目標＝終末（成就）を知らざるわれわれの「制御」の性急で奔放な様子を前にした驚愕を覆い隠す物神語《フェティッシュ》である。しかしおそらく、われわれの無理解はいまひとつの思考を要請するだろうし、われわれの驚愕にも動機がないわけではない。しかし、贋の概念であるような純粋に言葉だけの悪魔祓いをしても何も得ることはないだろう。ハイデガーの「技術」についての主張が彼の思考のなかで最も「人気のある」ものと化したのはきわめて特徴的なことである。このことには二つの理由がある。まずは、あたかもハイデガーの思考の最も重要な寄与が、大地を、存在の実存的迎接の自律的で私的なものと化した数々の目標＝終末に結びつける、全体主義的で平均化するところの「輪伐」への糾弾に存するかのように、すべては進行しているからだ。というのも、ハイデガーがこうした言説を行う——実際に彼はそれを行った——範囲では、かかる言説はたしかに、彼の仕事のなかでは、それ以外のほとんどすべてより独創的ならざるものだからである（この言説に最も似ているのは、偶然的ならざる対称性によって、彼が詩を取り上げたものの少なくともある側面であろう）。「技術」に対する糾弾は、「技術」時代における最も凡庸で最も空しい身振りである。しかし第二に、もっと特徴的なことだが、いかにしてハイデガーが（たしかにテクストの数はより少ないが）、「技術」そのものを、「存在の送付」として、その最後の送付でみずからを送付する存在そのものとして——それはつまり、実存および意味そのものとしてということだ——理解せよとの要請を少なくとも表明しようと努めたのか、それがほとんどつねに忘れら

（26）その結果、テクネーと複雑な連関を有し、テクネーと共に不可分な二者を成すところのギリシャ的ピュシスは、この意味では、自然ではなかった。これはハイデガーのひとつの根本テーゼであるが、とはいえ、ハイデガーは必ずしもそこから余すところなく帰結を引き出してはおらず、しばしば、少なく見積もっても、ピュシスをして根源的内在性へと送り返している。それと対をなすのは、「技術」〔テクニック〕についての彼の思考の反動的部分である（今日われわれが知っている諸技術の状態をハイデガーが全面的に知ってはいなかったということを付言しておくのもおそらく無意味ではない）。技術についてのハイデガーの主張の両義性に関しては、アヴィタル・ロネル『電話帳』（Avital Ronell, *The Telephone Book*, Nebraska Press, 1989）を参照。

れているのだ。その場合、送付は、西洋の（外への）最終的＝終末的送付である限りでの、存在の有限な意味なのである。技術に「住まうこと」もしくはそれを「迎接すること」、それは意味の有限性に住まい、それを迎接すること以外の何ものでもないだろう。

ここでは、ハイデガーのこの思考をもっと深く検討するつもりはない（とはいえ、無茶な仕方でハイデガーの思考を強引にねじ曲げて解釈しているとは思わない）。同じく、「技術についての問い」を「解決」したと強弁しもしない。ただ、すでに言ったように、われわれの無理解とわれわれの驚愕が根拠なきものではないのを知りつつも、この「問い」を位置づけたいと思うのみである。つまりこうでもある。有限性には限界はなく、人間性はその技術性の内破のなかで破壊されうるのだ。

いささかも疑いないことだが、技術化の今日の運動を、数々の技術が絶えず増加し、変容して、ますます稠密になっていくネットワークを織り成すような、加速され繁茂する運動として描くのは正当である。それにしても、技術化――数々の技術の発展――は最初の技術からすでに刻印された法ではないのかどうか、もっと正確には、狂騒に至るまでの増大と多様化は権利上、そして本質的に、補塡するところのものに――しかもその際、補塡されるもの（内在性）がいつか存在するに至るいかなる機会もなしに――属しているのではないかどうかを、いかにして考えないでいられるだろうか。「発展の零度」への回帰という甘い夢がそれ自身の無意味さのなかですぐさま消えてしまうとしてもそれは偶然ではない。正しく理解されたエコロジー主義が新しい技術的伸張を決定していることは今日ではよく知られている。

他方では、諸技術と絶滅、収奪、擬制との複雑な絡み合いが正当にも指摘されている。しかし、絶滅、収奪、擬制を、悪魔的実体としての「技術」に帰することには意味はない。というのも、かかる実体は実在しないのだから。[27] とはいえ、諸技術の「悪用」についての道徳的言説を行うことはもはや問題ではない。先在する「善」の名において「技術を善き方向に＝良識的に使用する」ことが問題ではない。実存の意味である限りでの「技術」の意味にまず接近しなければならないだろう。

今や世界的で明白に不可抗的な技術化として現出しているものは、自己以外の目標をもたないといって告発されている（われわれはここでは市場と収奪の目標＝終末のことは脇に置いておく）。この「目標＝終末」がロボットの、更にはコンピュータの支配として表象されることさえありえないとしたら（そうではなく、極限的には全面的内破として単に表象されるとするなら）、無際限な技術化のなかにしか実際には存在しないこの目標＝終末が、有限な意味がどうなっているのかを曝露しもするとしたら？　この目標＝終末がこうしてわれわれを――もちろん過酷さと混乱のなかでであるが――意味の有限性へと曝露するとしたら、「技術の支配」は〈意味〉の無限の封鎖を絶えず分散、拡散させ、その方位を狂わせる。同様に、「技術の支配」はおそらくひとつの「仕事＝作品」（œuvre）のこの完成を逸脱させ移動させ、かくして技術化は「仕事＝作品を奪われた無－為」（dés-œuvrée）と正当にも呼ばれうるだろう。[28]

（27）「技術」に対する同じひとつの糾弾のなかに、収容所と「農業加工産業」を集摂したハイデガーの過ちと誤謬とがここでは最もよく看取される。

（28）もちろんブランショのいう意味で、それゆえ結局は、「無為の共同体」との必然的連関を有したものとしても。――加えて、諸学におけるこの無－為については語るべきことが多々あるだろう。諸学とは言い換えるなら、意味の完成としての〈学〉の形而上学的狙いと次第に混同されなくなり――おそらくまた、諸技術と区別されることが次第に容易でなくなるものである。

職人と田園暮らしの敬虔なイメージ（もしくはそれらの精髄）へと郷愁《ノスタルジー》と共に差し戻される（われわれの歴史と同じくらい古く、使い古された決まり文句だ）代わりに、こう考えねばならないだろう。すなわち、どんな技術も、それがそうであるところの技術を超えて、また、この技術でありつつ、有限性としての意味、有限性の意味についての暗黙知を保持しているのだと。――そのことをおそらく何よりも見事に証示しているのは、生物学的、エコロジー的、エネルギー論的、都市計画的等々の諸操作の技術者たちが毎日下さねばならない決断を下支えする数々の問い、要求、決定不能性であろう。

＊＊＊

これら数々の課題に応じて、ひとつの有限な思考がなければならない。

とはいえ、それは〈絶対的なもの〉を含意した相対性の思考ではなく、絶対的有限性の思考である。一切の完成から、無限で意味づけされざる一切の封鎖から絶対的に引き離された思考なのだ。

とはいえ、それは彼岸の無制約性を含意した制限の思考ではなく、限界の思考であって、限界とは、そのうえに無限に有限な実存がみずからを持ち上げ、それへと自分を曝露するところのものである。

とはいえ、それは深淵と虚無の思考ではなく、存在の無‐根拠性の思考であって、この「存在」、唯一のこの「存在」の実存は、実体の全体と可能性の全体を汲み尽くすものなのだ。

実存者の現前の唯一の保証としての意味の不在についての思考。この現前は本質ではなく、「エペケイナ・テース・ウーシアス」〔存在の彼方〕であり――現前への誕生である。終局的意味はないけれども、有限な意味――有限な意味に属するもの、複数の有限な意味、いかなる統一性、いかなる実体からも天引きされたものならざる意味の特異な破片の増大――はあることの無限な現前化への誕生と死なのだ。確立された意味がなく、意味の確立、制定、基礎づけがなく、意味の到来、数々の到来の到来があるというこのことの。

このような思考はひとつの新たな「超越論的感性論」を要求している。決して現存せざる有限なここ－今のなかでの空間－時間の「感性論」であるが、とはいえ、その連続性と脱自性に密着した時間であるわけではない。有限性、すなわち間空けの「アプリオリな」還元不能性。のみならず、それはわれわれの感官、五感の散在性ならびに分解についての物質的な超越論的感性論でもあり、われわれの五感の有機的で理性的な統一性を演繹したり基礎づけたりすることをわれわれに許すものは何もない(29)。五感の分割は――有限性の象徴と言いえるものだが――有限な意味の分割を内記的あるいは外記的に刻印している（inscrire ou excrire）。「超越論的分析論」に関しては、それは五感ならびに概念の感官たる第六感の散在性、それらの間空けの分解をもたらすものでなければならないだろう。この図式論は等質的なものに回帰することはない。「隠れた技」、それについては望むべき秘密はもはや存在しない。

おそらく、ひとつの「技」（もしくはひとつの「技術」）というものは、感官＝意味／諸感官＝意味の、それらの絶対的差異の、この差異が意味そのものを曝露することの分有の明確な意識である（もしそれが「意識」であるならば）。しかしながら、美的＝感性的なものについてのどんな思考も、ここまでやはり、有限性の特徴《トレ》＝線を無限に延長すること（封鎖、啓示、秘密）にこだわってきたという意味では、有限な思考は唯美的な思考ではありえないし、更には審美的な思考でさえありえない。

---

(29) ヘーゲルが、もちろん忘れずに――しかし苦労しつつ――言おうとしたこととは反対に。後の「笑い、現前」をも参照。

ひとつの有限な思考はこの特徴＝線を維持する。もっぱらそれを繰り返し描かねばならないのだ。ひとつの有限な思考は実存にその意味の封印もしくはその救済を付け加えはしない。かかる思考はもっぱら、「われわれがすでに絶えず了解している」こと、すなわちわれわれが実存しているところの存在の試練にみずからをかける。思考することはここでは実存することと広がりを同じくしており、この思考を、すなわち、自己において＝自己へと－存在することは自己に帰着しないことを思考することである。

なぜならこのことは、思考するためには「実存すること」（凡庸な意味でここに存在すること）で十分だし、実存するためには思考すること（表象を形成するという凡庸な意味での）で十分であるという意味ではないからだ。これは逆に、実存という事実は、ひとつの意味という事実であるところの実存自身の真理にとっては自分だけでは足りないし――、意味の概念、意味の意味作用は、この事実の意味であるところの実存自身の真理にとっては自分だけでは足りないという意味なのだ。しかし、実存が――単に存在するために――存在するためには、実存は思考でなければならず、思考は実存でなければならない。

ここで出会われるのは空虚な循環であって、そこでは、これらの語各々の意味作用が汲み尽くされてしまう。しかし実際には、どんな意味作用もがここで汲み尽くされるのだ。ここでは、語は単に語ではなく、言語は単に言語ではない。言語は限界に触れ、限界を曝露するのだ。なぜなら、「意味」は、これらすべての意味作用の実測図である限りでは存在しないからだ。同様に、概念の自己懐胎としても、「物自体」の現前化としても、概念は存在しない。人間はその本質の自己生産ではない。けれども、意味とは、言語がそれによって完成されざるところの（始まりもしないところの）言語のこの分有である。諸言語の差異、二重分節、意味の差延、声の分有、エクリチュール、その外記的刻印。

そこで出会われるのは、言語であるような思考がそれでも言語ではないということだ。とはいえ、それは思考が「別のもの」（より充溢し、より現前的な）であるからではなく、言語そのものが「本質」からして、それがそうであるところのものではないこと、それが絶えずもたらす意味を授けないことにあるからだ。ひとつの有限な思考は、言語が存在するところの有限性、言語が曝露するところの有限性（のなかに）住まい、それを（そのなかに）書き留める。だから、ひとつの有限な思考はそれが思考するところの実存にみずからを適合させると言えるだろう。しかし、この適合それ自体は有限で、そこに、欠如せる意味、その不一致への接近が存しているのだ。

　みずからに最も固有な対象としての意味－なき－ことへと戻されたこの思考はいかにしてみずからを書き留めうるのか、また、いかにしてみずからを書き留めねばならないのか。これこそこの思考が知らないことであり、知りえないことであり、この思考がそのつど徐々に、すべての言説が中断されたためもはやひとつの「発明」〔捏造〕も可能ではないところで、みずからに対して発明しなければならないことである。

　たちどころに、「学説」のうんざりする点と滑稽な点とが脅かすことになるかもしれない。「ひとつの有限な思考」を繰り返すことで、ひとつの「システム」という幽霊が除去されるだろう。あるいはもっと単純に、「すべての応答」〔臨機応変に何にでも答えられる〕の哀れな影が。そのとき、われわれはまさに「すべての複数の応答」で飽和させられ、かつ空っぽにさせられている。否、「有限性」はひとつの新たな応答ではないし、それに、ひとつの新たな問いでもない。「有限性」とは、すでに言われたように、どんな意味をも冒している意味－なき－ことを前にしての、われわれの意味であるもの、それを作るものを前にしてのひとつの責任〔応答責任〕なのである。われわれのすべての意味作用、それゆえにまた、ここで不断に示しているように、「有限性」の意味づけの限界上で担われた思考の責任。「終末＝目標」、「有限な＝終わる」という語彙のいかなる意味も、われわれの歴史の最果てに向けられた人差し指＝索引《アンデックス》が、「有限性」というその名を――あるいは実存の絶対的なものというその名をも――記載しているところのものを思考するのをわれわれに許容しはしない。そこには学説も体系もない。そうではなく、ひとつの過酷さがあるのだ。

　現代哲学――まずはそのフランス的特異性――が、言語の驚くべき徴集のなかで、エクリチュールの促成（時代を見分けることをせず、思考の峻厳さを感じることなき者たちによってこれらのエクリチュールは「レトリック」もしくは「プレシオジテ」〔洗練された表現〕と命名された）のなかで思考したのは偶然ではない。もう一度繰り返すが、意味の大いなる断絶ごとにかつてそれが起ったように、哲学は今後もはや同じ仕方では書かれないだろう。詩も同様だろう。哲学と詩はおそらく、みずからを「哲学」や「詩」として書くことさえもはやないだろう。不断に終わり続けるこれらの語彙は、意味の問い――そして何よりも次のことで賭けられていることすべてを担っている。すなわち、有限な意味の「問い」は、意味にまつわる語彙で分節的に発しうる問いではないが、かといって、無意味にまつわる語彙で分節をなきものにすることもできない問いであって、それゆえひとつの「問い」でさえないのだ。それは「有限な意味とは何か」ではなく、単に「存在の有限性は意味がそうであるところのものの意味を中断する」なのだ。いかにしてそれを書くのか。

　ランボー――どうするのか、ああ、盗まれた心よ。

　ここには失望と苦しみがある。だからこそ思考は厳しいのだ。しかし、失望があるのは待望があるからであり、待望があるのは、すでに意味があるからだ。これは守られないだろう約束ではない。何も実存に約束されることはない。かくして、失望そのものが意味なのである。

したがって、このことそれ自体が思考されるべきなのだ。このことは不条理ではない。このことが実存（共同体、歴史、自由）を成すのである。しかし、それを最後まで思考することは、思考に終止符を打つ〔終末を置く〕。ただひとつの有限な思考のみがこの極限性に見合っている。有限な意味については、その遺物や極小の断片さえも集められはしない。それは集められない、それが意味であり、それだけなのだ。これまでつねに、すでに話しすぎ、すでに思考しすぎてきた。けれども、まだ決して十分にではない。なぜなら、そのつど、それは再開されるからだ。では、実存の「一度」とは何なのか。ひとつの「ここ－今」とは、ひとつの誕生とは、ひとつの死とは、現前へのひとつの特異な到来とは何なのか。何度このことは生のなかで起こる〔場所を持つ〕のか。歴史のなかでは。ひとつの共同体のなかでは何度起こるのか。ひとつの共同体のなかの「一」とは何なのか。意味が欠けている限りでの意味の出来事は、ひとつの実体の連続でも、ひとつの例外の離散的稀少性でもない。そうではなく、〔意味という出来事は〕存在であり――存在についての思考は、止揚も奈落もなく厳密な意味で宙吊りにされたこの「〜でも〜でもない」の存在論的倫理なのである。

そこで思考は繰り返し自分を穿ってその源泉にまで至る。思考はこの源泉、源泉の存在そのものを、それ自体では思考でも思考されざるものでも思考不能なものでもないものとして――実存することの有限な意味として知っている。思考は繰り返し自分を穿ってその源泉にまで至るのだが、かくして、思考である限りで、思考はその源泉を開くと共にそれを改めて枯渇させ、思考はその源泉を集めると共に四散させる。思考が思考するところの意味が無数の有限性の意味であり、何ものも固有化しないことの意味であるなら、思考は、思考のうちに、思考することのうちに必然的に消失してしまうものとして、みずからを思考しなければならないのだ。

こう書きたくなるかもしれない。「ひとつの有限な思考が出現しないなら、ひとつの有限な思考がそのエクリチュールを見出さないなら、われわれは自分の時代を思考するのを怠ることになる」、と。あたかも、かかる厳命のなかで、有限な思考のひとつの本質を、その規範とは言わないまでも、少なくともその形式と共に、認識し予期しているかのように。そんなことはまったくない。ひとつの有限な思考はすでにして作動している、あるいはみずからを無為ならしめている。この思考はひとがそれについて語りうるものにすでに先立ち、すでに後続し、ここもしくは他所にある。ひとつの有限な思考はここに書かれる、この「ここ」の前後に、すでにこの「ここ」を終わらせつつ、あるいはまだ終わらせずに書かれる。すでにして昨日のもの、すでにして明日のものとして、意味を成し、意味を運びつつ、この思考はもはやそれを押しつける必要も、それを呈示する必要もなく、己が思考の資源すべてをもって、意味の有限へとみずからを曝露しなければならない。多様で、そのつど特異で——思考することの「一度」とは何なのか、ひとつの思考とは何なのか——、峻厳で、そのつど削除され、インクのこの線引きと同じくらい物質的で、しかし、逃れ去ったひとつの有限な思考、ひとつ以外の何ものでもないもの。

一九九〇年八月

以下の数々のテクストは、「有限性」によって、そしてまた「有限性」が「実存」にとって絶対的なものである限りでの「実存」によって何らかの仕方でその関心を占められている。これらのテクストは、この理由からして、ある論理に依存した順序に即して並べられており、発表年月に従って並べられているのではない。これらの日付は、主題の相違と同様、ある時には動機の移動を、ある時にはその反復を説明してくれるだろう。必要と思われた場合には、初出の事情について巻末で指示されている。すべてのテクストは程度の差はあれかなりの修正を施されている。

外記

バタイユとその註解についてのささやかな省察によって、私はただ「外記」（l'excrit）というひとつの語へと導きたいだけである。なぜバタイユを起点としてなのだろうか。理論的論議を超え、かつそれなしで済ませるような、バタイユとの共同体《コミュノテ》のゆえである（ただし、バタイユの悲劇的宗教と呼びうるものとのあいだの論議は、過酷なとは言わないまでも、激しいものとなるだろうと私は想像することができる）。この共同体は次の点に由来する。限界に触れることなしには、それが何であれ伝達《コミュニケ》することができないという不可能性に由来するような快楽と苦痛を、バタイユが直接的に私に伝達しているという点に。そして、この限界にあっては、単なるインクの染みが語からはみ出して広がるように、意味《サンス》の全体が「意味」という語からはみ出し、自分自身の外へと広がっていく。意味のこのような横溢が意味を成すのだが、こうした意味の横溢〈転覆〉もしくは、それ自身のエクリチュール的起源の不分明さへの意味のこの横溢、それを私は外記と言う。

＊　＊　＊

バタイユについて註解するのをやめることが急務となっている（たとえ、明らかに註解と分かるすでに公刊されたバタイユの註解が、今でもごくわずかであるとしても）。われわれはこのことを知るべきだろう。ブランショはというと、彼にふさわしい仕方でそのことをわれわれに仄めかした。註解することへのこの拒否について註解することを拒否しつつ。

（ある意味では、ブランショと共に、ただちにすべてを「言説の中断」に委ねるべきだろう。「言説の中断（…）、冷酷な中断、円環の断絶（…）、心臓は打つのをやめ、饒舌な永遠の衝動も停止してしまう」[1]。）もっとも、これは「拒否」ではありえない。エクリチュールを通じてすでに差し出されたがゆえに、すでに註解に対して呈示され、実際、すでにみずから自分自身を註解し始めたもの。それを註解するという事態のなかには、単に非難されるべきものも、単に虚偽であるものも何ら決して存在しなかったし、これからも決して存在しないだろう。

ただ、これがバタイユの曖昧さなのだ。彼は言説のなかに、エクリチュールのなかに自分を投じた。それも、註解の必然性——註解の必然性とはつまりは註解それ自体の隷属性でもあるのだが——にことごとく服従しなければならないほど深く。彼ははるか前方へと思考を推し進めたので、バタイユの真摯さは彼から、彼のかつての唯一の「対象」であった神的で気まぐれで儚く消失する至高性を引き剝がしてしまった。（胸を引き裂くような、悲痛で楽しく軽やかなこの限界、退位することはないが、まったく逆に存在する根拠をもはやもたない——あるいはまた存在する根拠をいまだもたない思考のこの解放。一切の思考に先立つこの自由については、それを客体〔対象〕ならしめることも主体〔主題〕ならしめることも決して問題になりえない）。

しかし、バタイユがこうした身振り〔自由を客体もしくは主体ならしめること〕を、思想家、哲学者、著述家としてのこうした呈示と位置を回避したとき（いや彼は絶えず回避しているのだ、みずからの数々のテクストを、ましてやみずからの思想の「大全」ないし「体系」を完成させることなく、それどころか、時にはみずからの文をも完成させないことで、あるいはまた、ひとつの思考の流れを成す連鎖がひとつの論理もしくはひとつの話題として沈殿させるものを、狂わされ、たわめられた構文によって撤回させることで）――彼が回避したとき、彼はまた、われわれに彼が伝達していたものへの通路をも隠した。

「曖昧」（équivoque）、これは語だろうか。ひとつの劇《コメディ》、ひとつの幻影《シミュラクル》の曖昧さが問題であるなら、おそらくそうだろうが――ためらうことなく彼にもそれを帰さねばならない。バタイユはいつも、完成させることの無能力を演じてきた。エクリチュールを成すもの、言い換えるなら、同時的に内記と外記でありながら、エクリチュールを断つべく差し向けられた過剰を。彼がそれを演じたのは、彼が絶えず書いたからだ、至る所で、絶えず、みずからのエクリチュールの消耗を書きながら。このゲーム〔戯れ〕、この劇を、彼は語った、彼はそれらを書いた。グラス一杯の酒を呑み酩酊する代わりに、それについて話している自分を有罪者として書いた。語るために、と同時にこのゲームの法外でかつ空しい罪障性を溺れさせるために、数々の語と頁によって酩酊すること。それによってまた、こう言ってよければ自分を救うこと、ゲームそのもののうちに救いを見出せると過度の確信をつねに抱きながら。それゆえ、告解と免罪、罪への再度の転落、改めて赦しへと遺棄されるという、あまりにも明白にキリスト教的な劇から離れることはない。（劇としてのキリスト

（1）『無限の対話』（*L'entretien infini*, Paris, Gallimard, 1970, p. XXVI）。

教。償いえないものの償い。バタイユ自身、犠牲がどれほど劇であるかを知っていた。けれども、それに「純粋に償いえないもの」を対置することが問題なのではない。われわれを支配しているカタストロフの精神、それはより高度で、おそらくはより恐ろしい自由だが、しかし、まったく別の仕方で、われわれをこの自由から離脱させるはずだ。)

このような劇はわれわれの劇でもある。エクリチュールによる、そしてエクリチュールが贖うエクリチュールの犠牲《サクリフィス》。結局のところバタイユが維持した慎みと節度にもかかわらず、ある者たちがこの犠牲を更に劇に加えたのは疑いない。作家の手からの爪のこの引き剝がし、文学と哲学の地下室でのこの窒息をもとに、過度にこの犠牲がなされたのは疑いない。ただし、思考の流れ《シークエンス》が急いで再構成され、数々の裂け目が観念によって塞がれた場合は別であるが。(これら二つの場合は註解となる。) このことはバタイユによる数々の註解に対するいかなる批判へも向かうことはない(そこへ向かわねばならないとすれば、私も巻き込まれるだろう)。数々の力強く重要な註解があって、それらなくしては、われわれは、彼の註解をめぐる問いを提起することさえできないだろう。

それでもやはりバタイユはこう書いていた。「私は私に対する最も大きな不信感を目覚めさせたい。私は自分が生きたことがらだけを語る。私は頭の歩みに自分を限ることはしない」(『バタイユ全集』VI, 261)、と。

いかにして、この不信感によって冒されないでいられるのか。いかにして、単に読書を続行し、次いで本を閉じたり、余白に書き込みをしたりできるのか。もし私がこの一節を単に強調し、それを引用するなら、実際にたった今私はそうしたところだが、私はこの一節を裏切り、私はそれを「知解の状態」(別の箇所でバタイユが言っているように）に還元してしまっている。ただし、この一節はすでにおのずと何かへと還元されているのであって、そこでは知解が、すべてを汲み尽くすことは間違いなくないけれども、それでもやはり場面を監視しているのだ。更に別の箇所で、バタイユは、エクリチュールとは叫びの、非‐知の「仮面」であると書いている。まさにこのことを書くところのこのエクリチュールは、一体何をしているのか。このエクリチュールが一瞬覆いをはぐところのものを、それはいかにして隠さないでいられるのか。結局のところ、このエクリチュールはそれがそうであると言うところの仮面、それが「叫ぶ沈黙」に被せると言うところのこの仮面を、いかにして隠さないでいられるのか。打撃はかわすことができないし、言説の仕掛けないし策謀には抗い難い。湧き出てわれわれを聾するどころか、叫び（もしくは沈黙）は、そう名づけられ指示されることで、仮面の下に隠れてしまうのだが、この仮面は、それを糾弾するためにそれを示し名づけもしたと強弁されればされるほど、見分けのつかないものと化す。

だから、曖昧さは不可避であり、それは乗り越え不能である。曖昧さは意味それ自体の曖昧さ以外のものではない。意味はみずからを意味づけねばならないが、意味を、こう言ってよければ意味の意味を成すものは実際には、「この空虚な自由、意味をもつという任務を結局もはやもたないものの無限の透明性」（VI, 76）以外のものではない。バタイユはこの任務を絶えず放棄したし、彼はこの任務から逃れるため――自由へと到達し、自由によって傷つけられるため――にのみ書いたのだが、書きながら、話しながら、彼はいくつかの意味作用を新たに担わされるほかありえない。「原理的な立場からこの沈黙にみずからを委ね、哲学し、話すことはつねに混濁していて怪しい。地滑りのようなものがなければ〔それらの〕実行はありえないのだが、この場合それが思考の運動そのものなのである」（XI, 286）。曖昧さ、それは思考の経験を剝き出しにするために思考を経由することである。これが哲学であり、これが文学である。しかしながら、剝き出しにされた経験は愚鈍（stupidité）ではない――この経験のうちに呆然自失（stupeur）があるとしても。

バタイユについて少しでも註解するなら、バタイユを意味の方向へ、一義的な（univoque）何かのほうへと差し向けることになる。だからバタイユ自身、彼が最も共同したがっているところの思考について書こうと欲したとき、彼は『ニーチェについて』を、ニーチェを註解しないこと、ニーチェについて書かないことに本質的に委ねられた運動のなかで書いたのだ。「ニーチェは〝その血をもって〟書いたのだが、彼を批判する者は、それどころか彼を経験する者は、自分も血を流すことでしかそうできない」。「もはや一瞬たりとも疑わないでもらいたい、全体のなかへの炸裂的解消を体験するよりも前に、ニーチェの作品の語をひとつでも聴くということはなかった」（VI, 15, 22）。

しかし、著者が誰であれ、いかなるテクストであれ、どんな註解についても事情は同じである。書かれたもの――註解という書かれたものもまた（どんな書かれたものも多少は註解なのだが）――において重要なのは、思考するもの（必要なら思考の限界で思考するもの）は、余すところなく一義性に委ねられることも、加えて多義性（plurivocité）に委ねられることもなく、意味の負荷〔任務〕のもとで躓き、この負荷を不均衡状態に置くということだ。バタイユはこのことを不断に曝露し続ける。彼が取り上げているすべての主題と合致することなく、彼が討議するすべての問いを貫いて、「バタイユ」とは彼の言説の意味作用に対する抗議にほかならない。彼の言説を読みたいと欲するなら、読解はただちに、それがそうであるところのこの註解に対して、それがそうであらざるをえない了解に対して謀反を起こすことになるのだが、その場合には、各々の行に、意味に反対するエクリチュールの仕事ないし作用を読み取らねばならない。

このことは、無意味とも不条理とも、哲学的もしくは詩的な神秘的秘教主義とも何の関係もない。これは――逆説的にも――文そのものに、語と構文そのものに密着しながら、所与でありかつ認知可能な意味そのものを圧迫する不器用で屈曲させられたひとつの仕方、いずれにしても可能な限り「文体《スティル》」（ボルヘスの言うように「音響的‐装飾的意味での」）の操作から逃れたひとつの仕方であり、また、この意味の、まずはわれわれへのではなく、この意味それ自身への、それが意味し、みずからを意味づける可能性への伝達を阻止し圧迫するひとつの仕方である。読解それ自体はというと、つねに重苦しく、気詰まりなものであり続け、判読することをやめることはないが、つねに判読の手前にある。この読解は言語の奇異な物質性のなかに捕らわれたまま、単に意味によってなされることなきある特異な伝達と一致しているのだが、この伝達は言語そのものによってなされる、というよりもむしろ、脆弱で繰り返される意味の宙吊りのなかで、意味を解き放つことなき、言語の言語それ自体への伝達にほかならない。真の読解は知ることなく進む。それはつねに、意味について想定された連続体の、正当化不能な断面のごときものとして、一冊の書物を開く。真の読解はこの裂け目のうえで迷わねばならないのだ。

　このような読解――それは何よりもまず読解そのものであり、どの読解もそれに先立つエクリチュールの突然の、爆発的で横滑りし易い運動に不可避的に委ねられ、読解はエクリチュールを他所で、別の仕方で再‐記入することでしか、エクリチュールを自分自身の外へと外‐記することでしか、エクリチュールに追いつくことがないのだが――、このような読解はまだ始まっておらず（読解の始まり、つねに再開されるその開始である）、それは解釈し、意味づけさせる準備も整っておらず、そうした立場にもない。真の読解とはむしろ、作家がそこで自分を曝露したような言語へのあの遺棄への遺棄である。「純然たる伝達は存在せず、伝達されたものはひとつの意味とひとつの色をもつ……」（II, 315）のだが、ここでは意味は動きを、進行を意味している。真の読解は自分がどこへ行くかを知らず、それを知る必要もない。他のいかなる読解もかかる読解なしには可能ではなく、どの「読解」（註解、釈義、解釈の意味での）もそこに戻らねばならない。

しかしこのようにして、バタイユとその読者は曖昧さからすでにずれてしまっている。一方に、意味の曖昧さ――あらゆる可能的な意味の、すべての「知解行為」によって増やされた数々の一義性の曖昧さ――があり、他方に、一切の可能的意味を荷降ろしした意味の「曖昧さ」があるのではない。結局のところ、これはまったく別のものであり、バタイユはそれを知っていた。それはおそらく、バタイユが他の何ものにも先立って、「何も知らないことで」「知っていた」ことであろう。それは、みずからを隠しつつみずからを差し出し、みずからを意味づけつつみずからを隠すような、意味の必然的で嘲笑に値する仕掛けではない。そこに留まることは、エクリチュールを決定的な仕方で糾弾し（間違いなくこのような糾弾はバタイユに取り憑いていた）、知解から逃れて生と同一的なものとなったエクリチュールを肯定せんとする意志を滑稽で耐え難いものとして糾弾しもする（「私はいつも自分の著述のなかに私の生の全体と私の人格の全体を込めてきた。私は純粋に知的な諸問題が何でありうるかを知らない」（VI, 261））。なぜなら、これはつねに、依然として、意味に満ちた言説であって、それが話題としている「生」をくすねてしまうからだ。

他なる何か――それを「知ること」なしには、いかなる書き手もがそうであるようにバタイユが書かなかったであろうもの、それは次のことだ。すなわち、実際には「曖昧さ」は実在しないということ、あるいはまた、思考が意味を考慮しているあいだしか実在しないということ。けれども、エクリチュールはそれが数々の意味づけを内記するのとまったく同様に意味を外記することが明らかになるや否や（意味のいかなる考慮にも先立ってこのことは必然的に明らかであるのだが）、もはや曖昧さはない。エクリチュールは意味を外記する、言い換えるなら、エクリチュールは、問題となっているもの、事象そのもの、バタイユの「生」もしくは「叫び」、要するにテクストのなかで「問われている」一切の事象の実存（これが最も特異なことだが、エクリチュールそのものの実存も含めて）はテクストの外にあり、エクリチュールの外で生じる〔場所を持つ〕のだ。

しかし、この「外部」は、意味作用が送り返されるところの指示対象《レフェラン》（たとえば「わが人生」という語彙によって意味づけられるバタイユの「現実の」生）の「外部」ではない。指示対象がそれとして現前するのは意味作用によってでしかない。けれども、「外部」――全面的にテクストのなかに外記された――とは、それによって、各々の実存が実存するところの意味の無限の退却である。生《な》まで物質的で具体的な、意味の外にあるとみなされる、意味が表象するところの所与ではなく、それによって実存者が現前へと――そして不在へと至るところの「空虚な自由」なのだ。こうした自由は、それが空しいという点で空虚なのでない。おそらく、この自由はひとつの企図に向けて秩序づけられてはいないし、ひとつの意味に向けてもひとつの仕事＝作品《ウーヴル》に向けても秩序づけられていない。もっとも、この自由は意味の仕事＝作品を経由することで、世界‐内‐存在の援用不能で搾取不能で知解不能で基礎づけ不能な存在を、裸で曝露し供与しようとするのだが。存在が、存在するものが、諸存在が――あるということ、特異にもわれわれが、われわれの共同体（エクリチュール‐読解の共同体）があるということ。まさにこれこそ、可能的なすべての意味へ向けて呼び出すところのものであり、まさにこれこそ、意味の場所そのものであるけれども、意味を有さないものなのだ。

書くこと、そして読むこと、それはこの非‐所有へと（この非‐知へと）、ひいては「外記」（excription）へと曝露され、それへとみずからを曝露することである。外記されたものは最初の語からすでに外記されるのだが、それは「語りえないもの」もしくは「内記＝登録不能なもの」としてではなく、逆に、エクリチュールのうちでのエクリチュールそれ自体への、意味の無限の放出——この表現に与えうるすべての意味で——である限りでの、自分自身の内記への開けとしてである。書きながら、読みながら、私は事象そのもの——「実存」「現実《ル・レール》」——を外記するのだが、それは外記されてしか存在せず、この存在は内記の唯一の賭金を成している。数々の意味づけを内記＝登録しながら、一切の意味づけから退却するものの現前、存在そのもの（生、情念、物質……）を外記するのだ。実存の存在は現前化不能ではない。それは外記されて現前するのだ。バタイユの叫びは仮面を被らされているのでも窒息させられているのでもない。彼の叫びは、聞かれることなき叫びとしてみずからを聴き取らせるのだ。エクリチュールのなかでは現実は表象されず、現実は、エクリチュールが各瞬間に自分自身を放出するような外記における存在の未曾有の暴力と節度を、その不意の捕獲と自由を現前させる。

しかし「外記」（excrit）は言語に属するひとつの語ではないし、破格語法との謗りを受けることなしには、私がここでそうしているように、それを捏造することもできない。「外記」という語は何も外記しないし、何も書かない。この語は不器用な身振りをなすことで、単に書かれねばならないもの——それはつねに言語に確信をもてない思考に密着している——を指し示そうとする。「書くという語の剝き出しの裸が残る」とブランショは書き、(2) 彼はこの裸をマダム・エドワルダの裸に比している。

バタイユの裸が残る。一切のエクリチュールの裸を曝露するところの彼の裸のエクリチュールが。あたかも皮膚のように、快楽のように、恐れのように、曖昧でかつ明晰なもの。しかし比較は十分ではない。エクリチュールの裸は実存の裸を存在する。エクリチュールが裸であるのは、それが「外記する」からであり、実存が裸であるのはそれが「外記された」からだ。

一方から他方へと、「意味」全体を成すところの意味のこの宙吊りの、荒々しく軽やかな緊張が移ってゆく。この享楽はあまりにも絶対的なので、みずからの歓喜のうちで失われることでしか、そこで横溢することでしかこの歓喜に到達することはなく、また、この享楽は現前の不在の中心（心臓のように打つ不在）として現前する。外記されるのは、物々の心臓なのである。

ある意味では、バタイユは、意味作用を斥けるが、それ自体が伝達であるようなこの現前によってわれわれに対して現前しなければならない。とはいえそれは、集められ、伝達可能なもの、解釈可能なものにされたひとつの作品ではなく（かくも貴重でかくも必要な『全集』はつねに気詰まりを引き起こす。『全集』は、数々の断片と機会によって書かれたものをまるごと伝達するのだから）、有限性の外記の有限なる足踏みである。無限の享楽、苦痛、官能がそこで放出されるのだが、これらはあまりにも現実的なものなので、それらに触れること（外記されたものとしてそれらを読むこと）はただちに、それらが意味作用をもたないことの絶対的意味についてわれわれを確信させる。

更にある意味では、これは死せるバタイユ自身である。言い換えるなら、人間がかつて実存し、今読んでいるものがかつて書かれたとの確信、みずからの作品の意味とみずからの生が同じ剝き出しの裸であり、意

（2）『後で』（*Après-coup*, Paris, Minuit, 1983, p. 91)。

味の同じ剝奪であるとの混同を犯す明証のなかで、読解の各瞬間が誇張されるのであって、この意味の剝奪は、（外の）エクリチュールの隔たり全体によって、〔作品と生という〕二つの意味を互いに遠ざけるのでもある。

死せるバタイユならびに、バタイユのエクリチュールが置き去りにした彼の贈物たる書物。それは同じものであり、註解し理解することの同じ禁止である（それは殺すことの同じ禁止である）。容赦ないが悦ばしい歯止めをどの解釈学にも与えねばならない。エクリチュール（と）実存が新たにみずからを曝露する、特異性のなかに、現実のなかに、「人間たちの共通の運命」（XI, 311）の自由のなかにみずからを曝露するためには。

バタイユの死について語りながら、ブランショは書いている。「数々の書物の読解は、これらの書物がそこに退却するところのこの消失の必然性へとわれわれを開くはずだ。数々の書物それ自体はひとつの実存に差し戻される[3]」。

（3）『友愛』（*L'amitié*, Paris, Gallimard, 1971, p. 327）。

犠牲にしえないもの

「パンフィリアによると、タレースはエジプト人たちから測地術を学び、円のなかに直角三角形を書き込んだ。この発明のために彼は牛を生贄に捧げた」。

（ディオゲネス・ラエルティウス『著名哲学者たちの人生、学説、格言』第一書）

I

最も遅く見積もっても、ラスコー時代の人間に、犠牲（sacrifice）の実践を認めるのはおそらく理にかなっている。それゆえ、約二百世紀にわたる犠牲の歴史を何よりもまず表象しなければならないだろう。そして次には、われわれの世紀に至ってもなお、西洋の周縁で、あるいはまた西洋の秘められた襞のなかで実行され続けている何百万という犠牲の儀式のことを。

このような表象は単に、これら無数の祭壇、これらの聖別された場所、そこから立ち上る煙、そこを流れる血、酒類、そこに撒かれた水、そこに捧げられた様々な果物やパンや財宝など、あらゆる産地からの供物から成る光景を造り上げるためだけのものではない。もっとも、このような光景は、われわれにおいて、われわれにとって、犠牲が奇妙にも不在であるということをきっとわれわれに見定めさせるにちがいない。というよりもむしろ、生贄の曖昧な、もしくは不分明な現前を。なおもわれわれのあいだに祭壇があるとしても、その司祭たちは、かつてと同じ犠牲ではもはやないことをわれわれに知らせるだろう。この点には後で立ち戻ることにしたい。それこそが事のすべてであるからだ。しかし大抵は、犠牲がそれに向けて命ぜられているところのもの、犠牲がそれに向けて命ぜられたとわれわれが表象するところのもの、融即、合一、共同体ももはや維持されていないし、維持されているとしても、同じ仕方では維持されていない。ニヒリズムが「共同体はもはや存在しない」と言明するたびに、それはまた、犠牲はもはや存在しないと言明してもいる。ニヒリスト的ではない様相で、この言明を改めて取り上げることができるだろうか。それがこの試論の最終的な問いである。

* * *

人類全体が、とは言わないまでもその大部分が、「犠牲」とわれわれが名づけたところの何かを実践してきた。しかしながら、西洋は、そこで犠牲が奇異な仕方で乗り越えられ、超克され、昇華され、止揚されるような、もうひとつ別の土台に立脚している。（これは、犠牲それ自体が犠牲にされるという意味だろうか。この点には後で立ち戻ることにしよう。）ここで、もうひとつ別の表象を呼び起こすべきだろう。すなわち、このわずか一〇世紀ほどのあいだに、西洋の土台の縁で、次いでその中心で、犠牲がそれ自身から引き離され、みずからを軽くし、姿かたちを変え、引き籠るに至った、このわずか一〇世紀ほどの期間のイメージを。それはイスラエルの預言者たちにおいて、ゾロアスター教徒において、儒教徒において、仏教徒において生じるし、それは最後には哲学ならびにキリスト教のなかで生じる。「～のなかで」と言ったけれども、「それは哲学として、キリスト教として、あるいはこう言ったほうがよければ、存在‐神学として成就される」とはみなされない限りで、そうであるにすぎない。おそらく、犠牲の弁証法的な引き受けないし止揚ほど明確に（いかにそれが不分明な仕方であれ）西洋を指し示すものは何もない。実際、厳密な意味での歴史の限界を考えてみるなら、インド＝ヨーロッパ的空間は、消失させられたとは言わないまでも、少なくとも、弱められ、逸脱させられた犠牲をまずは呈示している、とはっきり言わねばならない。あたかも犠牲が終わるところで西洋が始まるかのように、すべては進行している。たとえばバタイユが何度も繰り返したように、進化は生贄にされることへのいや増す恐怖によって推進され、「それほど衝撃的ではない宗教的態度」を求めることで生じたのだと言うのでは十分でないのは間違いない[1]。犠牲のこの（外見だけの）「人間化」については、おそらくその数々の理性的根拠（それは西洋そのものの根源と同定される）よりもむしろ、その深い賭金を把握しなければならない。

　これは題辞《エピグラフ》が象徴的に表そうとしていたことである。タレースについてのこの小話は、科学が犠牲によって称えられていた奇妙な混交の時代にわれわれを差し向けるが、それに対して、われわれは今、幾何学の根

（1）　バタイユ『全集』（Bataille, *Œuvres Complètes*, Gallimard, t. VII, p. 280）。

源はこのような混交の解消のなかにこそ存しているのを知っている、というか、知っていると思っている。（類似した仕方でヘーゲルは、興味津々の好奇心と非難の気持ちとの混交のなかで、クセノフォンは軍の先頭で、毎日生贄を捧げ、それに則って軍事的な作戦を決めた、と報じている。(2)）今日では、幾何学以外の諸科学が犠牲をその対象としている。しかし最後には、これらの科学は、犠牲という対象はしっかり構築されておらず、紛い物であり、言ってしまうなら、「過去の思考カテゴリー」であるとわれわれに知らしめることになる。もっとも、次のように言うところまで行かねばならないかもしれないのだが。すなわち、「究極的には、われわれのシステムのなかでは、犠牲は空虚なマス目としてしか実在しないが、ただしそれは、侮蔑からにせよ／魅了されたからにせよ、他者への拒否が創設されるような戦略的位置である(3)」。われわれはもはやタレースの身振りを理解できないし、タレースが自分自身を理解していたのかどうか、理解していたとして、いかにして理解していたのかを知ることさえない――ところが、それだけによりいっそう、われわれはまさにこの身振りに引き寄せられ、魅了されるとは言わないまでも幻惑されるのである。

（もっとも、ここで次のような指摘をしておかねばならない。犠牲の非西洋的な実践に直面した場合、われわれが有している犠牲の観念は妥当ならざるものであろうが、このような性格はおそらく、他の数々の非妥当性、更には非妥当性一般とまったく異質なものではない。われわれはある意味では、西洋の外で、「食べる」「接吻する」「命令する」が何を意味しているかを知らない。この意味では、われわれはわれわれがすでに意味づけたもの以外には何も知らないのだ。ところで、犠牲の場合（そして、他のいくつかの場合）には、われわれの用いている〔sacrificeという〕語それ自体がわれわれの発明による。このラテン語／キリスト教的な語は、他所から来た他のどんな語も語ることのない何かを語っている。この語は翻訳しているのではない。それはひとつの意味作用を創設しているのだ。結局のところ、«sacrifice»は、この語が有するあらゆる可能性において、西洋が練成したものである。おそらく、論争を拒絶して、極端な場合には、われわれにおけるすべての意味作用も同様である、と言うことも可能であろう。しかるに、（これだけが唯一の場合ではないとはいえ）«sacrifice»という語の場合には、新たな語は、それに先立つ他の数々の語の意味作用を覆うと同時に、先行する意味作用すべてを廃棄もしくは昇華することを目指すある新たな意味作用を創設しもする。«sacrifice»という語のなかでは、数々の語が不分明な仕方で犠牲に捧げられているのだろう。«sacré»〔聖なるもの〕と係わる語彙集の全体がこの語に関与している。ただ、この点にこだわっているわけにはいかない。）

（2）『エンチュクロペディー』（*Encyclopédie*, t. III, B. Bourgeois, Vrin, 1988, p. 414）。

（3）M・デティエンヌとJ‐P・ヴェルナンの『ギリシャの国における犠牲の料理』（M. Détienne et J.-P. Vernant, *La cuisine du sacrifice en pays grec*, Gallimard, 1979, p. 34（M. Détienne のテクスト）と p. 134（J.-L. Durand のテクスト））。これに加えて、二人の著者は、犠牲という倫理‐人間学‐論理学的観念が「恣意的」に構成される際に、「すべてを包括するキリスト教」（M・デティエンヌ）が果たした役割を強調している。彼らはもちろん間違っていない。ただそれには条件がある。「キリスト教」（キリスト教徒たちの信とは言わないにせよ）は、それがそれを実施するとともにそれに従うところの二重の哲学的弁証法化のなかでのみ、それ本来のものであるということを忘れてはならないのだ。そしてまた、犠牲の〈観念〉を練り上げることで、ここで私が他に適切な表現がないので「古代的犠牲」と呼ぶものへの接近を封じたのは哲学であるということを。人類学的調査が、犠牲の諸形式の統合不能な多様性に出くわすとき、人類学的調査もまた、この閉鎖性によって、逆の仕方ではあるが指揮されているのである。古代的犠牲については、われわれはそれと接することができないとはいえ、この犠牲の真の統一性があると考えないのは難しい、少なくともそう言える。

II

バタイユの思考は、犠牲をめぐる現代の省察に憑依しないわけにはいかない。この思考それ自体については、私は後で語らねばならないだろう。さしあたりは、私は、彼の思考にその範例的特徴をもたらすところの三つの弁別的特徴を指摘するにとどめたい。

一、この思考は偶然に、個人的気まぐれで突発したのでは絶対になく、この思考は、二〇世紀前半にそれを決定した一方では社会学的、民俗的、人類学的な、他方では哲学的、神学的、精神分析学的なひとつの文脈全体と強く結びつけられている。他の数多のありうべき確証のなかから、ひとつの例として、ジョルジュ・ギュスドルフの書物『犠牲の人間的経験』(*L'expérience humaine du sacrifice*)を参照することができる。「捕虜生活のなかで書き始められ[4]」た後、一九四八年に出版された書物である。ギュスドルフの展望はバタイユのそれとはまったく異なるが、ギュスドルフはバタイユを引用していて(彼は個人的にバタイユのことを知っていた)、参考文献のネットワーク、対象に付与された重要性、犠牲の必然的「乗り越え」という考え[5]へ向けられた緊張は、徴候とここでみなされたこれら二人の著者を超えて、憂慮関心と時代の広範な共通性を証示している。犠牲についての問いかけのうちには、現代思想の危機的な、あるいは決定的なひとつの点が存在している。このことが何に起因するのか、どの点でこのことがわれわれに係わるのかはもっと後で、おそらくもっと明瞭に見ることになるだろう。

二、知られているように、バタイユの思考は単に犠牲への格別な関心によって徴しづけられているだけではない。それはこの関心に強迫され魅了されているのだ。「犠牲の餌」はそこではまさに次のことに呼応すると言われている。すなわち、「子供のときからわれわれが待望しているのは、われわれを窒息させる秩序のこの転覆であり（…）、光のように魅了する死のこの限界の否定である」(6)。ここで問題となっているのは「〈宇宙〉の荘厳さと同じものであること」にほかならない。だから、バタイユは「犠牲の問いについては、それは究極的な問いであると言う必要がある」と書くことができたのだ。これまた知られているように、バタイユは犠牲を単に思考しようと欲したのではなく、犠牲に即して思考しようと欲し、犠牲そのもの、現勢的犠牲を欲し、とにもかくにも、自分の思想を、思考の不可欠な犠牲として絶えず呈示した。同じ運動によって、犠牲のモチーフはバタイユにおいては、犠牲的身振りそのもの、共同体《コミュノテ》ないし伝達《コミュニカシオン》の確立、みずからの伝達能力における技芸、そして最後に思考そのものを巻き込んでいる。

三、しかし、緩慢な移動、長きにわたる漂流がバタイユをして、犠牲の喜劇を糾弾し、それゆえ、犠牲の喜劇をひとつの帰結たらしめるのを放棄させるべく導いた。けれども、この放棄それ自体も、つねにおそらく脆く曖昧で、到達することがない。

バタイユだけにこだわることなく私がここで提起したいと思っている数々の問いは、彼の思考の経験がわれわれに対して例示を伴いつつ説明しているものに由来している。

（4）G・ギュスドルフ『犠牲の人間的経験』（Georges Gusdorf, *L'expérience humaine du sacrifice*, PUF, 1948, p. VIII）。
（5）同前（p. 267）。
（6）バタイユ『全集』（t. XI, Gallimard, 1988, p. 484）。続く引用は t. VII, p. 264 et 538 による。

犠牲による魅惑のなかには何があるのだろうか。この魅惑はどこから発するのか。それは何に関与させ、何のなかに自己を関与させるのか。実のところ、われわれと犠牲との連関は何から成っているのか。西洋全体が、ある意味では犠牲との連関において決定されているのではないか。そして結局のところ、この連関は西洋の閉域（clôture）にわれわれを縛り付けるものではないのか。要するに、現実の犠牲の終末ならびにその幻想の閉域をしかと見定める時なのではないだろうか。結局のところ、もはや何も犠牲に負うことのない、そしてまた、犠牲的ならざるある宗教の啓示——かかる宗教はほかならぬ啓示への通路たる糸車にわれわれを括りつけることしかできない——にも依存しないような（私はルネ・ジラールと現代のキリスト教のあるひとつの運動全体のことを考えている）参画と伝達を気にかける時なのではないだろうか。

Ⅲ

西洋と犠牲との最初の連関の本性はどのようなものだろうか。あるいはまた、もっと正確を期すなら、人類の残余の数々の犠牲との（あるいはまたこれらの犠牲の数々の代理表象との）いかなる関係に即して、西洋は、こう言ってよければそれ自身の「犠牲」を（強調しておくべきだとすれば、「犠牲」の名におそらく唯一呼応しうるものを）練成するのだろうか。

ソクラテスとキリストは、この連関が決定的で創設的なものだということをわれわれにはっきり告げている。しかるに、いずれの場合にも、問題となっている連関は距離をはらんだものであると同時に反復的な連関だ。一方と他方の登場人物（存在‐神学の二重の登場人物）は、きわめて断固として、きわめて決然と犠牲から身を引き離すと同時に、犠牲の変身ないし変容を提案している。したがって何よりもまず問題となるのはミメーシスなのである。古代の犠牲はある程度まで、ミメーシスの形式もしくはその図式のなかで再生産されている。しかし、この再生産は、犠牲のまったく新たな内容、それまで倒錯させられていたとは言わないまでも隠され見誤られていた犠牲のひとつの真理を啓示するべくなされたのだった。まさにこの事実からして、古代の犠牲は翻って、それ以降変容させられた犠牲が実行することになるものの先行的模倣、その粗野なイマージュのみを構成したものとして表象される。実のところ、「古代の犠牲」については、その数々の表象すべてが、変容させられた犠牲にもとづいて構築されているということ以外には、おそらく厳密には何も言うべきことはない。それとは反対に、新たな犠牲は、単なる伝承ないし自然的発生の道を通って、荒削りなその下書きから生まれるのではない。まさに自己を開始させるためには、この「ミメーシス的断絶」の挙措が新たな犠牲には必要である。

＊＊＊

（ぐずぐずするつもりはないけれども、ついでに次のことを指摘しておこう。総じて、われわれにとって、「ミメーシス的」であってはならないような何らかの「断絶」があるのだろうか。この原理は、われわれが数ある解釈のなかでも「父殺し」ないし「革命」として指し示すところの支配的な解釈に適用されるのではないだろうか。では、これらの解釈はどの程度、犠牲との関連でなされた挙措への依存のなかに存しているのだろうか。言い換えるなら、最終的には犠牲についての開示された真理に自己を捧げる（もしくは自己を犠牲にする）ために、そこで犠牲が犠牲にされる――犠牲が生贄として捧げられ放棄される――ところの挙措への依存のなかに存しているのだろうか。犠牲の犠牲による犠牲への犠牲。もちろん、この言い回しのなかでは、語の価値が瞬間ごとに弁証法的に移動する。けれども、この移動はおそらく、最終的には、語の、それゆえ、この点を語ることにまだ意味があるとして、事物そのものの指定可能な一切の価値の解体を説明するだろう。後でこの点と取り組もう。）

＊＊＊

西洋的（あるいはこう言ってよければ西洋流の……）犠牲のミメーシス的断絶は、いくつかの数の性質によって判別されるような新しい犠牲を呈示する。これは、これらの性質の特徴すべてが古代の数々の犠牲にはつねに端的に欠如しているという意味ではない――そもそも、これら「古代の」犠牲の真理を辿り直すことがなおも可能であるとしてだが（これが問題のすべてである）。そうではあるが、犠牲の存在‐神学によって四つの性質が明確に要請され呈示されている。

一、これは自己犠牲（auto-sacrifice）である。ソクラテスとキリストは告発されている。一方も他方も、不当な告発によって告発されているのだが、この告発はそのようなものとして、犠牲者たちによっても死刑執行人たちによっても犠牲として表象されることがない。にもかかわらず、かかる告発における帰結は反対に、存在全体によって、生によって、思考によって、犠牲者たちからの音信によって求められ欲せられ要求された犠牲として表象される。これは、これらの語の最も充溢した意味で、属格の de の二重の価値において、主体の犠牲〔主体による犠牲にして、主体が犠牲にされること〕なのである。

『パイドン』は、主体ソクラテスによる状況の固有化的反転以外のものを呈示してはいない。彼は牢獄にいて、そこで死ぬことになっているが、彼がそこで牢獄として指し示しているのは地上の、現世の生の全体であり、死によってそこから解放されるのが望ましい。かくして哲学は、単にこの解放についての知識としてではなく、この解放固有の実行として現れる。「哲学によって、必要なだけ純化された者たちは、残された持続の全体にわたって絶対的に肉体なしで生きるのです、云々」[7]。こうして哲学者は、この言葉を発した数秒後に、ためらうことなくみずから毒人参を飲み、神々に向けて「この転居の幸いなる成功を」[8]祈願するのだった。

キリストのほうは、ケノーシスというパウロ的教説が知られているが、この挙措によってキリストは「神の姿をしていたが（…）自分を空虚にし」[9]、死に至るまで、その死をも含めて人間となった。被造物の死を司る主人たる神が自分自身にこの死を科し、そうすることで自分自身とその栄光にみずからを委ねる。創造のなかに流布されたみずからの生とみずからの愛に。

一方にとっても他方にとっても、真の意味での（なおもこのような言い方ができるとして）犠牲という出来事、死を科することは、端から端までそれ自体が犠牲であるような生の過程と真理に単に節目をつけ、それを曝露するにすぎない。西洋ということで問題となるのは、数々の犠牲によって維持されるようなある生ではもはやなく、また単に、典型的なキリスト教の表現を用いるなら、「犠牲の人生」でさえない。そうで

（7）『パイドン』（*Phédon*, 113c）。
（8）同前（117c）。
（9）『フィリピ人への手紙』（*Epîtres aux Philippiens*, II, 6 sq.）。

はなく、それ自体で、それ自体において全面的に犠牲そのものであるような生が問題なのだ。聖アウグスティヌスは書いている。「われわれの肉体を、神のお気に召す生きた聖なる遺物ならしめるよう使徒がわれわれを説得するとき、（…）われわれはわれわれ自身が、使徒の語るこの犠牲の全体なのである」[10]。主体の生——あるいはまたヘーゲルが〈精神〉の生と名づけるもの——は、自己を犠牲にすることで生きるような生である。別の調子で、ニーチェそのひともこのような生を証示している。もっとも彼は犠牲の道徳を信用していないのだが。「『何かのために自分の生を与えること』——大変な効果だ。それにしてもひとは多くのもののために自分の生を与える。数々の情動は一緒に、ひとつひとつ満足させられることを欲している。（…）どれほどのひとが自分の生を美しい女たちのために——更にはもっと悪しきことだが、自分の健康のために犠牲にしたことか！　情熱家であるときには、ひとは本能的に危険なことがらを選択する。たとえば、哲学者である場合には思弁〔投機〕の冒険を、有徳の士である場合には背徳性の冒険を。（…）ひとはいつも何かを犠牲にするのである」[11]。

二、この犠牲は一度限りであって、それは万人によって遂行される。もっと正確には、万人がこの犠牲へと集められ、供され、捧げられる。ここでもう一度聖パウロを引用しよう。「どの司祭も毎日立って、祭式を行い何度も同じ犠牲を捧げたが、彼らは数々の罪を取り除くことは絶対にできなかった。彼は逆に、数々の罪のために一度限りの捧げ物によって一度限りの犠牲を捧げ（…）、彼が聖化した者たちを永遠に瑕疵なき者たらしめた」[12]。聖アウグスティヌスは後にこう言うだろう。「贖われた者たちの国全体、聖人たちの集まり全体が、最高聖職者によって、一度限りの普遍的犠牲によって、神に捧げられる。最高聖職者自身われわれのために、奴隷の形をまとって受難へと身を供するのだが、それはわれわれの肉体がかくも厳かなひとりの主の肉体となるためである」[13]。

犠牲の一回性はこのように、範例的で、そのようなものとして価値をもつ一回性（それは何よりもまずソクラテスの犠牲であるが、こう付け加えることができるだろう。総じて、数ある範例のそのまた範例は犠牲ではないだろうか）から、一切の特異性（singularité）がそのなかで、それへ向けて犠牲にされるところの生と実体の一回性へとみずから移動し——みずからを弁証法化する。この過程の果てにはもちろんヘーゲルがいる。「国家の実体は、そこで、特異者たちの特殊な自己‐による‐存続ならびに、所有物の外的定在（être-là）、自然的生のうちにそれらが埋没するという状況が虚無として感得されるような力能［であって］、この力能は、この自然で特殊な定在の犠牲による普遍的実体の保存——この犠牲は国家という力能が含意する内的構えのなかで実行される——を媒介する」[14]。

ソクラテスの弟子はというと、この弁証法のなかにいわば外的契機をもたらした。プラトンの『法律』は、「女たち一般」[15]やあらゆる心配性な人々が時と場所を構わず増やし続ける私的な祭壇やら犠牲やらの禁止を制定している。こうした私的な犠牲はましてや不信心者によってさえ捧げられているのだから、プラトンが明

（10） E・メルシュ『キリストの神秘的身体』（E. Mersch, *Le corps mystique du Christ*, t. II, Desclée, 1951, p. 114）で引用された『神の国』の一節（ただしここで与えられた引用は不正確である）。
（11） ニーチェ『全集』（*Werke*, éd. Schlechta, vol. III（Naclass）, München, Hanser, 1956, p. 803）。
（12） 『ヘブライ人への手紙』（*Epître aux Hébreux*, X, 11-14）。
（13） 『フィリピ人への手紙』（II, p. 6 sq.）。
（14） ヘーゲル前掲書、第五四六節（p. 325）。

言するところでは、国の全体がそれで被害を蒙るだろう。したがって、犠牲の諸効果の伝播（communication）ないし感染（contagion）があるわけで、国家による犠牲は、かかる伝播ないし感染をうまく規制するべく配慮しなければならないのだ。

プラトンのはるか後で、また、ヘーゲルそのひとよりもはるか後で（もっとも私は単なる家系を示唆しようと欲しているのではないけれど）、ユンガーは「総力」戦争の近代的経験を次のように描写しうるだろう。「同意された数々の犠牲の途方もない総体が、われわれ全員を統合する唯一のホロコースト〔燔祭〕を形成する！」――後にバタイユは「神秘主義」を称えるためにこの文を引用することになる[16]。西洋的犠牲は、制限なき参画〔融即〕と伝達の秘密を握っている。

三、この犠牲は、それがあらゆる犠牲もしくは犠牲一般の開示された真理であるということと不可分である。だからこの犠牲は単に一回的なものなのではなく、その一回性のうちに、犠牲の原理ないしその本質への上昇を含んでいる。

注目すべきことに、『パイドン』は、私が「古代の」と言うところの犠牲への二つの準拠によって統制されている。実際、冒頭で知らされるのは、判決が下された後で、ソクラテスの死が延期されねばならなかったということだ。というのも、ミノタウロスに対するテセウスの勝利――言い換えるならミノタウロスがアテネ人たちに強制していた犠牲の終末――を毎年祝福するデロスへの旅がなされている間は刑の執行は禁じられているからだ。末尾では反対に、よく知られているように、ソクラテスは、まさに死のうとする瞬間、毒によってすでに半ば麻痺しながら、この最後の言葉を発する。「クリトンよ、われわれはアスクレピオスに雄鶏一羽借りがある。忘れないで清算しておいてくれ！」、と。解釈は――テクストそれ自体がこれを欲しているのだが——意味深い曖昧さに委ねられる。みずからの肉体を犠牲にすることで魂の健康を取り戻すソクラテスが神に治癒を感謝しているのか、それとも、まさにこのとき彼のうちで哲学的純化が成就した犠牲に較べて空しい犠牲を、距離を置き、おそらくは皮肉を込めて、自分の死んだ後に遺しているのか。しかし、いずれの仕方でも、犠牲の真理はそのミメーシスのなかで明るみに出される。「古代の」犠牲は、主体が精神のなかで精神に向けて自己自身を犠牲にするようなこの真理の、外面的で、それ自身では空しいひとつの形象なのだ。更に主体は精神によって自己自身を犠牲にするのだが、真の犠牲は真理そのものへと供され、真の犠牲はこの真理のなかで、真理そのものとして成就される。魂の不死性の真理に費やされた対話の中ほどで、ソクラテスは、「諸君は、私の言うことを信じてくれるなら、ソクラテスのことはほとんど心配せず、真理のことを大いに心配したまえ！」[17]と言い放つだろう。

聖パウロ、アウグスティヌス、そして伝統の全体を経て、パスカルはこう書くだろう。「心の割礼、真の断食、真の犠牲、真の神殿。預言者たちは、これらすべてが精神的なものでなければならないと指摘した。——腐る肉ではなく、決して腐らない肉なのだ[18]」。

四、このように、犠牲の真理は、「腐る肉」をもって、犠牲それ自体の犠牲的契機を止揚する（*relever*）。まさにだからこそ、西洋的犠牲の最後の性質は、それ自体が犠牲の乗り越え、それも弁証法的で無限の乗り越

（15）『法律』（909d sq.）。
（16）バタイユ『全集』（t. VII, p. 253）。
（17）『パイドン』（91b-c）。
（18）『パンセ』（*Pensées*, éd. Pléiade 569, Brunschvicg 683）。

えであるのだ。無限のと言ったが、西洋的犠牲は、それが自己‐犠牲である点で、それが普遍的である点で、それが一切の犠牲の精神的真理を啓示する点で、すでにして無限である。しかし、西洋的犠牲はまた、それが犠牲それ自体の有限な契機を解消している点で、したがって、それがみずからの真理に到達するために、論理的には、犠牲である限りで自己を犠牲にされねばならない点でも無限であり、無限でなければならない。

以上が、感性的諸形色《けいしょく》の有限性のなかで遂行されるカトリックの秘蹟〔消費される聖体〕から、改革派精神の内面的信仰への移行の意味である。そして以上がかかる移行の思弁的真理である。「有限の否定は有限な仕方でしか生起しえない。ところで、これこそ一般に犠牲と呼ばれているものである。犠牲は、無媒介的有限性の無媒介的放棄であって、この有限性は私に特殊なものであってはならず、私はこの有限性をみずからのために欲することはないとの証言がそこには伴っている。（…）ここでは、否定性はある内面的過程によって現出することはできない。なぜなら、感情がいまだ必要な深さを有していないからだ。（…）要するに主体は（…）無媒介的所有と自然的実在だけを放棄するのである。この意味では、精神的宗教のなかには犠牲はもはやなく、そこで犠牲と呼ばれているものは比喩的《フィギュレ》な意味でしか犠牲ではない(19)」。

Ⅳ

つまりミメーシスなのだ。精神的犠牲は比喩的《フィギュレ》な意味でしか犠牲ではないのだから。実を言うと、かかる犠牲は「絶対的本質の自己自身との和解(20)」である。ミメーシス、しかし反復。犠牲は、犠牲的論理のより高度で、より真なる様相にとってのみ乗り越えられるのだ。実際には、それでもやはり本質の和解は、絶対的否定性と死の経由を要請している。この否定性によって――更にはこの否定性としてさえも、本質は自己を自己自身に伝える。「犠牲」の言わんとするところ、それはすなわち、自分自身の否定性のなかでの〈自己〉の固有化（appropriation du Soi）であり、犠牲的挙措が有限性の世界に遺棄されるとしても、それは〈主体〉（Sujet）のこの固有化の無限の犠牲的構造をよりいっそう引き立たせるためでしかないのだ。この事実ゆえに、古代の犠牲の外面的ミメーシスは、真の犠牲の内面的で真なるミメーシスと化すのである。バタイユはたとえばこう書いている。「ある意味では、犠牲は自由な活動である。一種のミメティスム。人間は〈宇宙〉のリズムに自分を合わせるのだ[21]」。

このようなミメーシスを「超‐固有化」（trans-appropriation）と呼ぶことができるだろう。有限なものの侵犯（transgression）による、この同じ有限なものの無限な真理の固有化。ある意味ではもはや犠牲はない。過程があるのだ。別の意味では、この過程は否定的なものの契機によってしか価値をもたず、この契機においては有限なものは無化されねばならないのだが、このような否定的なものの契機は、自己‐への‐現前の法則であるような法則の、いずれにしてもその侵犯であるような契機にとどまる。ところで、この侵犯は苦痛のなかで、更には恐怖のなかでなされる。たとえばヘーゲルにとっては、これは歴史の暗鬱で、血ぬられた、避けられない相貌である。しかしこのようにして、〈精神〉は自己へのその無限の現前を成就し、法則

（19）ヘーゲル『宗教哲学』（*Philosophie de la religion*, t. I, trad. Gebelin, Vrin, 1971, p. 223-224）。
（20）『精神現象学』（*Phénoménologie de l'esprit*, trad. Hippolyte, t. II, Aubier, 1951, p. 280）。問題となっているのはキリストである。
（21）バタイユ『全集』（t. VII, p. 255）。

は修復され賛美されるのだ。

ニーチェもまた、「この犠牲――そこにわれわれは含まれている、われわれとわれわれの隣人は――によって、人間的力能の一般的感情を強化し高揚させる」[22]ために、数世代を犠牲にせねばならない必然性として、しばしば歴史を解している。だから、このような犠牲は、ツァラトゥストラが言うように、「新しき板に新しき価値を書き込む者を磔にすることで、彼ら自身の未来を犠牲にしてしまう」「善人たち」[23]の犠牲とは対立する。ただし、前者の犠牲は、あくまで犠牲にとどまりつつ、ディオニュソスが〈磔にされた者〉と対立するように対立する。それは力能の引き裂きに抗する、引き裂きの力能なのだ。加えてそれはディオニュソスの巫女たちを想定しており、それは狂乱を想定しており、それは無限の引き裂きと苦痛が生じる点を想定している。

以上がミメーシス的断絶の結果である。犠牲はその有限な諸機能とその外面性から止揚されるが、魅惑された眼差しは、そのようなものとしての犠牲の残酷な契機に釘づけになったままだ。すでに見たように、宗教的犠牲を放棄するその同じヘーゲルが、戦争的犠牲の十全なる価値を国家のために改めて見出している。(「その苦しみの普遍性によって、普遍的性質を所有した」[24]、マルクスにおけるプロレタリアートについてはどう言えばいいだろうか。)犠牲を止揚することで、西洋はその経済的組成の残酷な契機による、また、その契機のための眩惑を構成している。そして、このことはおそらく、近代の戦争と技術の世界における苦しみの拡がりと露出にまさに比例しているのだ――少なくともある程度まではそうなのだろうが、この点については後でもう一度語ることにしたい。「決して腐らない肉」は、賛美されるべき一個の肉体から切り分けられたものにとどまり、この恐怖の秘密は、止揚の中心点から、弁証法の心臓＝中核から暗い光を放ち続けている。真理においては〔実を言うと〕、ヘーゲルがいかなる弁証法の心臓をもとうとも、この秘密がこの心臓を鼓動させているのであり、あるいはまた、もっと深刻な仕方で、弁証法的挙措がそれ自体でこの秘密を制定したのだ。西洋的精神化／弁証法化は、侵犯とその残酷さの無限の効力の秘密を作り出した。ヘーゲルとニーチェの後で、この秘密を凝視する眼が到来するだろう。明晰な意識、不可欠で耐え難い意識の感情を伴いつつ到来するのだが、これはたとえばバタイユの眼である。

それにしても、この眼は正確には何を見ているのだろうか。この眼はそれ自身の犠牲を見ている。この眼は、耐え難く我慢できない光景――犠牲の残酷な光景――を条件とすることによってしか、見ることができないということを見ている、さもなければ、それは自分が何も見ないことを見ている。

事実、近代的犠牲の心臓＝中核で古代的犠牲がつねに問われるとしても、ミメーシス的断絶はこの犠牲の古代的真理をわれわれに失わせるものだと打ち明けねばならない。というよりもむしろ、すでに私が示唆したように、断絶は、「犠牲的真理」の「喪失」の表象によって――そしてまた、残酷な契機の「真理」ゆえの眩惑によって構成されるのであり、この真理は古代の数々の祭儀から保存されたと称される唯一の真理なのだ。われわれの西洋的言説のその他の数々の決定的な場所で起こるように、真理――ここでは様々な犠牲的祭儀の真理――の喪失の表象は、喪失についてのひとつの真理の表象へと直接的に導いていく。ここでは、

---

(22)『曙光』(*Aurore*, II, 146)。
(23)『この人を見よ』(*Ecce Homo*)、「なぜ私は一個の運命なのか」(IV)。
(24)『ヘーゲル法哲学批判』(*Critique du droit politique hégélien*, trad. A. Baraquin, Éditions sociales, 1975, p. 211)。

犠牲者の、犠牲そのものの表象へと。

それでもやはり、喪失の、犠牲的破壊のこの真理はつねに全面的明断さで現前するわけではない。古代の数々の祭儀を解釈しても、この真理はなかなかこれらの祭儀の多様性を単一性に連れ戻せない。昨今、「犠牲」は作為的な概念であると専門家たちがわれわれに語っているのと同様に、犠牲を精神化する意識がつねに、犠牲の結局のところ異質な諸機能を取り戻すことについての明晰な意識であったということも確実ではない。聖トマス・アクィナスが犠牲に認めている三つの機能に限定するとしても、数々の罪の赦免、恩寵の維持、栄光の獲得という諸機能の錯綜し、おそらくうまく統合されざる運命を、神学のなかで辿るのは有益であろう（三つの機能と言ったが、これはおそらく、殉教、禁欲、正義と信仰の業という犠牲の三つの様相についても同様だろう[25]）。実際には、ただひとつのことだけが明晰なのであって、それは犠牲（もしくは複数の犠牲……）の内面化、その精神化、その弁証法化である。

しかるに、この明断さそれ自体は不分明なのだ。事実、精神化が「古代的」犠牲として現われさせるもの、それは人間と神的諸力能との純粋な物々交換経済である。すべてはバラモン的祭礼の次の定式（とはいわないまでも、少なくともこの定式についてわれわれが有している唯一の理解）に還元される。すなわち、「ここにバターがある、そちらの贈物はどこにあるのか[26]」。犠牲の「経済至上主義」（économisme）に対する告発は、キリスト教を貫いて継続されているのと同様、プラトン、ヘーゲル、バタイユ、ジラールを貫いて継続されてもいる。このように、西洋的止揚は古代の数々の祭儀に統一性＝単一性（物々交換のそれ）を指定するのだが、この統一性・単一性は止揚によって拒絶されるためにまさに作られたもので、止揚はというと、犠牲がそこでは真の犠牲であり続けつつも、自分自身の彼方に赴くとみなされるような「精神的」統一性＝

単一性を要請するのである。

おそらく、犠牲的経済についての過度に単純化されたこの商人的な最初の解釈は、これまで大いに論議されてきた。「我ハ汝ガ与エルタメニ与エル」(*do ut des*)は、それがいかなるものであれ犠牲を説明するには不十分なものとみなされた。しかし、一切の犠牲を、〈宇宙〉の諸部分ないし諸力の隣接への通路として、あるいはまた、共同体のなかでの競合関係の脅威の排除として表象するとき、それは依然として一般的な経済至上主義でしかない。実を言うと、経済至上主義は、そこで西洋が古代的犠牲の全体についてアプリオリに抱く表象の一般的枠組みであり、西洋が着手しようと意図しているのはこの経済至上主義の一般的「止揚」なのである。しかるに、精神化はおそらく、われわれが古代的犠牲に固有の意味作用をそれ固有の文脈で理解することを、そもそもの最初から不可能にしてしまった。みずからの神々に対して、「ここにバターがある。そちらの贈物はどこにあるのか」と言う者について、われわれはおそらく彼が何を言っているのかまったく分からない。なぜならわれわれは、この者がその神々と共に生きている共同体、犠牲を捧げる者たちが互いに形成する共同体について何も知らないからだ。そしてわれわれは、〈宇宙〉の諸部分の隣接関係と伝達について何も知らないのである。同様の仕方で、また、古代的犠牲に対してつきつけられたもうひとつの糾弾――この犠牲が自己－犠牲に至らない限り、それはまやかしの幻影(simulacre)でしかないという糾弾――に応じようとしても、われわれは、この文脈のなかでミメーシスが何であるかを知らない。せいぜ

---

(25)『神学大全』(*Somme théologique*, IIIa, qu.22,2,C; IIaIIae, qu.85, 3 ad 2)。

(26) ギュスドルフ前掲書(p. 45)で引用されている。

いわれわれは、レヴィ＝ブリュールがそこで見抜いたと思っていたことを、そこで見抜くと思うのみである。すなわち、ミメーシスがメテクシス〔分有〕、融即（participation）であるということを（もっとも、ここを経由してミメーシスの問いは再び経済の問いと結びつくことになる）。とはいえ、われわれは「融即」が何を言わんとしているのかを知らない。われわれにとって、それが同一性の混同であり、合一（communion）であって、その秘密がまさに犠牲のなかに見出されるということ以外は。したがって、われわれは自分の抱く数々の表象のなかで堂々巡りをしているのだ。ただひとつのことだけが明晰である。われわれが犠牲の絆として、あるいはまた犠牲による伝達《コミュニカシオン》として表象しているものは、犠牲の観念のうちにわれわれがあらかじめ備給したものにしか由来しない。そしてこのことは「合一《コミュニオン》」という語に帰着する。したがって、合一的ならざるミメーシス／メテクシスについてはわれわれは何も知らないが、合一《コミュニオン》については、それが犠牲的否定性を含意しているのをわれわれは何よりもまず知っており、だからこの否定性は、われわれがそれについて何も知らないところのものを「止揚する」のだ……。（同様に、フロイトは「同一化」（identification）が何を言わんとしているかを知らなかった。更に同様に、ミメーシス的暴力の感染が何を言わんとしているかをジラールは知っているのかどうか考えてみなければならない。[27]）

経済至上主義ならびに擬制（simulation）に対する告発は、バタイユそのひとをも含めて、犠牲の弁証法化全体を貫いている。しかるに、この告発は、それ自体がすでに混乱しており、自分自身をも告発する。実際、そしてこれはバタイユに異論の余地なく認めねばならないことだが、犠牲によって眩惑されても、犠牲の弁証法のなかに（あるいはまたその精神化のなかに）、一般化された「経済至上主義」と「ミメーシス性」を嗅ぎつける妨げにはならないのだ。自己‐犠牲、普遍的犠牲、犠牲の真理にして止揚としての犠牲は、絶対的主体性の絶対的経済の制定そのものであるが、実際には、否定性の経由を模倣することしかできず、その結果、否定性といえども対称的な仕方で自分を改めて固有化する、あるいはまた、無限に超－固有化するほかできないのである。弁証法の法則はつねにミメーシス的法則である。真に否定性が、当然そうであるべき否定であるなら、超－固有化は否定性を乗り越えることはできないだろう。このように侵犯はつねにミメー

(27)『リュシアン・レヴィ＝ブリュールの手帖』(*Les carnets de Lucien Lévy-Bruhl*, PUF, 1949)を参照。一般に、ミメーシスと犠牲との諸連関は、ここでは果たすことの不可能な検討を要請している。ミメーシスというものが、固有なものの変容ないし抹消によって他者を我が物にすることであるなら、ミメーシスは犠牲と同型的な構造を有しているのではないだろうか(たとえば、ディドロの『俳優の逆説』に関するフィリップ・ラクー＝ラバルトの分析「ひとつの人格であること――あるいは全員であること」(«être personne — ou tout le monde»)、『近代人たちの模倣』(*L'imitation des Modernes*, Galilée, 1986, p. 35)を参照。――犠牲とミメーシスとの絆に関しては、ジャック・デリダの「プラトンのパルマケイアー」(«La pharmacie de Platon», in *La dissémination*, Seuil, 1972, par exemple p. 152-153)をも参照。)この同型性のなかで、どちらが優位であるかを探らねばならないのだろうか。そのため、犠牲をミメーシス、たとえば(ジラール流の)ミメーシス的競合と暴力についての人類学〔人間学〕に立脚させねばならないのだろうか。かかる人類学〔人間学〕は犠牲を事後的な象徴化たらしめ、みずからの暴力を一時中断するために、ある「啓示」に訴える。(その場合、分析の精緻さがどれほどのものであれ、私は、このような人類学的〔人間学的〕「知」に対してと同様、「啓示」の動機と結びついた「肯定性」の他の型に対しても自分が疎遠であることをただ単に認める。)これとは逆に、メテクシス〔分有〕、西洋以外ではコミュニオンの意味をおそらく一度も持ったことのない交流／感染――われわれはそれにコミュニオンの意味を付与している――にもとづいて、ミメーシスを思考せねばならないのではないだろうか。われわれが取り逃がしていること、そして「西洋的犠牲」が知らずにいると同時に明かしているもの、それはメテクシスの本質的不連続性、一切の共同体の非交流である。(たとえば、感染については、バタイユ『全集』t. VIII, p. 369-371)。

シス的である。同じくミメーシス的なものとして、結局のところ伝達《コミュニカシオン》ないし融即は侵犯の産物なのである。

つまり、すべては犠牲の精神化／弁証法化が犠牲の恐るべき自己否認を用いてしか実行されえないかのように進行している。この精神化／弁証法化は「古代的」犠牲という形象のもとに自己を否認するのだが、そうしつつ、この形象を認識できると称し、実際には、自分のためにそれを作り出す。その一方で、犠牲の精神化／弁証法化は否定性の無限の過程という形式のもとに自己を是認し、この過程を、「聖化されたもの」「聖化するもの」「聖なる犠牲」といった語彙で覆ってしまう。しかしこのようにして、かかる精神化／弁証法化は、「古代的」犠牲に犠牲的破壊を委ねるふりをしながら、この破壊を、否定性の無限の過程の心臓部に据える。この二重の操作が、中心において、同時的に、苦渋の曖昧さのなかで、弁証法的否定性の無限の効力と犠牲の血ぬられた心臓とを召喚するのである。

このような否認に、あるいはまた、言ってしまえばこのような工作に触れること、それはこの同時性に触れることであり、弁証法的否定性は血を消し去ってしまうのかどうか、それとも逆に血は欠けることなく弁証法的否定性のなかで湧き出すのかどうか、それを考えるのを余儀なくされることだ。弁証法的訴訟〔過程〕が喜劇にとどまらないために、バタイユは血が湧き出すことを欲した。バタイユは、体刑を受けた中国人青年の惨たらしく引き裂かれた肉体と、その眼差し——逆上した眼差しか、それとも恍惚とした眼差しか——を比較しようと欲した。けれども、そうしながら、バタイユは結局、犠牲の止揚の論理を成就していたのだ。この論理は犠牲をその反復的でミメーシス的な性質から引き離そうと欲するのだが、それはなぜかといえば、犠牲の止揚の論理は、反復とミメーシス(28)（もしくはメテクシス）が、したがって犠牲が真理においてどうなっているかを知ることが決定的にできないからだ。この同じ論理は反対に、犠牲の断絶としてと同時にそのミメーシス的反復として曝露され、まさにその運動によって、犠牲の止揚とその真理たらんと欲する。その場合には、体刑を受けた者はその恍惚のなかで、彼を逆上させた恐怖を止揚するのだと思考しなければならない。しかし、ここで見つめられている眼ではなく、見つめているほうの眼が、自分の見ているものも、自分が見ているかどうかさえも知らないとするなら、いかにしてこの者を真理において思考するのか。この眼差しの主体が自分自身のうちで、逆上したものと恍惚としたものとの弁証法をすでに自分に固有化しているのでなければ、いかにしてこの者を思考するのか。眩惑がみずから、犠牲の弁証法的制御ならびに弁証法的知として構成されるのでなければ、いかにしてこの者を思考するのか。

だからこそ、結局のところ、この眩惑、おそらく不可避のものであろうこの眩惑が耐え難いものなのだ。言っておかねばならないが、これは感傷（sensiblerie）ではない。しかし、それでもなお、ここで重要なのはおそらく、感受性（sensibilité）とは何を意味するのか、あるいはより正確には、感受性がそれを荒廃させるもののなかでこのうえもなく昇華されるのを欲することに十分な根拠がありうるのかどうか、それを知ることである。恐怖は単に――こう言ってよければ――恐怖に委ねられねばならないかどうかを知ることが問題なのだが、恐怖はというと、侵犯的固有化（主体の死、そしてまた死の主体の侵犯的固有化）が許し難いまやかしであることを知らせているのである。

（28）ラクー＝ラバルト前掲書所収の「ティポグラフィー」ならびにそれに先立つ註「ミメーシスは啓示可能か」（« *La mimesis est-elle révélable ?* », p. 238-239）を参照。この問いはおそらく「メテクシスは合一《コミュニオン》的か」と同じである。これらの問いが最もよく記録文書化されるのはおそらく、キリスト論的な二重のヒュポスタシスの教義の神学的‐哲学的構築においてだが、ただし、この教義が犠牲の場所でもあり、ありうべきコミュニオンすべての場所でもある限りで、そうなるだろう。

バタイユは最後に決着をつけた。「聖なるものへのノスタルジーについては、当然のことながらそれは何ものにも行き着かず、さまよっていると打ち明ける時が今や訪れた。現下の世界が欠いている《マンク》のは数々の誘惑を差し出すことだ。――あるいはまた、あまりにも醜悪な数々の誘惑を差し出すことで、これらの誘惑が、その働きかける相手を欺くというただひとつの条件で価値をもつようにさせることである」(29)。たぶん、曖昧さはこれらの文のなかで完全には消滅していないし、それらの語順も曖昧さを維持するために選ばれている。一方では、現下の世界は、ノスタルジーに頼ることなく世界のなかに無媒介的に与えられる真に聖なる「数々の誘惑」を「欠いている」のだが、他方では、このような世界は「しくじっている《マンク》」、言い換えるなら今度は間違っている。なぜなら、かかる世界の数々の誘惑は偽物だから、というわけである。とするとやはり、犠牲、もしくは犠牲における何ものかは必ずや欠如し失敗せざるをえないことになる。

私としては、ここから次のようなきわめて大きな曖昧さを銘記しておこう。われわれに至るまで、犠牲の無益さが、西洋――ほかならぬこの犠牲の発明者たる西洋――によって認知されてきたとして、それはおそらく、この犠牲の犠牲をめざしてのことでしか決してない、ということだ。もっとも、このような仕方で、弁証法は不断にみずからを更新していくのだが。バタイユはこのことを知った、そしてきわめて厳密にも、かかる知を前にして絶望したのである。

V

バタイユは、犠牲が取り返しのつかないほどに、また、どうしようもなく欠如し、しくじるのを知った。

消失した世界の実践である限りで、犠牲は欠如し、しくじるのを彼は知った。この消失した世界からわれわれへの連続性が把持されない限りで（言い換えるなら、古代の祭儀の消滅についても、同じく西洋の出現についても説得力ある理由が根本的にはない限りで）、犠牲が二度欠如し、しくじるのを彼は知った。われわれに対する犠牲的要求が、維持されると同時に満足させるのが不可能なものと彼には見えるという点で、三度欠如し、しくじるのを彼は知った。このように、バタイユの思考はおそらく、犠牲についての思考であるよりもむしろ、犠牲を放棄することの不可能性によって容赦ないまでに緊張し、引き裂かれた思考であった。事実、一方では精神的犠牲は、それに先立つと称される犠牲に含まれた喜劇を告発しつつもこの喜劇を継続し、他方では血ぬられた恐怖の非‐喜劇は、西洋的犠牲の精神には耐え難いのである……。

バタイユはここでもまた、単にある点まではあるが、文学によって、芸術一般によってこの欠如＝しくじりを矯正しようと考えたかもしれない。（同じ時期にハイデガーは、芸術に関して真理の作品化を語りながら、芸術のなかで凝縮されるこの作品化の諸様相のひとつを「本質的犠牲」を名づけていた。同じテクストの別の箇所で、彼はすでに、存在の明け間へと開かれた存在者の只中で「数々の贈物と犠牲」を数え上げるのを必要不可欠と判断していた(30)。この指摘にここで註解を加えることは私にはできない。）

犠牲と芸術、それもより特殊には文学とのあいだの絆は、犠牲の精神化という西洋的訴訟＝過程を異論の

（29）バタイユ『全集』（t. XI, p. 55）。

（30）「芸術作品の起源」（«L'origine de l'œuvre d'art», in *Chemins qui ne mènent nulle part*, NRF, 1962, p. 40 et 48）。犠牲の主題はいくつもの資格でハイデガーのうちで繰り返されている。彼の批判的分析は特別な作業を要請するだろう。アルノルト・ハルトマン、アレクサンダー・ガルシア＝デュットマンがわれわれにいつかそれをもたらしてくれるだろう。

余地なく貫通し、それとぴったり重なり合っている。たとえば聖アウグスティヌスの『告白』の第五巻は、「私の告白の犠牲〔供え物〕をお受け取り下さい。あなたの御名を口にするべくあなたが作られ、励まされた私の舌という手によって捧げられる犠牲〔供え物〕を」と書き始められ——そうすることで、われわれの文学において「告白」に属するものすべてのための道を開いている。しかし、最終的に、「告白」と文学と芸術一般とのあいだには真の境界などあるのだろうか。とはいわないまでも少なくとも、芸術についての支配的表象は、一個の主体の侵犯的曝露という表象であり、主体はかかる侵犯的曝露によって自己を固有化し、固有化するに任せるのではないだろうか。カント的崇高は想像力の「犠牲」のなかで生起し、「犠牲」となった想像力は「それ自身のうちに沈み込んでいき、そうしつつ、感動的な満足のなかに埋没させられる」(31)。詩の計画《プログラム》のすべてが『ハインリヒ・フォン・オフターディンゲン』〔『青い花』〕のためにノヴァーリスが書いたこの覚書のなかに与えられている。すなわち、「ひとりの詩人がその歌のなかに解消される——詩人は未開の人々のうちで犠牲に供されるだろう(32)」。慌しいがすぐにバタイユに戻ろう。彼は書いている。「詩とは（…）犠牲（…）であり、そこでは語が供物となる。（…）われわれは、語が人間たちと諸事物のあいだに導き入れた有効な諸連関なしで済ますことは（…）できない。しかし、精神錯乱のなかでわれわれは、人間たちと諸事物をこれらの連関から引き剝がすのである(33)」。

もっと正確には、芸術が犠牲の隘路を補塡し、引き継ぎ、止揚することになるのだ。この隘路は以下のような二者択一に由来している。「主体が真に破壊されないなら、すべてはなおも曖昧さのなかにある。主体が破壊されるなら、曖昧さは解消される、それも、すべてが抹消されるような空虚のなかで(34)」。したがって、これは幻影《シミュラクル》と虚無との二者択一であり、言い換えるなら、古代的犠牲の表象と自己‐犠牲の前提との二者択一でもある。バタイユは続ける。「しかし、この二重の隘路からまさに芸術という契機の意味が判明するのだが、芸術という契機は、われわれを全面的消滅の途上に投げ出す――しばしそこにわれわれを宙づりにする――ことで、人間に、休みなき眩惑を差し出す」。この「休みなき眩惑」(ravissement sans repos)は依然として弁証法的な言い回しである。芸術が消滅の瀬戸際、その縁にわれわれを「宙づりにした」まま維持する限りで眩惑があるのだが、――これは幻影のある新たな形式を認めるひとつの仕方なのだ。しかし、眩惑は「休みなし」である。なぜなら、この眩惑は、消滅に至るような感動の強力な動揺を伴っているからだ。しかるに、この感動は真に芸術の感動ではない。それは消滅において血を流す心臓への通路のなかにしかありえないのだ。バタイユはもっと後の箇所で書いている。「芸術作品の無限の祝祭は、瞬間の不決断のなかに跳び込む者に(…)勝利は約束されているとわれわれに言うためにそこに存している。だからこそ、増大せる酩酊に過度の重要性を与えることはできない。かかる酩酊は、外観的に残酷な数々の閃光から成る世界の不透明さを貫通し、そこでは誘惑が殺戮、体刑、恐怖と結びついているのだ」。したがって、芸術そのも

(31)『判断力批判』での、反省的美的判断の提示をめぐる一般的指摘ならびに第二六節。

(32) R・ロヴィーニ訳(Trad. R. Rovini, 10/18, 1967, p. 269)。

(33) バタイユ『全集』(t. V, p. 156)。――たとえば『エロティシズム』(*L'érotisme*, Minuit, 1957, p. 98)の次の言葉なども参照。「文学は実際、諸宗教に続いて位置づけられる(…)。犠牲とは、血塗られた仕方で挿絵を付された小説《ロマン》であり説話《コント》である」。犠牲をめぐる問いと神話(*mythe*)をめぐる問いを緊密に結びつけねばならないだろうということを改めて強調する必要はあるまい。

(34) バタイユ『全集』(t. XII, p. 485)。

のが新たに眼差しを移動させることになる。残酷さの「外観」は実際、異常なまでに両義である。残酷さの「外観」は幻影に制限されると同時に、かつ、この「外観」は当の残酷さ、残酷さが現れさせる恐怖によってしか価値をもたないのであって、かかる恐怖はというと、擬制化（*simuler*）されない場合にしか意味をもたないし（こういう言い方ができるとして）、いずれにしても力をもたないのだ。この論考の題名は「芸術、残酷さの実行」である。そこでの課題は、どれほどわずかであれ、現実の残酷さの現実的実行へと達すること、少なくとも芸術の感度のなかでそうすることだからだ。あるいはまたこうも言える。芸術的ミメーシスはやはり、ミメーシスである限り、逆説的に、そのミメーシス的性質にもかかわらず、本物のメテクシスへの、感動の恐怖のなかで啓示される境域への本物の融即への道を開かねばならないのだ。だから芸術は、それが代用となる犠牲へとなおも差し向けられる場合にのみ価値をもつ。芸術は、なおも犠牲へ向けて犠牲を捧げることでのみ、犠牲を犠牲にすることができる（シェリングは逆に、「純粋な苦痛は芸術の対象とは決してなりえない[35]」と書いていた）。

　バタイユは困難を見てはただちに眼を背ける。「これは数々の恐ろしい事実の賛美ではない［バタイユはこのテクストの前の部分で言及された犠牲にまつわる数々の事実を話題にしている］。これはそれらの事実の回帰への呼びかけではない」。とはいえバタイユは、更に移動して、みずからのこの拒否（これを否認であるとは、私はここでは言わない）のなかに何らかの制限を潜り込ませる以外の仕方を選ぶことはできない。「しかし、（…）これらの契機は（…）眩惑の瞬間には、感動の真理を内に含んでいる」。もっと後にはこうある。「［芸術の］運動は芸術を造作もなく最悪のものの高みに置くが、それとは逆に、恐怖についての絵画はこの恐怖がありうべき可能事全体に通じていること、その開けを明かしている」。この相反性——どうすればそれを見ないでいられようか——のなかでは、ミメーシスに属する何かが無効にされるか、それともミメーシスが現実のメテクシスとして啓示される（バタイユは啓示について大いに語っている……）のだ。芸術は、とにもかくにも現実的な侵犯によって、恐怖をもって、言い換えるなら、死の瞬間的固有化の享楽をもって合一させるのである。

このように、芸術はある場合には、それに要求されていることにまったく応えない。それはなおも、流された血を模倣しているにすぎない。またある場合には、芸術は応えすぎる。それは実在の恐怖の実在の感動を差し出すのだ。

流された血の、わずらわしく、また無効を宣せられた恐怖を斥けることで、眩惑的な、しかし「最悪のものの位置にある」恐怖を差し出すことで、一方では、もはや実在の犠牲には至りえないということが示されるのだが、他方ではそれに加えて、思考はあくまで、「超－固有化」〔固有化を超えたもの〕の論理と欲望に則ったままであり続けるということも示される。しかし、バタイユにとって（そしておそらく、疑いなくとさえ言えるだろうが、不分明な仕方では西洋的伝統の全体にとって）問題なのは、脱固有化の一契機への通路なき通路＝接近でしかない。もっとも、犠牲的思考は絶えずこの通路を再固有化し、超－固有化するのだが。恐怖の裂け目そのもの、その「ありうべき可能事全体への開け」は、犠牲の徴しのもとに置かれるや否や、固有化されてしまう。この裂け目が固有化されるのは、犠牲の徴しが、反復とミメーシスがそこから生まれたと想定されている暗き場所への通路の、ミメーシス的で反復的な可能性の徴しであるからだ。しかし、こ

（35） シェリング『全集』（*Werke*, München, 1977, t. III, p. 453）。

の場所が無であるなら、また、結局のところ、この場所に辿り着くために犠牲に供しうるものが何もないなら、どうなるのか。

更に別の仕方でこう言うこともできるだろう。犠牲が脱固有化の契機の真理から逃れるのは、死をみずからに固有化することによってである、と。そしてバタイユ自身にとっては、結局のところ、犠牲のなかで問題となるのは死ではないのだ。「感受性の覚醒、知解可能な――使用可能な――諸対象の界域から過剰な強度への移行、それは対象としての対象の破壊である。もちろん、これは通常死と名づけられているものではない（…）。ある意味ではそれは、かかる死とは反対のものだ。畜殺業者にとっては、馬はすでに死んでいる（肉塊であり、ひとつの対象である）」[36]。そうであるなら、芸術による犠牲の代替はよりはっきり把握されるだろう。けれども、このことは、犠牲の真の廃止を代償としなければならないだろう。事実、まさにこの箇所に、バタイユは、犠牲に対するその数々の告発のなかでも――今こそそれを言っておくべきだろうが――最も重い告発のひとつを挿入している。「これは通常、死と名づけられているものではない（そして、犠牲はやはり結局はありがた迷惑である）」。「最悪のものの高みにある」感動によって、犠牲的契機が芸術のなかで維持されている限りで、「ありがた迷惑」もそこに欠けてはいない。さもなければ、それはいかなる意味での犠牲でもなく、死の恐怖も、現実の祭壇もしくは絵画のなかの祭壇において、自分自身への通路しか開かず、「至高の契機」への通路を開くことはない。またしても、――バタイユがそう考えることで疲れ切ったように――「至高性が〈無〉である〔何ものでもない〕」[37]とすれば、至高性のために犠牲に供しうるものは何もないのだろうか。

VI

もっと緻密な仕方でこの問いを試練にかけるに先立って、バタイユともう一歩を共にしなければならない。ナチの収容所について省察するバタイユに同伴してみなければならない。私としては、この主題（それについて彼は結局ほとんど書かなかった）に関して最もまとまったテクストを辿ることにしたい。「死刑執行人と犠牲者をめぐる省察」というテクストで、ダヴィッド・ルーセの『われらが死の日々』を論じたものである。[38]一度もこのテクストは「犠牲」という語を発しておらず、これに類似した他の数々のバタイユのテクストについても事情は同様である。にもかかわらず、このテクストは犠牲的論理の基本諸要素を示している。ま

（36）バタイユ『全集』（t. XI, p. 103）。

（37）同前（t. VIII, p. 300）。

（38）同前（t. XI, p. 262 sq.）。——という次第で、私は、紙数も足りないので、「サルトル」と題された論文、ユダヤ人たちや強制収容所についての論文（同書 p. 226 sq.）はここでは取り上げない。これらの論考の結論はひとつに収斂していく。明言してはいないが、バタイユはユダヤ人たちを、「理性」の供犠的生贄の犠牲者とみなそうとする傾向にある。他のテクストとしては『全集』（t. VII, p.376-379）。——強制収容所が供犠的性格を持つかどうかについては、それを肯定するラカン（*Séminaire*, XI, Seuil, 1977, p. 247）、それをまず否定し、次いでこの主題について反論を検討したフィリップ・ラクー＝ラバルト（*La fiction du politique*, Bourgois, 1987, p.80-81）、そして、肯定を示唆しているように見えるデリダ（*Schibboleth*, Galilée, 1986, p. 83-85 et, « Il faut bien manger », in *Confrontations*, n°20, « Après le sujet qui vient », p. 113）を参照。デリダのこれらのテクストは、口述性としての犠牲、「犠牲を犠牲にすることなき」哲学についての考察の展開のなかに位置づけられる。

ず初めに、収容所は、犠牲という位格で問題となる、まさにそのものへと曝露されている。「苦痛の、卑劣さの、悪臭の世界のなかでは、誰もが深淵を、深淵における限界の不在を、強迫し眩惑するこの真理を測る暇があった」。しかし、この「恐怖の深奥《フォン》」を認識するためには、「その代償を払わねばならない……」。この代償は、もっとも私がバタイユをよく理解しているとしてだが、二重である。それはまず、「常軌逸脱した経験」のために与えられた諸条件のなかに、ひいては収容所の実在そのもののなかに存しており、次いで、人間にとっての可能事たるこの恐怖を直視するのを拒むことなき意志のなかに存している。この意志は犠牲者の意志でなければならない（バタイユはこの意志を、ルーセのうちに現れている「高揚」と「ユーモア」のうちに見出している）。かかる意志を拒むことは、「死刑執行人とほとんど変わらぬほど堕落的な人間性の否定」であろう。たとえそれが自己 - 犠牲ではないとしても、とにかく、訴えかけられているのは主体の位置である。「恐怖は明らかに真理ではない。恐怖はひとつの無限の可能性でしかなく、その限界は死しかない」とバタイユは明言しているが、おそらくそうなのだろう。けれども、「眩惑するところの」真理への通路=接近は、「何らかの手段で」、「おぞましさと苦しみが人間に余すところなく啓示される」ことを前提としている。とすれば、このような手段は収容所のなかで与えられている。この手段はとりわけ、「恐怖の深奥が、恐怖を要請する者たちの決意のうちにある」ことを見せてくれた。死刑執行人たちのこの決意は、「文明化された秩序を創設する理性という防舎を壊滅させ」ようと欲する決意である。（別の箇所で、バタイユはかつて、アウシュヴィッツのユダヤ人たちは「理性を具現している」と書いていた。）しかしまさしく、文明化された理性は、制限された脆弱な「防舎」にすぎないのだ。これに抗して立ち上がるもの、「拷問することへの激しい執着」は、人間性以外のところから生まれるのでも、特別な人間性（「何ら人間的なものをもたないと思い込まれている数々の集団や人種」）から生まれるのでもない。この可能事は「われわれの可能事」である。このような可能事を「われわれの可能事」として認識すること、それは理性にとっては、「理性を留保なく審問」しうるということであり、かかる審問はいかなる決定的勝利も保証しないが、「覚醒」という最も高度な人間的可能性は保証するのである。「ただ、覚醒は、それが抽象的な諸可能性の世界だけを照明するなら、まずもってアウシュヴィッツという可能事へと、悪臭と修復不能な激怒の可能事へと覚醒させるのでないとしたら、一体何だろうか」。だから、この可能事の現実化のなかにはある必然性があるのだ。

明白なことだが、バタイユにとってこの必然性は、数々の収容所の実在という事実ならびに、収容所が明かしたことを道徳的安易さなしに直視しようとする意志に由来する。かかる必然性はアプリオリな要請として措定されはしない。たとえそれが無意識的なものであれ、バタイユの共犯性などということを一瞬たりとも示唆しようとは私は微塵も欲していない。ただ私は、こう考えねばならないと思っているにすぎない。ここで辿られている論理はまさにほかでもない犠牲の明晰な論理の暗鬱な裏面としてある（少なくともこのような「明晰さ」を分離することができるとしてだが……）。この論理は、極度の恐怖だけが理性を覚醒状態に置くと言明している。犠牲の論理はというと、唯一の覚醒は真理の瞬間が透かし見えるような恐怖への覚醒であると語っていた。これら二つの言明は一体を成すにはほど遠い。ただし、第二の言明は第一の言明の真理を隠匿することがつねにできる。バタイユがこのように結論づけていないとしても、数々の収容所が彼にとって（彼が語ったことのなかで）犠牲の外にとどまるとしても、それは、犠牲の恐怖がここで一切の犠牲的意味の外、意味の一切の可能性の外へと黙したまま転がり出てしまうからではないか。バタイユはそのことを語る決心をせず、それによっておそらく、「覚醒」の形式としての「詩《ポエジー》」がテクストの末尾で指し示すひとつの可能性を何としても維持しようとしたからではないのか（ただ、今やわれわれは知っている、「詩」が「最悪のものの高み」に少しでもあるなら、犠牲のいかなる回帰に「詩」が捧げられるのかを）。

ここで犠牲は沈黙のうちにその反対物へと転倒するのだが、この反対物は犠牲の到達点、すなわち恐怖の啓示でもある。この啓示は無限な、というよりもむしろ無際限なもので、そのような啓示自体の固有化を除くと、いかなる通路＝接近も、いかなる固有化もかかる恐怖の啓示に伴ってはいない。

したがって、収容所についての犠牲的解釈はおそらく可能であり、更には必然的でさえあるのだろうが、それには、この解釈がみずから自身の反対物に（ホロコーストからショアーに）逆転するという逆説的条件が付されている。この犠牲は何ものにも至らないし、いかなる通路にも導かない。しかしながら、ある意味ではこの犠牲は自己－犠牲のひとつの範型と言われうるかもしれない。絶滅の国家的で技術者的な機構についての分析がつねに強調してきたように、数々の収容所で犠牲となった理性は、死刑執行人の側にもあったからである。バタイユは別のテクストで言っていた。「ブッヒェンヴァルトやアウシュヴィッツで猛威を振るった数々の受難の噴出は、理性の統治下にある噴出である」[39]、と。自己－犠牲――すでにお分かりのように、今やわれわれはそれを西洋的犠牲全体と等価なものにすることができる――が、〈理性〉に対するある種の訴訟＝非難の所以を解明するのであれば、ある種の合理性が自己－犠牲のなかで絶頂に達するとしても、何ら驚くことはないだろう。ある種の合理性は、その基体性〔subjectité〕（ハイデガーのように言うなら）の深淵を自分に固有化するのだ。

しかし、と同時に、矛盾なしに、数々の収容所は犠牲の不在を表象している。収容所は、犠牲そのものと犠牲の不在とのあいだの未曾有の緊張を作動させる。『わが闘争』での、アーリア人種の数々の特権をめぐる描写が、犠牲の絶対的意味《サンス》の保持において絶頂に達するのは、どうでもよいことではない。「アーリア人がそのまったき偉大さに達するのは、アーリア人の精神的諸特性それ自体によってなのだが、ただ、アーリア人は、みずからの能力全部を共同体に奉仕させる資質を手段としてそこに達する。保存本能はアーリア人において最も高貴な形式に達した。なぜなら、アーリア人は自発的に己が自我を集団に従属させるからだ。時がそれを要求するなら、アーリア人はこの自我を犠牲にするに至るのだ(40)」。更にこうも言われている。「後世の人々は自分の利益にしか仕えなかった人間たちを忘れ去り、自分の幸福を放棄した英雄たちを称える(41)」。このように、アーリア人は本質的に、自己を共同体のために、人種のために犠牲にする者、言い換えるなら、自分の血をアーリア人の〈血〉に捧げる者なのである。だから、アーリア人は単に「自己を犠牲にする者」であるだけではなく、アーリア人は本質からして犠牲であり、犠牲そのものなのだ。だとすれば、当然のことながら、アーリア人は何も犠牲にするものをもたない。彼はただ自分自身ならざるもの、生きた犠牲そのものではないものを排除しなければならないのだ。

(39) バタイユ『全集』(t. VII, p. 376-379)。——指摘しておくべきは、これと同様な論議が、革命的王殺しの犠牲的性格についてなされたことである。ミリアム・ルヴォー・ダローヌの『ひとつの死から別の死へ』(Myriam Revault d'Allones, *D'une mort à l'autre*, Seuil, 1989, p. 59) を参照。相違は明らかに著しい。私が指摘しておきたいのはただ、西洋的犠牲の治世下、犠牲は遥か以前から解体を始めていたということである。

(40) ヒトラー『わが闘争』(Hitler, *Mein Kampf*, 183/184e éd., München, 1936, p. 326)。

(41) 同前 (*Ibid.*, p. 329)。

ある人種についての描写がアーリア人種についての描写のすぐ後に続くのだが、この民族は保存本能によって支配された民族である。「ユダヤ民族においては、犠牲への意志は個人の保存という純粋で単純な本能を乗り越えてはいない[42]」。とすれば、ユダヤ人にあってはユダヤ人が犠牲にならず、また、犠牲になるべきでないためには二重の理由がある。一方では、ユダヤ人にあっては固有化されるべきものは何もなく、逆に、防衛と衛生という手段で、自分にとっての害虫を厄介払いするだけでよいからだ。そして他方では、犠牲は全面的に現存していて、そのようなものとしてアーリア人共同体によって公認され成就されるからだ。というよりもむしろ、ユダヤ人を絶滅させるアーリア人こそ、自己を犠牲にすることで厳格な義務に従っているのである。「われわれは、われわれを無化しようと欲したこの民族を無化することに関して自然な権利をもち、自民族に対する義務を有していた。(…)われらが民族への愛のために最も難しい義務をわれわれは果たしたと言うことができる。(…)諸君はずらりと並べられた百の遺体が、あるいはまた五百の遺体、千の遺体が何であるかを知らねばならない。〔それらの遺体を見ながら〕しっかり持ち堪えると同時に(…)誠実な人間であり続けること、それがわれわれを強くしたのだ。これは、今まで一度も書かれなかったし、これからも決して書かれないであろう歴史の輝かしい一頁である[43]」。このようにして、ヒムラーは一九四三年、分隊長たちに向けて、人間の力に挑むこの義務としての犠牲を呈示したのだが、それはこの輝かしい犠牲の記念《メモリアル》の犠牲にまで至るものだった。彼はこうして、犠牲者の側では耐え難いものが問題であり、死刑執行人の側では最も黙した、最も内面的な犠牲が問題であることを同時に語っているのである。

ヒムラーは「犠牲」(sacrifice)という語を用いてはいない。実際、この語は犠牲者たちにはあまりにも名誉なものだし、死刑執行人たちにはあまりに多くを要求するものだ。死刑執行人たちには、彼らの栄光の物語は禁じられていなければならないのだから。この点では、犠牲は実際それ自身のなかで消滅するのだと言うことができる。それに、収容所のなかに祭礼はない（あるとしても、祭礼の捩じ曲げられ倒錯した若干の側面しかない）。しかるに、バタイユはこう書いている。「祭礼は、過ぎゆくものの火傷するような瞬間に〝感性的注意〟を向けさせる力を有している。すなわち、感受性にとって、かつてあったものより以上に、もはやすでにないもの、もはや存在しないものに。かかる代償を払うことで、犠牲者は堕落を完全にまぬかれ、神格化されるのだ」(44)。祭礼がもはや存在しないなら、堕落しか存在しない。

まさにこのとき、突撃隊（ＳＳ）もしくはアーリア人は、犠牲の力能の全体、犠牲の産物の全体を、秘密をも含めて取り上げて、自分のうちに吸収してしまう。突撃隊もしくはアーリア人はその存在において、それ自身がすでに犠牲的秘密である。彼に直面すれば、裸の恐怖だけが残される。それは生贄と、空へと上る煙のパロディなのだが、「パロディ」という名を援用する権利さえもはやない。犠牲と共に、いかなる仕方であれ幻影を犠牲において考慮する可能性までもが消滅してしまうのだ。アーリア人は荒廃を、夜と霧を曝け出す。しかし、「夜と霧」はまたアーリア人自身の固有化ならびに彼の〈血〉の再生をめぐる惨憺たる秘密を形成してもいる。それはもはや西洋的犠牲ではなく、犠牲の西洋である。第二の断絶が生じたのだが、今度は犠牲そのものの断絶なのだ。あるいはまた、それは犠牲の突然の中断である。生贄の場所そのものに、

---

(42)　同前（*Ibid.*, p. 330）。

(43)　一九四三年十月四日のヒムラーの演説で、ラウル・ヒルバーグの『ヨーロッパ・ユダヤ人の破壊』（Raul Hillberg, *La destruction des Juifs d'Europe*, trad. fr. M.-F. de Paloméra et A. Charpentier, Fayard, 1985, p. 870-871）で引用されている。

(44)　バタイユ『全集』（t. XI, p. 101）。

もはや生贄はない。

＊＊＊

一九四五年、亡命中のヘルマン・ブロッホは『ウェルギリウスの死』を出版する。「焔――下降」と題された部分で、ウェルギリウスは『アエネイス』を犠牲に捧げたいとの誘惑を感じざるをえなくなるのだが、そこでブロッホは、この犠牲の西洋の描写をもたらしている。それは恐怖によって眩惑された芸術ではもはやない。それは、眩惑から身を引き剝がさねばならないのを今や知った芸術である。

あらゆる方角で、大地の数々の町が燃えていた。景色の不在からなる景色のなかで。崩れ落ちた城壁、解体し砕け散ったその石の塊、平原に立ち昇る血に染まった腐敗の瘴気。あらゆる方角で、神性を探し求める神的ならざる犠牲的な激しい怒りが荒れ狂い、犠牲的酩酊のなかで、まやかしの犠牲が積み重なっていく。あらゆる方角で、犠牲を捧げる者たちが、聖なる熱狂のなかで荒れ狂い、隣人を打ち倒しては隣人へと自分自身の死の錯覚を発散し、隣家を破壊しつくし、それに火を放つことで、自身の家に神を引き寄せようとする。悪の激高、悪の歓喜が荒れ狂っていた。生贄、殺人、放火、解体……。(45)

VII

「……生贄、殺人……」、もはやそれらを区別することはできない。生贄そのものは殺害される。「神的ならざるもの」、「まやかしのもの」として、犠牲は一切の権利および一切の尊厳を失った。侵犯は何も超－固有化することはない。というより、侵犯は次のもの以外何も固有化しない。すなわち、死体としての犠牲者、死体置場の集塊、そして死体置場の集塊を生産する用具としての他者（それには、「死刑執行人」の名もまったくとは言わないがほとんど相応しくない）以外の何も。かくして、犠牲の解体は、技術に属する数々の手段のおかげで可能であることが明かされるのみならず、技術の模範的な、醜悪なまでに模範的なひとつの形象として自己自身を解き放つのだ(46)。

　このことはいわゆる「技術」の断罪を結果としてもたらすのではない。まったく反対である。なぜなら、ここで醜悪なまでに模範的なもの、つまり、こういう言い方ができるなら、模範的に醜悪なもの、それは、まさに「技術」のなかで犠牲が解体されるというのに、「技術」が一種の犠牲、あるいは犠牲の最後の秘密の操作として呈示されるということだからだ。だから、出来《しゅったい》する問いはむしろこうなる。技術の時代は、犠牲の終末の時代として理解されねばならないのではないか。言い換えるなら、超－固有化の終末の時代として。更に言い換えるなら、固有化のまったく別の様相の時代として。犠牲的超－固有化のではもはやなく、ハイデガー、その同じハイデガーが性起（*Ereignis*）をもって名づけようと試みたものの様相として。解釈に過度の荷重をかけつつ、ここでは分析することも正当化することもできないまま、私としてこう言いたい。

---

(45) A・コーン訳（Trad. A. Kohn, Gallimard, 1955, p. 162）。

(46) ナチズムならびに／もしくはハイデガーの思考における技術、テクネー、芸術、作品については、フィリップ・ラクー＝ラバルトの前掲書『政治という虚構』（*La fiction du politique*）の随所を参照。

「技術」とは性起である、言い換えるなら、有限なものである限りでの有限な実存の固有化することの出来事である、と。この意味では（もっともここでは、ハイデガーとのきわめて緻密な論議をなさねばならないだろうが[47]）、技術のある「本質」に訴えるよりもむしろ、次の点において技術そのものを考察するほうが妥当である。すなわち、技術が、固有化の一切の可能的様相を、自分自身に、そしてまた、みずからの「一次元性」（一瞬だけあえてこの語を、還元的ならざる意味で使うことができるなら）に閉じ籠めつつ、有限な実存としての有限な実存の問いと、かかる実存のこれまた有限な固有化を一度に曝露するという点において。収容所の技術はおそらく技術のひとつの可能性であるが、それはその犠牲的可能性である。逆に、収容所における生贄はおそらく犠牲のひとつの可能性、その技術的可能性であるのだが、この可能性は犠牲と矛盾を来たす。なぜなら、アーリア人は犠牲を存在するのであって、犠牲に捧げるために技術を用いるのではなく、非－犠牲的なものを絶滅させるためにそれを用いるからだ。だからこそ、収容所は恐怖を呈示するだけでなく、虚言をも呈示するのだ。収容所は虚言である。因みに、「最終解決」という表現を初めとして、収容所についての有り余るほど多くの規格化された管理行政上の語彙もそのことを証示している。（この虚言について、ハイデガーは何も知らなかったように見える。逆に存在の「送付」と「脅威[48]」を技術に結びつけることで、ハイデガーは収容所についての恥ずべき沈黙を不可避のものにしているように見える。けだしこの沈黙は、彼が（バタイユと同様に？）思考せねばならないと思い込んでいたが、それを名指すことをためらった、そのような「犠牲」についての沈黙である。）

犠牲的超－固有化は、否定性のなかに入り込み、そこで維持され、そこで自分自身の引き裂きを想定し、みずから至高者として回帰するような〈主体〉の固有化である。（そしてこの否定性は、バタイユが「用途なき否定性」と名づけるものと化すときにも、なおも微妙な仕方で同じ役割をちゃんと果たしうるだろう。）犠牲による眩惑はこうした変貌への欲望を言い表している。おそらく、これはまた、「犠牲は、われわれの欲望の対象のなかに、私がここで不分明な神と呼ぶこの大文字の〈他者〉への欲望の現存についての証言を見出そうとわれわれが試みることを意味している」と言ったとき、ラカンが言わんとしていたことでもある（彼はそれを、収容所に関して言っているのである）(49)。他なるもの、不分明なもの、欲望が私自身の欲望を彼の欲望として聖別すること、かくして私は〈自己〉の絶対的固有性と限界なきその自己現前のなかで構成される。このことは犠牲を要求する。廃棄としての対象——たとえこの対象が固有の主体であれ——の生産を要求するのだが、かかる対象がまさに犠牲において超‐固有化されるのだ。

しかし、至高性が無であるなら、「不分明な神」がみずからの真理を前にしての欲望の不分明さそのものであるなら、実存がその有限性にのみ即して命ぜられるなら、その場合には、犠牲の隔たりに思いを致さねばならない。

（47） なかでも『転回』（*Le tournant*）と題されたテクストを参照。

（48） この点について私は、『ハイデガーと《ユダヤ人たち》』（*Heidegger et « les Juifs »*, Galilée, 1988, p. 140）のジャン＝フランソワ・リオタールと同意見である。ただし、リオタールの論議の全体に私は少なくとも次のような留保を付さざるをえない。すなわち、ここで狙われたハイデガーの挙措は、*Ereignis* の思想を単に時代遅れのものにしたりはしないのだ。もっとも、逆説的にも、リオタール自身この思想に絶えず執着しているのだが。

（49） 『セミネール』第十一巻（*Séminaire*, XI, Seuil, 1973, p. 247）。ラカンはここでこの定義を明らかに収容所の存在から派生させている。

一方では、犠牲の西洋的止揚の始まり以来問題になっているものを決定的な仕方で承認しなければならない。古代的犠牲について、われわれは厳密には何も知らない。金儲け主義の交換（「ここにバターがある……」）とわれわれがみなしているものが個人的で集団的な何十億の実存に支えと意味を与えたということ、そしてまた、われわれはこの挙措を基礎づけているものを思考する術を知らないということ、これをわれわれは認めねばならない（われわれは単に次のことを漠然と見抜くことができるにすぎない。すなわち、この物々交換はみずから物々交換の彼方に向かうもので、物々交換ではミメーシスとメテクシスはわれわれの表象がそこに投影するものではまったくない、つまり、幻影はおそらくそこでは偽装しないし、融即はおそらくそこでは合一しないのである）。逆にわれわれは、「ここに数々の生がある、他の生はどこに？」と口にするのは絶対に不可能であるのを知っている。（他のすべての生、われわれの他の数々の生、大文字の〈他者〉の生、生にとっての他者、他なる生全般。）

他方では、そして結局のところ、西洋的犠牲の経済は閉じたものであるということ、それは犠牲的装置の解体のなかでみずからを閉ざすということを決定的に認めなければならないのだが、この装置とは、それによって「有限の契機」が乗り越えられ、無限に固有化されるところのあの流血の侵犯である。

けれども、有限性はひとつの過程ないし経済の一「契機」〔瞬間〕ではない。有限な実存は、その有限性を破壊する爆発によってみずからの意味を湧出させる必要はない。単に実存はそれをする必要がないだけでなく、ある意味ではそれをすることができないのでさえある。厳密に思考され、その性起に即して思考された「有限性」は、実存が犠牲にしえないものであることを意味している。

実存が犠牲にしえないものであるのは、実存がそれ自身ですでに、犠牲に捧げられる（sacrifiée）のではなく、世界へと供されている（offerte au monde）からだ。これは互いに類似しているので、見誤ることがあるかもしれない。けれども、これほど相異なることは何もないのだ。

実存は本質からして犠牲に捧げられている、と言うこともできるだろう。これは、西洋的犠牲の根本的言明を、それがまとう数々の形式のひとつにおいて、再生産することである。そうするとそこに、この形式から必然的に派生するところの、われわれの数々の道徳の絶頂たるこの主要形式を付け加えねばならなくなるだろう。すなわち、実存はその本質において犠牲である、と。

実存は供されていると言うこと、それはおそらく、犠牲的語彙に属する語を援用することである（われわれがドイツ語のなかにいるなら、このoffertという語はまさに*Opfer*〔犠牲、供物〕、*Aufopferung*〔犠牲にすること、犠牲的行為〕そのものであるだろう）。けれどもそれは、実存は犠牲に捧げられていると言わねばならないとしても、いずれにせよ実存は誰によっても犠牲に捧げられておらず、何ものにも犠牲に捧げられていないと指摘するべく試みるためである。「実存は供されている」は実存の有限性を言わんとしている。有限性は存在のなかで切り分けられたひとつの否定性ではないし、それはこの切り込みによって、存在の修復された完全性あるいはその至高性に到達させるのではない。有限性は、至高性は無であり、何ものでもないと言うことで、バタイユが言明していることを言明している。有限性は、存在の有限性の思考であり、あるいはまた、意味の有限性である限りでの存在の意味の思考であるような、実存の思考のマトリックス的定式に単に呼応しているのだ。この定式は、「現存在の本質はその実存のうちに見出される[50]」というものだ。「現存在」とは

（50）『存在と時間』第九節。

実存者（l'existant）である。「現存在」の本質（括弧つきの本質）がその実存のうちにあるとして、それは実存者が本質をもたないからだ。現存在は、ひとつの本質の超‐固有化に結びつけられることができない。けれども、現存在は、それがそうであるところの実存に供される、言い換えるなら、それに呈示される。

実存者は、一切の本質、ひいては一切の「存在」から脱固有化されたその本質のうちで存在を曝露する。ここにいう存在は存在することなき存在であるが[51]、しかし、この否定性は、存在が存在するために、存在が最後には、超‐固有化された〈自己〉になるために、存在を弁証法化することはない。この否定は逆に、固有化の最も固有な様相としての、実際には、一切の固有化の唯一の様相としての非固有化を確証している。だから、「存在は存在しない」というこの言明の否定的様相は、ひとつの存在論的否定ではなく存在論的肯定を携えている。そしてこれは性起が言わんとすることである。（これはまた、別の文脈では「自由」が言わんとすることでもあろう[52]。）

実存者は到来する、それは場所を持って生じるが、このことは世界へと投げ出されて‐存在することにほかならない。このように投げ出された存在のなかで、実存者は供される。けれども、実存者は誰によっても供されはしないし、誰に対しても供されはしない。実存者が投げ出されていることに何も、いかなる存在も、いかなる主体も先立たないなら、実存者はまた自己犠牲に捧げられることもない。真実はというと、実存者は〈虚無〉に、〈無〉に、〈他者〉に供され犠牲に捧げられるのでさえない。そのような〈虚無〉の、〈他者〉の深淵のなかでも、実存者は自己自身の存在不可能性を不可能な仕方でなおも享受することになるだろう。まさしくこの点において、たゆまずバタイユとハイデガーを修正しなければならない。彼らを修正するとは言い換えるなら、犠牲への引き寄せ〔誘惑〕――それが最小のものであっても――を彼らから取り上げることである。なぜなら、犠牲への、あるいはまた、犠牲による引き寄せ〔誘惑〕は、不在の〈他〉ないし〈外〉へ向けられた脱自的恍惚の眩惑とつねに結びついていて、こうした〈他〉ないし〈不在〉のなかに主体を注入することで、そこで主体をよりよく修復し、何らかのミメーシスやミメーシスの「止揚」によって、〈外〉ないし〈他〉とのメテクシスを主体に請け合うからだ……。西洋的犠牲は、この「外」と同じくらい不分明で底のない有限性の〈外〉の憑依に呼応している。それ自体によってすでに「眩惑」は、この外と合一したいというこの不分明な欲望を指し示している。

西洋的犠牲は、超‐固有化的で無限なメテクシス（〈主体〉そのものの主体性への融即と言ってもよい）の秘密として、ミメーシスの秘密を啓示するように思われる。このような固有化は、固有化されることで「メテクシス」の、ひいては「ミメーシス」の観念そのものまで廃棄してしまう、そのような〈外〉の固有化である。結局のところ、いかなる秘密も啓示されないのだ。あるいはまた、つまるところ秘密しかないのだということだけが啓示される。犠牲の無限な秘密だけが。

しかし、このような啓示なき啓示のまさしく裏、犠牲が解体される限界そのもので到達せられる裏とは、「外」がないということでまさにありうるだろう。実存という出来事、「あるということ」は、他に何もないということを言わんとしている。「不分明な神」は存在しない。神であるような「不分明さ」は存在しない。

（51）「時間と存在」（« Temps et être », in *Questions IV*, Gallimard, 1976）を参照。

（52）拙著『自由の経験』を参照（そこですでに犠牲という主題にわずかながら触れられている。同書の p. 74 である。同様に、それは「太陽、刎ねられた首」（« Soleil, cou coupé », in *Le démon des anges*, CRDC, Nantes, et Generalitat de Catalunya, Departament de Cultura, Barcelone, 1989）でも引き合いに出されている。

この意味では、また、もはや明晰な神的公現《エピファニー》は存在しないのだから、「技術」がわれわれに呈示するものはまさしく単に、こう言ってよければ、神なき明晰さでありうるだろう。しかし、明晰さとは、開かれた眼がそこでもはや眩惑されえないような、開かれた空間の明晰さである。眩惑はすでにして、何かが不分明さに、その血の滴る心臓に与えられることの証左である。とはいえ、何も与えられるべきものはないし、「無」しかない。〈無〉は外へと開かれた深淵ではない。〈無〉は有限性を確証するが、この「無」はただちに実存をそれ自身に連れ戻し、他の何ものにも連れ戻しはしない。〈無〉は実存を脱主体化し、それ自身の唯一の出来事、到来による以外のものによって固有化される一切の可能性を、実存から剥奪する。実存は、この意味で、言い換えるならそれ固有の意味で、犠牲にしえないものなのだ。

　ある仕方では、たしかに、地平線は存在しない。言い換えるなら、侵犯するべき限界は存在しない。別の仕方では、地平線しか存在しない。地平線では何かが絶えず昇り、沈み続ける。けれども、それは犠牲の東洋〔日の出〕でも西洋〔日没〕でもない。それは、こういう言い方ができるなら、「地平線性」そのものなのだ。あるいはまた、有限性なのだ。あるいはまた、こうも言える。固有化可能な意味の無限な不在に意味を与えるには理由〔場所〕があるのだ、と。「技術」は、またしても、このような地平を構成できるだろう（少なくとも、有限性とその「無為」の体制として「技術」を理解する必要があるとすれば）。更に言い換えるなら、退却してはならない。それは内在性の閉域なのだ。しかし、この内在性は超越の欠損ないし欠如ではないだろう。別言すれば、内在性はいかなる意味でも超越の犠牲ではないだろう。われわれがかつて「超越」と呼んでいたものはむしろ、固有化が内在的なものであることを意味しているのだろうが、とはいえそれは、「内在性」は未分化な凝結ではないということを意味してもいるだろう。「内在性」は超越の地平線だけから作られている。地平線は、実存をそれ自身と隔たったところに、実存を構成するところのこのずれないしこの「あいだ」に置く。誕生と死のあいだ、ある者たちと他の者たちのあいだに。ひとは、ミメーシスとメテクシスの遊動空間たるあいだに入るのではない。とはいえそれは、このあいだが奈落、祭壇、侵入不能な心臓であるからではなく、それが有限性の限界以外の何ものでもないからであり、また、この限界は、それを、言ってしまえばヘーゲル的な「終末性」の限界と混同しないようにはっきり望むなら、何ものからも除去されることなき限界であるからだ。実存はそこでみずからを除去する。自分自身から直《じか》に。

凡庸でかつ制約された人生のなかで身をわななかすべきなのだろうか。間違いなく、このような疑義はそれ自体、凡庸でかつ制約された人生からしか到来しえない。この同じ人生が突然、眩惑されて、犠牲に向けて昂揚する。問題は、苦しみを否定することでも死を否定することでもない。しかし、できるとしても、何らかの超−固有化をめざしてそこに飛び込むことはもっと論外である。そうではなく、もはや犠牲に捧げることなき苦しみ、もはや犠牲に捧げられることなき苦しみが問題なのだ。とはいえ、この苦しみはおそらく真の苦しみであり、すべての苦しみのなかでも最も真なる苦しみである。この苦しみは歓喜を（享楽も）消すことはないけれども、ただ、それは歓喜への通路の弁証法的で昇華するところの敷居ではない。敷居はないし、敷居を超えるための崇高な、血の滴る挙措もない。

結局、西洋的犠牲は、自分は何ものに向けても犠牲にしないことを、つねにほとんど知っていたし、ほとんどつねにそう言う準備ができていた。だからこそ、西洋的犠牲はつねに、真の犠牲はもはや犠牲ではないと言う傾向にあったのだ。しかるに、今やわれわれの義務と化したのは、「真の」犠牲はなく、真の実存は犠牲にしえないもので、最後に、実存の真理は犠牲にしえないことであると言うことなのだ。

実存は犠牲にされるべきではなく、実存を犠牲にすることはできない。実存は破壊することができるか、分有することができるだけである。犠牲にしえない有限な実存が、分有されるべく供されるのだ。こうして今やメテクシスは、分有するところのものそのものの分有として差し出される。有限性の限界としてと同時に犠牲にしえないものの尊重として。犠牲の抹消、合一の抹消、西洋の抹消、とはいえこれは、西洋がそれに先立ったものへと回帰すると言わんとしているのではないし、西洋的犠牲が、それによって精神化されるとみなされた祭礼に帰着すると言わんとしているのでもない。これは、われわれが他の共同体の、他のメテクシスの縁にあって、そこでは、分有のミメーシスが〈他〉の固有化という犠牲的擬態を抹消することになるだろう、との意味である。*

＊　一冊の本にするにあたってこの論文を読み返しながら、私は次のことを付け加えておきたい（一九九〇年八月一日）。リベリアを引き裂く内乱の戦闘と処刑をまぬかれるために、彼らはそこに避難していたのだが、昨日、四百人とも六百人とも言われるその人々がモンロヴィアのとある教会で皆殺しにされたのである。そのなかには女たち、子供たち、赤ん坊たちが多く混じっていた。新聞が詳述するところでは、腹を裂かれた二人の幼い子供が祭壇の上に投げ置かれていた。

私はこの戦争について、更に結局はこの詳細な挿話についても強いて判断を下そうというのではない。私には十分な情報がない。ただ私は、これら複数の徴し〔記号〕の配置の圧倒的な重みを指摘しておきたいのだ。アフリカにおける、キリスト教の祭壇の上には、犠牲のパロディが――いやパロディさえない、いかなる犠牲も引き受けることのできない大量虐殺〔食肉業〕があるのだ。

実存の決断

I

ここでは、『存在と時間』のなかで「決断」（décision）を形成しているものについての部分的な研究を試みたい。もっと正確に言うなら、「開け」（ouverture, *Erschlossenheit*）、「決断的開け」（ouverture décidante, *Entschlossenheit*）、「決断」（décision, *Entscheidung*）によって形づくられる総体ないし連鎖のひとつの相貌を研究するつもりである。[1] 試みられるのは単にひとつの相貌についての研究でしかない。なぜなら、『存在と時間』

（1）翻訳をめぐるいくつかの問題についての個別的な指摘は適宜なされるだろう。*Erschlossenheit*〔開示〕と *Entschlossenheit*〔決意性〕とのあいだの明らかな絆を維持したり、*Eigentlichkeit*〔本来性・固有性〕の価値を尊重したりする際にそうであるように、これらの指摘は不可欠であるし、時に最重要でさえある。しかしながら、ひとつの思考の運動とその数々の挙という書物の全体におけるこれら三つの語彙の体系についての包括的な註解を企てることはここでは問題にはなりえないからだ（ただこの書物はおそらくそれ自体一貫してこの「体系」に従っているのだろうが）。この相貌、それをこれから本論に入る敷居のところで、あらかじめ決断の世界性と定義しておこう。何が言いたいかというと、決断は、実存がそれへと投げ出され、引き渡され、曝露されているところの、実存の世界以外のものへとは開かれておらず、また、それ以外のもののために決断されることはないということ、これである。決断は、いかなる仕方でであれ、そこで実存の世界が乗り越えられ、変容させられるような何らかの「本来性」のために決断するのではないし、かかる「本来性」に即して決断するのでもない。決断は存在的経験に直《じか》に触れており（決断はみずからを把持し、自分自身によって把持され、みずからを不意に捕らえる）、まさに存在的経験へと決断は開かれている。実際、これ以外の経験はなく、決断は、錯覚のなかでなければ（ただ、錯覚もまた経験の一部を成しているのだが……）、他なる「世界」へ向けて、他なる「世界」のなかで決断すると言い張ることはできない。存在的経験は「ひと」（*on*）と直でなされるのであって、[2]いかなる「他所」でもなされることはない。それに、「他所」などないのだ。これが「存在の意味」であり、決断のおもな実存的特徴もしくは実存の決断された特徴——更には、実存がそれ自体で実存の決断であるという事実——が表しているものにほかならない。

ひとは（ひと *on* という語は今度は「あなた」〔きみたち、あなたたち〕を意味しているが、ここまでは「私」を意味していた。この語はそのつどあなたのものであり、私のもの（*gemein*）であり、そのつどわれわれのものである。なぜなら、ひとは共同でしか理解できないからだが、ひとはまた、逆説的にも、そのつど特異性にして共同性でもあり、特異性と共同性の経験であると共にその誤認であり、経験としての誤認もしくは誤解であって、それを「そのつどひとであること」（*jeman*）と呼ぶことができるだろう）——ひとは正確で明確に規定されたある解釈、決断の世界性のためにはっきりと決断された解釈の賭金を理解する。この解釈はというと、経験を超えた何か——「存在」「歴史」「運命」「理想」「精神的使命」など、それを何と呼んでもよいが——として把持される（によって把持される）ような決断のためになされる一切の解釈を受け入れられないものにする。(3)

措、それもおそらく最も秘密の運動と挙措が問題であるところでは、ある意味への近似の無限の実行によっては何も決定されえない。意味論——『存在と時間』の翻訳をめぐる論争を過剰に満たしている——は思考の統語論に席を譲るか、統語論のうちに書き込まれるかしなければならない。——結局は、ここでは基本的にはエマニュエル・マルティノーの翻訳（Emmanuel Martineau, Authentica, Paris, p. 1985）に従いつつも、時にそれを変更し、またフランソワ・ヴェザンの翻訳（Francois Vézin, Gallimard, Paris, 1986）を参照しもした。簡便さを考慮して、引用個所にはすべてドイツ語版の頁数を書き添えた。

（2）これは、この案件がすでに問題とされたいまひとつの試論で改めて取り上げられた言い回しである（« Fragments de la bêtise », in *Le temps de la réflexion*, Paris, Gallimard, vol. IX, 1988）。——「〜のために＝代わりに死ぬこと」（« Mourir pour... », in *Heidegger: questions ouvertes*, Paris, Collège International de Philosophie-Osiris, 1988, p. 261）で、エマニュエル・レヴィナスはこれと極めて近しい仕方で意見を述べている。「*Eigentlichkeit*〔本来性・固有性〕——ひと（On）からの脱出——は、ひとという日常的実存に内在する転覆によって取り戻される……」。

（3）したがって、政治的賭金は明白である。少なくとも、『存在と時間』の内部で、政治的「決断主義」を挫折させることが問題である限りではそうなのだ（ただし、後で一瞥するように、政治的「決断主義」の潜在性もまた『存在と時間』のなかに看取されうるし、それはハイデガーとカール・シュミットの思想との諸連関へと差し向けられることにもなるだろう）。とはいえ、これは、政治的「決断主義」に、もはや政治ではないような日常的通俗性の政治（諸利害の管理＋諸価決断の世界性に即して整序された了解のための決断は、ハイデガーのテクストにもとづいて、このテクストに直に接したままなされる。そのため、そここの地点で、このような決断は、ハイデガーのテクストをそれ自身に反しても了解しなければならない（これは些事にすぎないかもしれないが、この小さなものが決定的なものと化すだろう）。ただそれは、このテクストが今度は、思考をそれ自身へと開くすべてのテクストと同様、テクストそれ自体よりも遠くからテクストへと到来するものへと再び開かれ、それによって再び決定されねばならないからだ。思考のなかおよび経験のなかでより以前のもの、経験と実存におけるこの「より以前」（plus avant）へと再び開かれ、それによって再び決定されねばならないのだが、この「より以前」はつねに思考に先立ち、そして実際には、思考について決断し、思考をして決断させるのだ。

II

以下に続くはずの分析の見通しを引き出しておこう。そこでは実際、実存論的分析論のなかで結局のところ原理に属するような若干の考察が必要である（たとえこれらの考察がそのようなものとして以下の分析のなかで明示されないとしても）。言い換えるなら、これらの考察は実存論的分析論がそこから生まれるような哲学的決断を巻き込んでいるのである。

この哲学的決断それ自体はというと、それは、ありうべきいくつもの哲学的態度に対してなされたひとつの決断ではない（少なくとも、それに還元されることはない。いかなる真の哲学もそれに還元されないのと同様）。そうではなく、この哲学的決断は、哲学をしてそれがそうであるところのものたらしめる決断なのである。哲学がそうであるところのものとは言い換えるなら、「真の」「唯一の」「本来的な」哲学ということではなく、哲学すること（もしくは思考すること）を決断するところの哲学することである（ここでは、哲学することと思考することを区別しない）。哲学することがこれこれの「哲学的問題」――たとえこの哲学的問題がこのうえもなく高貴な伝統によって権威づけられた際立った問題であったとしても――の把持ではなく、実存が存在了解の只中を動いているということ、存在を――「ありきたりで漠然とした」[4]仕方で――了解することで、実存が――まったく例外的で正確な仕方で――自分自身の了解との本質的な（言い換えるなら実存論的な）連関のうちに存するということについての把持であるとき、哲学することとは思考することを決断する。実存と実存自身の了解とのこの本質的連関は「哲学すること」の、あるいはまた「思考すること」の連関である。思考とは、実存が存在するという存在了解へ向けての、あるいはまた、それに即して実存が決断するところの存在了解へ向けての決断である。これは、哲学は存在了解について決定するということを言わんとしているのではとりわけない！　まったくそれとは逆である。みずからがそうであるところのもの（もしくは、そうでないところのもの）たることを決断する、そのような存在了解のほうが「哲学

（4）『存在と時間』第二節（p. 5）。

値のイデオロギー）が対置されるだろうという意味ではない。いかなる仕方であれ、「ハイデガーから引き出された（善き）政治」をこれから提示しようと努めるつもりはない。ただ、『存在と時間』の思考は思考そのものならびに実践をいかなる関係に置くよう誘っているのか、この連関は思考から政治を単に「引き出す」ことをいかにして阻止するのかを示したいだけである。ハイデガー自身その後この連関を見誤ったのかどうか、見誤ったとしてどの程度見誤ったのかを評定するべく努めることもするつもりはない。

的」身振りについて決断するのだ（ただし、現実に実践されている哲学はというと、かかる身振りの裏切りもしくは忘却たることもありうるのだが）。哲学的身振りは、「理論的」探求の密な体制へと開かれているのではなく、それ自体が実存者の身振りそのものである。ハイデガーは書いている。「実存論的分析論は（…）最終的には実存的に（*existentiellement*）、言い換えるなら存在的に（*ontiquement*）根づけられる。ただ、哲学的探求としての問いかけがそれ自体実存的に、そのつど実存する現存在の存在可能性として把握される場合にのみ、実存の実存性が曝露される可能性は存続する（…）」[5]。思考はその決断においては、存在を基礎づけ、かつ自分自身でみずからを基礎づける（もしくは存在においてみずからを基礎づける）ことを企てるところの思考ではない。かかる思考は単に、危険を冒すところの思考であり、自己固有の根底の不在の上に実存を肯定するところの思考なのだ。とはいえ、この決断そのものはというと、それはまったく明白にも、実存に関して（それに向けて）「思考」によってなされたひとつの決断ではない。それはむしろ、そこでみずからを思考として決断するところの実存なのである[6]。

このような詳細が明示された以上（この詳細は要するに、後でもっとはっきりと分かるように、哲学的読

（5） 同前第四節（p. 13）。――ここで立ち止まって、実存的決断もしくは「事実的理想」（第六二節、p. 310）のモチーフを論じるわけにはいかない（本論の末尾で改めてこのモチーフに近づくことにしたい）が、ここにいう実存的決断もしくは「事実的理想」に、「現存在の存在論的解釈」そのもの、言い換えるならハイデガーが彼固有の実存的決断――それに応じて彼は哲学者として振舞う――として喚起した（喚起しただけだが）ものが立脚している。同様に、たとえば、ここでこの実存論的分析、言い換えるなら、この思考（お望みならこのハイデガーの思考）を起点とした哲学的探求にとどまろうとすることは、ひとつの実存的身振りを前提としており、今度はこの身振りがまさに実存的身振りとして（政治的、倫理

的に、しかしまた固有の哲学的実存性に即して）把握されねばならない。とはいえ、余すところなく自己に固有の実存的決断のうちで自己を取り戻すことは、おそらく思考に属する事態ではない。――この決断なしには、思考は無限な、と同時に完成された思考になってしまうだろう。この機会に、フランソワ・ラリュエルが「非反省的情動」と呼ぶものと「哲学的〈決断〉」とのあいだにある仕様や音調にかかわるある種の近接ないし親近性を指摘しておくのがよいだろう。たとえばラリュエルはこう言っている。「われわれは、われわれが結局なぜ哲学するのかを知っている。われわれはおそらく単に非反省的、没‐客体的な仕方で知っているのだろうが、しかし、われわれは、われわれの生そのものであるような、哲学者というよりもむしろ人間の内密な主体性そのものであるようなわれわれの知ないし認識によってそれを知っているのだ」（« Théorie de la décision philosophique », Cahier 3 de *Pourquoi pas la philosophie ?*, Paris, chez l'auteur, février 1984）。

（6） 思考のあらゆる実行についてのこれらの公理ないし前提の射程を誇張することができないのと同様に、様々な個所でそれらについて与えられた定式で事足れりとすることもできないだろう。そうしようとすると、必ずやただちに、これらの公理ないし前提を変容し、移動させ、繰り返し書き直さざるをえないだろう。言い換えるなら、これらの公理ないし前提の飼い馴らしえない性格がエクリチュールを不断に試練にさらすことだろう。実際、思考の、あるいはまた言説の一種の弛緩した実践が今日広がっており、かかる実践は何よりもまず、決定である限りでの、実存である限りでの、それゆえまたエクリチュールである限りでの思考を抑圧してしまう。この言説は、それ固有の決断‐されてあることをまず作動させるのではないし、この言説はそれがそうであるところの実存的なものならびに、それが（後で述べるように）外記するところの実存に自己を曝露することはなく、様々な価値、モデル、目的を称賛するだけで満足する。（時代の雰囲気のなかで、最も流行っているのは、「コミュニケーション」、合理性、コミュニケーション社会への称賛である。そこではこのコミュニケーションについての言説が溢れんばかりにコミュニケートされてはいるが、思考のコミュニケーションのなかで、言い換えるなら、思考そのもののなかで何が賭けられているのかが検討されることはほとんどない。）これらの言説は、実存の上空を浮遊するこれこれの理想と実存を関連づけるだけで満足している（たとえこの理想が、時代の雰囲気にふさわしく、慎ましく、理性的で、更に、最も具体的で、最も実践的で、最もプラグマティックな相のもとに提示されているとしても）。ハイデガーを起点としてここでやがて見ることになるように、決断の存在論的構造はまさしく、理想とのこの種の連関を破壊するものなのだ。

解、についてのある決断の契約を結ぶものだ）、こう問うことになるだろう。決断の本質は一刀両断すること に存しているのか、それとも、決断の本質は一刀両断され、曝露され――いわばその切断面へと開かれるこ とにあるのか、と。二つの仮説によって答える必要がおそらくあるだろう。間違いなく、決断は一刀両断す る。実存的決断においては、すでにして現存する諸可能性の結び目が一刀両断される。しかし、「決断」の 相のもとに、実存論的なもの（existential）である限りで思い描かれるもの、それはいまひとつの決断（もっ と高度で、もっと高められた諸可能性のあいだで一刀両断するような……）ではない。実際、「決断は、呈 示され推奨された数々の可能性を改めて把握することにすぎないと考えるなら全面的に誤解することになる だろう。決断は、いや決断があって初めて、そのつど事実的可能性であるところのものがまさに投企され決 定されるのである」(7)。決断の実存論的なものにおいて問題なのは、諸可能性を可能化するものであり、諸可 能性を、そのつど、ひとつの実存のための（ひとつの実存の）諸可能性たらしめるものであり、可能的なも のに即して実存者を実存させるところのものであって、その際、実存者は、その存在において可能性として の存在そのものが、ひいては、実存の（非）決断性たる存在が問題となるような存在者として実存する。実 存とは、実存すること（ならびに／または実存しないこと）の決断であり、したがって決断すること（なら びに／または決断しないこと）である。とはいえ、「存在するべきか存在せざるべきか」（to be or not to be）は、あらかじめ現存するところの諸可能性ではない。ひとり実存のみが、「存在するべきか存在せざる べきか」の非決定性へとそれ自体投げ出された限りで、これらの可能性を可能的なものとして決断するので ある。ただ、事態がこのようなものであるのは、実存そのものは本質をもたないからであり（本質なるもの は実存にとってあらかじめ与えられたひとつの可能性／必然性であろう）、あるいはまた、実存がそれ自身で自己固有の本質であるからだ。

「この存在者［現存在］の本質は、その存在－へ－向けて〔存在－しなければならない〕（*Zu-sein*）のうちに存している。この存在者の何（quid）であるか（本質 essentia）は、それを語ることができる限りで、その存在（existentia）を起点として必然的に理解されねばならない。（…）現存在の〝本質〟はその実存のうちに存している。この存在者について引き出すことのできる諸性質は、したがって、手－もと－なる〝特性〟ではなく、現存在にとってそのつど可能な存在の仕方であり、ただそれだけである[8]」。

「本質」はここでは「可能性」のうちに、「現存在にとってそのつど可能な」のうちにある。実存者は何も持たない。実存者は、それが「持つ」もの（その「諸性質」）すべてを存在する。実存者はそれらすべてを存在する、言い換えるなら、それを実存する。「実存する」は、この他動詞的「意味」では、次のことを言わんとしている。自己に先立って、（自己を）存在する可能性そのものを到来させ、到来するに任せること、である。けれども、存在とはひとつの特性ではない。実存者の存在の唯一の特性、それは逆に、実存へのその到来、ひいては、実存へとそれが「供されていること」――このことは実存における固有化可能なものをまったく成さない――のうちに見出される。実存者が何かを固有化するとしても――言い換えるなら実存者がこの物を実存するとしても――それは存在のこの捧げ物（offrande）以外では決してない。もっと厳密には、

(7)『存在と時間』第六〇節（p. 298）。

(8) 同前第九節（p. 42）。熟慮したうえでの選択だが、本論では、現存在にだけ取り置かれた実存固有の諸特徴の性格、あるいはまた、人間にだけ取り置かれた現存在固有の諸特徴の性格についての問いは一切棚上げする。本書の「終わる思考」、二一頁、注（13）を参照。

それは存在の捧げ物ではない。存在は「何か」ではないのだから（存在とは単に、何か一般があるということだ）。実存者は実存しつつ、そのようなものとしての捧げ物を自己に固有化する。実存者はそこでみずから実存の捧げ物と化すのだ。

「可能性」が意味しているのはまさにこのことである。「可能的なもの」への連関は、実存と実存それ自身との連関であり――このことは、ついでに言っておくと、ひとつの特異な「主体」の存在の主体化不能な様相を成している。すなわち、「自己」が「可能的なもの」であるような「自己」への連関を。しかし、可能的なものへの連関は（非）決断＝決定の連関である。だから、（非）決断＝決定はそれ自体で実存者の存在の最も固有な様相（「供されて」あるその様相）である。（非）決断＝決定のなかで、実存者は決断＝決定を課せられたものであることが明かされるのだが、この決断＝決定によって、それとして、実存者は実存できるか、それとも、この決断＝決定によって、それとして、実存者の実存は意味を成しうるのである[9]。意味の実存論的可能性は、決断＝決定の負課性（passibilité）のうちに刻印されている。実存は、そのようなものとして、「本質的に」、不断に、ひとつの決断を、みずからの決断を課されうる。

だから、決断はこの意味では（「決断」という語のいかなる意味作用も、おそらくそれを開き、あるいはまた決定するには不十分であるような意味では）、実存から最も逃れ去るもの、あるいはまた、実存がそれへ向けて、それのなかで最も固有な仕方で「投げ出されて」いるところのものであり――、かつその実存に最も近いもの、その最も固有なもの、その最も内密な到来、すなわち性起（*Ereignis*）なのである。

こう言わねばならないだろう。性起は決断を存在し、決断を作り成し、決断は性起を存在し、性起を作り成す、と。

しかし、このことが本当のところ言わんとしていること、それを単に、思考が生み出すようなひとつの主題としても、ひとつの主張としても開陳することはできないだろう。ここでは「〜へ向かって導く道……、その前へとこの道が繋がっているものをみずからに示す道[10]」へと踏み込まねばならない。決断の思考は、実存の決断し／決断される存在であることをみずからに示すような思考の決断のうちに存していなければならない。しかるに、思考はこのようなものを何もみずからに示すがままになることはないだろう。思考がそれ自身でみずからを、実存という決断を課せられたものにしなければ。言い換えるなら、思考が経験――みずからに思考が固有化するところの経験――をみずからに供する（それへとみずからを供する）がままになるのでなければ。決断の思考は、思考を思考として実存的にすでに巻き込んでいる決断の限界における思考である。決断の思考は、実存の数々の可能性と目標について上から一刀両断しにくるような「決断主義」のごときものは何ら有していない。「決断」は逆に、思考にとって、決断＝決定不能な「対象＝目的」の最たるものである。けれども、思考は、決断それ自体の力のすべてをもって、この「対象＝目的」に向けて投げ出されるがままになることはない。思考はこの仕方では、決断の固有化の修練以外のものではなく、この修練は、かかる固有化の決断は固有化につねに先立ち、固有化に帰属してはいないということをみずからに示すがままになるだろう。思考、それはすなわち、実存者は、実存するという事実からして、その実存について決断

（9）意味の「負課性」というこのモチーフについては、拙著『哲学の忘却』（*L'oubli de la philosophie*, Paris, Galilée, 1987）のなかですでに論じた。

（10）「ツェーリンゲン・ゼミナール」（« Le séminaire de Zähringen », in *Questions*, IV, Paris, Gallimard, 1976, p. 339, trad. fr. Jean Beaufret. ただし翻訳は若干変更されている）。

しなければならず、つねに新たにそうしなければならないということである。ここ以外のどこでも、「思考」がどれほど「抽象的」で「無償」のものではないかをこれほど把握することはないが、のみならず、まったく同様に、思考がどれほど有限であるかをこれほど把握することもない。言い換えるなら、いかに思考が、実存の有限であることの無限に開かれた刻印であるかを。

III

「開示－決意性－決断」（*Erschlossenheit* — *Entschlossenheit* — *Entscheidung*）の連鎖においては、各項が続く項にいわば食い込み、ひとつの主題的隣接（更にはひとつのシステムであってはいけないことは決してないし、それはおそらく『存在と時間』の唯一のシステムだろう[11]）を作り上げてもいるのだが、かかる連鎖は、同じひとつの審級への集中と規定がいや増すこと以外の何にも対応してはいない。まさに「開示」こそ、「決断する開示」（もしくは、語の次の二重の価値において「決定された＝決然とした開示」）である限りで、「決断」（*Entscheidung* はまた、「一刀両断する分離」、したがって「開き示す分離」によって文字通りもたらされうる）に場所を与え、「決断」として遂行される。別言すれば、決断と開示は何よりもまず本質的な仕方で不可分で、それらの絆は決意性（*Entschlossenheit*）のなかでなされる（*Entschlossenheit* という語については、結局のところ、たとえば résolution のように別の意味論的語根を導入するよりも、不器用な近似たる ouverture décidante/décidée のほうが好まれるだろう）。更に別言すれば、決断が含意している活動性、支配、権威は、受動性ならびに開示の放棄と内密に組み合わされている。

この内密な組み合わせとは不断に係わることになるだろう。それでもなお、もっとはっきりさせねばならない。決断の受動性は任意の受動性と同一的ではありえないが――だからといって受動性と能動性の弁証法的結合であることもない。決断の行為〔証書〕(*acte*) は、与えられた世界に「上から」働きかけるのでも、この世界を超えて働きかけるのでもなく、この世界に直《じか》に投げ出されてある、そのような働きかけることの特異な特性にほかならない。どのような受動性でなければならないのだろうか、いかにしてそれは決断に固有の働きかけを決定するのだろうか。

「決断」を舞台にのせた『存在と時間』の最初の文章群のひとつを読解することによって、答えに着手してみよう。そのうえ、この箇所は読解に、読解のなかの決断に係わっており、それはまた、今のわれわれの読解の場合にはひとつの、もしくは複数の決断に係わっている。この読解とは、『存在と時間』という書物の読解のなかでということであり、言い換えるなら、実存論的分析論の思考がそこで明示されるような数々の言明の読解のなかでということである。

この一節は、ひと (*on*) という位格での通常の話、フランス語で le bavardage〔おしゃべり〕(*das Gerede* のことで、ひと *on* の分析論におけるその動機は知られている、あまりにも知られている) と訳されるのが習慣だったこの話を受け容れる際の、ひとつの拡張とみなされた読解について語られている。おしゃべり

---

(11) 哲学的「システム性」に「反対する」特異な、飛び梁的「システム性」。ここでこの点に立ち戻る必要はない。ただ、「システム」を話題にしているのだから、『存在と時間』を超えて継続されたあるモチーフの重要性をも示しておきたい。そこでは、*Ereignis* のせいで「決断」が自己消滅してしまうのだが、しかし、深い連続性（ハイデガーの他の諸論考にもまして、『寄与』がそれを解明するだろう）に即してそうなるのだ。

(*Gerede*) がそこに導入される文脈のことは知られている。おしゃべりは、「了解」の最初の、更には第一義的な存在的形式として現われる。「情態性」(*Befindlichkeit*) とつねに不可分なこの「了解」は、世界へと投げ出されたものとしての現存在の開かれてあることを成している。何よりもまず、その存在において、その存在として、現存在は、「世界‐内‐存在の開示[12]」のなかに、それに向けて投げ出されている。この開示は、それ以前には閉じられていた何かないし誰かの（何らかの主体の）開示ではない。逆に、現存在（そしてここに、現存在にこの名を、というよりもむしろこの単数で特異な「資格」を与える数々の理由のひとつがある）は、その存在——実存の本質を作り成すところの実存の存在——が開示されてあることのうちにその存在を有している。開示されていることは、了解的‐情態的なものとして規定される。（「情態はそのつどその了解を有している。（…）了解することはつねにひとつの音調を持っている」。決断の数々の「根本的音調」の回帰が目にされるときまで、この紛糾の記憶は保たれるだろう。）

「解意」として規定された「了解」は、「情態および了解と同起源的な（…）話[13]」のうちで把握された。この段階では、実存論的分析論が「現象的地平」として「現存在の日常性[14]」を有しているのを思い起こすのが不可欠だった。その帰結として、「世界‐内‐存在の開示」は、「ひとの開示[15]」に特有な様相に即して、改めて把持されねばならない。（「ひとの開示」、この表現は曖昧語法を隠し持っている。現存在はひとへと開示され、そこに、あたかも現存在の日常的世界へと投げ出されたかのように、言い換えるなら、あまりにも普通にそう解されているように、凡庸で「非本来的な」卑俗さの世界へと投げ出されたかのように投げ出されており、現存在はそこから引き剝がされるべく決断しなければならないだろう。しかしこの表現はまた、分析の最も深い論理に即して、ひとが開示を備えていること、ひとが開示を与えること、他の何ものにも先立ってひとは開示の場所であることを意味することができるし、また、意味するのでなければならない。他の何ものにも先立って、しかしそれにしても、他の何がそこにあるのだろうか、他のいかなる世界があるのだろうか。日常的なものとは、実存がその特異性を固有化する際のそのつどの場所そのもの、そのような場所を持つことではないだろうか)。

「おしゃべり」は現存在の日常性の最初の形式をもたらす。おしゃべり〔語られたことの総体〕(*das Gerede*)、それは、「話されている存在者と存在との第一義的な連関[16]」を「分かち合う」ことなく、ひとが「一方‐と‐他方で‐話す」ところの伝達の全体としての話(*Rede*)である。「伝達」は、存在者の存在の了解‐情態

---

(12)『存在と時間』第三四節(p. 166)。加えて p. 160 も参照。

(13)同前第三四節(p. 161)。

(14)同前(p. 166-167)。

(15)同前(p. 167)。ハイデガーは、始まりつつある分析は「純粋に存在論的意図を有して」いて、「日常的現存在についての道徳教化的な批判とは無縁である」と急いで強調している。したがって、ひとの価値を決定する必要はないだろうし、この種の決断がどれほどあるかに見えようと、またそれがあるかもしれないとの疑念がどれほど芽生えようとも、更には、後で注意を促すように、実際に『存在と時間』のテクストが時々かかる決断を行っているとしても、決してこうした外観や疑念に屈してはならないのだ。ハイデガーは、自分自身の言明について、フランス語で言葉遊びをしてあまりにも「存在‐的＝ひと‐的」(on-tique)と言いうるような読解に対して警告を発している。ひとのうちでは、開けの数々の所与と条件しか思考してはならない。しかしながら、このことは、存在性そのものとして、全体性において思考されねばならない。

(16)『存在と時間』第三五節(p. 168)。

を「伝達」しない（*die Mitteilung "teilt" nicht...*）が、にもかかわらず、「伝達」はこの了解‐情態に由来する、というより、「伝達」はこの了解‐情態の「投げ出され」かつ「開かれた」場所である。むしろ「伝達」は話をそれ自身へと繋ぎ止め、話をそれ自身へと引きつける。「伝達」は語ることが語り直されたこと（re-dite, *Nachrede*）なのだ。おしゃべりという主題(17)はそれゆえ、駄弁に対する批判よりもはるかに、了解することの必要性、次のことを指し示している。すなわち、以上のようなものとしての話すことのうちで、こう言ってよければ話すことの話性（parlerie, parloir）のうちで、語ることの根源的語り直しのうちで、実存の存在への開けである限りでの了解が与えられては退却し、開かれてはすでにして閉じられるのである。

　そこに「喪失」があるということ、それを別様に語るのは少なくとも難しい。この困難はわれわれの言説全体の困難であって、そこでは、否定的なものは、減少、欠損、失墜の徴しを付されてしまう。けれども、知られているように、分析論は、*verfallen*〔頽落〕せる「マルティノーは「満期・期日の」（échéante）と言っている」日常性を、失墜や腐敗といった用語で解釈することに激しく反対している。そこに喪失があるということは、それによって現存在の開けが真にみずからを開くところの、ひと（*on*）へのこの「喪失」〔陥入〕として解釈されねばならず——それと同様に、哲学的テクストの上を飛翔することによってではなく、哲学的テクストの読解のなかに埋没し、陥入することで、ひとは自分が「語る」ことへとみずからを開いていく何らかの好機を得るのだ。ただ、ひとが「語ること」は、語られたことの消滅でもあるのだが。

　ところで、ハイデガーが、どちらかというと予期せぬ仕方で（そして、一見すると、言い換えるなら、このテクストを読むひとの「平均的了解」にとってはほとんど必然的ならざる仕方で）、語られたことの総体（*Gerede*）を書かれたことの総体（*Geschreibe*）へと拡大するとき、問題となっているのはおそらく、まさにこのことなのである。[18]

しかも、おしゃべりは口頭での語り直しに限られるわけではなく、書かれたもの[19]である限りでの書き物として広まりもする。語り直されたことはここでは聞き伝えのうちにはそれほど根拠を有してはいない。語り直されたことは、それが読み取るものを貪りながらも、それを消化吸収することはない。[20]読者の平均的了解は、根源において（*ursprünglich*）汲み取られ戦い取られたものと、語り直されたものを決定することは決してできないだろう。そればかりでなく、平均的了解はこのような決断[21]を欲しさえしないだろうし、それを必要とさえしないだろう。なぜなら実際には、平均的了解はすべてを了解しているのだから。

（17）だから、«Bavardage» は適切な訳語ではない。ただし、翻訳（不）可能性は *Gerede* のひとつの部品ないしひとつの側面ではないだろうか。フランソワ・ヴェザンは、示唆に富んだ仕方で、«on-dit» と翻訳している。

（18）マルティノーが訳しているように littérature へではない。もっとも、littérature の観念を全面的に練成し直すことを企てるのであれば、話は別であるが（そして間違いなくそれは可能な企てだろう）。ヴェザンは «le "c'est écrit"» と訳しているけれども、その命法的含意［この表現は「そういう定めだ」の意をも有している］はテクストとは無縁である。

（19）*Geschreibe* という語は、*Gerede* と同じく（統合する接頭辞 ge を用いて）造語されたものであるが、侮蔑的ニュアンスを伴っていることは否定できない。しかし、このニュアンスは、ひとの侮蔑的な解釈に対する数々の警告を記憶することをなおさら不可欠なものにしてくれる。

（20）*Das Angelesene* は、表層的に読まれたもの、「単に」読まれたものを意味する。

（21）この原語は *Unterscheiden* だが、もっと前の個所では、「決断する」を明確に意味する *entscheiden* が使われていた。*Unterscheiden*、これは「差異を成す」（faire la différence）である。

これに続く箇所はもはや単におしゃべりしか名指しておらず、この点に関して、根源的了解の「閉鎖」（*Verschliessen*）としての「平均的了解」の説明、世界ならびに実存者の存在に対する「第一義的で根源的な存在諸連関」の堰止め、抑圧、遅滞としての「平均的了解」の説明を継続している。では、書き物とその読解についての補完的で、外見的には蛇足と映るような例示は何の役に立つのだろうか。この例示は、たしかに束の間の仕方でしかなく、この文脈においては二度と戻ってくることはないのだが、決断の主題を導入することになるだろう。根源的了解（ならびに情態的音調）への接近、実存のなかで最も固有な仕方で作動しているものとしての存在への接近は、ひとつの決断に依存しており、この決断が、この固有な了解と平均的了解との差異をなし、両者を切り分けるだろう。しかるに、平均的了解は、このような差異に接近する一切の可能性を、かかる差異を成すことを思い描く一切の可能性をもただちに閉鎖してしまう。なぜなら、平均的了解は「すべてを了解する」からだ。閉鎖は開放に見合っており、各々は他方と直《じか》に生起する。ひとによる「平均的了解」はそれ自体で、自分自身に固有の差異、話すことを了解することと話されたことを了解することとの了解における差異への接近の閉鎖である。したがって、この差異は、存在を了解すること（それを感じ取ること）と、存在者を了解し感じ取ることとの差異としても分節されうる。存在者の了解は存在の了解としては了解されない。言い換えるなら、存在者の了解は、この了解がそれ自身そうであるところのもの、それ自身の差異（なぜなら、了解である限りで、了解は存在しか了解することができない、言い換えるなら、了解は、存在者に属しながら、了解が全体的かつ平均的に了解するものとは異なるものしか了解することができないからだ）としては了解されない。しかし、了解（ならびにその情動）の自己へのこのような非‐接近、それはどうして了解の宿命でないことがあろうか。了解は、存在の（存在による）把持である限り、存在者のいかなるものの把持でもないし、存在者における何ものの把持でもなく、——もっぱら、存在者に委ねられたこの存在、実存であるようなこの存在の了解なのだから。こうも言える。いかにして固有化はここでは、「固有な差異」の非固有化と同一のものでないことがあるだろうか。問いの全体がそこにある。というよりもむしろ、決断の全体がそこにある。

（別の仕方で、この差異はまた、数々の言説の聴取と、件の「どんな現存在もが自己と共に携える友の声の聴取」との差異としても分節されるのだが、後者の聴取はというと、「現存在の第一義的で固有な開かれていること」[22]としての「聞くこと」を特徴づけている。ここでは、この友の身元を問うことはすまい。ただ、次のことを指摘するだけにしよう。成すべき差異、決断すべき差異はまた、実存者の存在的自己（他者たちの「自己」を伴った）と、実存者が自己と共に携える「友」とのこの差異でもあるのだ。「友」は、同でも他でもなく、おそらく差異そのものだけを名指している。）

しかしながら、もう一度言うが、なぜ書き物と読解なのだろうか。読解は「貪る」、とテクストは言っている。読解は非了解的で不感的な消費の卑俗さを極度に推し進めるように思われる。だがまた、それだけによりいっそう、読解はそれとは反対のものを例証してもいる。すなわち、「源泉への」接近、その水を「分かち合うこと」(un partage. un *teilen*)[23]、ひいてはひとつの「本来的な」[24]伝達を。強欲で鈍感な消費は、それだけ

（22）『存在と時間』第三四節（p. 163）。
（23）言明のコミュニケーションにおける存在の「分有」（分かち合い）は『存在と時間』第三三節（p. 155）で分析されていた。
（24）ついでにこの語を用いるとすればだが、この語には後で立ち戻る。

によりはっきりと、源泉から飲むということが何であるかを垣間見させてくれる。筆記《エクリチュール》－読解のうちで、根源的なものへの通路〔接近〕ならびにこの通路の分かち合い〔分有〕（partage）の可能性－必然性が、一瞬半開きになる（s'en-trouvrir）のが見られる。話を語り直すことをつうじて、そしてまた、要するに、話すことならびに「ひとが話す」と直に接することで、話されていること、ひとがそこから話すところのこと、誰が話す（聞く）かの分かち合いが半開きになるのである。

半開きになる＝間が開かれる（*s'entrouvrir*）とは言い得て妙な言葉である。現存在が本質からしてそれへと開かれているもの、それへの現存在の開けがここでは浮き彫りにされ喚起されている。そして結局のところ、根源的なものの差異、開けそのものの差異を成しうる決断が浮き彫りにされ喚起されるのだ。なぜなら、開けがまさに根源的なものへと開かれており（源泉は源泉へと開かれる）、根源的なものによって、根源的なものである限りで、開けが開かれてあることは生起するからだ。根源的なものとは、すなわち世界へと開かれた実存の存在である。決断は、開けそのもののなかで開けが差異－を成す－こととして浮き彫りにされ喚起されるのだ。

Ⅳ

こうして、書かれたもの（*Geschreibe*）の例ないしケースは、最初にそれを識別した時よりもはるかに明確に規定されたものであることが明らかになる。結局のところは、哲学の、あるいはまた思考の筆記《エクリチュール》－読解以外の何も問題となってはいない。もっと正確には、実存から、その本質を成すところの開けへの連関を思考し、それを分かち合うことを企てる、そのような哲学もしくは思考の筆記《エクリチュール》－読解以外の何も。「読者の平均的読解は（…）決定することは決してできないだろう」という文は、ある範例的な両義性を読み取るきっかけを与えてくれる。ここにいう読者とは、一切の筆記《エクリチュール》全般についての読者全般であると同時に、『存在と時間』の読者（どうしてこの読者が前者の読者と同じでないなどということがあるだろうか）でもあって、この後者の読者はというと、まさにこの時、まさにここで、『存在と時間』をひとが（あなたが、私が）読むたびに、先の文を読むところの読者である。

ひとが読む（*on lit*）――それを読んでいるのをまず知ることなくひとは読むのだが、ひとが最後には「了解する」のに十分なだけの控え目な標識が配置されてはいる。ひとは、このテクストのなかで根源的なものに触れるものを決定することはできない。つまり、「根源的なもの」（もしくは「存在」、もしくは「開け」）がこのテクストの数々の言明によって名指され、主題化され、思考されるときにもできないのだ。そのときにも、そしておそらくは、そのときにこそ特に。根源の決定についての思考（哲学、唯一の「第一義的諸原理についての学」）は、決定ないし決断はそれ固有のテクストの筆記《エクリチュール》－読解には属していないと言う。別言するなら、ここでなされている言説はいかなる特権も有しておらず、他のいかなる（非）固有的な言説よりも、固有なものに相応しいわけではない(25)。この言説が思考するところの決断、この言説は、それが決断

（25）逆に、何頁か前で、「詩的な」語りだけが、「情態性の実存論的諸可能性の伝達、言い換えるなら実存の開けがその自立的目的となりうるような」（同前第三四節、p. 162）語りとして特権化されたことは注目に値する。ここではこれ以上その特権について問いかけることはしないが、それは『存在と時間』のなかでは解明も説明もないままにされている。ただ次のことを指摘しておきたい。すなわち、語りと伝達のいかなる形式にも、有無を言わせず何らかの存在論的特権を付与す

を（自分に）固有化しないと思考しており、このような仕方で自分は「決断を思考している」（それを了解し／それによって触発される）と思考している。あるいはまた、自分は決断において自己を決断する（この言説はひとをしてそこで自己を決断させる）と思考しているのだ。

実存論的分析論の言説は、端から端までおしゃべりのなかに捉えられる。単にこの言説を聞き、単にそれを読むだけでは（たとえばひとがここでそうしているように）、根源的なものへの、あるいはまた「本来的なもの」へのいかなる接近も保証されることはありえないだろう。ここでもなお、至るところと同じくここでも、いや、他のところよりもここでかもしれないが、ひとはつねに、何かについて話すこと（存在することないし実存すること）で満足し、このようにして語り直されたこと、ひとが－語るところのものを単に聞くことができる。実存の開けについて語られるのを聞きつつも、この開けへと（開けによって）実際に開かれることは微塵もないということがあるのだ。

このような哲学的挙措は古典的である。哲学の言説は、次のことをその読者に警告するのをつねとしている。すなわち、了解すべきことは、哲学のテクストの通常の了解によって届くところにはない、と。デカルトは、もっぱら自分の言説だけで判断するよりもむしろ、みずからの省察の現実的運動を辿るよう要求している。ヘーゲルはというと、数々の命題の外面性を乗り越え、この外面性を純粋思考の内面性へと止揚するためには、反復された読解が必要不可欠であると忠告している。ある意味ではハイデガーも別のことをしてはいない。彼は――もっと控え目な仕方ではあるが――少し先の箇所で、先に述べたようなものとしての「読者」、先に述べたようなものとしてのその書かれたものの諒解ではもはやないが、「根源性」を容れうる諒解がそこへと向かうはずのものを指し示すことになるだろう。彼は、「おしゃべり」に後続する「好奇心」

に、「観察しつつ時を過ごす閑暇」のあり方と姿勢を対置しているが、かかる「閑暇」において、「存在者を感嘆しつつ観察すること（*thaumazein*）」[26]が遂行される。これ以上見事に、哲学をその伝統の全体において指し示すことはできないだろう。まさにこれ以上見事に、この伝統を反復し、再活性化し、救済するところの「破壊」の使命を思い起こさせることはできないだろうが、この使命こそ、分析論、それも実存論的分析論という使命の歴史的帰結なのである。したがって、哲学そのもののなかで、また、哲学の伝達の行使のなかで、哲学がそれと根源的に係わっているもの、存在者の存在である限りでの経験であるようなものへの開けを開く、または再び開かねばならないということを、これ以上見事に示すことはできないだろう。哲学のなかで、哲学的決断を、決断としての哲学を再び開かねばならない。そしてこのことは、哲学の陳述を無限に

ることが問題なのでは絶対にないということだ。これらの形式のいずれも不可避的にひとの支配下に、ひとのやりとりの下にあるのだから。第二七節（p. 127）はこう言明していた。「われわれはひとが楽しむ通りに楽しむだろう。われわれが文学や芸術を読んだり見たり判断したりするのも、ひとが読んだり見たり判断した通りにする。のみならず、われわれが〝群集〟から身を退くのも、ひとが身を退く通りにするのである（…）」。――そこで、語りが、後に『総長講演〔語り〕』（*Rektoratsrede*）のなかで、「特権」ないし「分離」のいかなる様相に即して認知されることになるかを考えうるだろう。根源的なものの共同的分有へと差し出され、決断を直接的に企てるこの演説のなかで。固有化不能な決断はいかにしてそこで固有化されることになるのだろうか。かかる決断は今度はいかにしてその本質に厳密に誠実でかつ厳密に不誠実であるのだろうか。いかにしてそれは自分自身の了解へと開かれていると同時に閉じられているのだろうか。すでに言ったように、これらの問いにここで答えようと努めるつもりはない。ただ、ハイデガー自身を起点としてこれらの問いは提起されねばならないと指摘するにとどめたい。

（26）『存在と時間』第三六節（p. 172）。

凌駕している。

しかしながら、哲学がそれ固有の開かれ－かつ－決定されて－あることへと（言い換えるなら、哲学自身の歴史的実存へも）このように（再び）開かれていることの論理そのものに即して、ハイデガーの挙措はこれらの伝統的挙措を単に再生産しているだけではないのだが、ただ、これらの挙措は彼にとっての模範であり続けており、のみならず彼はそこで、これらの挙措を範例的なものたらしめる決断に立ち向かってもいる。どんなおしゃべり－書かれたものにも可能ならざる諒解がここでは問題になっているのだと理解させる限りで、ハイデガーはこれらの挙措を再生産しているのだが、この限りで彼は哲学を単に再生産し、哲学と共に、言説の限界を超えて浮遊する純粋で絶対的で留保された理念と理想を再生産している。しかし彼は、現実にはそのようなことはまったく言っていない、あるいはまた、そのようなことを「真には」言って「いない」限りで、これらの挙措を再生産してはいないのだ。

おしゃべりについてのテクストの総体が実際に言っていること、それは、おしゃべりという状況（書かれたもののなかでのその範例化）は、根源的差異が不可能であるような状況である限り、それ自体真に開けの状況であるということである。「平均的了解」の宿命である「閉鎖性」を強調した後で、第三五節はこの閉鎖状態のなかに、開けの可能性そのものを、言い換えるなら、実存に最も固有な可能性を位置づけるところまで行っている。おしゃべりという了解は「根こぎにされて」(27) いる。けれども、この根こぎは「実存論的」なもので、言い換えるなら、それは実存の存在構成に属している（「恒常的な根こぎの様態に即して」とテクストは明示している）。実存の存在が、本質をもたないという特質もしくは原－特質によってまさに定義されねばならないなら、この根こぎは実存の存在に本質的あるいはまた原－本質的な仕方で属していると言うことさえ必要だろう。自分自身の本質を存在すること、これが実際、絶えずこのことを思い起こさねばならないが、実存の特性である。本質を存在することはそれ自身では本質を欠いている（あるいはまた、実存の本質はその決断のなかにある）。

だからハイデガーはこう書くことができる。「その開けが情態的－了解的な話によって構成されているような存在者のみが（…）かかる根こぎの存在可能性を有しており、この根こぎは現存在の非存在をなすどころか、むしろその最も日常的で最も根強い〝実在性〟をなしている」。したがって、まさにこの「実在性」のなかで、かかる「実在性」である限りで、現存在は真に開かれているのだ。まさにおしゃべり－書かれたものである限りで、話は実存に属し、実存において、情動的に触発されることならびに了解することの可能性を呈示するのだ。おそらく、現存在はそこでは「根こぎにされ」、起源から、現存在が存在することの起源ならびに現存在の起源の存在から切り離されている。しかし、このようにして、それが世界のうちに存在する限りで、現存在は存在する。「現存在は宙吊りにされている」(*er hält sich in einer Schwebe*)。かかる宙吊りは実存者そのものの存在条件にして存在構成を存在する。

定義からして、宙吊りにされた決断は逃れ行き、それは起こらず〔場所を持たず〕、それは決して起こりえない〔決して場所を持ちえない〕。根こぎが恒常的であるのと同程度に、決定不可能性は規則である。しかし、ここでは絶対的に正確でなければならない。かかる宙吊りの本性は、それ独特の仕方で了解されるべきものにとどまっている。見かけとは反対に、この宙吊りは浮遊のうちにはまったく存していない。おしゃべり－書か

（27）　同前（p. 170）。

れたものならびにその諒解－読解は、「ひと」の弛緩した卑俗さとみなされたものの、凡庸な大雑把さのうちを浮遊しているのではない。それは不可能である。なぜなら、話一般は、実存と世界の上を浮遊して、そこに意味の近似と不明瞭さを生じさせるのではないからだ。「言明とは、それ自身で始原的に存在者を開示することのできるような浮遊する所作ではまったくなく（*kein freischwebendes Verhalten*）、いつもすでに世界－内－存在の地盤に身を置いている(28)」。

言明についてかつて言われたことは、情動－了解から「ひとが話す、ひとが書く」に至る――そしてまた哲学の日常的テクストの日常的な筆記《エクリチュール》と読解に至る連鎖全体にとってもあてはまる。こうしたことすべてのいずれも世界、実在、実存の上空を飛翔しているのではない。こうしたことはすべて逆に、世界への存在によってのみ生起する、こうしたことはすべて、世界へと投げ出された実存の生起〔場所を持つこと〕からのみ生起するのだ。（次のことが確証されるだろう。「イデア的」世界のなかを「浮遊する」ものと、投げ出すことで存在を実存の決断に吊るすところの投げとのあいだにある、強調された、執拗な、強固な対立以上に、『存在と時間』のなかで恒常的なものはないし、それ以上に見事に同書の主調音をもたらすものも何もない。）

したがって、「平均的了解」の日常性のなかでの現存在の「宙吊り」はそれ自体が、平均的非決定のなかでの、実存の（世界の、他人たちの、思考の）「意味」についての多少なりとも近視眼的な漠たる見地のなかでの浮遊ではない。宙吊りはそれ固有の構えを有している。けれども、「宙吊り」に固有な「構え」は、二元論によってまたは弁証法によって浮遊と対立した単なる堅固さではない。宙吊りは宙吊りにされ、平均的で存在的な浮遊と直に堅固に接している。まさにそこにおいて宙吊りは（自己を）決定する。「すべてを了解する」平均的了解はまた、最も鋭敏で、最も正しく、最も慧眼な知解でもありうる。ひとが思考し、書き、読むように、われわれは哲学を思考し、書き、読む。しかし、このような仕方では決定できないもの、それは世界（ひと）－へと－投げ出された－存在の始原的決定不可能性であり、そこにおいて、それによって、それである限りで、実存の存在は生起するのだ。それを決定すること――始原的なものを決定すること――それはある意味では、始原的なものに対してそれ固有の開けを開くこと、あるいはまた、始原的なものをそれ固有の開けへと開くことであろう。けれども、このようにして制御され、固有化された開けはまさに、それがそうであるところの開けではもはやない。開けは何かではない。それは現存在の存在が開かれて－あること――またはこの存在の宙吊りである。

決定されるべきもの、それは開けと開け自体との差異であって、それを理由として（これは土台なき、あるいはまた根拠なき理由である）、開けは自己を固有化することなく、それによって自分がそうであるところのもの、すなわち、実存することであるのだ。「決断すること」はその場合、これこれのために、実存のこれこれの「意味」のために一刀両断することを意味しないだろう――そうではなく、それは実存がそれであるところの意味の決定不可能性へと自己を曝露することを意味するだろう。だから、このことは「根こぎにされた」日常性と直に接して、「決定することの不可能性」と直に接してしか生起することがない……。

おそらく、この日常的存在と直に接して、そのうえに休らうべき土地は存在しない。もっと後の箇所で、

(28)　同前第三三節（p. 156）。

ハイデガーは書いている。[29]「おしゃべりが現存在に開示するのは、現存在の世界、他人たち、そして自己自身へと係わる了解的存在なのだが、ただし、～へと係わるこの存在が土地を剝奪されて浮遊するという様相（*Modus*）を有しているという具合に開示するのである」。このように、話である限りで、「世界－内－存在の基盤の上に」位置するおしゃべりは、この「基盤」をただちに「浮遊」に解消してしまう。けれども、この解消――投げられて－あるという事実――は、最初の確固とした恒常的存在の堕落でもその喪失でもない。いかなる実体性も浮遊のなかに蒸発しはしなかった。土地が現存在から取り上げられるということ、まさにこのことこそ実存者の存在を成し、実存者を存在させるものなのだ。更に言い換えるなら、「宙吊り」はそれ自体が「土地」であり「基盤」なのである。

そうだとするなら、基盤と宙吊り、閉じられたものと開かれたもの、書かれたテクストとその原典のあいだにいかにして差異を作り出すというのか、また、土地を、いや土地以上のもの、実存の根、その始原的存在を見出すために、再び見出すために、それを自己に固有化するために、いかなる決断をするのか。すでに語られたように、差異を作ることの不可能性のために決断しなければならないと言えば十分なのだろうか。ある意味では、この結果を乗り越えることはできない。しかし別の意味では、この同じ結果は、ひとの茫然自失への、茫然自失せる甘受以外の何ものももたらすことはないように思える。ハイデガーのテクストはこれら二つの方位のあいだで揺れ動くことをやめない。テクストもまた浮遊している。テクストは宙吊りになっており、自己を宙吊りにすることをやめない。実存の始原的存在への有限な接近についての有限な思考なのである。

この思考が問題にするもの、それは決断である。言い換えるなら、今ではよりはっきりと分かるだろうが、この決断は、開けの決断——開かれたもの（たらんと）みずからを決断するところの決断としての開けそのもの——と、開いたものを閉じるところの決断とのあいだの差異を成すだろう。後者の決断、一刀両断するところの決断、固有の意味での決断は結局（最も明白で最も恒常的な話における数々の語の意味に即して）、実際にはひとの支配に属している。この支配のもとでは実際、「現存在にその存在の諸可能性すべての確実性、本来性、充実を保証することができる」と思われている。「ひとの自己確信や決断されて–あること（*Entschlossenheit*）が、固有の情動的了解に関する欲求の、いや増す不在を広めるのである」。充実した本来的「生活」を培い、それを導きうるのだというひとの思い上がりは、現存在に安らぎ（*rassurement*）をもたらす。現存在にとっては、「すべてがこのうえもなくうまくいっており」、すべての門戸が開かれているのである[30]。

　確実性を付与され、安心を与えるところの決断された–存在〔決断されて–あること〕、それは本来性への保証[31]をみずからに与える、それをみずからに与えることができると思っている存在なのだが、かかる存在は閉鎖性の支配に属している。この決断された–存在は真実においては、当の存在にとって固有な仕方で始原的であるものへの自己固有の関係を「決定することが決してできないだろう」存在である。真の「決断」、起源の差異に権利を認めるところの「決断」はしたがって、一刀両断する安心とは別のところで探されねばならない。現存在は、それがそうであるところのものであるためには、「決定するもの」である必要はない。

（29）同前第三八節（p. 177）。

（30）同前。

（31）お気づきになるだろうが、引用された個所では、*Echtheit, echt* という語が、明らかに批判的でアイロニー的な価値、eigentlich、「固有な」と対立した価値をもって繰り返し使用されている。すぐ後でこの点に立ち戻るだろう。

しかしながら、現存在は自己自身の実存に向けて決断し、それに向けてみずからを決断しなければならない。だから、二つの決断のあいだに差異を作らねばならない——あるいはまた、決断のなかで、固有の仕方で決断するものに向けて決断しなければならないだろう。

V

なぜなら、ひとの数々の確実な決断すべてと直に接して、ひとの数々の浮遊する不決断すべてと直に接して、実存の決断がもちろん演じられるからだが、この意味では、実存の決断は「決断」でも「不決断」でもない。

相異なる本質を有した二つの決断が問題ではありえないが、しかし、実存の決断は「安らぎをもたらす」実存的決断ではない——これは、これまでに述べたことすべてから明証に属している。ひとから脱出して、それよりも「本来的な」実存のいまひとつの界域に到達しようとする必要はない。逆に、実存の存在を賭けることは実存と直に接して生起する。すぐさま、そのまま実存的なもののなかに捉え込まれないような実存論的なものはない。（分析論のこの主調命題は同時に、実存論的思考である限りでの思考のあり方がそこで賭けられているような命題である。実存論的思考は、そして思考一般は、ただちに、そのまま、その筆記《エクリチュール》、その読解、その（非）了解の実存的諸可能性のうちに捉え込まれることでしか思考しない。）現存在の投げられて-あることないし「頽落=期限」（échéance）が、実存のより上級の形式のより下級の形式への転落を形成したりしないのは、この理由による。「現存在は、それにとって了解的で情動的な世界-内-存在が問題となっているがゆえにのみ、頽廃することができる。逆に、固有の実存（existence *propre*）は、頽落しつつある日常性の上空を浮遊する何かではない。実存論的には、固有の実存はこのような日常性の変容された把持（*ein modifiziertes Ergreifen*）にすぎないのである」[32]。

この最後の文は、分析論の豊かさをあますところなく了解するために決定的である。まさにこの文のなかで、決断という主題についての〔決断の主体への〕決断がなされるのだ。実際この文は次のように言明している。実存の固有性――実存の真理、それ固有の意味――は、それが実存的実存（こういう言い方ができるとして）について「変容された把持」を形成しているという点以外では、実存的実存と何ら区別されない、と。始原的なものへ向けての決断の本質――決断の始原的本質――は、把持のこの「変容」のうちにしか存することができない。しかし、それと向かい合って、この「変容」（「浮遊」の様相（*Modus*）から決断の様相（*Modus*）へという様相（mode）の変化であるが、「土地」は、言い換えるなら「宙吊り」は変えることがない）――テクストはこれについてそれ以上のことをわれわれに教えてはくれない――は、決断の賭金として、更にはその行為としてしか決定されることがありえないだろう。

（まさにここにおいて、更に継続するに先立って、これ以降不可欠となる翻訳についての指摘を導入しなければならないのだが、もっとも、「本来的」（authentique）という語彙については、数々の既存の翻訳がおのずと陳列されるだろう。この語彙はずいぶん以前から、ハイデガーの言う《eigentlich》に対応するフランス語としてのみならず、一般的で冗漫な註解の風聞のなかでは、『存在と時間』の思想の主要でシンボル的

（32）『存在と時間』第三八節（p. 179）。

な概念としても信任されてきた。たった今引用した決定的な文では、eigentlich は「固有の」(propre) によって訳されていたが、今後はこの翻訳に執着することになるだろう。そこで賭けられているものは重大である。《authentique》〔本来的〕というカテゴリーは起源と出自の純粋さの観念、生来の卓越性の観念を本質的な仕方で含意しており、この観念との比較で、「非本来的」歪曲ないし堕落をみずからに表象したり、それを遂行したりすることができる(33)。しかるに、この種の対立は実存論的分析論によってまさに排除されているのをたった今見たところである。だから、「本来性」について話すことは、他の場所でよりもここで検討している文ではとりわけ、誤解に属している。ドイツ語は「本来性」の観念に相応しい語彙を有しており、ハイデガーはそれを援用している。echt, Echtheit がそれで、この語彙が場合によっては批判的ないし反語的に援用されていることは先に見た通りである。それとは逆に、eigentlich は、「固有」であるもの、固有に〜に属するもの、固有な仕方で〜について言われうるもの以外の何ものも語ってはいない。それに、ドイツの読者は、ハイデガーのテクストのなかで、*eigentlich*, *Eigentlichkeit* という語彙と、実に頻繁に用いられるこれら他の語彙 *eigen*, *eigenste*, *eignen*〔固有の、最も固有の、固有化する〕とを一緒に把持しないわけにはいかない。最後に、このテクストのどんな読解にとっても、やがてハイデガーにおいて性起/脱性起(固有化する出来事/脱固有化する出来事 *Ereignis*/*Enteignis*; l'événement appropriant/désappropriant) の有することになる重要性が及ぼすはずの磁力を無視することはできず、それゆえ、まさにここでも、性起/脱性起に立ち戻ることにしよう。「固有」と「本来的」とは関連がないわけではおそらくない。しかるに、実存の決断についての思考はまさに、それに反して両者のあいだに本質的差異を設けることを提案しているのが分かる。したがって翻訳は、echt を「真の」(マルティノー) の方に後退させ、propre を authentique へと前進させることで、意味の「本来性」（authenticité）を決定してはならない。ハイデガー自身、専門用語として、言い換えるなら「厳密な語義」[34]に解された術語である限りで、*Eigentlichkeit* と *Uneigentlichkeit* を用いていると言っている。更に何を言うべきだろうか。次のことを措いて他にはない。すなわち、決断‐変容は、空中で浮遊する《authenticité》〔本来性〕を視野に入れる必要はなく、非固有性――そのなかで、それとして実存がそのつど、また恒常的に実存する――の *le propre*〔固有さ〕そのものを視野に入れねばならない。）

そうは言っても、このように、それに向けて自己を決定しなければならないような《authenticité》を詮索することが問題ではなく、実存がそこで自己を決定するような決断の固有さを思考することが問題である以上、これ以降は、そこで決断そのものについて決断されるところのテクストに直接向かうことになるだろう。すなわち、決意性（*Entschlossenheit*）（決断し／決断される開け）の分析へと向かうことになるのだが、決断（*Entscheidung*）は要するに、決意性の真に活動的な区切りなのである。

第六〇節は、「決意性は現存在の開示態の際立った様態である」（二九七頁）と主張している。この定義は、翻訳としてとはいわないまでも指標として、〔「決意」（résolution）よりもむしろ〕「決断する開け」（ouverture décidante）とフランス語で言うことを示唆している。しかし、ただちに「決断された」（decidé）を付け加えなければならない。開かれて‐あることは、この「際立った様態」のなかでは、自分がそうであるところの

（33）本来的なものは、「純粋人種」の秩序に属する何かを喚起する。

（34）『存在と時間』第九節（p. 43）。その文脈は、*eigentlich* であることの可能性が、自己自身に向けて固有の仕方であること――*sich zueigen*――の可能性であるのを明断に示している（p. 42）。ヴェザンは *sich zueigen* を《propriété》、《propre》と訳している。この点に関してはアガンベン（本書一六三頁、注（40））をも参照。

ものも以外に向けて、自分がそうであるところのもの以外に即して自己を決意させることはない。それは自己を開かれたものにするべく決意し、この開けの決断へと自己を開いていく。開けは決断を成すが、しかし、決断それ自体が開けであるのだ。別言するなら、実存者は、最も固有なその存在、すなわち開けとしての実存それ自身を自己に固有化する以外のことは何もしない。決意性は、開けである限りでの開けの固有化以外のものではない。つまり、このようなものとしての実存の特性に固有な可能性を成すところの固有化(*Zueignung*)なのである。固有化もしくは性起(*Ereignis*)。『哲学への寄与』は、「存在の本質は、決断による固有化のなかで(*in der Ereignung der Entscheidung*)展開し、現成していく(*west*)」と、そしてまた、「固有化の性起(*das Ereignis der Er-eignung*)は自己のうちに決-断を孕んでいる」と言うことになるだろう。[35]

決断する開けのなかでは、それがいかなる主体にせよ、ある主体が実存について成したり成さなかったりするようないかなる決断も作動してはいない。実存者たるひとつの主体があって、かかる主体が、それ固有の存在との関連で首尾一貫した仕方にせよ首尾一貫せざる仕方にせよ、世界のなかで彼に外的に供された数々の可能性のなかからどれかを選び取るわけではないのだ。(「主体」ということを語りたいのであれば、むしろ、決断それ自体が「主体」であると言うべきだろう。)しかし、賭けられているのはもっぱら、実存に固有な存在様相だけである。この存在様相は、それ自体では、主体によって、主体の決断のために何らかの仕方で客体化されうるような何かではない(もしそうなら、あたかも、自分が人間であること、それが何であるかを知っているものとして、固有の仕方で人間たることを決意するかのようになってしまうだろう)。そうではなく、この存在様相——実存——は、それに即して存在それ自体が存在するところの様相であり、言い換えるなら、この場合には、それに即して、存在それ自体が、存在がその存在において存在の開けであることへと開かれているところの様相である。「決断」は結局のところ、それによって実存が固有の仕方で自己と係わるところの実存すること以外のものではないのだ。

したがって「決断」は、こういう言い方ができるなら、「我アリ、我実存セリ」（*ego sum, ego existo*）という配置を有している。実存はそこで、そのようなものである限りで、自己の存在のなかで自己に達するのだが、自己の存在は自己自身の決－断以外のどんな地からも解離しており、この決－断はそれ自身が自己の存在の解離なのである。(36) けれども、相違は次の点に由来する。すなわち、実存は、エゴを宙吊りにする者が、その果てに懐疑不能な仕方で承認され価値を持つような一切の判断の宙吊り＝一時中断から生まれるのではないのだ。そうではなく、実存それ自体が宙吊りを存在するのであって、この宙吊りは判断の一時中断ではなく、存在の始原的宙吊り、存在である限りでの宙吊り、言い換えるなら、その「上で」実存者が自己を「支える」ところの地、根拠、理由、土地の不在なのである。これは自己－開示（auto-ouverture）ではなく、存在－開示（onto-ouverture）である。あるいはまた、自己－（auto-）はここでは存在－（onto-）の様相であるのであり、この様相それ自体がひとつの様相で実存するのである。

このような「自己を支えること」は要するに姿勢も堅固さも保障もない。これは開けの一時中断が、存在可能性の存在である限りでの存在が指し示していることである。けれども、立ち位置も安定性も設置もなき

（35） N°43.

（36） おそらく、この解離はデカルトのエゴ・スムときわめて親密な関係にあるが、この関係をここで分析することはできない。

このような「自己を支えること」は、それにもかかわらず「浮遊」ではまったくない。実存者の存在は、未規定な、あるいはまたしっかり規定されることなきひとつの存在ではない。それは弱く、耄碌し、軽率なひとつの存在ではない。この存在が実際に実存へと委ねられているとして、この存在の実存がかかる放棄を存在するとして、この存在は同時に絶対的かつ厳密に、かかる放棄によって、かかる放棄のなかで規定されている。だからこそ、この存在の開け――そのまさに迷い、投げられて－あること、派遣されて、突き落とされ、遺棄されて－あること――が、そうであるにもかかわらず、この場所ないしこの原－始原的場所を－持つこと〔生起〕で、存在するというその同性（*mêmeté*）の開かれた差異として自己を支え、自己自身を把持することで、そこで自己を支えるというこのことなのである。そして、だからこそ、差異のこのような姿勢は、差異を閉じ込めるために差異を制御するのではなく、差異それ自体の開かれにおいて自己を支える――それで事足れりとする――ものとして、ひとつの「決意」の強固さと堅固さを有するのである。決断しつつ／決断される開けは、かかる無一物の強固さの特異な様相以外の何も指し示してはいない。そして、この無一物の強固さは実存せる主体のひとつの属性ではなく、それは逆に、かかる主体の実存の堅固さなのである。このように、「決断」もしくは「決断された存在」は実存せる主体の諸属性でも諸活動でもなく、そのなかにおいて、まず何よりも、実存が自己を実存ならしめ、自己固有の存在へと自己を開き、存在することの底－なしを起点とした、存在への実存の到来という固有化不能な出来事を自己に固有化するところのことである。実存することとは、固有化不能な固有であることのかかる無限の固有化可能性以上に固有なものを何も持たない。このようなものが「有限性」の真理である（そして、このようなものが実存論的分析論の唯一の「対象」である）。

有限性の真理。言い換えるなら、固有化すべき（決断すべき）ものは、世界へ、したがってひとの世界へ投げられて－あること以外の何ものでもない。とはいえ、そこにはいかなる貧困化もいかなる愚弄もない。開けは自己を開く必要はない。開けは、凡庸性の世界の卑俗な無意味性ないしまったき意味性へと自己自身を決意させる必要はないのだ。凡庸性という観念それ自体、また、卑俗さという観念、更には「平均性」という観念（「平均的了解」におけるような）もそれ自体ですでに（凡庸な世界への彼自身の侮蔑をうまく抑えることができないまま、ハイデガーが、これらの措辞の侮蔑的性格を中和するために、みずからどれほどのことをなそうと努めたとしても……）、日常的経験の世界に重ね合わされた意味作用である。(37) 開けは自己

---

(37) したがって、『存在と時間』に異論の余地なく現存する意味作用のひとつの層とは、熟慮したうえで決然と袂を分かつことになる。この層は何が何でも、ひとの世界を貶め、それを中傷し、まさにそれをこの点に関して「非本来性」の世界たらしめる、あるいはたらしめようとする。これ以上詳細に考えを説明するつもりはないけれども、あたかも、ハイデガーには、ある実存的先入見（おまけにこの先入見それ自体はきわめて卑俗なものだ。すなわち、例外性、偉大さ、ヒロイズムの、と同様に、根源的なものならびに固有なものそのものの表象と価値への執着といったタイプの先入見）があるかのようだが、『存在と時間』のテクストはそれを振り返っていないし、その凡庸な性格に気づいてもいない。——そう言ったからには、(1) この先入見を明るみに出すのを可能にしたのは他ならぬこのテクストであることも、このテクストは、根源的なものとの関係における了解（「平均的な」……）にとって非決定的なものとして自身を指し示すところのテクストであることも忘れてはならない。このテクストはしたがって、固有のものを名指しすることで固有のものを実存させる、一種の哲学的遂行性への信仰に対する警戒を促すものなのだ。おそらくいかなる哲学的テクストも、このテクスト以上に、その先入見にもかかわらず、それが分析を企てている経験の外部性へと差し向けられるものはないだろう。後でそれを語るべく試みるように、経験（実存の決断）はここでは「内記」〔登録、刻印〕されるというよりもむしろ外記される。——

をひとに開く。それは、ひとが存在することの非固有性への遺棄を存在し、実存することはかかる非固有性を自己に固有化する必要があるのだが、まさにそれに応じて、開けはこう言ってよければひとへ向けて、ひとのために自己を決断するのだ。ひとはまずそれ自身がこの開けである。なぜなら、開けはそれ自身、このようなものとして、投げられた‐ひととして、存在的‐存在論的決定不可能性であって、そのなかで、それを理由として、実存は実存として自己を決定しなければならないからだ。実際、実存が本質を欠いているからこそ、実存は存在的‐存在論的決定不可能性[38]に委ねられている。この最後のもの、存在的‐存在論的決定不可能性は、存在が——実存者によって——、存在者の世界で全面的に賭けられていることを意味している。しかし、存在的‐存在論的決定不可能性は、この事実ゆえにもはや存在と存在者との差異を成しえないということを意味するのではない。そうではなく逆に、存在的‐存在論的決定不可能性は、成すべきすべてのこと（「成す、作る、行う」（faire）という語の最も強く、最も実践的意味で）がまさしく、存在と存在者との差異を成すことに存しているのを意味しているのだ。しかるに、この差異が実存なのである。成すべきは、あるいはまた実存すべきは実存である。言い換えるなら、決断すべきは実存なのだが、それというのも、実存は、それのために決断された本質を、自己の外、理念的に浮遊する何らかの存在論的領域のなかに有してはいないからだ。決定不可能な実存は実存の決断へと召喚されるのである。

ただし、差異を成すこと、それは差異を評価すること、それを見積もること、それを測ることではない。このことはまさに、決定不可能性ゆえに不可能である。これはとりもなおさず、そう結論づけることが容易でかつ必然的であるように、この差異がそれ自体では存在しないと言うことである[39]。かかる差異は存在せず、それは「自己を成し」、「自己を動かす」のであって、このような成すことないし動かすことが決断する開けの本質なのである。この開けによって差異は自己を成すのだが、その差異に即して存在は存在者から／のなかへと自己を退かせる（その自由の「無性」のなかで、存在は存在者から一切の土台を奪い去る）。それも、存在が実存するまさにその限りで、あるいはまた、それゆえ存在が、実存の投げられた - ひとの様相ならびにその世界の様相に即して実存するまさにその限りで、こうなるのだ。このように、決定不可能性はそれ自体が決断を成すのである。

(2) テクストについての素朴な先入見とは逆向きに、例外的なものを犠牲にして凡庸性を価値あらしめることはここでは企てない。そんなことをしても愚かなだけだろう。むしろ、あらゆる種類の価値づけとそれらの先入見ないし前提から身を引き剝がすべく努めるだろう。ただし、それは無関心ないしニヒリズムの空間を広げるためではなく、逆に、それだけになおさら、実存への決断を開かせるためであって、この決断から、そう言ってよいのなら、「諸価値」のあらゆる肯定、言い換えるならまずもって、一切の価値を超過する、価値なき価値の肯定が生じうるし、また、生じなければならない。この価値なき価値については、カントが「価値」という語彙に対立させた語彙を用いて、実存することがそれである限りでの尊厳と呼ぶことができる。『存在と時間』は、この尊厳についての一冊の書物として読まれねばならない。そして、この尊厳の意味ないし感情が今度はいまひとつの「先入見」（もしくは「事実的理想」、これについては同書 p. 111. n. 5 を参照）をおそらく形作るのだろう。

(38) 言い換えるなら、これは～に向けて解き放たれたでもある。ここにいう「自由」――最も同化不能な非固有性の最も疎外不能な固有性であるようなひとつの特異な自由――は、決断として、決断のなかで直接的かつ本質的に作動させられる。

(39) このようなものがデリダ的差延の意味である。それは、存在、実存、その行為から、存在するという差異（という存在）を差異化するのだ。

このように、「決断し／決断される開けはその存在論的本質に即してそのつど事実的現存在の開けである」[40]。現存在に固有な事実性とはいかなるものか。このすぐ後に続く文は、分析論全体の核心的言明を再び取り上げることでそれを指示しているだけである。「この存在者の本質はその実存である」、と。現存在に固有な事実性は実存の事実性である。これは同時に二つのことを意味している。

一、現存在というこの存在者の本質は、世界ならびに、世界内の諸実存者に共通の存在から分離されているような、何らかの諸本質の領域のなかを「浮遊している」のではないということ。

二、このように現存在という存在者の本質は「浮遊」しないがゆえに、ある意味ではこの本質はこのように浮遊しない「ために」、実存は決断の開けのなかで場所を持ち生起する。かかる存在者の事実性は要するに、決断のなかで自己を成すということ。

それゆえ、少し前の部分ではこう書かれていた。

固有の自己‐存在である限りで、決断する開け〔決意性〕は現存在をその世界から引き離したり、現存在を空中浮遊する自我へと孤立させたりはしない。それに、決断する開けがどうしてそんなことをするわけがあるだろうか——固有の開けである限りで、決断する開けは固有的には世界‐内‐存在以外の何ものでもないのだから。

決意性は開けの固有性であり、それは世界－内－存在のまさに固有な特徴以外の何ものでもない。世界へと、「ある者が－他の者と－共にあること」へと、「同伴－して－あること」へとこのように引き渡された存在の固有の特性はいかなるものだろうか。この内世界的／共同的実存に、言い換えるならひとに引き渡された限りで、本質的に「決定不可能性」のなかで存在するという固有の特性以外のいかなるものだろうか。もっと正確には、かかる決定不可能性へと決定され－それへと方向づけられて存在するという固有の特性以外のいかなるものだろうか（決断する開けの、唯一の決断のなかでそのつど決定される実存的決定不可能性は、その実存論的決定性を有している）。実存、それはこういうものなのだ。すなわち、決定不可能性へと決定された存在、その結果、この存在は、それがそうであるところのものであるために、（自己を）決断しなければならない。（自己を）決断することで、この存在はそれ固有の数々の可能性を自己に開くのだが――この存在がそれらの可能性を開き、それらの可能性へと自己を開くのは、まさしくその決断がそうであるとこ

（40）『存在と時間』第六〇節（p. 298）。faktisch に関しては、ここで重きを成す内世界的で物質的で肉的で実存的な事実の価値をそこから維持するために、単に *factuel* とだけ言うことにする。とはいえ、ハイデガーがこのような仕方で指示し、直接的で生《な》まの「状態」（Tatsächlichkeit）から区別しようとした「事実」の特異性を忘れたわけではない（それどころか、かくも「生《な》まの」何かなど果たしてあるのかと問いたくなるだろう）。この点については、ジョルジョ・アガンベンによって「事実性の情念」（« La passion de la facticité », in *Heidegger: question ouverte, op.cit.*）のなかでなされた見事な分析を参照してもらわねばならない。この分析は、固有なもの、固有ならざるもの、一方の他方による、一方のなかの他方という態勢についてここで語ろうと努めていることと、多くの点で交錯してもいる。

ろの最も固有な可能性があってのみである。この決断のなかで、開けは開けとして自己を決定し、実存は実存するものとして自己を決定し、存在は自己を固有のものならしめる。固有性起（*Ereignis*）なのだ。

別言するなら、開けは、それが（自己を）決断するときに、そのようなものとして自己を受け取る。開けの決断はその受動性の能動性であり、あるいはまた、開けはその（存在することの）意味の受動性の活動である。開けの受動性とは、開けである限りでの自己への（もしくは〈自己〉なるものへの）捧げである。第六二節はこう言明している。「決意性とはこのことを言う。最も有責的な存在へと呼び出される（*hervorrufen*）ことを」[41]。何について、実存者は有責なのだろうか。実存について、である。ただしそれは、実存がひとつの本質として実存者に付与されず、実存がひとつの呼びかけとして実存者に宛てられる限りでであって――この呼びかけ（「友好的な」）は実存者自身の差異から、あるいはまた、実存者がそれに即して実存するところの存在することの非決定性から流出する。差異すなわち呼びかけ、そして呼びかけすなわち決断しなければならないこと。

しかしそれゆえ、またしても、実存者は、その事実的存在を構成するもの以外に対して応答する（それに向けて決断する）必要も、また、それ以外について責任を負う（それについて決断する）必要もない。実存者は、それが存在するところの投げられて-あることに（について）応答し、責任を負う。それは諸実存の、投げ出された内世界的共同性に（について）応答し、責任を負う。実存者がそこに、没-本質の不気味さ（étrangeté, *Unheimlichkeit*）のなかに投げ出されている限りで、実存者は、その固有特性そのものとして、この不気味さに責任を負わねばならないのだ。

だからこそ、呼びかけを発するものないし者は、現存在の客観化可能な（あるいはまた主体化可能な）

「力」[42]のごときものとしては解釈されえない。このことはまず、呼びかけもしくは呼びかけるものは応答と同じく力強いものではなく、応答するもの－有責なものはそれ自体ではその決断の刃のなかで力強いわけではないことを意味している。とはいえ、ものごとを逆にし、弱さについて話さねばならないわけではない。問題となっている受動性は弱さではない（またそれは「浮遊」でもない）。受動性は開けが開けである限りで自己を－受け取ることであり、かかる開けはこの仕方で、自分がそうであり、また、そこで（そこから）自分が（自己を）呼ぶところの開けに（自己を）緊密につなぎ止めるべく（自己を）決断するのだ。

このことは次に、これと相関的な仕方で次のことを意味している。呼びかけを主観的ないし客観的な力として解釈することは、「現存在のひとつの逃げ道であって、現存在はその逃げ道を通って、ひととひととの存在の不気味さを隔てている薄い壁から忍び足で逃げ去っていく」。そこで決断が、ひと－であることからひとの存在へとなされる不気味な連関を語るための、特異なトポロギーないし不気味な組成《アナトミー》……。したがって、呼びかけに応答し、開けの存在に責任を負うためには、隔壁に直に接したままであり続けるのが妥当なので

---

(41)『存在と時間』(p. 305)。ここでは *schuldig* の暫定的な訳語として responsable を用いるつもりである。*schuldig* は、単なる「過ち」(faute)――これではあまりも道徳的すぎる――の意味でも、単なる「借財」――これではあまりにも経済的すぎる――の意味でもない。ただし、「過ち」においても「借財」においても、ひとは責め〔責任〕を負っている。ところで、これはある友の声の呼びかけに応答することにほかならず、この声は現存在の自分自身への差異の声である。だからここでは、responsable と言うことにしたい。もっとも、こうしてそのリスクと責任を負ったものには、別のところでまた立ち戻ることを覚悟しなければならないが。

(42) 同前第五七節 (p. 278)、次の引用も同様。

あって、この隔壁の現前は、ひととそれが存在することの不気味さとの通約不可能性を記しているが、その薄さは一方から他方への（ほとんど浸透的）伝達可能性を示している。隔壁（ないし差異）から遠ざからないことで、隔壁に、その薄さに張り付いたままであることで、現存在はその空間を――無でありかつ侵入不能なその厚みの空間を――占める。この限界上で、すべてが差異を成し、何も差異を決定しない。だからこそ呼びかけはここから生じるのだ。存在的 - 存在論的な差異 - なしは、その存在と、それがそうであるところの存在者との差異を成すべく自己に呼びかける。これは次のことを意味している。すなわち、この存在は実存するべく、実存の決断へと自己を呼びかけるのだ。実存の決断は、ひとと直に接しながら、ひとの差異を成す（「把持を変容する」）べく決断する。

　実存の決断は「空虚な実存の理想[43]」を目指しているのではなく、それは「状況へと呼び - 出す」(*pro-voque à la situation*)。状況、それは、実存者の、世界ならびに共同体と直《じか》に接したそこを存在することである。状況に直に接するものとして、決断する開けは「実存とその諸可能性の上空を飛翔するような理想主義から生まれるのではなく、現存在の根本的な事実的諸可能性についての醒めた了解から湧出する[44]」。浮遊する数々の理想のための酩酊、熱狂ではなく、実存という単なる事実である。この事実は、しかしながら、ひとがそれに従属するところの所与ではなく、それは成すべきこと、諸可能性を（に向けて）成すべきであることなのだ（そこにはまた、交渉すべき数々の「理想」に固有の機能に向けて成さねばならないこともある）。決断すること、実存するべく決断すること、自己を、非 - 本質を課せられるべきものにすること。

　このとき新たに、決断する - 開かれた「了解」の只中で、了解と親密に折り合う（更には了解を合成する）数々の「根本的音調[45]」ないし情動が発見される。「孤立させられた存在 - 可能に当面させるこの醒めた

不安には、この可能性の力強い歓びが調和している」[46]。決断する開けは、不安と歓びに、不安のなかで歓び

（43） 同前第六〇節（p. 300）。ハイデガーにおいてこれを起点として後続することすべては、必然的に「死」を含意しており、死のなかでの、あるいは死に向けての実存の「先回り」は、間違いなく、最も重要なものだ。しかし、本論の枠組みのなかではこれについて語ることは差し控えたい。何が問題になっているかを理解させるために、さしあたりは、あまりにも「死」にだけ係わる音調は必要でない。すなわち、「死」は、そのようなものとしての「可能性」の固有性、言い換えるなら、本質的非‐所有の固有性以外のものでは決してない。そしてこのことは、実存についての敢然として肯定的な音調のなかでも同様に、よりよくとは言わないまでも、語られ理解される。

（44） 同前第六二節（p. 310）。

（45） 同前、ハイデガーが、これらの音調を名づけた後で、それらについての分析が分析論の話を超過していると宣言しているのは奇異である。この宣言はある回避に、もっと正確に言うなら、歓喜の回避に似ている。というのも、不安が長大な実存論的探査の対象となったのだから。しかるに、決断そのもの――実存するという決断――を成しているのは、不安と歓喜の結び目ではないだろうか。そしてこの結び目のなかで、不安が、遺棄されてこじ開けられるような受動性の「結ばれるもの」を形成しているのであれば、歓喜が決断の「結ぶもの」ないし「解くもの」、言い換えるなら決断の「切断するもの」〔解決するもの〕を形成しているのではないか（実存の結び目はすべからくゴルディオスの結び目である）。いずれにしても、結論を述べるために、このことを手短に示唆しておきたい。そしてまた、『存在と時間』の「スピノザ的」読解ないし書き直しをも示唆しておきたい。

（46） *Gerüstet* という語を、マルティノーは vigoureux〔強靭な〕と訳している（ヴェザンは非常に遠まわしな仕方で、「この可能性の尺度に見合った歓喜」〔la joie d'être à la mesure de cette possibilité〕と訳しているにすぎない）が、これは歓喜に英雄的な、ほとんど戦士的な過剰な音調を与えるし（*gerüstet* は、爪先から頭の鉄片まで装備すること、～に備えることの意を持つ）、それについては必ずや、この時代ならびに「保守革命」の雰囲気にまさに固有な数々の倫理的‐政治的倍音を呼び起こすことになるだろう。だから、ここではこの語は用いず、属性なしに *joie* を保持すると共に、むしろスピノ

に、あるいはまた、不安と歓びの調和に開くところの開けである。この調和は「肯定的なもの」と「否定的なもの」の混交や調合ではない。それは、もっぱらみずからの実存することに直に接してのみ――言い換えるなら、みずからの存在根拠の自由な「無性」に直に接してのみ実存するところの実存のなかで自己を解き放つような歓びを指し示している。存在することと存在しないことは実存者にとっては同じことである。しかし、世界と直に接して、みずからの投げられて-あることと直に接して、この同性そのものに即して存在するのを決断することで、ひとは差異を成す。ひとは本質の不在への有限な曝露の無限な差異を成す。ひとは存在そのものの差異を成す。まさに存在の本質がこのようにして「決断」として、言い換えるなら、根本的な非固有的特性への開けの、固有化するところの出来事として明かされる。

この出来事、どこでそれは場所を持ち生起するのか。この問いに答えるためには、そこで賭けられたものに責任を負うためには、思想テクストの単なる読解だけで決断することの不可能性に立ち戻らねばならない。何も場所を持たず生起しない、何も単なるテクスト了解だけでは（自己を）決断することはない（テクスト了解それ自体、いずれにしても、開かれ、未完成である）。そうではなく、決断、その不安、その歓びが「テクスト」の「外」で――実存のなかで場所を持ち生起することを了解しなければならなかったのだ。（しかし、これはまた、テクストが、書き（écrire）つつ、それに最も固有な可能性として不断に外記する（*excrire*）もののなかで、という意味でもある。テクストの外記（*excription*）はその内記（inscription）の実存、かかる内記の世界と共同体への実存であり、もっぱらつねに、そのような実存のなかで、テクストは（自己を）決断するのだ。このことはまた、テクストそれ自体の実存性のなかで、テクストの思考作業の不安と歓びのなかで、テクストの書くという戯れのなかで、その読解への提案＝供与のなかで、という意味である。）

実存は、存在論的に不十分な了解によって必然的にも直接的にも貶められることがないのと同じく、良心［*Gewissen*, la conscience-responsable のことである］についての実存論的に十全な解釈が、呼びかけの実存的了解を保証することもない。良心についての卑俗な了解のなかに真面目さがあるのと同様、良心についてのもっと根源的な了解のなかにも真面目さの不在がある。(47)

思考は、ひとが決断すべきものも、ひとがそれを決断するものも押し付けはしないし、それを保証することもない。これこそが思考の原‐倫理であり、それ固有の応答責任である。せいぜい思考は、元手を失いつつ実存することの不安と歓びのなかで、ひとが決断し、ひとが自己を決断するのを解明するだけである。とはいえ、このような解明のためには、思考はそれ自身、そのつど、このテクストのなかで、あるいはまたこの他なるもののなかで、自己に固有な実存の決断を動かさねばならない。思考である限りでの思考の責任は、単に思考され、空中浮遊する責任ではない。かかる責任は、思考することならびに書くことという実存することのこの様相のなかに自己を巻き込み、自己を曝露する。けれども、この様相は、実存することの他の諸

ザに思いを馳せることにしたい。おそらくはここに、提示された読解における「解釈の暴力」のすべては最終的に還元されるのだろう。すなわち、*Entschlossenheit* から *gerüstet* という語を遠ざけることに。開けの開かれてあることに遺棄されることだけから歓喜がその堅固さと歓びを引き出す以上、歓喜は「装備を整え」、「武装を整え」たりできないと、どうして考えずにいられようか。

（47）『存在と時間』第五九節（p. 295）。

様相のために決断すべき何も持たない。それよりもむしろ、どれほど実存の決断がそれ自身にしか属さず、それ自身からしか到来しないかということを認めなければならない。この出来事は、そのつど特異で、そのつど特異な仕方で様相化された固有化の出来事なのである。

　思考がそれを超過するこの特異性、それも思考それ自体のなか、思考固有の実存と思考の決断のなかにおいてさえも超過するこの特異性を権利あらしめるとき、思考はそれ自身の開けへと自己を委ねる。またしてもこのような仕方で、思考は諸実存者の共同体を権利あらしめる。このことは、思考は、実践的、倫理的、政治的な行動の決断を押し付ける必要はないという意味である。思考が強引にもそうすると言い張るとき、思考は決断の本質そのものを忘れ、思考はそれ固有の思考しつつある決断の本質を忘れている。このことは、思考が行動に背を向け、行動にとって敵対的もしくは無関心であることを意味するのではない。逆にこのことは、思考が行動に最も固有な必然性をかなえるべくそこに赴くということを意味している。思考は、思考が行動を「理論的」もしくは「理想的」諸規則のもとに包摂するような意味では、行動を思考しはしない。そうではなく思考は、自己固有の限界としてならびに自己固有の差異（思考を真に思考させるもの）として、実存の行動せる本質的決断を思考するのだ。思考の必然性はまた自由とも呼ばれるが、それは自己自身に自由の最も要求の多い呼びかけを発する。しかるに、自由は与えられた諸可能性を自在に操るものではまさしくない。自由とは、それによって実存の底なしの存在が、底なしで存在すること、世界に存在することの不安と歓びのなかで自己を曝露するところの開けそのものなのである。

崇高な捧げ物

崇高が流行っている。(1) あらゆる流行(mode)は、それらがつまらないものであるにもかかわらず、あるい

(1) 崇高はパリで、数年前からそれにしばしば言及する理論家たち(マラン、デリダ、リオタール、ドゥルーズ、ドゥギー)のあいだで流行っているのみならず、ロサンジェルスで、芸術家たちのあいだでも流行っているのだか、そのなかのひとりは、最近の展示会とパフォーマンス(マイケル・ケリー、一九八四年四月)に「崇高なもの」(The Sublime)という題名をつけている。それ以外の様々な事例がベルリン(ハーマッハー)、ローマ、東京でも見られるだろう。(このうえもなく日常的な言語における「崇高」という語の使用については語らないにしても!)テクストに関しては、数多のテクストが様々な場所で発表されているが、明らかに私の側に借りが認められないと思われる著者たちについては、彼らの名を挙げるにとどめた。とはいえ、私は崇高についての私の解釈を彼らのそれに付け加えようと欲しているのではない。むしろ私は、彼らが共有しているもの、時代が流行のなかで共有しているものを引き出すべく努めたい。われわれ全員に、崇高なものについての思考を供与するところのものを。(一九八五年――同年以後、このテクストは、いくつもの他のテクスト(ドゥギー、エスクーバ、クルティーヌ、ラクー=ラバルト、リオタール、マラン、ロゴザンスキーの)に伴われて、単行本『崇高について』(*Du Sublime*, Paris, Belin, 1988)となった。

は、つまらないものであるお蔭で、流行とは別のものを呈示するひとつの仕方である。あらゆる流行は必然性または運命に属している。数々の流行はおそらく、数々の運命にとっては、自己を捧げる深く秘められた、あるいは非常に控え目なひとつの仕方である。流行する崇高のなかで、何が自己を捧げるのか。それは芸術の運命である限りでの捧げ物そのものである。私はこのことを語るべく試みるつもりだ。

しかし、崇高の流行はそれ以外にも、非常に古くからのものであるという特権を併せ持っている。崇高の流行は少なくとも、ボワローによるロンギノスの翻訳と同じくらい古いものだし、また、「崇高な文体」と、絶対的に解された「崇高」とのあいだにボワローによって要請された区別と同じくらい古いものだ。そのときから、かつて *hypsos* や *sublimitas* の名のもとに、レトリックのカテゴリー(2)——大いに高尚な主題を専門とした言説——であったものが、美学ならびに哲学の、美的なものの哲学ならびに美的なものにおける哲学の、芸術の思考ならびに思考としての芸術の、ひとつの気がかり、要求、賛美ないし悩みの種と化した。それらは、どのていど公然たるものであるかには相違があるけれども、いずれにしても、つねに現前していることに変わりはない。この意味で、崇高は近代の始まりから今日に至るまで、断たれることなきひとつの流行、連続的でありかつ不連続的で、単調かつ発作的なひとつの流行である。「崇高」はつねに流行に属している。なぜなら、「崇高」はつねに現前してきた。「崇高」がその名をそこにつねにもたらしたわけではないけれど、「崇高」はつねに現前している。なぜなら、崇高ということで問題なのはつねに、美学における隔たりであり、美学への隔たりであって（美学が趣味を指すのであれ、理論を指すのであれ）、この隔たりは、真に示されて論証されたりするより以上に、意欲され、目指され、喚起され、要求される。それは美学が自分につきつける挑戦なのだ——「美しくあるのはたくさんだ、崇高でなければならぬ！」。しかし同時に、崇高は、いかなる点でも流行に属してはおらず、繰り返すが、それは必然性そのものなのである。

崇高のモチーフのもとに（崇高という名前ないしカテゴリーはおそらく、こう言ってよければ、そこで賭けられているものの高さに見合ったものでさえない。おそらくすでに使い古されたものとして、この語はすでに、もしくはなおも、あまりにも美的で、あまりにも倫理的で、あまりにも美徳的で、あまりにも高尚で、要するにあまりにも崇高である。それについては後でもう一度語ることにしよう）――崇高のモチーフのもとに、告知されるのは、芸術の近代的運命のなかで、その近代的運命として、芸術に到来するものの運命である。おそらく芸術それ自体、すぐれて、われわれ（われわれ西洋人たち）に到来するもの、われわれの運命がわれわれにもたらすものまたはわれわれの歴史を擾乱するものなのだろう。しかるに、崇高のなかでは、芸術それ自体が擾乱され、更にもうひとつの運命に捧げられ、それはある意味では自分の外にそれ固有の運命を有している。崇高は、芸術《アール》という表現のあらゆる意味で、芸術の終末と、本質的な絆で結ばれ結託している。それがゆえに、芸術はそこに現存しており、芸術の行先は芸術の終止、その乗り越え、その宙吊りなのである。

明白にそれに準拠するかどうかはともかく、崇高の思考に何らかの仕方で依存することのないような、芸術ならびにその終末についての現代の思考は存在しない。ベンヤミン――彼の役割はおそらく決定的である

（2） この簡略な言い回しはサムエル・モンクの古典的研究（Samuel Monk, *The Sublime*, 1935）の全般的展望を採用しており、この展望はフランスではTh・リットマンによって再び取り上げられた（Th. Litman, *Le sublime en France*, 1971）。歴史の観点からも、美的カテゴリーの観点からも、この展望には議論の余地がある（たとえば Th. Wood, *The Word « Sublime » and its Context*, 1972 を参照）。私の話は歴史的でも美的でもないが。

――以来、われわれに至るまでの数々の系譜学、系統、相続を探求し、辿り直すことができるだろう。けれども、ベンヤミン自身をカントに結びつけた必然性を初めとして、あるいはまた、カントならびにカントと共にある他のすべての者たちを、思考における芸術の運命ないし使命に結びつけた必然性を初めとして、必然性はつねに数々の系譜学よりも深いものである(3)。

私はこの歴史ないしこの網の目を探索することはしない。私としてはここで、いくつかの断章を序として位置づけるにとどめる。これらの断章はおのずから話してくれるだろう。

ヴェールとヴェールで覆われたものが美のなかで形成する統一のゆえに、美が本質的に価値をもちうるのは、裸と被覆との二元性がまだ存在しないところでのみである。芸術のなかで、単純な自然の諸現象のなかでそうなのだ。逆に、この二元性がより明白な仕方で自己を表現すればするほど――そして遂には二元性は人間のなかで最も大きな力に到達するのだが――、次のこともよりいっそう明らかになっていく。すなわち、ヴェールなき裸のなかで本質的な美はそれに席を譲ったということ、そしてまた、人間の裸の肉体のなかで、一切の美を超えたひとつの存在――崇高が、あらゆる生産物を超えたひとつの作品、創造主の作品が達成されるということが。

（ベンヤミン(4)）

作品のうちでは真理が作動しているのであって、したがってただ単に真なる何かではない。（…）作品のなかで配置された現れることが美しきものである。美は、非‐被覆である限りでの真理のひとつの存在様相であり、そのひとつの現れの様相なのだ。

（ハイデガー(5)）

崇高についてのカントの理論は、芸術それ自身のうちで震撼するような芸術を記述している。仮象を剝奪された真理の内容の名において、芸術は自己を中断するが、しかしながら、芸術である限りで、その仮象としての性格を放棄することはない。（アドルノ[6]）

散文と詩がいかなる敷居によっても分離されていないのと同様に、苦悩を表現する芸術は、歓喜を表現する芸術から真に分離されてはいない。（…）もはや問題はディレッタンティズムではない。至高の芸術は可能的なものの極限に到達する。（バタイユ[7]）

……三〇年来、芸術の最も顕著な部分が表しているこの芸術の審問が、作品の秘密のなかで働き、白日へと至るのを嫌悪するひとつの力能の横滑り、その移動を前提としていないかどうかをまず探求しなけれ

（3）少なくとも一度はニーチェに言及しないわけにはいかない。ニーチェは、崇高なものをひとつの主題たらしめたというより以上に、あるひとつの意味、あるいはいくつもの意味で、崇高なものの何かしらを思考したのだった。

（4）ベンヤミン「ゲーテの『親和力』」（« *Les Affinités électives* de Goethe », in *Œuvres*, I (Suhrkamp) traduit par M. de Gandillac, in *Essais*, I, 1983)。

（5）ハイデガー「芸術作品の起源」（« L'origine de l'œuvre d'art », traduction W. Brokmeier, in *Chemins*...)。

（6）アドルノ『美の理論』（*Théorie esthétique*）。

（7）バタイユ『全集』（*Œuvres*, VII）。

ばならないだろう。　　　　　　　　　　　　　　　　（ブランショ）(8)

＊＊＊

中断された芸術、芸術そのもののなかで、作品である限りで、芸術の使命である限りで芸術を審問すること——崇高で賭けられているのはこのことであり、この賭金こそ、崇高がそれを指し示すのに貢献するものである。崇高の名において、崇高の名をしばしばまとうであろう何か（ただしこの名だけをまとうのではない）に駆り立てられて、芸術は、芸術とは別のものを目指して問いただされ、挑発される。もっと正確には、これは二重の中断であり、二重の審問である。一方では、崇高に捕らわれた芸術の思考のなかで拒否されているのは、哲学のひとつの領域たる学科としての美学である。カントは、「第一哲学」と名づけうるものの只中で美学の権利を承認した最初の人物である。が、彼はまた、これと同じ理由で、哲学の一部分ないし一分野としては美学を廃棄した最初の人物でもある。カントの美学といったものは存在しない、ひとは以後このことを知っている。カント以降、美学を拒否し、芸術のなかで芸術以外のものを問いただすことのない芸術（ないし美的なもの）の思考は存在しない。芸術以外のものとは言ってみれば真理ないし経験であり、真理の経験であり、思考の経験である。他方では、アドルノが言うように、芸術は自己を中断し、震撼するのであって、それは芸術の縁で震える芸術であり、芸術以外のもの、美術の諸作品ないし芸術の美しき諸作品以外のものを使命として自己に与える芸術である。芸術以外のものとは「崇高」に属する何かであり——そのなかで真理と思考が今度は震えるのである。

すべてはあたかも、「美学」と名づけられた対象も、同じく美的対象も、哲学によって把持されるや否や

(これらの対象が哲学に捧げられたにせよ、哲学がそれらを捉えに行ったにせよ、それはここでは結局同じことである)、解消され、別のもの(カントにおいては、理性それ自体の至高の運命的行先、すなわち自由にほかならない)に席を譲ろうとするかのように進行している。しかし、と同時に、すべてはまた、あたかもこれらの対象の把握ないし取り逃がしが、芸術と他ならぬ哲学自身について別様に思考することを哲学に要請するかのように進行してもいる。芸術の中断のなかで賭けられているのは思考の使命なのである。

思考の使命が芸術の中断のなかで賭けられているとしても、しかしながら、思考の使命が芸術を引き継ぎ、かくして芸術が真理の「真なる」呈示(présentation)のなかで同時に廃棄され維持されるわけではない。哲学による芸術の引き継ぎないし止揚についてのこのような思考は、芸術の終末についてのヘーゲル的思考の最も眼につく部分を形成している。ところで、本質的な点は次のことに凝縮される。すなわち、崇高への要請は芸術の止揚のちょうど裏地を形成しているということである[9]。

芸術の止揚である限りでの、結局のところ、芸術の完成、それも哲学的完成——それは芸術を芸術としては廃棄し、芸術を哲学として是認し、哲学を言説としては廃棄し、哲学を純粋思考(の芸術?)としては維持する——である限りでの芸術の終末＝目的についての思考、この思考は崇高をそのちょうど裏地として有している。このことは、芸術についての二つの思考があって、かくしてそれらの思考が互いにもたれかかり、

(8)「文学と死への権利」(*La littérature et le droit à la mort*, 1947)。
(9)このことは、これら二つの思考が対立していることと、崇高なものの思考が、芸術の終末についての思考におそらく作用し、それを秘密裡に動揺させていることを同時に意味している。ここではなく別の場所でそのことを示したいと思う。

対立し合っていることを意味してはいない。このことはむしろ、芸術を吸収するひとつの思考があり、芸術をその運命的方位において思考するもうひとつの思考があることを意味している。後者の思考のほうが崇高の思考である。実際、もうひとつの思考、ヘーゲルの思考——哲学なるもの——は、芸術を運命としても運命的方位としても思考せず、それはちょうどその裏側で、芸術の終末＝目的を思考し、芸術の目標、その理由＝根拠、その完成を思考する。この思考はそれが思考するところのものに終止符を打つ。だから、この思考は芸術を思考するのではなく、ただ芸術の終末＝目的を思考する。この思考は、芸術を哲学のなかで、哲学として維持することで芸術に終止符を打つ。この思考は真理の呈示のなかで芸術に終止符を打つ。この思考にとっては、芸術は——ひとつの表象の相のもとに、おそらくは表象一般、つねに感性的でつねに美的な表象一般の相のもとに——この呈示であったのだが、芸術がおのずと自己を呈示するまでに至る以上、芸術はもはやこの表象的呈示ではない。しかしこうして芸術の終末＝目的が達成されると、まさに真実の呈示として、この呈示のなかで、芸術は真に止揚されるのだ。芸術は芸術としては廃棄され、純粋呈示としては維持される。

ではこのとき、芸術は芸術である限りではどうなっているのか。芸術はどこに残っているのか。芸術である限りで——ヘーゲルやその他のところで「芸術」として指し示されているすべてのものである限りで、たとえば形象化もしくは表現である限りで、文学もしくは絵画である限りで、形式もしくは美である限りで、作品もしくは価値である限りで、——芸術である限りで、芸術は（再）呈示＝表象（(re)présentation）という媒体のなか以外には残ることができない。そこに残る芸術（仮にこのような「芸術」が実在するなら、あるいはまた、それがなおも芸術の名に値するなら）、表象もしくは表現として構想された芸術は、実際には終わった芸術、死んだ芸術である。――しかし、芸術を終わらせた思考それ自体、芸術についての思考としてはみずからを消滅させてしまった。この思考は、それが完成させたものを決して思考しなかったのだ。この思考はそれを思考しなかった。なぜなら、芸術は真理においては、（再）呈示＝表象という媒体のなかにはもはやすでに留まっていはしなかったからだ。おそらく芸術は、かつて哲学がそれについて抱いた表象のなか以外では、（再）呈示するのに役立つなどということは決してなかったのだろう。芸術は別のところにあったのだ。ヘーゲル（少なくともヘーゲルのある面）はそのことを知らなかった。けれども、カントは逆に、芸術の賭金、その目的は真理の表象ではなく――初めてこのことをごく手短に言うが――自由の呈示であるということを知り始めた。崇高の思考のなかに巻き込まれていたのはまさにこのような思考である。かかる思考のなかでは、芸術が哲学によって完成されていなかっただけでなく、芸術は、途上で宙吊りにされ、完成されずに、おそらくは完成できないものとして、哲学の縁で震え始めていたのであり――この哲学を芸術が今度は震撼させる、あるいはまた中断させるのだ。

＊＊＊

しかし、崇高に赴くためには、美を経由しなければならないように思われる。美と崇高はカントにとって、呈示と、呈示とだけ係わるという共通点を有している。[10] そのどちらにおいても、再呈示＝表象された対象を欠いた、呈示の戯れ以外の何も作動してはいない。（それゆえ、（再）呈示＝

（10）『判断力批判』第二三節ならびに第二三節から第二九節まで。以下の参照個所はほとんどそこからのもの。

表象の、言い換えるなら、ある主体によるある主体への呈示という一般的論理には従属することなき呈示の概念ないし経験がなければならない。結局、すべての問題がそこにある。）諸感官の対象をきっかけとして、構想力（imagination）――これこそが呈示の能力である――は、その自由な働きと一致するような形式を見出そうと働く。構想力は次のことを呈示する、あるいはまた、みずからに呈示する。すなわち、感性的なもの（本質からして多種多様なもの）と、ある統一（これはひとつの概念ではなく、自由で未規定な統一である）とのあいだには、自由な一致があるということを。構想力はこのようにイマージュ（image）を、あるいはまた、イマージュ――像（*Bild*）があるということを呈示する。像はここでは、表象的イマージュではないし、それはまた対象でもない。像は他なる事物を形式－のもとに－置くことではなく、それは、それ自体では対象を欠いたものとしてみずからを形成するところの形式なのである。結局のところ、カントによると芸術は、美においても崇高においても何も表象することができないのだ。「構想力」はここでは、何かを像にするところの主体を意味しているのではない。そうではなく「構想力」は次のことを意味している。すなわち、自分とは他なるものの形象としてではなく、自己を形成するところの形式として、みずからをイマージュ化するようなイマージュを。このような形式は、感性的多様性のなかで、多様なものへと到来し、多様なものから生じる統一であって、それは単に対象も主体もない――したがって終末＝目的もない統一としてである。――まさにこれを起点として、自由な美的呈示の一般状況を起点として、美と崇高それぞれの賭金を見積もりうるようにならねばならない。

あらゆるイマージュに先立ち、あらゆる表象とあらゆる形象化に先立つ自由な像、非形象的な像と言いたくなるだろうが、カントはそれを第一批判のなかで図式（*schème*）と名づけた。第三批判のなかで彼は、美的判断とは構想力の反省の働き以外のものではなく、このとき構想力は「概念なしに図式化する」のだと言っている。構想力が「概念なしに図式化する」ときとは言い換えるなら、みずからを形成し、みずからを現出させる世界が諸対象の世界ではなく、ただ単にひとつの図式（*skema*、つまり形式ないし形象）、ひとつの像であるときであって、このような図式ないし像はそれ自身で「世界」を作る。なぜなら、図式ないし像はみずからを形成し、みずからを描くからだ。図式、それは形象である——が、概念なしに図式化する構想力は何も形象化しはしない。美的判断の図式論（schématisme）は自動詞的である。それはみずからを形象化するところの形象でしかないのだ。それは、形象をまとうひとつの世界ではないし、そうした唯一の世界でもなく、それは世界を作るところの形象なのだ。それはおそらく偽装と虚構が分かちがたく結びついたもの、ナルキッソスの夢であろう。しかし、こうしたことはすべて事後的にしか生じない。これらの形象が、数々の表象のこの舞台があるためには、まず噴出がなければならない。ある輪郭線、ある形式の最初の噴出、湧出、拍動であって、この形式は、それが自分に形象を与えるという点で、それが自分に自由な統一を授ける点で、みずからを形象化する。形式はみずからに自由な統一を与える、あるいはまた、形式はこの統一を授かる——なぜなら、形式は最初からこの統一を備え、操ることはできないからだ。こうしたことが、概念なしに作動する構想力（imagination, *Einbildungskraft*）の固有性である。かかる構想力は、みずからに先立ち、みずからを先取りし、みずからを現出させる統一であり、規定されるに先立って自由な形象である。

　ここを起点として、言い換えるなら、近代における美学の最初の哲学的指定のうちに入るや否や、こういってよければ、たちどころに完成にまで持って行くことができる。出発点となるこの装置、美的図式論の装置のなかで操ることのできる論理に従いながら、そこからたちどころに、芸術を完成させるに至ることができる。この完成の論理を辿らなければならない。そうすれば、この論理は崇高の審級を――これまで何も崇高の審級をそのようなものとしては他と区別することがなかった――無視するという条件でしか機能しないということが発見されるだろう。

図式論は、第一『批判』では、「魂の奥底に隠された技（technique）」であると言われている。この技の秘密は、結局のところ図式論の純粋形式を呈示している美的図式論のなかでそのヴェールを剥がされるのだろうか。そう考えることができるだろうし、そう考えたくなるだろう。その場合には図式論は美学的なものとなるだろう。この図式の技は芸術に属することになるだろう。技と芸術は同じ語（*ars, Kunst*）である。理性がひとりの芸術家となり、諸対象の世界が芸術家の作品となるだろう。――また、芸術は最初のまたは至高の技、創造的で自己創造的な技、客体と主体の統一の技、自分自身を作品化するところの統一の技となるだろう。このことを信じて、そこから数々の帰結を引き出すことができる。図式論に関してこのように成就された思考について、たちどころに二つのバージョンを得ることになるだろう。ひとつは始原的で無限の芸術のバージョンであり、思考と同様世界にも形式を与えることで自分自身に形式を与えることをやめない詩《ポエジー》のバージョンであり――これはロマン主義的なバージョンである。もうひとつは始原的判断の技というバージョンで、この技は同一性《イダンティテ》を分割《パルタジェ》して、同一性を統一としてそれ自身に関連づけ、かくして同一性にその絶対的形象を与えようとする――これはヘーゲル主義的バージョンである。美学が哲学を止揚し、あるいは逆に、哲学が美学を止揚する。これら二つの場合において、図式論は了解され（図式論の秘密は解消され）、成就される。芸術ないし技――そしておそらくは二つのバージョンのあいだの共犯的交換の作用に従って、芸術と技、芸術の技と技の芸術――たる図式は、形象化そのものの始原的形象である。形象化するもの（もしくは呈示するもの、なぜなら、ここでは形象化すること、それは呈示することだからだ）、形象化もしくは呈示の能力はそれ自体がすでにひとつの形象であり、自己自身をすでにみずからに呈示している。それは芸術家で技術家たる理性である。芸術家たる神、自己と形象の基体（*Deus artifex, subjectum sui et figurae*）。

　このように、概念なしに図式化する構想力は、美的判断のなかでみずから自己を図式化するだろう。ある意味では、それはまさに構想力がなすことだ。構想力は統一として呈示され、みずからの統一を自身に対して呈示するのだが、その際、構想力は、自己自身以外の何も呈示しない。構想力は呈示の能力をその自由な働きにおいて呈示する、更に言い換えるなら、呈示するものを呈示する、あるいは絶対的に再呈示する（表象する）のだ。ここでは、呈示するもの——主体——は呈示されるものである。美と崇高——それらは事物ではないし、諸対象の性質でもなく、判断であり、もっと正確には美的判断、言い換えるなら、概念によっても経験的感覚（それは快適なものを作り出すのであって美を作り出すのではない）によっても規定されないときの感受性に固有の判断なのだが——、美と崇高のなかでは、精神の統一、統一としての精神、構想力のなかで、より正確には構想力としてもたらされる諸能力の一致がみずから自己自身に対して自己を呈示する。

　そういう次第なので、芸術がここにその理由〔理性〕ないし複数の理由をたまたま見出すことになるよりもはるかに、〈理性〉が実際に芸術を掌握して、芸術を〈理性〉の自己‐呈示の技たらしめようとするのだ。したがって、かかる自己‐呈示は論理的には、理性の技それ自体の呈示であろう。これは、理性の最初のもしくは究極の本性として思考された技であって、このような本性に即して、理性は自己を生み出し、自己をもたらし、自己を形象化し、自身で自己を呈示する。その場合、図式論は、呈示それ自体のなか（あるいは呈示されるもののなか）での呈示の（あるいは呈示するものの）統一の先取りであろう。このことはおそらく、この哲学的に厳密な意味での呈示がいつか生起するために唯一可能な技（唯一の手技〔*Handgriff*, coup de main〕、と第一『批判』は言っている）を形づくっているのだろう。それがどんな形象であれ、私がその形象の統一を先取りしていないなら、また、おそらくこちらのほうがもっと正確だろうが、私が、形象をその統一として呈示する私自身を先取りしていないなら、どうやって私は形象の輪郭を描けるだろうか。理性の只中には予－見ないし前－見〔摂理〕（pro-vidence）がある。図式、それは自己を予－見し、あるいはまた自己を予－形象化〔予－示〕するところの理性である。だから、「魂の奥底に隠され」てあることは、図式論の、理性の芸術家的手技の本性に属している。予－形象化は先取りしつつ姿をくらます。そして、結局のところ、図式論の隠れた、秘密の性格こそ、図式論を、それがそうであるところのものへと暴露するのである。この技は、形象化する、あるいは現前化する先取りであるが、一切の可視的形象の背後にすでに隠されている。

この「概念なき図式論」、この「自由な合法性」のなかでは、あるいはまた、自由な主体にとっての世界のこの「素描」(11)のなかでは、美的な《コスメティック》ものは秩序ある宇宙的な《コスミック》ものを先取りしている。美は、内属的なものであれ付加的なものであれ、主観的なものであれ客観的なものであれ、ひとつの性質ではなく、それはひとつの性質以上のもの、ある主体の存在そのものの位格をなしているのであって、この主体はというと、まず自己を形成し、自己を呈示することで、次いで諸現象の世界を自己に（再）呈示〔表象〕することのできる主体である。美学はそれ自体で認識の先取りであり、芸術は技術的理性の先取りであり、趣味は経験の図式――図式もしくは快である。なぜこういうかというと、ここではまさにこれら二つのものが一体化しているからだ。カントは、原初的な快が最初の認識全体を支配していなければならないと書いていなかっただろうか。この快は「著しい快で、それなしには、最もありふれた経験でさえ可能ではなかっただろう[12]」、と。世界の認識と制御の哲学的発生のなかには、純粋な快があって苦はまったくない。(この快には苦は混じっていない。これは、崇高がここに関与していないことを意味している。後でこの点に触れることにしよう。)かかる快は、統一なるもの一般から得られる満足のうちに、ひとつの原理、ひとつの法のもとに多様なもの、異質的なものの統合ないし再統合を見出したり、再び見出したりすることのうちに存している。先取りは、理性に不可欠な統一のこの享楽に由来し、この享楽のうちに宿っている。統一なしでは、多様なものはカオスでしかなく、目も眩むような脅威である。このように、統一を再び見出し、(再)呈示するためにはそれを先取りしていたのでなければならないのだが、かかる統一をもって、また、このように技術的かつ芸術的に産出された統一のもとに、多様なものは享楽と化す。——言い換えるなら、快ならびに固有化と化す。多様なものが私の多様なものと化すのだ。

享楽は、カントによると、快適なものに属しており、快適なものは美と慎重に区別されるべきである。快適なものは利益(intérêt)に結びついているけれども、美はそうではない。美は利益には結びつけられてはいない。なぜなら、美的判断においては、私はどの点でも対象の実在に依存しておらず、重要なのはただ、この対象をきっかけとして「私が私のうちに発見するもの」だけだからだ[13]。

(11) この語は例えば第二二節に見られる。
(12) 「序章」VI。
(13) 第二節。

けれども、自己享楽は、理性の至高で秘密な利益から生じるのではないだろうか。美の判断の没利害関心（désintéressement）は、芸術家の理性の論理のなかで捉えられると、実際には奥深い利害関心（intéressement）である。統一が先取りされ、形象が（予）形象化され、カオスが回避されることには利益があるのだ。

ここでは、美のカテゴリーは極度の脆さをもって啓示される。美しいものと快適なものは、一方では善いもの、他方では崇高とちがって、「即座に気に入る」という共通点をすでに有している。同じく、利益――快適なものにおいては対象から得られ、美しいものにおいてはそれ自体で得られる（しかしこれはそんなに異なることだろうか？）――によっても両者を近づけるべきなら、美しいものもそれなりの仕方で享楽であり、美しいものの享楽は先取りならびに自己‐呈示の享楽そのものであると言わねばならないだろう。カント的な美しいもの、それを起点として、端的な美はいずれも主体の享楽に属しており、主体自身の、その統一の、その自由な合法性の享楽として主体を構成しさえする。理性は芸術家であり、芸術家たる理性は、感性的経験のカオスから身を守り、それがすでに神とともに失ってしまった数々の満足を――その「隠れた技」のおかげで――こっそりと自分に改めて与える。こうした条件のもとで、芸術家たる主体（芸術の、哲学の、技の主体）が、〔芸術家たる理性よりも〕はるかにあけすけに、神からその享楽を奪う主体でない限りで。神からその恍惚を奪う主体でない限りでの話だが。

美学が哲学のなかで呈示されるとき、あるいはまた、おそらく、美学が哲学において（カントの時期には、近代的理性の本質的技術性‐人為性を先取りしつつ）自己を先取りするとき、美学はまさにその瞬間に二度抹消される。一度は芸術の終末＝目的において。そして一度は想像する理性の享楽において。この二度は同じものであるが、そのことはよく分かっている。芸術はその終末＝目的を認識する。なぜなら、芸術はこの享楽のうちに存していて、そこで成就されるからだ。カントはここではヘーゲルと別人ではない。一方においても他方においても、美学の賭金は呈示のうちにある。真理の呈示は呈示の真理に立脚しており、呈示の真理は、予-形象化された統一の享楽である。ヘーゲル的精神も別の仕方では享楽しない。それはカント的構想力を享楽するのだ。あるいはまた、ヘーゲル的精神はそれ自体がカント的構想力の最終的=終末的享楽である。そして哲学は芸術を享楽し、芸術と美を哲学の享楽そのものたらしめ、こう言ってよければ、単なる快としては芸術と美を抹消し、〈理性〉の純粋な自己享楽としてはそれらを維持する。哲学における芸術の止揚（*Aufhebung*）は享楽の構造を有しており――この無限の構造のなかで、芸術は今度は自分自身を享楽する。つまり芸術は、哲学的芸術として、哲学的呈示（たとえば弁証法的、科学的、詩的呈示）の芸術ないし技として、〈精神〉の享楽そのものと化すことができるのである。

美はかつては「真実の輝き」だった。ある奇異な倒錯によって、そして居心地悪さを覚えることなくこの倒錯を考えるのは困難なのだが、真実の輝きは理性の享楽と化した。

これはおそらく美学の哲学的運命であると同じく哲学の美学的運命でもある。芸術と美――真実の呈示はそれらを享楽し、芸術と美において自己を先取りし、芸術と美を成就させる。

＊＊＊

しかし、こうしたやり方をしていても、成就させる代わりに、たった今始めたばかりなのだ。われわれはまだ崇高に至ってさえいなかった。――カントにおいて芸術は崇高の段階を経る以前には分析に供されないのだが、実際には芸術の検討は、いくつもの資格で、とりわけ天才という決定的な資格で、崇高に従属している。（ここでは詳述できないが、少なくとも次のことは指摘されるべきである。諸芸術についてのカントの理論は、それについてのカント自身の意図がいかなるものであれ、崇高の理論への依存のなかでしか真に、完璧に把握されることはない。それに、かかる依存は、外面的にはうまく正当化されない目次の順序によって示されている。それは「崇高の分析論」のうちに芸術の理論を位置づけているが、「崇高の分析論」は「単なる付録」となるはずのものだったのだ）。

ひとは美の様々な不十分さを通して崇高に到達する。たった今われわれは、美が、あえて言うなら突如として、理性の愉楽ないし満足へと弛緩するのを見た。このことは次のこと以外の何も意味してはいない。美は不安定なカテゴリーで、自分のものであるはずの固有の秩序（呈示を純粋に呈示すること）のうちにはうまく収まらず、そこにおとなしく引き留めておくこともできない。美はまず、そう見えていたほど自律的ではなく、カントがそう望んでいたほど自律的ではない。純粋呈示の純粋快として文字通りに解された場合、美は、理性の隠れた関心、隠れているだけによりいっそう利害を伴った関心に応えるものであることが明らかになる。理性は美において、何かを呈示し、自己を呈示するみずからの権能に満足し、みずからの諸対象をきっかけとして自己を賛美し、カントにとって一切の快の法則がそうであるように、この状態で自己を維持し、自己自身の像ならびに自己の像化（*Ein-bildung*）の享楽を維持する傾向にある。美はおそらく、本来ならばこの享楽のなかには存していないのだろうが、不断にこの享楽のなかに滑り込み、それと一体化する寸前の状態にある。つねに差し迫ったこの滑り込みは偶然的なものではなく、構造上美に属している。（道徳的判断に適用される規則を、同様の仕方で、趣味判断に適用することができる。ある行為が純然たる道徳性によって果たされた、と確実な仕方で言うことは決してできない――同様に、ある趣味判断が純然たる美的判断であると言うことも決してできないだろう。利害関心——経験的なものであれそうでなかれ——がそこに混ざるということはつねに起こりうる。ただ、もっと根底的な仕方で、次のこともつねに起こりうる。すなわち、厳密には純然たる趣味判断などないということ、そしてまた、つねにその没関心は構想力の奥深い享楽に向けて利害関心を抱かされているのだ。)

美しいものは不安定性、変動性から成っているのだが、美しきものを快適なもののなかに滑り込ませるのと同じこの不安定性、変動性は、美しいものを崇高なもののなかに運び去ることもできる。実を言うと、美しいものはおそらく、中間的で把持不能な形成物、固定不能な形成物——ひとつの限界、ひとつの境界、快適なものと崇高なものとのあいだの曖昧な場所(多分それは交換の場所でもある)でないとしたら——にほかならない。それは、後でこの点に立ち戻るが、享楽と歓喜のあいだで意味するところのものである。

美しいものの崇高なもののなかへの運び去りが、快適なもののなかへの滑り込みの片割れもしくは反転であるなら——われわれとしてはそのことを立証するつもりだが——、快適なものにおいて、美しいものが享楽のなかで、満足せる主体性のなかで美しいものとしてのその質を失うのであれば、その場合には、美しいものがそれ「固有の」質(そういうものがあるとして)を真に得るのは、自己自身からのもうひとつの種類の脱出、崇高なものを介した脱出によってでしかないということを覚悟しなければならない。これが意味するところは、美しいものが美しいものと化すのはそれ自身の彼方においてでしかなく、さもなければ、美しいものは自分自身の手前に滑り込むということである。美しいものはそれ自体ではいかなる位置も有さない。それは完成される——それは満足であり、あるいは哲学である——か、それとも、未完成なまま一時中断されるーーそれが崇高なもの(ならびに芸術、とは言わないまでも少なくとも、哲学によって止揚されることなき芸術）である。

崇高なものは美学の二番目の部門ではないし、結局のところほとんど美的ではなく、いずれにしてもほとんど芸術的ではなく、カントの意図と宣言で事足れりとする場合には、何よりも道徳的であるようなもうひとつの種類の美学でもない。それというのも、カントは、崇高なものをもってみずから導き入れた賭金を見ていない、もしくは見ていないように思われるからだ。彼は美的判断の「付録」として（二三節で）崇高なものを論じている。しかし実際には、崇高なものは『批判』のなかでは、まさに、それなしには美しいものが美しいものではなく、それなしには美しいものが美しいものでしかない（いずれも結局は同じことだが）ものを表している。美学の一種、それも従属的な一種であるどころか、崇高なものは、以上に述べてきたような美しいものならびに芸術についての思考のなかでひとつの決定的な契機を成している。崇高なものは美しいものに後から付け足されるのではなく、崇高なものは美しいものを変容し変形する――あるいはまた、それを歪曲する（dé-figurer）。つまるところ――まさにこの点を示すことが課題なのだが――崇高なものは、（再）呈示の一般的領野のなかにひとつ増えた審級ないし問題系を成しているのではないのだ。崇高なものは呈示というモチーフ全体を変形し、それを逸脱させるのである。（しかもこの変形は今日に至るまで不断に作動し続けている。）

＊＊＊

崇高はそれなくしては美が美しいものでさえないか、美しいものでしかないところのもの（言い換えるなら、像の享楽と保存）を差し出しているということ、この考えは新しいものではない。この考えは、崇高が近代において（再）誕生した時期にまで遡る。ボワローは、「われわれを魅了し、それなしには美が優美さも美しさももたないような何だか分からないもの」について語っていた。美なき美、それはただ美しいだけの、つまり結局は気に入る（「魅了する」のではない）だけの美である。「美しいだけの、言い換えるなら輝くだけの美しいものは半分しか美しくない」、とフェヌロンは書いている。ある意味では、近代美学全体、言い換えるなら「美学」全体……が、その起源とその存在理由を、美に美だけをあてがうことの不可能性のうちに、そしてまた、それに続いて起こる、美しいものの自己自身からの逸脱ないし横溢のうちに有している。ただの美とは何なのか。ただの美もしくはそれだけで孤立したただひとつの美、それは自分自身との純然たる適合のうちに、あるいはまた、結局は同じことだが、構想力、この呈示（ないし形成）の能力との純然たる一致のうちに存するところの形式である。関心も概念も〈理念〉もないただひとつの美、それは呈示された事象と呈示との単なる一致であり、この一致はそれ自体でひとつの快である。以上は少なくとも近代の美がそうであるものであり、そうであると努めてきたものである。それは自己自身と一致した、首尾よくなされた余すところなき呈示なのである。（美である限りでの主体性、すなわちナルシス。）要するに、それは概念なき図式論における純粋状態での図式であって、この図式は自分自身との自由な一致とみなされ、かかる図式の自由は、ひとつの形式がそれ自身の形式に合致し、それがそうであるところの形式を呈示したり、あるいはまた、それが呈示するところの形式でまさにあるという単なる必然性と一体化している。美しいもの、それは、自分自身と一致してみずからを形象化するところの形象（figure）であり、形象の輪郭とその描線との厳密な一致である。自分自身の略図《デサン》へと無限にたわめられる、形式の共-形性〔適合〕。宇宙《コスモス》と宇宙凝視者たる哲学者（philosophe cosmotheoros）。

形式もしくは輪郭、それは限界づけであり、限界づけは美に係わることがらなのだが、逆に、無限定なもの、それは崇高に係わることがらである。

無限定なものは無限と混同してはならない。少なくとも、現実的無限（ヘーゲルにとっての「善き無限」）という精密な概念とは。なぜなら、現実的無限は、無限定なものとは逆に、無限直線の循環的閉鎖を想定しているからだ。それは形式それ自体を想定しているのである。ところで、この形式－内の－無限だけが真なるものの形象に、〈主体〉の呈示に適合している。もし崇高についての分析が、それがカントにおいてそうしているように、無限定なものから出発しなければならないなら、もし崇高についての分析がみずからのうちに美についての（ひいては限界づけについての）分析を持ち込み、後者の分析をやり直さねばならないなら、この分析は単に、無限の呈示であるような呈示の特殊なひとつの種類についての分析であってはとりわけならない。実に頻繁に犯されているこの照準の過ちは、最初はほとんど知覚不能なものだが、到達点では、分析の結果を著しく歪曲することもある。崇高ということで問題となるのは、有限なものの呈示とは別に、それと類似したモデルに即して構築された、無限なものの呈示でも不呈示でもない。そうではなく、崇高なもので問題となるのは、かかる呈示や不呈示とはまったく別のものたる、無限定なものの運動、より正確には限界づけられずにあること（illimitation, *die Unbegrenzheit*）であって、この無限定化は限界の縁で、呈示の縁で生起するのだ。

形式の限界づけ、（美しい）形式がそうであるところの限界づけは逆に、無限なものの真の呈示を、もっと正確には、すでに理解されたように、真なるものがそうであるところの（自己の）無限的呈示である。すなわち、美しい主題、美しい知、自己循環（*circulus sui*）なのである。

無限定なものそのもの、それは限界の縁で抹消されるもの、限界づけの外的縁と広がりを同じくする無限定化によって、限界づけから（それゆえ美から）切り離され、引き離されるものだ。（もしお望みなら、「善き」無限の外的縁としての「悪しき」無限、と言ってもよい。）ある意味では、何もこのようにして抹消されはしない。にもかかわらず、「無限定なもの」について、「どこかで」抹消される「何か」のごときもののように話すのが許されているのは、崇高なものの判断ないし崇高なものの感情とともにわれわれにもたらされるのが、地からひとつの図のように抹消される〔切り取られる〕ことになるこの無限定化のひとつの把持、把握である一方で、厳密に言うなら、限定されざる地からひとつの図を抹消するのはつねに限界であるからだ。崇高において問題となるのは、地の図〔形象〕であり、地が成すところの図であるが、それはまさに、このことがひとつの図を成すことができず、そうではなくそれがひとつの「抹消」、無限に限定された図に沿って無限定化するところの描線である限りにおいてのことなのだ。

無限定なものは限界の外的縁で始まる。無限定なものは始まることしかせず、決して終わることがない。だから、無限定なものの無限性は、無限進行の単なる潜在力の無限性でも、単なる現実的無限の（あるいはまた、カントが言うように、実際には無限の二つの形象ないし概念を用いる「ひとつの全体から集められた無限性」の）無限性でもない。そうではなく、無限定なものは始まりの無限なのである（そしてそれは、成就の反対物をはるかに超え、呈示の逆転をはるかに超えている）。だから、無限定なものは図の不在という単なる無限的拡がりでもない。そうではなく、無限定なものは限界の線引きそのものにおいて生み出され、そこに係わっていく。無限定なものは、かかる線引きが図の側辺で図の輪郭として切り取るものを描き直し、「地のほうへと」（あるいは「地のなかで」）、地の地〔底〕において）いわば除去する。それは、形象化（*Ein-*

bildung）という操作を「地のほうへと」描き直すのだ。とはいえ、これは、かかる操作の、たとえネガとしてであれ、複製を作ることではない。これはひとつの図、ひとつの無限な図を成すことではない。これはひとつの運動、切り取り、線引き、抹消＝除去〔刳りぬき〕の運動なのだ。崇高は、それがひとつの美学を成すのであれば、状態の美学を前にした運動の美学をつねに開始させるだろう。とはいえ、この運動は不動性を前にした活気づけでも動揺でもない。それは、運動という語が有している使用可能な意味のいずれにおいても、運動ではおそらくない。それはある形式の、ひいてはある形式の状態ならびにある状態の形式の限界づけの無限定な開始である。無限定なものは、限界づけつつ抹消される。無限定なものはそれ自身では限界づけのうちに存しているのではない。たとえ限界づけが否定的なものであるとしても。なぜなら、その場合にも限界づけはなおも、まさしく限界づけであるだろうし、無限定なものは遂にはそれ固有の形式——無限の形式を有することになるだろうからだ。

しかし、無限定化は、その裏側で形成されるものを変‐形する。

無限は「全面的に与えられたものとして」は思考されえない、とカントは宣言している。このことは、カントがもっぱら潜在的無限、終末なき進行の悪しき無限だけを考慮したということを意味しているのではない。このことはまたしても、崇高の感情が接するところの無限定化において問題になるのは厳密には無限ではないということを意味している。このような無限は、カントのように語るなら、崇高のなかでその「呈示」がなされるような無限定なものの「数的概念」にすぎないだろう。無限定なものは無限の数ではなく、無限の身振りであると言わねばならないだろう。(14) 言い換えるなら、一切の有限な形式が形式の不在のなかで抹消される〔刳りぬかれる〕際の身振りである、と。これは形成の、形象化（figuration, *Ein-bildung*）そのものの身振りであるが、それは、形式なきものもまたそこで、それ自身は形式をまとうことなく、描かれゆく形式――自分自身と接合し、（無限に）自己を呈示する形式――に即して切り取られる限りにおいてそうなのだ。

無限定化は無限の数ではなく無限の身振りである、あるいはこう言ったほうがよければ無限の動き《モシオン》であるのだから、無限定なものの呈示はありえない。無限定なものはつねに無限定化するところのものなのだ。崇高に費やされた数々の節の全編を通じてカントが絶えず試用している「否定的呈示」「間接的呈示」といった表現は、カントがテクストのあちこちにばら撒いたすべての「いわば」「ある意味では」と同様、呈示なき呈示という矛盾を前にしたカントの困惑を端的に示している。呈示は、たとえそれが否定的で間接的であれ、やはりひとつの呈示であって、そうであるなら、結局のところこの呈示はつねに直接的で肯定的である。しかるに、カントのテクストの深遠な論理は呈示の論理ではないし、これらの不器用な表現の筋道に従ってはいない。それは何らかの類比や象徴を用いての間接的呈示ではなく――したがって形象化不能なものを形象化することではない(15)――、純然たる不在もしくは純然たる欠如の指示という意味での否定的呈示でもなく、いかなる意味でも「虚無」の肯定性でもない。この二重の尺度において、崇高の論理は虚構の論理とも欲望

(14) 第二七節にはこうある。「大きさの美的評価においては、数の概念は斥けられるか変容されねばならない」。

(15) この意味で、カントにあって、類比と象徴に関する古典的理論に属するものはすべて、私がここで話題にしている深遠な論理には属していない。

の論理とも混同されない、更に言い換えるなら、表象（事物の代わりとなる何か）の論理とも、不在（その場所にあることなき何か）の論理とも混同されない。虚構と欲望は、少なくともその古典的な諸機能においては(16)、美学そのものを、あらゆる美学をおそらくはつねに枠づけ決定する。美だけの美学、呈示における純然たる自己一致の美学は、自己享楽へのその不断の滑り込みと相俟って、まさに虚構と欲望に依拠している。

しかるに、呈示における一致はもはやまったく問題ではないのだ。呈示における不一致もまた問題ではない。それが一致に属するにせよ不一致に属するにせよ、純粋な呈示が問題ではないし、呈示不能性をはらんでいるはずのものの呈示が問題でもない(17)。崇高に関しては——おそらくもっと正確には、崇高が導いていくある極限においては——総じて（再）呈示〔表象〕は問題ではないのである。

それとは別のもの、呈示そのもののなかで、要するに呈示を経由して生起し、到来し、生じるが、呈示ではないものが問題なのだ。それは先述した動き《モシオン》であって、この動きによって、無限定なものは不断に、自己を限定し、自己を呈示するところの限界に沿って自己を抹消し、自己を無限定化する。かかる動きはある意味では限界の外的縁を描いていることになるだろう。けれども、この外的縁はまさしく描線ではない。それは、内的縁と同型で、それに貼り付いた第二の描線ではないのだ。ある意味では、外的縁は、（再）呈示可能な描線と同じものである。別の意味では同時に、外的縁は無限定化、縁そのものの上での縁の消滅——溢出、カントのいう「流出」である。

内的縁／外的縁を描かないような描線はない。けれども、描かれたもの、線描そのものはいずれの縁でもないし、「縁と縁」の「あいだ」には何もない以上、そもそも縁は存在しない。描線があり、図〔形象〕（そこへひとは接近する）があり、線引きがあり、地の底割れ（それは溢出する）がある。溢出のなかで何が生起しているのだろうか。流出とともに何が到来するのだろうか。私はそれを語った、私はそれを捧げ物と名づけるだろう。ただ、それが可能であるとしてだが、そこに至るには、捧げ物が到来するのを見るには時間が必要である。

＊＊＊

したがって、崇高において問われているのは呈示そのものなのである。それは呈示するべき何かでも、表象〔再呈示〕するべき何かでも、呈示不能な何かでも（事物一般の呈示不能な部分でも）なく、また、それがひとつの主体に、ひとつの主体によって呈示されるということ（再呈示・表象）でもなく、それが（自己を）呈示するように、それが（自己を）呈示するということである。すなわち、それは無限定化のうちで自己を呈示する、それはつねに限界で（*à la limite*）（自己を）呈示するのだ。

---

(16) 言い換えるなら、「虚構」と「欲望」双方を別の仕方で（非表象的なミメーシスに即して、また、非剝奪的／固有化的力学に即して）位置づけうるということを私は斥けているのではない。まさに本論に収められた「笑い、現前」を参照。私はこのように書くことで、ベルナール・バアスの『純粋欲望』（Bernard Baas, *Le Désir pur* 近刊）での反論に答えている。

(17) この最後の言い回しはリオタールのそれで（『抗争』*Le différend* 参照）、それに先立つ言い回しはどちらかというとデリダに差し戻される（『絵画のなかの真理』*La vérité en peinture* 所収の「パレルゴン」« le parergon »）。これらの言い回しはもちろん誤ってはおらず、一緒にそろって、あるいは反対し合いながら、カントのテクストを厳密に註解している。私はこれらの言い回しをめぐって議論するつもりはない。私は他所に移行する。このテクストの呈示に沿って、しかし離れながら、なぜなら、呈示はかくして自分自身からずれるからだ。

「崇高」とは限界の＝限界でのひとつの論理（une logique *à la limite*）なのである。

ここにいう限界は、カント的語彙では、構想力の限界である。構想力にとっては、ひとつの絶対的な限界があり、像（*Bild*）ならびに像化＝成長（*Bildung*）の最大値がある。この最大値について、われわれは、自然的なものにせよ人為的なものにせよ、何らかの対象の大きさのうちにそれに類比的な指標を有している。とはいえ、対象のこれらの大きさ、非常に大きなこれらの形象は、まさしく崇高を思考するための類比的機会でしかない。崇高において問題となるのは大きな形象ではなく、絶対的な大きさが問題であるからだ。絶対的な大きさは、最も大きな大きさより大きいわけではない。それはむしろ、大きさが絶対的にあるということ、これを指し示している。それは大であること（*magnitudo*）であって、ある量（*quantitas*）ではない、とカントは言っている。量は測られるが、大であることはむしろ、測定一般の可能性を司っている。これは大きさという事態そのものであり、多少なりとも大きな数々の形式や形象があるためには、一切の形式や形象に直に接して、大きさなるものがなければならないという事態である。この意味では、大きさはひとつの量ではなく、ひとつの質であり、もっと正確には質である限りでの量である。まさにこのような仕方で、美しいものは、カントによると、質に係わり、崇高は量に係わるのだ。美しいものは、このようなものとしての形式のうちに、こう言えるなら形式の形式のうちに、あるいはまた、形式が成す形象のうちに存しているのだが、それに対して、崇高なものは、形式が限定する形象とは無関係に、形式の線引き〔痕跡化〕のうちに、形式の抹消のうちに、したがって、絶対的な仕方で「大であること」と解されたその量のうちに存しているのだ。美しいもの、それはこれこれのイマージュの固有性であり、その（再）呈示の快である。崇高なもの、それはイマージュが、それゆえ限界があるということであり、限界と密着して、無限定化が感じられるのだ。

このように、美しいものと崇高なものは、たとえそれが同一のものではなく、まさにそれと正反対であるとしても――同じ場所で、一方が他方と接して、一方が他方に密着して生起する。美しいものと崇高なものは呈示であるが、その結果、美しいもの、それが呈示のなかで呈示されたものであるのに対して、崇高なもの、それは動きのなかでの呈示であり――一切の限界に沿っての無限定なものの絶対的抹消である。崇高なものは美しいものに比して「より大きい」わけではなし、それはより高尚なわけでもなく――それは逆に、あえて言うなら、より除去されている。崇高なものそれ自体が美しいものの無限定な抹消であるという意味で。

抹消されるもの、それは形式であり、一切の形式である。ひとつの世界の現出のなかで、あるいはまたひとつの作品の構成のなかで、形式は抹消される。言い換えるなら、みずからを描くとともにみずからを溢出し、みずからを限定するとともにみずからを無限定化する（これは限界の最も厳格な論理以外のものではない）。このようなものとしての形式はどれも、形象はどれも、形式や形象がその上で抹消されるところの無限定なものに比して小さなものである。「それに比して、残りのものすべてが小さくあるようなものが崇高なものである」とカントは書いている。このように崇高なものは、「小ささがより少なく」、比較の階梯の頂点になおも場所を持つようなある大きさではないのだ。なぜならこの場合には、階梯の頂点以外のいくつかの部分は「小さく」はなく、単により大きくないものになるだろうからだ。崇高なものは比較不能なもので、それはある大きさのうちにあるのだが、この大きさとの連関では他のすべてのものは「小さく」、言い換えるならもはや同一の秩序に属さず、したがって、もはや真の意味では比較可能ではない。

それというのも、崇高な大であることは、限界に、そしてまた限界の抹消のうちに存している——というよりもむしろ、そこに不意に到来し、不意に訪れる——からだ。崇高な大きさ、それは、限界の、ひいては形式と形象の測定可能で呈示可能な大きさがあるということだ。ひとつの限界がみずからを抹消し、あるいはまた抹消され、ひとつの輪郭が描かれ、多様性、散逸させられた多彩さがひとつの統一性として呈示されることになる。統一性は多様性にその限界から——言ってしまえばその内的縁によって到来する。しかし、この統一性があるということ、更には、それ、この線描がひとつの全体を成しているということ、それは、またしても同じ仕方で言うなら、外的縁に、限界の無限定な抹消に由来する。崇高なものは全体性（その一般的概念はひとつの多様性の統一性である）に係わっている。ひとつの形式、ひとつの呈示の全体性、それは諸部分の完全性でもその網羅的総計でもない。それは逆に、形式が諸部分をもたず（それゆえ、まったく厳密には何も（再）呈示しない）、自己を呈示するところで生じるものなのだ。カントが言うには、崇高なものは「無限定なものの表象」のなかで生起するが、「にもかかわらずこの表象にはその全体性についての思考が付加される」（だからこそ、崇高なものはひとつの形式のうちにと同じくひとつの無形式＝不定形のうちにも見出されうる、とカントは明言している）。ひとつの呈示が生起するのは、この呈示がそこから浮き出すところの残余の全体、無限定なものの全体がその縁で抹消され——と同時にそれなりの仕方で自己を呈示する、あるいはまた、呈示の全幅に沿って自己を抹消する場合だけである。

　崇高な全体性は、有限で美しい諸形式とは別の何か（それゆえ崇高の美学であるような二次的で格別な美学を引き起こすような何か）とみなされた無限の全体性ではまったくないし、それはまた、あらゆる形式の総計であるような（そしてまた崇高の美学を「より上級の」もしくは「全体的な」[18]ひとつの美学ならしめるような）ひとつの無限の全体性でもない。崇高な全体性は、無限定なものが一切の形式ならびに一切の総和の彼方（ないし手前）にある限りで、無限定なものが総じて限界を超えたもの、更に言い換えるなら最大値の彼方にある限りで、無限定なものの全体性なのである。

崇高な全体性は最大値の彼方にある。ということは、それが全体の彼方にあるということだ。すべては崇高を前にすると小さい、どの形式、どの形象も小さい――しかしまた、各々の形式、各々の形象は最大である、もしくは最大でありうる。構想力が、大きいにせよ小さいにせよ、事物をみずからに（再）呈示したときに、最大（もしくはその外的縁取りである、大であること）はある。構想力はそれ以上のことはできない。構想力は像の像化によって定義されるのだ。

しかしながら、構想力は、もはやそれ以上のことができないところで、それ以上のことができる――とは言わないまでも少なくともそれ以上のことを受け取る。まさにそこで崇高なものは自己を決定する。構想力はここに、その限界、その無力、無限定なものの全体性とのその通約不能性を感じさせることができる。ここ

（18）　他とはある意味で区別された崇高なジャンルと、一種の全体的芸術作品としてのこのジャンルという、二つのモチーフを結合するひとつの美的方位を、カント自身指し示していないわけではない。実際彼は、「ひとつの同じ生産物における諸芸術の合成」という資格で、諸芸術のうちでの「崇高なものの呈示」の可能性に言及しているし、その際、韻文悲劇、教訓詩、オラトリオの三つの形式を示している。もちろん、言うべきことは多々あるだろう。ここで私は、これは正確にはワーグナーの *Gesamtkunstwerk*〔全体芸術作品〕ではないと指摘するだけにしておく。カントのいう三つの形式は、デッサン、思考、祈りと継起していく呈示の様相として、詩によってもっと独特な仕方で磁化されるように思えるし、何よりもそれはひとつの「全体的」呈示ではないように思える。

にいう全体性はひとつの対象ではなく、それは、肯定的にも否定的にも（再）呈示されたものではまったくない。にもかかわらず、それは、呈示が生起するということに呼応している。それは呈示そのものではなく——呈示されたものの曝露ではなく、それは呈示するものの現前ではなく——呈示が生起するということだ。このこと、それが無形式的（の）形式であり、限界の外的縁の抹消、あるいはまた無限定なものの動きなのである。

　このような全体性は実を言うと、正確には多種多様なものの統一（unité）ではない。無限定なものは真の意味では多種多様なものも、統一の数も差し出しはしない。そうではなく、カントが「ひとつの全体の〈理念〉」と名づけているもの、それは、ひとつの全体の統一全般がそれによって可能となるような統合（*union*）である。統合は崇高なものに係わることがらで、統一は美しいものに係わることがらである。ところで、統合は構想力の操作である（統一がその産物であるように）。統合は概念と直観、感性と悟性、多種多様なものと同一的なものを統合する。崇高なものにおいては、構想力はもはやその産物にではなく、その操作に——それゆえその限界に触れるのである。

　なぜそうなるかというと、統合を考察する二つの仕方があるからだ。ヘーゲル的で弁証法的な仕方があって、それは統合を、その再統合の過程、その統一化の目的性、その結果において考察するのだが、ここに結果というものもひとつの統一でなければならない。両性の統合も同様であって、かかる統合の真理はヘーゲルにとっては子供という統一のうちにある。統合についてのカント的な考察はこれとは異なっている。たとえば（『人間学』では）、両性の統合は理性にとってはひとつの深淵にとどまっており、それは図式化するところの統合が、永久に隠されたままの「技芸《アール》」であるのとまったく同様なのだ。このことは、カントが統合なるものをそのものとして、言い換えるなら、まさしくそこで統合が統一と異なるものとして、その点で統合がそれ自体では統一ではなく（ひとつの対象でも主体でもなく）、統一を成すことのない（ひとつの対象も主体もなすことのない）ものとして考慮していることを意味している。統合は総和以上のものであり、統一以下のものである。統合もまた「大であること」と同様、計算を拒む。統合は、「全体の〈理念〉」と同様、一でも多でもない。それは全体の彼方にあり、全体のすでに形成された統一の彼方もしくは手前の「全体性」であり、それは他所であり、それは局所化不能なのだが、しかし、それは場所を持ち生起する——もっと正確には、それは万象の、全体一般の場所を－持つこと＝生起である。したがって、ひとつの全体化の、ひとつの成就の反対物であり、むしろ到来であり、孵化である。現実的無限の反対物、初発のもののつねに取り上げ直される有限性なのだ。それが場所を持ち生起するということ、それが自己を呈示するということ、それが形式と形象を得るということ、これこそが統合であり、これこそがすべてを超えた全体性であり——それとの関係においてどんな呈示もが小さく、どんな大きさもが小さな最大限にとどまるところのものであって、この小さな最大限のなかで構想力はその限界に触れるのである。

　構想力がその限界に触れるのだから、構想力はその限界を超過する。構想力は、無限定なものの溢出に触れつつ、自己を溢出するのであって、かかる溢出のなかで統一は自己を抹消して統合と化す。構想力は自己を溢出する、これこそが崇高なものである。とはいえそれは、構想力がその最大限の彼方で構想するからではない（ましてや、構想力が自己自身を構想するからでもない。ここはまさしく構想力の自己－呈示の反対側なのだ）。構想力はもはや構想することがなく、構想するべきものはもはや何もなく、内＝像化〔構想 Einbildung〕を超えた像はなく、否定的な像も、像の不在の像もまたない。構想力、この呈示の能力は、限界の外では何も呈示しない。呈示は限界づけそのものなのだから。――にもかかわらず、構想力は何かに達し、それは何かに触れる（あるいはまた、何かによって触れられる）。構想力はまさしく統合に、無限定なものの統合の〈理念〉に触れるのであって、この〈理念〉は限界を縁取るとともにそれを溢出するのである。

何が統合をおこなうのだろうか。それは統合それ自身であり、それは構想力である。限界において、構想力は自分自身に達する。あたかもその思弁的自己呈示におけるかのように。しかしここはその裏側であって、構想力が自己について触れるもの、それはその限界である。あるいはまた、構想力は限界としての自己に触れるのだ。「構想力はその最大限に到達するが、最大限を乗り越えようとする努力のなかで構想力は自分自身のうちに沈み込み、そうすることで、感動を与える満足のうちに沈没していく」とカントは書いている。（ただちに指摘されることだが、満足があり、享楽がある以上、なぜそれは自己‐呈示の反復とならないのだろうか。ここでは何も純粋ではなく、何も単なる対立から成ってはおらず、すべては同一のものの裏側で生じ、崇高な抹消は弁証法的止揚のちょうど裏側なのである。）

限界においては、図＝形象も形象化ももはやないし、形式ももはやない。そこへと移行するところの何か、あるいはまた、そのなかで自己を乗り越えるところの何かとしての地もまたもはやない。このような地はヘーゲル的無限、言い換えるなら形象化不能なものであって、それも、それなりの無限な仕方で、図＝形象を成すことをやめない（こうしたものは、あるものが「形象化不能なもの」「呈示不能なもの」と名づけられるや否や導かれる概念であるように私には思える。つまり、その呈示不能性が（再）呈示され、そうすることで、「形象化不能なもの」「呈示不能なもの」は否定によって、呈示可能な諸事物の序列に従わせられてしまったのだ）。限界においては、ひとは通過しない。しかし、まさにそこですべてが生じる〔自己を通過する〕、まさにそこで、無限定なものの全体性が、一切の図＝形象の外的と内的の二つの縁を密着したまま切り離すものとして作動する。二つの縁は結び合わされては分離され、かくして同じひとつの身振りで、限界が限定されるとともに限界が無限定化されるのだ。

これは無限に緻密で無限に複雑な操作であるが、と同時にそれはこのうえもなく単純な運動、みずからの線描の動きのなかで線が自分を自分自身に打ちつける厳密な拍動である。二つの縁はひとつになるが、しかし二つであって、このような統合「そのもの」、それはどんな図＝形象にもやはり必要である。どの画家、どの作家、どの舞踏家もそれについての知識を有している。それは呈示そのものではあるが、（再）呈示されたものを産出し曝露するところの（再）呈示するものの操作としての呈示ではもはやない。それは呈示それ自身（*elle-même*）であって、それも、この呈示についてもはや「それ自身」（*elle-même*）とは言えないほどに、呈示なるものをもはや語れないほどに、結局のところ、呈示は自己を呈示するとも、呈示は呈示不能であるとも言うことがもはや問題とはならないほどにそうなのだ。呈示「それ自身」、それは、図＝形象と無限定であることとのあいだの、限界による、限界の瞬間的分割（partage）であって、一方が他方に密着して、一方が他方の上に、一方が他方にと、同じ運動、同じ切り口、同じ拍動によって繋がれては離されるのだ。

ここ、限界において生じるもの──そして限界を通過することのないもの、決してそうはならないもの──それは統合であり、それは構想力であり、それは呈示である。それは等質なものの産出（それは原則的には図式の通常の課題を成している）ではないし、そこに美が存しているとされる、自己自身を承認するような単純で自由な一致でもない。それはこの一致の手前にあるのだ。しかし、それはまた異質的なもの同士の統合でもなく、そのような思考は、ここで問題となっている限界にとってはあまりにもロマン主義的であまりにも弁証法的なものだ。崇高においてひとが触れるところの統合は、絶対的大きさを有限な限界と釣り合わせることに存してはいない。なぜなら、限界の外には何もない、呈示可能なものも呈示不能なものも何もないからだ。「限界の外には何もない」というまさにこの断定が、崇高なもの（と芸術）についての思考を、弁証法的思考（と芸術の完成）から真に、絶対的に区別する。統合は外部と内部のあいだでなされて、そこで統一が呈示されるようなひとつの限界の統一を生み出すのではない（このような論理のなかでは、限界はそれ自体が無限なものと化し、唯一の芸術はヘーゲル的な「円環の円環」を描くものと化す）。そうではなく、あるのはただ限界のみであり、無限定なものがその縁で絶えず抹消される限りで、それゆえ、限界、統一がそれ自身の呈示のなかで無限に自己を分割していく限りで、この限界は無限定なものに統合されている。

弁証法的思考にとっては、素描の輪郭、絵画の枠、筆跡はそれら自身の外に出て、全面的呈示——肯定的なものであれ否定的なものであれ——の絶対性へと差し向けられるのだが、それらはかかる絶対的呈示のなかで自己を確立することを無限な目的〔終わりなき終末〕としている。崇高なものの思考にとっては、輪郭、枠、線描はそれら自身以外の何ものにも差し向けられはしない——いやそれでは言い過ぎである、それらは差し向けられはせず、それらは（自己を）呈示し、それらの呈示は、輪郭であれ枠であれ線描であれ、それ固有の有限な中断を呈示している。呈示された（形象化された）統一がそこから生まれるところの統合は、かかる中断として、そこで限界が描かれては抹消されるような構想力の（形象化の）この宙吊りとして自己を呈示する。全体はここでは——どんな呈示、どんな作品もがそれを求めるしかない全体性——は、かかる宙吊りと別のところにはない。実は、全体は、限界では、統合されるのと同様に分断されるのだが、全体とはそれでしかない。崇高な全体性は、見かけがしばしばそれとは反対のことを示唆しうるとしても、ひとつの「全体的呈示」――たとえこの「呈示」が否定的なものであれ、呈示することの不可能性の呈示であれ――のより高度な図式に対応してはいない（なぜかというと、このことはつねに呈示の目的補語、その対象を、再－呈示〔表象〕の論理全体を想定しているからだ。それに対してここでは、呈示するべきものはなく、それが自己を呈示するということだけがある）。崇高な全体性は〈全体〉の図式に対応しているのではなく、むしろ、こう言えるなら、図式論の全体に対応している。言い換えるなら、不断の拍動に対応しているのだが、スケーマ〔図式〕の描線はこの拍動に触発される。図＝形象の除去を直に、無限定なものの除去が絶えることなく打つわけで、この微細で無限な有限の脈動、この微細で無限なリズム的裂開、それはどんなに小さな輪郭が描かれるときにも連続的に生み出され、かかる裂開によって限界そのものが自己を呈示し、限界の上で、大であること、大きさの絶対が自己を呈示する。大きさの絶対、そのなかで、一切の大きさが描かれ、そのなかで、構想力が、構想するべき同じ限界の上で、同じ拍動のなかで構想しかつ失神する。――それは素描の縁で無際限に震えるものであり、紙ないし布の宙吊りにされた白さである。崇高なものの経験はそれ以上の何も要求しはしない。

　美しいものから崇高なものへと、要は図式論の「隠れた技」のなかで更なる一歩が踏み出される。美においては、図式は呈示の統一だが、崇高においては、図式は統一の拍動である。言い換えるなら、その絶対的価値（大であること）と同時にその絶対的弛緩であって、統合は宙吊りのなかで、宙吊りとして生起する。美において問題となるのは一致であり、崇高において問題となるのは一致の線描を律動化する切分法《シンコペーション》〔元々はアクセントのない短母音の省略など、ひとつの単語の音韻論的変容を表していたが、音楽の分野ではこのような中間音の省略を切分法と言う。このような省略から医学の分野では一時的失神を指す〕であり、無限定なもののなかでの、言い換えるなら無のなかでの、限界それ自身にずっと沿った限界の痙攣的気絶である。全体性についての崇高な図式論は、図式論そのものの只中でのシンコペーションから成っている。呈示の限界に同時的に生じる再統合と弛緩――より正確にかつより厳格には、同時性（ひいては呈示）そのものの再統合と弛緩、その措定と消失〔気絶〕である。瞬間のなかでの瞬間の逃亡と現前、ひとつの現在の総体と切り口なのだ（ここではこれ以上詳述するつもりはないが、崇高なものの美学は最終的には、おそらく時間に係わる語彙で解釈されねばならないだろう。このことは限界の時間、形象の消失の時間についての思考を想定しているが、かかる時間は芸術に固有の時間であり、時間の間空け（*espacement*）の時間であるだろう）。

構想力――言い換えるなら、能動的意味での呈示――が限界に触れるということ、構想力がそこで「自分自身のうちに沈み込んで」消失し、かくして、ひとつのシンコペーションのぐらつきのなかで、というよりもむしろシンコペーションそのものとしてみずから自己を呈示するに至るということ、このことは構想力をその目途へと曝露する。「主体に固有の目途」は決定的には崇高なものの「絶対的大きさ」である。構想力が気を失いながら構想不可能だと打ち明けるのは、まさに自分自身の大きさなのである。このように構想力はイマージュの彼方へ差し向けられているのだが、この彼方は、数々のイマージュが再呈示（表象）するような始原的（究極的）現前（ないし不在）ならざるもの、それについて数々のイマージュがそれは（再）呈示可能ではないと呈示するところの現前（ないし不在）ならざるものである。とはいえ、イマージュの彼方は「彼方には」なく、限界上にあり、像それ自体の像化のなかにあり、したがって像に直に接しており、図＝形象の線描に、線引きに、分離しつつ結合する切開、図式の拍動に直《じか》に接している。すなわちシンコペーションなのだが、切分音は実は図式の別名であり、崇高な名があるとするなら、図式の崇高な名である。構想力（それが主体である）はそこへと差し向けられ、それへと決定づけられ、それへと捧げられ、宛てられる。言い換えるなら、呈示は呈示そのものの呈示へと捧げられ、宛てられる。それは美学の、美学における理性の全般的目途である。このことを私は最初にすでに語った。けれども、崇高なもののなかで明かされるのは、かかる目途が美しいものからの溢出を含意しているということだ。なぜなら、呈示そのものの呈示は、構想力の構想力にして図式の図式でありうるにはほど遠く、また、主体の形象化にして自己形象化たりうるにはほど遠く、シンコペーションのなかで、シンコペーションとして生起し〔場所を持ち〕、したがって場所を持たず、ひとつの形象の統一化された空間を意のままにすることがなく、間空けのなかで、数々の図＝形象の線描の図式的拍動のなかで与えられ、かくして、限界の限界への移行の切分化された時間のなかでのみ到来する。

＊＊＊

しかしながら、切分化された構想力は依然としてやはり構想力である。それは依然としてやはり呈示の能力であり、崇高なものは、美しいものとともに、「単なる呈示に」結びつけられている（この意味では、崇高なものは美しいものの彼方にはない。崇高なものは美しいものの、縁よりも遠いところではなく縁そのものでの溢出にすぎず――それゆえにまた、後でもう一度立ち戻るが、崇高に係わることがらはすべて、諸「美術」の諸作品に直に接して、それらの縁で、それらの枠や輪郭で生じる。芸術の縁でであって、芸術よりも遠くでではないのだ）。

では、いかにして構想力は限界を（再）呈示するのか、あるいはまた——というのもこれはおそらく同じ問いだからだが——いかにして構想力は限界において自己を呈示するのか。

限界一般の呈示の様相は本来の意味でのイマージュではない。本来の意味でのイマージュは、それを呈示するところの限界、そのなかでイマージュが自己を呈示するところの限界を前提としている。ただし、限界の呈示の特異な様相、それはこの限界が触れられるに至るということだ。感官を変え、視覚から触覚に移行しなければならない。実際、これが sublimitas という語の意味である。つまり、限界のちょうど下にあるもの、限界に触れるもの（限界は高さに即して絶対的高さとして思考されている）なのだ。崇高な構想力は限界に触れるが、このように触れることは崇高な構想力に「それ固有の無力」を感じさせる。呈示が何よりも感性的秩序のなかで生起するなら——呈示すること、それは感性化することであるから——、崇高な呈示は、それが感性的なものである限り、つねに呈示の秩序のうちにある。しかし、ここにいう呈示はもはやひとつの図＝形象の呈示ではなく、それは限界に触れることの呈示であり、もっと正確には、かかる呈示は、構想力がみずからの限界に触れる際に感得する自己自身の感情のうちに見出される。構想力は自分が限界へと移行するのを感じる。構想力は自己を感じ、その努力（*effort, Bestrebung*）のなかで、その弾みのなかで、限界が触れられる瞬間に真に感じられる緊張のなかで、弾みの宙吊りのなかで、砕けた緊張のなかで、シンコペーションのなかで崇高なものの感情を抱く。

崇高なものはひとつの感情であり、凡庸な意味での感情であるより以上に、それは限界における主体の感動である。崇高なものの主体、そういうものがあるとして、それは感動させられた主体である。崇高なものについての思考で問われるのは主体の感動であり、主体と美しいものの哲学も、虚構と欲望の美学もそれを思考することができないこの感動である。なぜそれを思考することができないかというと、こうした哲学や美学が必然的に主体の享楽（ならびに享楽としての主体）の範囲内でのみ思考するからだ。そして享楽は、固有化された呈示ゆえの満足である限りで、感動を打ち切ってしまう。

それゆえ、ここで問われているこの感動は、それなしにはもちろん美も芸術作品も、更には思考も存在しないだろうが——この感動には、美の、作品の、哲学の概念はそれ自体で原理的には触れることができない。それらの概念がこの感動に触れることができないのは、これらの概念が「冷たい」からではなく（それらは生命と熱気に満ちたものでありうる……）、それらが、先に私が〈理性〉の享楽の論理ないし構想力の自己‐呈示の論理に即して構築されている（それというのも、それらの体系——美／作品／哲学——は構築されたものだからだ）からである。これは哲学の美学的論理もしくは美学の哲学的論理である。崇高なものの感情はその感動を通じてこのような論理を揺るがせる。なぜなら、崇高なものの感情はこの論理に代えて、またしてもそのちょうど裏面を形成するもの、あるいはまた（結局は同じことだが）一種の論理的誇張、限界への移行を形成するものをもってくるからだ。すなわち、限界上で呈示に触れること、あるいはまた、呈示によって触れられ、触発されること。この感動は、「美的感動」と呼ばれるものの甘美なパトスないし享楽のなかに存してはいない。そうであるからには、崇高なものの感情はひとつの感動とさえ言えないもの、むしろ、呈示——限界での、切分された——のただひとつの動きであると言うほうがよいだろう。この「過剰な」動き（(é)motion）は満足や充足を欠いている。それは、同時に苦痛であることなしには快楽ではなく、このことがカント的崇高の情緒的特徴を成している。とはいえ、その正反両立性《アンビヴァランス》はこの感動をより感性的ならざるものにしはしないし、それが現実的かつ特殊的に感性的である度合いが減じるわけでもない。この感動は感性的なものの消失の感性なのである。

カントはこのような感性を努力または弾みの界域で指し示している。努力、弾み、緊張は、それらが限界に（努力や緊張は限界にしか存在しない）、瞬間のなかで、それらの宙吊りの拍動のなかで、宙吊りにされている限りで、感じられる（これがおそらくそれらの論理ないし「悲壮」一般なのだ）[19]。これは「生命力がせき止められる感情」（原語は *Hemmung* で、これは抑止、阻止、せき止めの意）である、とカントは書いている。宙吊りにされた生、切れた息——鼓動する心臓。

まさにここで、崇高な表象〔再呈示〕は真に場所を持ち生起する。それは努力と感情のなかで場所を持ち生起するのだ。「理性は（…）絶対的全体性の独立性の能力として（…）、諸感官の表象〔再呈示〕を〈全体性〉に一致させるための精神の努力——たしかに不毛なものではあるが——を惹起する。この努力ならびに、〈理念〉は構想力によっては到達不能であるとの感情はそれ自体、われわれの精神の超感性的使命に関して、構想力の使用における精神の主観的目的性についての呈示を成している……」[20]。

努力（effort, *Bestreben*）は、時にその意図、時にその結果によって評価されるような企図、狙いとしての価値を持つものと解されるべきではない。ここで導いてくれるはずのもの、それは欲望と潜在性の論理でも、現実態と作品への移行の論理でもない（とはいえ、こうしたこともすべて疑いなく現前しており、これは私の語るべきことではないけれど、カントの思想を説明するときにはこの点を無視すべきではない）。そうではなく、努力は、それが自分自身ではひとつの限界の論理に（そして、限界のひとつの「悲壮さ」、ひとつの論理に……）しか従わない限りで、それ自体として捉えられるべきである。努力ないし弾みは、定義からして、限界に係わることがらである。それは限界との関連のなかに存している。連続的努力、それはひとつの限界の連続的移動である。限界が潰えるところで努力はやむ（しかし限界は、それが美しき無限な呈示として自己を輪のように締め括るときを除けば潰えることはない）。限界をみずからのうちに移動させる努力ないし弾みは、限界によって構造化されている。そのようなものとしての努力のなかで——努力の成功や失敗のなかでではなく——問題となるのは、～への‐緊張、努力する主体の方位ないし企図であるよりもむしろ、限界そのものの緊張である。自己を緊張させるもの、ここで極限的に自己を緊張させるもの、それは限界である。イマージュの、一切のイマージュの図式——あるいはまた全体性の図式、全体的統合の図式論——は、極限にまで緊張させられている。それは限界まで緊張させられた限界であり、大であることのもはや量化不能で、したがって描写不能な線引きである。限界まで緊張させられた限界は、緊張させられて、よく言われるように裂けんばかりになり、実際、瞬間的に二つの縁、図＝形象の縁取りとその無限定な溢出とのあいだで分断されることで自己を引き裂く。崇高な呈示、それは引き裂きの瞬間でのこの努力の感情であり、極度の緊張と弛緩（「滲出」「深淵」）のなかで、もはや自分自身ならざる自分自身をなおも一瞬感じ取れる構想力なのである。

（更にこうも言える。努力は限界に触れるためにある、と。限界は努力そのものであり、それは触れることである。触れることはそれ自体の限界である。数々のイマージュや語の限界、接触が——それと共に逆説

(19) カント的努力（*Bestrebung*）とフロイト的前快（*Vorlust*）との諸連関が、分析されるべきものとして残されるだろう。前快とは言い換えるなら「先行的快楽」（plaisir préliminaire）であり、緊張のなかに存するという逆説をともなっているが、それは、美と芸術についてのフロイト的理論のなかに最重要な地位を占めている。

(20) 第二九節の「全般的指摘」。あるひとつの点については、私は第一版の教えを選ぶ。

的にも触れることの不可能性が、触れることのうちに刻み込まれている。なぜなら、触れることは限界であるからだ。このように触れることは努力である。なぜなら、それはひとつの状態ではなく、ひとつの限界だからだ。それは数ある感覚的状態のひとつではなく、それは他のそうした状態と同様に能動的なわけでも受動的なわけでもない。アリストテレスが主張しているように（ちなみにアリストテレスは、水のなかでも空気のなかでも真の接触はありえないということをすでに確証していた……）、すべての感官が自分が感覚するのを感じるなら、他の諸感官にもまして触れることは、自己に触れることでしか場所を持たず生起しない。けれども、他の諸感官より以上に、触れることはみずからの限界に触れる、自分自身限界である限りで。触れることは自己に到達しはしない。なぜなら、総じて限界においてしか決して触れることはないからだ。触れることは自己に触れはしない。いずれにしても、視覚が自己を見るようには自己に触れはしない。）

それはひとつの呈示である。それが感じることに自己を捧げるからだ。ただし、この感情は特異である。限界の感情たるこの感情はある不感受性の感情、非感性的感情（崇高な感情そのものの限界を指し示すために、カントは、無感動は良い意味での炎症である（*apatheia, phlegma in significatu bono*）と言っている）、感情のシンコペーションである。しかし、この感情はまた絶対的感情でもあって、それは快ないし苦として規定されることなく、一方によって他方に触れ、一方によって他方のなかで触れられる。快が苦と連合しているということ、このことは、倒錯せる矛盾によって同じひとつの主体のなかで結合された安楽や不快、愉快や不愉快といった語彙で理解されてはならない。なぜなら、この特異な正反両立性《アンビヴァランス》はまずもって、そのなかで主体が消失するという事実に係わっているからだ。だから、主体は苦を通して快を得るのではない（どちらかというと、カントはそう言おうとしているようだが）。主体は一方を有するために他方から解放されるのではない。そうではなく、ここでは苦は快を存在する、言い換えるなら、またしても それは触れられた限界であり、宙吊りにされた生であり、打つ心臓である。心臓は苦なしに打つことができるだろうか。

真の意味での感情がつねに主体的であるなら、それが、偉大な主体の哲学者たち全員が、なかでも最も「主知主義的な」哲学者も含めて証示しうるような始原的「自己感受」における主体性の核であるなら、その場合には、崇高の感情は、感情と主体性のちょうど裏側で抹消される——あるいはまた触発される。カントが断言するように、崇高の情動〔触発〕は情動の一時中断にまで至るし、それは無感動のパトスたりうる。この感情は自己を - 感覚することではないし、それはこの意味ではまったく感情ではない。もはや自己を感覚しなくなるとき、あるいはまた、もはや何も感覚するべきものがなくなるとき、この感情は、限界において感情から残存するところのものだと言えるかもしれない。打つ心臓については、この心臓はみずからの鼓動しか感覚しない、あるいはまた、この心臓はもはや何も感覚しないとも言うことができる。

切分音《シンコペーション》＝失神の縁にあって、感情は一瞬なおも感覚するが、みずからの感覚することにもはや係わりはしない。それは感情を失う。この感情はみずからの喪失を感覚するが、この感覚することはもはやそれに属してはいない。かかる感覚することは、格別なまでにそれ自身のものであるけれども、それもまた喪失のなかに捕らえられている。それはもはや感覚することではなく、曝露されることなのだ。

そうでなければ、感覚することの二重の分析論を構築しうるのでなければならないだろう。固有化としての感覚することの分析論と、曝露としての感覚することの分析論であり、自己による感情の分析論と他者による感情の分析論である。条件は、自己自身によって感覚しなければならないということであるように見えるし——、この条件こそまさに美的判断のそれであるというのに、他者によって、外によって感覚することはできるだろうか。これこそ崇高の感情がそれを思考するよう強いるところのものだ。感情の主体性ならびに趣味判断の主体性は、崇高の感情において、ある感情（とある判断）の特異性に転じる。この感情はまちがいなく特異なものであり続けるが、そのようなものとしての特異なものは、自分自身の内密性と係わるよりもむしろ、「外」の無限定な全体性にまず曝露される。あるいはまた、「感覚すること」および「自己を感覚すること」の内密性そのものが、ここでは逆説的に、自己の外への曝露として、自己の（非）感性的限界への移行として生じるのである。

　この瞬間に全体性は呈示されると、なおも言いうるだろうか。この瞬間に全体性が真に呈示されるとするなら、それは感情の主体性という現前的呈示（présentification）（もしくは（再）呈示）のこの間際においてだろう。しかし、崇高の曝露された感情に対しては、それを触発する無限定なものは呈示されえない。言い換えるなら、無限定なものは主体のなかでこの主体のために現前するものとはなりえない。切分音《シンコペーション》＝失神のなかで、構想力は自己を呈示する、それは（みずからの）形象の外で、無限定なものとして自己を呈示するのだが、それは構想力が（みずからの）非‐呈示に触発されるということを意味している。カントが感情を、限界の努力のなかで、「ひとつの再呈示＝表象」ならしめるとき、この概念から現前と現前するもの〔現在〕という価値を引き離さねばならない。これはおそらく図式論の秘密であるのとまったく同じく崇高の秘密であるのだろうが——、呈示はまさに生起するけれども、それは何も呈示＝現前化しはしないということを学ばねばならない。純粋呈示、呈示そのものの呈示、全体性の呈示は何も呈示＝現前化しない。おそらく、ある種類の語彙を用いるなら、それは何も呈示＝現前化しない、あるいは無を呈示＝現前化すると言えるだろう。別の語彙を用いるなら、それは呈示＝現前化不能なものを呈示＝現前化すると言えるだろう。カント自身、天才（天才は芸術における崇高の審級を主観の側から（*a parte subjecti*）表象＝再呈示している）は「名づけえないものを表現し、伝達する」と書いている。名のないものに名がつけられ、表現できないものが伝達される。すなわち、すべてが呈示されるのだ——極限＝限界では。しかし最後には、すべてがそこで完成され、すべてがそこで始まるところのまさにこの限界上で、呈示＝現前化からその名を剝奪しなければならないだろう。

全体性——あるいはまた無限定なものの統合、統合の無限定なもの、更には呈示そのもの、その能力、その行為、その主体——は崇高の感情に捧げられ、崇高なもののなかで感情に捧げられると言わねばならないだろう。呈示が内に含む「呈示されたもの＝贈物」〔現在〕から、捧げ物は呈示＝現前化するという身振りしかとどめない。捧げ物、供与は前にもたらし、目の前に置く（語源的には、of-frande〔前にもたらす〕は ob-jet〔前に投げる〕とそれほど違わない）けれども、それは現前のなかに落ち着かせることはない。捧げられるものは限界にとどまり、迎え入れの、受け入れの縁に宙吊りにされて——この受け入れそれ自体が今度は捧げ物の形式をまとうことしかできない。捧げられた全体性に、構想力は捧げられる。経済的語彙では、この捧げ物は犠牲（sacrifice）である。これはカントが言っていることだが、犠牲にされた（*aufgeopfert*）構想力は「より大なる射程と力」を獲得するのだ。しかし、このことは実際には経済〔家政〕の限界で生じる。犠牲はそこでは作動不能である。[21] 構想力は「犠牲にされる」のではない。構想力はそれがそうであるところのもの、すなわち、図式の開かれである。

（21） 本書に収められた「犠牲にしえないもの」を参照。

捧げ物は崇高な呈示＝現前化である。それは呈示されたもの＝贈物〔現在〕の諸価値と力能を取り除き、一時中断する。生起するもの、それは現前‐への‐到来でも贈与でもない。それはむしろどちらか一方であり、どちらでもあるが、ただし放棄されたものである。捧げ物は贈与と贈物の放棄である。捧げることは与えることではない——それは、贈与を受けることも放置することもできるひとつの自由の面前で、贈与を一時中断することなのだ。

捧げられたものは、呈示＝現前化の偶然的未来に捧げられる——宛てられ、運命づけられ、放棄される——が、捧げられたものはこの来るべきものに委ねられるのであって、それは来るべきものを押しつけも、規定しもしない。「崇高な観照のなかで、精神はみずからを放棄して、事物の形や、構想力や、構想力をもっぱら拡大する理性には注意を向けることがない」とカントは書いている。放棄とは全面的で無限定な拡張への、ひいては限界への＝限界での放棄である。限界で生じるもの、それは捧げ物なのである。

捧げ物は呈示と再呈示のあいだ、事物と主体のあいだで、他所で場所を持ち生起する。それはひとつの場所ではない、と言われるかもしれない。実際、それは捧げ物であり——捧げ物へと捧げられることである。

＊＊＊

このように、捧げ物は〈全体〉をもたらしはしない。捧げ物は無限定なものの現前せる全体性をもたらしはしない。それはまた、カントのテクストの〔崇高を論じた一切のテクスト、更には「崇高」という語そのものの〕大仰な調子にもかかわらず、無限を容れうる精神の至高の満足をもたらすこともない。なぜなら、これほどの能力に限界において触れられるとしても、この能力はそれ自体が捧げ物、捧げられて‐あることのうちにのみ存しているからだ。事実、〈全体〉は問題ではないし、〈全体〉の構想力が問題でもない。〈全体〉の〈理念〉ならびに理性の使命が問題なのだ。〈全体〉の〈理念〉とはひとつの至上のイマージュではない。それは数々のイマージュを超えた壮大な形式——あるいは無形式性——ではないし、同じく、使命は勝ち誇った〈理想〉のうちに存しているのでもない。それどころか、〈全体〉の〈理念〉は（最終的には〈理念〉でも〈全体〉でもなく）、ひとつの全体性へと巻き込む可能性、ひとつの全体性のなかに巻き込まれる可能性、無限定なものに沿ってひとつの図＝形象の線描を始めることの可能性を意味している。全体が問題であるとしても、それは、ドゥルーズが崇高について語るような「根本的に開かれた全体(22)」である限りでのことである。開けは、「全体化し」、形象化し、描くところの身振りの可能性へと捧げられている。この始める可能性、それが自由だ。自由とは卓越せる（*kat' exochèn*）崇高の観念である。それは、自由が崇高の判断の内容ないし対象であるという意味ではないし、また、崇高の感情のなかで感覚されるのがまさに自由であるという意味でもない。こうしたことはおそらくまったく意味がない、自由は、たとえ何かであるとしても、内容《モシオン》ではないのだ。むしろこのことを理解しなければならない。崇高な捧げ物は自由の行為——あるいはまた動きないし感動《エモシオン》〔外への過剰な動き〕——なのである。自由とは捧げるものであり、また、捧げられるものであるという二重の意味でそうなのだが——それは《offrande》という語が時に身振りを、時に捧げられた贈物を指し示すのとまったく同様である。

崇高なものにおいて、呈示＝現前化の自由な戯れである限りでの構想力はその限界——自由であるような

(22)『イマージュ－運動』（*L'image-mouvement*, Paris, Minuit, 1983）。

限界――に触れる。もっと正確には、自由それ自体がひとつの限界であり、限界上にある。なぜなら、自由の〈理念〉はひとつのイマージュでありえないだけではなく、カントの語彙に反して、ひとつの〈理念〉(それはつねにイマージュを超えたもの、あるいは呈示＝現前化不能なイマージュのごとき何か)でもありえないからである。それはひとつの捧げ物でなければならないのだ。

＊＊＊

崇高なものは限界を超えて逃亡しはしない。崇高なものはそこに残り、そこで場所を持ち生起する。このことはまた、崇高なものが美学の外に出て倫理学のなかに入り込もうとするのではないことをも意味している。崇高なものの限界については、この限界上には、美学も倫理学もない。あるのは捧げ物の思考であって、かかる思考は美学か倫理学かといった区別を物ともしない(23)。

美しいものの美学は、それが享楽のうちに滑り込まないときには、崇高なもののうちへと抹消される。美しいものはそれ自体では何ものでもなく――呈示＝現前化の単なる自己との一致である。精神はそれを享楽できる、あるいはまた、この一致の限界に赴くことができる。限界の無限定な縁、それは捧げ物である。捧げ物は何かを捧げる。私は言った、自由を、と。しかし、自由はまた、それ自体が捧げるところのものでもある。何かが、ある感性的事物が、自由の捧げ物のなかで捧げられる。この感性的事物のなかで、この感性的事物に直に接して、限界は感覚される。この感性的事物は美しい事物であり、それは概念なき図式論によって呈示＝現前化される図＝形象である。自己を感覚させるもの、それはかかる感性的事物の線描の自由である。図式論の条件は自由そのもの以外ではない。「構想力それ自体は、判断力の図式論の諸原理からすると（ひいては構想力が自由に従属する限りで）、理性とその諸〈理念〉の道具である[24]」と書くとき、カントははっきりとこのことを宣言している。それゆえ、図式論をもたらし捧げるのは自由である、というよりもむしろ、自由こそが図式化し、この身振りそのもののなかで、その「隠れた技」のなかで自己を捧げるのである。

崇高な捧げ物は、後ろに退いた背後世界――それが諸〈理念〉の背後世界であれ何か「呈示＝現前化不能なもの」の背後世界であれ――のなかでは生起しない。崇高な捧げ物は呈示＝現前化の限界であり、それはこの限界上で、この限界に沿って、形式の輪郭に直に接して場所を持ち生起する。捧げられた事物は自然のものでありうる。そうしたものが通常はカントにとって崇高の感情の契機なのである。しかし、この事物が厳密には、また自由に属する事物として、捧げられるだけではなく、それ自体が捧げるところのものでもなければならないなら、――それが、構想力の努力のなかで、努力の感情と共に、自由を捧げるのでなければならないなら、この事物はむしろ技芸〔人為〕の事物であるだろう（因みに、自然それ自体がつねにここではひとつの芸術作品として、すなわち至高の自由の作品として把握されている）。カントは諸芸術の最上位に詩《ポエジー》を置き、それを次のように記述している。「詩は構想力に自由を与えることで魂を拡大するのだが、そ

（23）　捧げ物はこの区別に立ち向かう。なぜなら捧げ物は、道徳的諸規定（善／悪）に加えて、道徳的実践があるということの呈示としての倫理を含意しているからだ。見るべきもの、「触れる」べきものとして与えられた自由。ラクー＝ラバルトの「美的なもの」とのあいだに確立すべき関係があることになるだろう（«L'esthétique», in *Lacan avec les philosophes*, Albin Michel, 1991）。

（24）　第二九節の「全般的指摘」。

の際、与えられたある概念の制約の内部で、この概念と適合しうる諸形式の限界なき多様性のなかから、この概念の呈示＝現前化を、言語のいかなる表現も完全にはそれと合致しえない数々の思考の充溢に結びつけ、そうすることで、諸〈理念〉にまで美的に上昇するところの形式を捧げもたらすのだ」[25]。

したがって、芸術のなかには、崇高を感じ取るひとつならざる機会がある。諸〈理念〉への上昇（言い換えるなら崇高な動きであり、カントはここで *erheben* という動詞を用いている）が――少なくとも詩のなかには[26]――あるのだが、かかる上昇は上昇しつつも美的なもの、言い換えるなら感性的なものにとどまる。では、そこからこう結論すべきだろうか。道徳感情という第一の様相とは区別された崇高な呈示＝現前化のもうひとつの形式、そのもうひとつの様相が芸術のなかにはありうる、と。しかし実際には、まさに芸術のなかで、芸術として、崇高な捧げ物は到来する。形式の美学と、無形式の倫理的な美学の彼方（outre-esthétique）とのあいだの対立など存在しはしない。美的なものはつねに形式に属しており、全体性に属するものはつねに無形式である。崇高なものはそれら相互の捧げ物なのだ。それは無形式なものの形式化ではないし、形式の無限化でもない（これらは二つの哲学的手続きである）。それはいかにして限界が無限定なものの縁でもたらされ、そこで自己を感覚させるのか、まさしく芸術作品の切り取りの上で感覚させるのかということなのだ。

カントを起点として、崇高は、芸術についての思考の最も固有で最も決定的な契機を成している。崇高はかかる思考の心臓であり――美しいものはその規則でしかない。このことは、私がすでに述べたように、美だけが快適なもののなかに（たとえば「崇高な文体」！のなかに）紛れ込むことができるということだけを意味しているのではなく、このことはおそらく何よりも、美しいものから純粋に区別された「純粋な」崇高なものは存在しないということを意味している。崇高なもの、それは、そこを通って美しいものがわれわれに触れるところのものであって、いかにして美しいものがわれわれの気に入るかということではない。それは歓喜（joie）であって享楽（jouissance）ではない。これら二つの語は起源においては同じ語である。同じ語であり、歓喜と享楽の鼓動によって触発された同じ限界である……。触れられることは崇高である。なぜなら、それは曝露されかつ捧げられることだからだ。歓喜、それは享楽のなかで曝露されることであり、そこで捧げられることである。崇高は作品との接触のうちにあって、作品の形式のうちにあるのではない。かかる接触は作品の外に、限界にあって、ある意味ではそれは芸術の外にある。しかるに、芸術なしでは崇高は場所を持ち生起しないだろう。崇高、それは芸術が曝露されているということであり、芸術が捧げられているということなのだ。

カントの──ディドロの、カントの、ヘルダーリンの──時代以降、芸術は崇高を運命づけられる。芸術は、われわれの使命に達することで、われわれに触れ、われわれを感動させることを運命づけられている。最終的に、芸術の目的＝終末をこれ以外の仕方で理解してはならないのだ。

どのような芸術が問題なのだろうか。ある意味では、数々の芸術のあいだでも、また、数々の芸術的音調や音階のあいだでも、どれかひとつを選ぶことはできない。詩は範例的である──とはいえ、いかなる詩だ

（25） 原語は *Darbieten*。捧げ物（*Darbietung*）は、崇高なものの界域では、呈示（*Darstellung*）に換えられるべき語であろう。しかし、いずれの場合にも *dar* が、感性的な「ここ」ないし「ここにあり」が重要である。

（26） 本書二〇一頁の注（18）がここで敷衍されねばならないだろう……。

ろうか、カントはきわめて間接的にしかその例を示さなかった。彼が「ユダヤ教徒たちの律法書の最も崇高な箇所」、像《イマージュ》の禁止を記した箇所を引用するとき、実際、崇高は二度現前する。それは最初は神命の内容のなか、表象〔再呈示＝現前化〕を斥けることのうちに現前する。しかし、もっと注意深く読めば、崇高はまた、いや、おそらく何よりも、聖書のテクストの「形式」のうちにあることが示される。なぜなら、この箇所は、「崇高な呈示＝現前化」のものであるようなジャンルと美学の探求を真に成すものの真ん中で引用されているからだ。かかる「崇高な呈示＝再現前化」は構想力を「扇動し」たり「刺激し」たりすることを目指すべきではない、それはつねに「感性に対する理性の支配」に係わらねばならず――これは真に倫理学に係わることがらである。このことは「引き離され切り離された（*abgezogen, abgesondert*）呈示＝現前化」を想定しており、それは少し後の箇所では「純粋な、単に否定的な」と言われることになるだろう。このような呈示＝現前化、それが命令であり、それが掟であって――こうした掟はそれ自体で像の差し控えを命じている(27)。そのようなものとしての命令はなおもひとつの形式、呈示＝現前化、様式である。

では、崇高な詩は命令の様式を有するのだろうか。崇高であるのはむしろ命令であり、定言命法である。なぜなら、命令、定言命法は自由以外の何も命じないからだ。このことがひとつの様式をもつとしても、それは命令というものが持つ強硬な様式ではありえない（さもなければ命令は絶対的に「パトローギッシュな」〔感性的動因に触発される〕ものであろう）……。これはカントが単純さと名づけたものである。「単純さ（技芸なき目的性）は崇高のなかの自然の様式であり、それと同様に、第二の自然である道徳性の様式である」。

命令が単純なのではなく、単純さが命令するのである。カントが語る芸術――あるいはまた、極限＝限界においてカントが、聖書、詩、諸美術の数々の統合形式のあいだで語るに至ることなき芸術――とは、その単純さ（もしくは「退き去り」「隔たり」）がそれ自体で命令するところの芸術であり、言い換えるなら、捧げ物の単純さをもって、自由へと差し出し、曝露するところの芸術である。捧げ物は、様式の法なのだ。「技芸（作為）なき目的性」とは、目的なき目的性の技芸（様式）であり、言い換えるなら、自由な使命を有した人間の目的性の技芸（様式）である。人間は表象〔再呈示＝再現前化〕の隷属性に委ねられているのではなく、人間は呈示＝現前化の自由、自由の呈示＝現前化――その捧げ物へと運命づけられる。退き去り隔たりをもった呈示＝現前化たる捧げ物へと（自由は人間へと捧げられる、人間は自由を捧げ、人間は自由によって捧げられる）。この様式は命令を、禁止を伴っている。なぜなら、「文学的」であることをみずからに禁じ、数々の文学的威光や逸楽（カントはそれらを「逸楽的東洋人たち」の音信に比している）から身を退くことが、文学なるものの様式であるからだ。文学が身を退く際の努力はそれ自体で崇高な捧げ物である。要するに文学そのものの捧げ物、あるいはまた芸術全体――この表現が持ちうるすべての意味で――の捧げ物なのだ。

しかし、「様式」はおそらくここでは、すでにして余計な概念である。「詩」と同様に、「文学」と同様に、そしておそらくは「芸術」と同様に。それらが虚構と欲望の論理のなかに、別言するなら、欠如とその代用

（27） 聖書のいまひとつの命令――『創世記』にいう光あれ！（*Fiat Lux !*）――が、ロンギノスだけでなく、彼に続く古典的註解者たちにとってもすでに、崇高なものの特権的例であったということは注目に値する。――一方の例から他方の例へと、一方から他方の命令へと同様に、連続性と断絶を推し量ることができる。

物、現前とその表象〔再呈示＝再現前化〕の論理（「象徴」としての芸術についてのカント的学説をなおも少なくとも部分的に司っているような論理）のなかに捕らわれたままであるなら、間違いなくそれらは余計である。なぜなら、結局のところ捧げ物のなかでは何も欠けてはいないからだ。何も欠けてはおらず、すべては捧げられている。全体は捧げられている（開かれている）、自由の全体性なのだ。けれども、捧げ物を迎え入れること、あるいはまた、捧げ物（歓喜）へと自己を捧げることはまさに、身振り――迎え入れと捧げる身振り――の自由を前提としている。この身振りはひとつの限界を描く。それは自由の図＝形象の輪郭ではない。しかるに、それはひとつの輪郭であり、それはひとつの線描である。なぜなら、このことは自由に由来するからだ。そこここに、でたらめにではないが、不確実で、危険と賭けに満ち、縛られない仕方で、線描、刻印を開始し、それに着手するところの自由に。

縛られないけれども、しかし規則的なものとして。切分法《シンコペーション》は統辞法《シンタックス》なしには済まないし、それはひとつの統辞法を課し、それどころか、自分自身がひとつの統辞法である。集めるところのその鼓動のなかで、リズムを刻み、つなぎ合わせるその一時中断のなかで、シンコペーションは言語（もしくはデッサンや歌……）と直に接してその統辞法、崇高な文法を捧げる。結局のところ、この線描はなおも、あるいはまた新たに芸術に属しており、この刻印は新たに文体＝様式、詩に属している。なぜなら、自由の身振りはそのつど自己を委ねる〔縛られない〕ひとつの特異な仕方だからだ（一般的自由なるもの、一般的崇高なるものは存在しない）。それは「語の音響的＝装飾的意味での」（ボルヘス）文体＝様式ではないが、それはまた哲学者が夢見ている様式の純然たる不在でもない[28]（そのようなものとしての哲学は捧げ物を欠いているが――思考はそうではない）。それは様式なるものであり、それは「退去させられ、抑止され、隔てられた呈示＝現前化」の思考である。それはひとつの様式ではない——崇高な様式は存在せず、単純な様式は存在しない——が、このことは線描を成し、限界を作動させ、それはすぐさま一切の最果てに触れるのであって——おそらくはこのことに芸術は従っているのだ。

　最後には、おそらく崇高な芸術はなく、崇高な作品もないが——しかし崇高は、諸作品が触れるところで場所を持ち生起する。諸作品が触れるなら、感性的な快と苦がある——どんな快も肉体的である、とカントはエピクロスと共に繰り返している。享楽があり、そして享楽のなかに歓喜がある。崇高は、享楽を遠ざけておくようなものではない。享楽は、それが単にひとの気に入るとき、すなわち美しいもののなかでは、享楽でしかない。けれども、享楽が単にひとの気に入るものではなく、享楽が単に快に属しているのではない（万が一単純な快が存在するとしてだが）、そのような場所と瞬間がある。崇高においては、享楽は触れ、それは感動させ、言い換えるなら、それは命令しもする。享楽は命令されない（享楽するという責務は背理であるとカントは言い、ラカンはそれを思い起こしたのだった）。享楽は、自己自身を超えて、パトスの外に出てエートスのなかに移行するよう、しかし享楽するのをやめないよう命令する。法としての——必然的に信としての、触れることないし感動は、無‐パトス的〔無感動的〕である。ここでは、バタイユが書いたように、「至高の芸術は可能的なものの極限に接する」のだ。かかる芸術は分かちがたく「苦悩を表現する芸術」でありかつ「歓喜を表現する芸術」である。一方と他方は享楽のなかに、脱固有化された享楽のなかに——言い換えるなら悲劇的歓喜のなかにあり、かかる歓喜は、カントの言う「諸感情の活発さ」によって賦活さ

（28）　拙著『ロゴダエダルス』〔ロゴスの名工〕（*Logodaedalus*, Paris, Flammarion, 1975）。

[29]れ、笑いと陽気さに至るのだが――それらもまた、（再）呈示＝現前化の限界で、「身体」と「精神」の限界で、芸術の限界で切分されている。実存の有限な限界の上でそうなっているのだが、かかる限界については無限な呈示＝現前化はなく――実存のエートスはまさにこのことに起因している。

＊＊＊

補遺

……芸術の限界で。これは芸術の彼方へという意味ではない。芸術がつねに限界の芸術であるだけに、芸術の彼方はますます少なくなる。そうではなく、芸術の限界には捧げ物の身振りがある。その身振りが芸術を捧げるのだが、この身振りによって芸術そのものがその限界に触れるのだ。

捧げ物である限りで、崇高はおそらく崇高を超える――それを超えるか、あるいはそこから身を退く。崇高がなおもパトスとエートスを、あるいはまた芸術と自然を結合する限りで、崇高がいつまでもこれらの概念を指し示す限りで、崇高はなおも（再）呈示＝現前化〔表象〕の空間と問題系に属している。その結果、«*sublime*»という語はつねに危険に晒されている。時には芸術を悲壮化〔パトス化〕し、時には芸術を道徳化するという危険に（あまりに多くの呈示＝現前化、あまりにも多くの再呈示＝再現前化〔表象〕……）。しかるに、捧げ物はもはやパトスとエートスとの連合にさえ依存してはいない。このことはそれとは別の場所で生じる。パトスとエートスとの区別に先立つ単純さのうちに捧げ物はある。カントは「いまだ隠すことに通じていない単純さ」について語っている。カントはこの単純さを「素朴さ」（カントが明示しているように、処世術を知らない粗野な無知とこの「素朴さ」を混同してはならない）と名づけているが、かかる素朴さを前にした笑い、というよりもむしろ微笑は、崇高に属する何かを有している。ところで、「詩的登場人物のなかで素朴さを表象〔再呈示＝再現前化〕することは、間違いなく可能で美しくはあるが、滅多にない稀な芸術である」。――かくも稀な芸術が今後芸術の使命のごときものを定めるのだろうか。捧げ物のなかには、カントが言う意味での「素朴な」何かがある。しばしば今日の芸術のなかには、このように解された捧げ物に属する何かがある。言ってしまえば、幼年期に属する何かが（おそらく何ら新しいことはないが、強調の度合いが強められている）。このことはもはや崇高のように高みもしくは深みに宿りはしない。けれども、このことは単に限界に触れるだけで、引き裂くような過剰、「崇高な」高揚はないのだが――だからといって幼児性が、愚直さがあるわけではない。それは力強くはあるが優しく、要求が多く、連続的で、甲高い振動で、それは画布やスクリーンや音楽や舞踏やエクリチュールと直《じか》に接して捧げられる。ジャズと「新造形主義」のことを、モンドリアンは「形式の生気なき文化にはいずれもが同時に欠けた、歓喜と真摯さ」と呼んでいた。今日、芸術をその未来に捧げるもののなかには、静謐（これもまたモンドリアンの語である）がある。それは和解ではないし、それはまた不動性でもなく、それは平和な美ではないのだが――しかし、崇高が引き裂くものであるはずだとしても、それは崇高な引き裂きではない。捧げ物は引き裂きそのものを、緊張の過剰を、崇高な痙攣と失神《シンコペーション》を放棄する。それに対して、捧げ物は無限の緊張と隔たりを放棄せず、それは努力と尊敬を放棄せず、また、聖なる開始と中断として芸術にリズムを刻む不断に刷新される宙吊り

（29）第五四節。この節全体がこの歓喜を論じている。

をも放棄しない。ただ単に、捧げ物はこれらのものをわれわれへと捧げさせるだけなのだ。

＊　＊　＊

「私の絵、それがその外観のもとに、その暴力のもとに、その力の永続的な戯れのもとにあるということを私は知っている。それは善きもの、崇高なものという意味で壊れやすきものである。それは愛のように壊れやすい……」。

ニコラ・ド・スタール

物々の心臓

この不動の心臓は、鼓動を打つことさえない。それは物々の心臓である。「物事の核心〔心臓〕に迫る」と言われるとき、語られているものである。あらゆる物々の心臓、これはすべての物にとっても、各々の物にとっても、同じひとつの心臓である。鼓動を打たないというのも、比類のない仕方であるが、死とは何の関係もない。「すべての物にとっても、各々の物にとっても」とは、絶対的に単一で、局所的で、はかなく、執拗な保留（retenue）である。また、思考がそれに対して突き当たり、跳ね返される位置（position）であり、配置（disposition）であり、曝露（exposition）である。つまり、そこに何物かがあること、この物の心臓になお、何物かが、物そのものがあることである。

しかし、思考もまたひとつの物である。「思考するとは、何か次のような物だと考えられるだろう。同一性をもたず、根本的に優柔不断とみなされる粗暴さであり、突進し、抑制を失い、文章の中に再び捕らえられるものであると(1)」。文章のうちに捕らえられる前、それ自身は捕らえられない「前」においては（まったき「前」（tout «avant»）と言うように）、思考の心臓もまた鼓動を打たない。それは、極度の動性の核心にあって不動の心臓である。あらゆる物々の、数えることさえできない心臓にたえず目をくらまされ、狼狽させられ、つかまれ、そしてそれ自体が目をくらます、極度の動性の核心にあって不動の心臓。

＊＊＊

物々、思考すること、つまりDingeとDenken。ヘーゲルはこの半諧音のうちに、物々の配置（disposition）をそれらの真理の開示（exposition）へと一致させる、言語の傾向（prédisposition）を聴き取ろうと欲した。（他にもまだもうひとつの半階音、SageとSacheがある。つまり、言うことと、それについて何ごとかが言われる物である。）こうしてヘーゲルは、言葉もまた、それがそうであるところの物とみなしていた。言葉の心臓には、物々の心臓の紛れもない脈動がある。物 - 言葉に直に現前して真実を語る神は、物 - 思考のうちにあるあらゆる物々の物質性を保証する。物としてあるもの、現実的なものは合理的である。しかしながら、ヘーゲルは、この脈動、この理性は実際には不動であることに注意を払わなかった。実際には不動であること。というのも物は、まさに言葉が語る瞬間に、語る言葉をそこに留めおくからである。そうして言葉は、ヘーゲルがそこに見ようとする表現的模倣《ミメティック》に身をゆだねたりはしない。言葉の心臓にはたくさんの物があるが、このことは一種の「語りすぎ」を示すのではない。むしろそれは、発話においてもなお、それ自身はつねに不動であるような言葉自身の語らなさ（non-parler）を示している。

（なぜわれわれの思考は、「語りすぎ」の支配にこんなにも服しているのだろうか。われわれにとって言葉は、思考についてつねにもっと語り、もっと為すはずだからである。物々については、反対に、それらは「単に」物であるとわれわれは考えている。しかしこの「単純さ」こそが、まさに問題であるにちがいない。）

Dinge/Denken/Sache。これは切分法《シンコペーション》であって統辞法《シンタックス》ではない。dyssémie あるいは dissémie〔散義性〕であって hypersémie〔超義性〕ではない。物々の心臓が、言葉の心臓ならびに思考の心臓と同一的であるところには、そこからは何ものも、いかなる光も漏れ逃れることのない黒い穴〔ブラックホール〕、絶対的な重力の穴がある。こうした物々の心臓において、真理は概念のあらゆる運動に完全にブレーキをかけ、文章のあらゆる跳躍、あらゆる連結を、また知性のあらゆる発動や脈動を、その重力によって妨げる。あらゆる物の心臓においてと同様、物−言葉の心臓には言語は存在しないのだ。

　思考が、用語や操作を動員すればするほど、思考は物々の心臓から、そして自分自身の心臓から離れる。反対に、思考が、物々の力強い引き留めに捕らえられるがままとなり、また物々の現前、重さ、現われによって埋もれた心臓の慣性にとらえられるがままになればなるほど、思考はますます思考する。つまり、思考は、真理のこの心臓にますます重くのしかかり、また心臓が自分にのしかかるがままにする。

　とはいえ、これら二つの運動は排他的ではないし、また知性のおしゃべりを、物々自体についての深刻な熟考に対立させることも、いまだもうひとつの幻想にすぎない。言説の活動を始動させるという意味での「思考すること」とは、言説そのものを、この重力の契機へ、この「黒い穴」へと導くことである。この重力、あるいは「黒い穴」は、言説が自らの最も固有な限界と見なすものである。この限界に言説は、最後には、いかにしてであれ（愚かな仕方であれ、慧眼な仕方であれ、傲慢にであれ、自信をもってであれ）飛び

（1）　パトリス・ロロー「ひとつのきわどいフレーズ」（Patrice Loraux, « Une phrase risquée », in *L'Écrit du temps*, nº 18, Minuit, été 1988）。

込まずにはいられないのだが。

だからこそ哲学は、自らが「物〔事象〕そのものへの回帰」以外ではありえないこと、この回帰へと戻り、また戻らされるのをやめてはならないことをつねに知っていた（それを受け入れたか否かは、また別の話である）。プラトンの想起《アナムネーシス》がすでに問題にしているのもこれと別のことではない。それはつまり、「あるもの」（*on*）の真理や重力、それも、あらゆる *toiouton*（物がこれこれであること）を超えた、あるがままの物の真理や重力なのである。だからこそこの想起は、実に明晰な仕方で、遠い昔のこと、記憶しえないことをたしかに思い出させるのである。

思考の心臓には、思考のあらゆる固有化（たとえば、「概念」あるいは「観念」としての固有化、または「熟考」や「哲学」としての、あるいは……「思考」そのものとしての固有化）に対抗する何物かがある。この物とは、物々があることに内在する不動性にほかならない。（「ホレイショー、天地には、おまえの哲学が夢想しているよりも多くの物々がある……」）。物々がある。そしてそれらの「ある」（il y a）が、思考というこの更に別の物、遠い昔の記憶しえない（immémoriale）物の代補たる記憶＝覚書（mémorial）に、場所を与える。

したがって、思考にとって、あらゆる物があり、更に自分自身もある。つまり、この「ある」（il y a）という「場所を持つこと」（avoir-lieu）がある。このことは、物々の二つの体制を構成しているように見えるかもしれない。しかしそうではないのだ。あらゆる物々の「場所を持つこと」とは、どうして物自体でもあり、更に物自体に等しくないことがあるだろうか。この点で（この穴で）――これは思考の最初で最後の点なのだが――、思考とは、現前している通りの物以外のものではありえない。厳密に理解されたとき、これが意味しているのは、反射性のないこと、志向性のないこと、「物と知性の一致」(adequatio rei et intellectus)のないことである。というのも、(何物かの)あるとは、物が思考となり、思考が物となる点だからである。

＊＊＊

物それ自体(*en soi*)、物そのもの(*même*)――純粋本質としての物性(ヘーゲル)――は、判明な区別のなさというこの点に、この心臓‐物(cœur-chose)に由来する。そこでは(*y*)、何ものも鼓動を打たない。というのも、それは、そこ(*y*)そのものだからだ。あらゆる物はそこにある(*y est*)(あらゆる「そこにある」(y être)は、物であること(être-chose)である)が、そこは、定義から言って、そこに存在しない。それゆえ、ここ、物々の心臓に、普遍的な活動である生きた鼓動を探し求めてはならないのだ。それはまた死でもなく、物々が「ある」(il y a)の、不動で、動じない重力である。「そこ」は、そこで存在を差し出し、そして／あるいは、そこで存在に自らを差し出す。「そこ」は、存在であることに差し出される。「そこ」とはつまり、「場所を持つこと」(avoir-lieu)の場所である。「場所を持つこと」とは、「ある」という言明の単なる場所としての場所の言明であるが、「そこ」とは、その言明の場所なのである。言明することのないままの言明であり(誰もそこで語らないのだから)、言明されることのないままの言明である(「そこ」以外の何ものもそこで言われないから)。直接的ではない直接性、とはいえ媒介のない直接性である。存在の、点的な、裸の、動じない激突である。「そこにあること」(l'y-être)の、内破する(implosante)、外への爆発(explosion)である。分離的表明〔陳述〕(apophantique)の場所であり、逸脱的(apotropaïque)場所である。それは、「あり」、かつ「ある」がない。というのも、「そこにあること」はそこに(y)、何であれ何らかの現前が、なおその場に（*là*）あることなしに、あるからである。

物々は、これこれというその規定において、その場（là）からやって来るのであり、その場から存在する（*sont de là*）。物々は、そこから存在し、そこから来る。なぜなら、物そのもの、物の物性は、そこにあることも、そこにやって来ることもやめないからである。あらゆる現前に先立つ現在。現在それ自身によっては取り戻すことのできない以前が、そこには内記され（inscrit）、外記され（excrit）ている。現前への到来は、かつて起こらなかった〔場所を持たなかった〕ものであり、これからも起こらないだろう〔場所を持たないだろう〕。それはただやって来て、つねに起こる前にやって来る。所有なき以前。つまり現前からの到来、現前への到来。物。

* * *

思考は跳ぶ。思考は物々のうちに飛び込む。「以前」と同じ跳躍によってそこに来ようとするために、取り返しのつかないものを取り戻すために。思考は物自体にふれるが、この物はまた思考それ自体でもある。必要な跳躍が無駄で、無駄な跳躍が必要である——自らが取り戻しえないこと、記憶しえないことを示すのもまた、思考の物である。思考は、あらゆる物の前でと同様に、自分自身の前で、物の固有化不可能な固有性（l'inappropriable propriété）を発見する。

思考なしでは、あるいは思考の、この思考しえない物性の重さをはかることなしには、何ものも思考することができない——実際その場合、ひとはまったく思考しないだろう。思考しえない、にもかかわらず思考された、思考の実存《エグジスタンス》そのもの、その本質の重さをはかることなしには。物のこの固有化不可能な固有性を思考することなしには、またそれを思考それ自身の心臓と思考することなしには、何ものも思考することができない。

「物を思考すること」あるいは「物々を思考すること」、これら以外のいったい何に、思考は捧げられうるというのだろうか。ところが、もし物と思考が同じ物であり、同じ記憶しえない心臓であり、所有することのありえない、同じ「以前」であることが明らかになるとしたら、どうして思考はなお、そこで自らを思考することができるだろう。どうして思考は、物を思考することができるだろう。どうして思考は、自らが不可能であることを認めないことがあるだろうか。自らの不可能性を思考する不可能なもの。

物の思考においてこそ、思考はその真の重力を見出し、そこで自らを認め、そこで自らの重みのもとに崩れ落ちる。思考は、物々の心臓にある。ところがこの心臓は動かない。思考は、それでもそこにあり、そこで調和するのだが、自分自身を動くものとしてしか、あるいは動かすものとしてしか思考することができない。物々の心臓は、そこで妨害し、そこで無感覚なままでいる。

＊＊＊

言ってみれば、石の心臓である。しかし、この心臓の石は、情動がなく、無感覚であるどころか、情動性あるいは愛情のあらゆる可能性の極限の濃縮であり、また、優しくあるいは乱暴な、うれしくあるいは悩ましい、優しくかつ乱暴な、うれしくかつ悩ましい、あらゆる心の動きの、自己の内に抑制され、かつあるがままに外にさらけ出された、極限の濃縮である。この石の心臓は、いかなる正反両立性《アンビヴァランス》よりもずっと根源的で、情動が情動そのものである限りの不確定さである。この受動性、あるいはむしろこの被りうること（passibilité）は、同時にかつ同様に、それが自己の外に、自己以前に、また自己の前に、すべて曝露される限りにおいてのみ、自己の内に濃縮される。無情な、被りえない被りうること〔負課性〕（Impassible passibilité〔アンリ・マルディネの用語〕）、それは現前を示しているのではなく、ただ、あらゆる現前より前に、あらゆる現在より前にやって来て、ありのままに現前を被りうる何物かがそこにあることを示す(2)。

石の心臓は、石をさまざまな境域《エレマン》に曝露することを本義とする。たとえば、路上の、急流のなかの、地下の、マグマの溶解のなかの小石のように。物の「純粋本質」――あるいは「単純存在」――は、存在の鉱物学や気象学に属する。「物」、「何物か」、「あらゆる物々」は、存在を、実存が直に自分自身に対してあり、直に自分自身に曝露される、その実存の位置によって呼称し、要素を、その使用や消耗によって呼称する（集塊岩、裂開、破裂、劈開《へきかい》、溶解、混濁、透過、顆粒化、風化、結晶化、埋没、錆、洗鉱、痕跡、煆焼《かしょう》、など）。風が小石を擦り減らすように、実存は直に実存に対してあり、物は直《じか》に物に対してある。それと同様に、思考も思考する。

このようにして、物は場所を持ち生ずる（a lieu）。このようにして、何ものかが起こる（se passe）。物の現前への到来である、出来事それ自体が、原質《エレマン》のこの本質を帯びている。出来事はその本質に宿り、その密度と多孔性のうちに捕らえられ、あるいはそのうちで理解される。出来事とは、物々の心臓の「そこにあること」（l'y-être）が「起こること」〔場所を持つこと〕（avoir-lieu）である。出来事は、運動なき固有化という驚き、思いがけない事である。それは開かれ、始まる。しかしまた、それはつねに-すでに、開かれ、始まっている。そこにあるのは、空間の尺度、間空けの尺度であり、それは時間以前に、時間にその起源を与える。さまざまな運動、歴史、経過、絶え間ない継起、喪失、発見、回帰、追いつき、予測、このあらゆる時間は本質的に、物々の心臓に開かれたこの空間に、物々の心臓であるこの間空けに依る。
それゆえに、物々の心臓は鼓動を打たないのだ――「まだ」。「まず」あるのは、開始であり、曝露された石である。時間はこの開始を繰り返すだろう。小石から小石へと、不動性を促進する同じ時間の歩調で。一歩ごとに、時間は開始されている。何物かが過ぎ去り、起こる〔*se passe*〕ために。時間は、「ある」の無情な、被りえない被りうることを曝露する。ただ、そこの間空けに従って配置された物は、何物かを被りうる。「その物に到来し」〔起こり〕、その物のために「過ぎ去り」〔起こり〕あるいは「場所を持ち」〔起こり〕うる何物かを。まずはじめに、物自身の「ある」がそれに起こる。「何物かがある」は、あらゆる物に起こり――いかなる物にも起こらない。先立つことなく、「先立つ」あらゆる物々。物々の世界は前例なしである。それが世界である。

しかし物がある以上、到来した物（とその到来）は、意味を被りうる。「何物かが起こる」。言いかえれば、何物かは、意味をなす可能性に、あるいは意味によって捕らえられる可能性に差し出されている。あるいはむしろ、何物かは、すでに意味であり、すでに意味の境域のうちにある。なぜならそれは起こるのだから。この意味で、「意味」はあらゆる「意味作用」に先立ち、それらを超え、曝露する。意味は、それらすべてを可能にし、それらすべてを消費する。（あれやこれやのために、ある目的のため、あるいは何の目的のた

（2）「あるところのもの（ce qu'il y a）を、これは～である（*c'est*）から、このこれは～である（*ceci est*）から、一切の現前の顕示から引き剝がせる以上、ある（*Il y a*）は何を言わんとするのか」（ジャック・デリダ『弔鐘』（*Glas*, Paris, Galilée, 1974, p. 188））。

めでもなく……世界はあるという）あらゆる可能な意味作用の前に／後に、その意味が与えられる必要のないものに関する意味を、「ある」は与える。世界は、各々の物のうちで、あらゆる物のうちで、この意味を被りうる。このようなものが物々の意味であり、物々の心臓にある実存の意味である。

「何物かがあり、無があるのではない」のを確認することは、〈存在〉を前にした驚きのパトスを呼び起こすことには帰されない。それはまず、もっと地味な仕方で、この確認それ自体の必然性へと送り返す。何物かがあることは驚くべきだが、この確認のうちで（またこれに、「なぜ何物かがあり、無があるのではないのか」という問いのかたちを与える場合はなおさらそうだが）、何物かがあるかあるいは無があるという可能性は、まず最初に何物かがないとしたら、何の意味ももたない。カントは、現実的な何物かがなくては、矛盾することなしに、可能なものもありえないと想定した。彼はそこから、必然的に何ものかが存在するという結論を引き出したのだった。

何物かがあるということは必然的である。何物かは必然的にある。この必然的な存在は、自らとともに（その本質として、存在することが自己自身のものであり自己自身へと向かうという本質として）、意味を被りうることもまた定立する。つまり何物かが、存在することによって、ただちに自分自身の存在を「意味」として被りうることが起こる。動じることなく、必然性において。ところが、この必然性の必然性（必然的な存在の必然性）とは、意味を被りうることである。というのも、このような必然性は、あらゆる現実的なものに先立って、可能な何ものかから演繹された限定へと、再び導かれることはありえないからだ（神の創造についてのあらゆる哲学的問題が結ばれるのは、この点をめぐってである）。この必然性――この被りうること――は、つねに－すでに現実的なもの（つまり物である。つねに先行する（antécédente）が、前例のない物）を与えられた、現実性の必然性である。「与えられた」のですらなく――そこにある。したがってこの必然性は、演繹あるいは製作の必然性に従うのとは別の仕方で、まさにそれと認識されるはずでありうる。たとえば「自由」として。それはおそらく、スピノザの実体が必然的にあること、またそれが必然的に自由であること（そしてそれだけが存在に属すること）と、別の仕方ではないだろう。何かがあることは、必然的に、自由にあることなのである。この必然性は、自由を被りうることであり、これをわれわれは自由に受け入れたり拒んだりすることができない。自由はわれわれの自由ではない。それは実存の自由である。

（このような自由の思考は、おそらく最も困難な思考である。というのも思考は、そこで自分を捕らえなければならず、思考はそこで自分自身に触れなければならないからだ。この自由の物として……。ここでもまたスピノザの方法に則っている。つまり唯一の実体の属性としての思考、延長という別の属性とともに実体が表現する、思考という考え方に。スピノザはおそらく、思考－物を表立って提供した唯一の人物である。あるいは思考－物に自らを差し出した唯一の人物である。）

＊＊＊

任意である限りの物について。「何らかの物がある」のうちの「何らか」は、結局のところ、「物」に対してと同様に、「ある」に対しても余計である。これは非決定性の冗長さである。「物」（la chose）がそもそも「いかなる物でも」をも言い表している。「ある物」（une chose）とは、「どんな物でも」である。何物かがあるのは必然的だが、これこれの物があるのではない。しかしながら、物の、決定されざる－存在は、欠乏でも、貧しさでもない。物の「任意性」は、密度によって、物の最も固有な肯定と、物がそこでまさに自らを「物化させる」凝固をなす。物とは、存在することの何らかの凝固であると、定義することができる。

このことは、物々の互いの差異を少しも減じはしない。「任意性」とは、「平凡さ」ではない――「任意性」の基底では、諸差異は抹消される。そもそも「任意性」は、いくつかの物が必然的にあることを含意する。いくつかの物がなければ、「任意性」は自分自身で自らを消すことだろう。だからつねにこう言わなければならないのだ。「何らかの物々があるのであって、無があるのではない」と。したがって「任意性」の「基底」などない。任意性は差異なのだ。

しかし、置かれた物として、曝露された物として、物自体として、あらゆる物は任意である。「ある」の任意さ、あるいは存在の無名性は、この退却における存在そのものである。退却によって、存在は物の存在となり、あるいはむしろ、あるひとつの‐物で‐あること（l'être-une-chose）となる。つまりそれが「起こり」、現前に到来し、基底も目的もなく自由にさらされる。あるいは、存在があるとは、物の任意であることのうちに、任意のものであることのうちに、絶対的に根拠づけられた限りでの（したがって、これらの語のあらゆる意味において、終わった、有限の（finie）、あるいは最後の（finale））物の存在である。何らかのもの（あるいは何らかの物々）があることとは、自由な必然性なのである。任意の存在に必然性がないことは必然なのである。あるひとつの物の、またそのひとつの特異な存在の、厳密な確定された凝固のうちで、置かれ、曝露されるものの存在の不確定さ、これが「任意の」という意味である。

＊＊＊

以上のことを思考することは、規定し、同一化し、宛て先をもつ、あらゆるわれわれの思考から抜け出ることである。言い換えれば、「思考する」が最も頻繁に意味するものから抜け出ることである。そして、まず最初にそのこと、つまり何物か考えるべきことがあることを思考し、また思考の心臓にあるこの物の何らかについて思考することである。このことは、「任意の」思考とは正反対のものである。それは、われわれを思考するように規定するものについての思考である。あらゆる思考にそれは含まれているから、それ自体非決定的な思考である。それは概念でも計画でもなく、物々の心臓において突き当たる存在である。われわれの思考の歴史は、この要請が集まるほどまで、今日では凝固し、宙吊りになっている。

＊＊＊

「任意の」とは無名であり、無名性と言われるものである。ここでは名前が問題なのではない。したがって、否定神学における神の名前の否定という否定性が問題なのでもない。むしろそれは前－命名の問題である。（そこ（y）は「副詞的代名詞」である。）それは、名詞以前の問題である――更に言えば、名詞の補足や代理の問題である。たしかに固有名詞はあり、指示詞[3]はある。たしかにおのおのの物は、その単一性＝特異性の凝固のうちで示しうる。「この石」とか「Kaaba」のように。ところが、結局のところ、命名に関して示されるのは、物は示されうるということである（したがって、物は決して言い表せないのでも、呈示し

（3）オッカムにおける記号と「究極の特個的存在者」との連関をめぐる、ピエール・アルフェリによる『オッカムのウィリアム――特個的なもの』（Pierre Alféri, *Guillaume d'Ockham le singulier*, Paris, Minuit, 1989）の分析全体を参照。

えないのでもないことである）。他方、物に関して示されるのは、つまり物がそうあるもの、指示する物体は、直示（deixis）の外的な限界としてよりほかにない。「この石」は私の言明が示している石であるが、同時に、この石を前にして言明は消える。あるいはこの石が語彙に内記されるというよりも、私の言明がむしろこの石のうちで外記されることになる。物々の心臓には、言語はないのだ。

（物の思考は、「物と名前」に関するあらゆる考察の前段階に位置づけられなければならない。すでに「物」というこの名前のうちに、命名のあらゆる働き、したがって命名のあらゆる問いの、霧散しつつあるのが示されている。物とは、あらゆる物の意味と同様、何も意味のない物（res）を示す語であるから。）

別の仕方で、物を超えて、否定神学を導きつつ次のように言うことができるだろう。神の名前の失敗もこのように理解しなければならないと。この失敗が曝露するのは、物々を前にしたときの名前の全般的な失敗（それ自身が名前である物々を前にしたときも含めて）以外の何ものでもない。このことは、言いえないものへと追いやることはない。これが導くのは、言語の本質、あらゆる内記の本質としての、意味の外記にである。

「外記」[4]（excription）は、物の名前が、自らを内記しつつ、名前の固有性を自分自身の外へ、名前だけが示す外へ内記することを意味する。ただ物の名前は、外を示しつつ、この固有な自己への外在性を示す。それは名前を物の固有性としているものなのだが。名前なしではいかなる物もない。ただしその名前とは、名付けつつ、名付ける事実によって、物の「中に」、あるいは物の「ように」、自らを外記する名前である。ただ遠くから物を示す、物の他性をそのままにしつつ。

結局のところ、次のふたつの言語使用を区別する、広く流布したやり方を見直すところまで至らねばならないだろう。つまり、ただひとつの意味されたものに服する、情報提供型の平凡な使用（マラルメの言うところの「小銭」）と、言語がそこでそれ本来の目的に至る、詩的とみなされる、主要な使用との区別である。実際、言語はつねに自分の外で終わる。言語のあらゆる使用において、あらゆる使用によって、すべての言語の不在、つまり怪物が立ちあがる。言語のみがこの怪物を示すのだが、そこで自らを外記することによって示す。「エクリチュール」についてのいかなる思考も、それより他に賭けられているものをもたない。つまり賭けられているのは物である。命名され、思考される物は、命名されかつ思考された物ではない。しかしそれらは、互いのあいだに、記号の返送と指示対象という単なる外在性の関係を保つのではない。一方は、他方のうちに、自らを同じ物として外記する。というのもここで問題になっているのは、物の同一であることだからだ。物自体は、「ある」とは無限に異なる統一性のうちに場所を持つ〔起こる〕。「ある」とは、それが言明するものであるが、それがそうであるのは、言明され、外記されたものとしてのみである。（これはいまだ、言語全般の遂行性の問題でありうる。つまり、あらゆる言明は遂行的であるが、逆に、あらゆる物は言明の外記であるといった具合に。外記はそのとき、遂行的なものそれ自体の遂行になるだろう……。）

また、思考である物についても事情は同じである。思考は自らを外記する。思考は、自分自身の外でのみ、自分自身に自答する（思考がそうであるべきものであるために、そうしなければならないように）。思考は自分自身の外へのみ送り返す（あるいはむしろ、送り出す、投げる、身を投げると言った方がよいかもしれ

（4）本書所収の「外記」を参照。命名することの不可能性というこのモチーフは、「否認」（« Dénégations », in *Psyché*, Paris, Galilée, 1987）でのコーラ（*khôra*）の主題についてデリダによって辿られたモチーフのいくつかと交錯している。

ない）。これはおそらく、次のように言うことが要求しているものでもあるだろう。「思考すること、それはつねに（…）思考するのとは別の物——別の物ではない別の物——をすること、気をそらすこと、ただし思考をあきらめることなくそらすことである[5]」。この「別の物」——これはまさに思考の物と同じ物である——のうちで「気をそらすこと」は、そこで思考が思考する場所である。なぜなら思考はそこで自らを外記するからであり、あるいは、思考はそこで物として自らを遂行するからである。以上のことを思考することは……。

＊＊＊

この物が存在すること、それが何らかの物であること、それは思考そのもののうちであらゆる思考に先立つ絶対的な知の内容である。それは、自由の経験としての、存在の必然性の経験である。世界の、世界への、世界の中での到来である。あらゆる到来とその断念が、場所を持つ〔起こる〕こととしての世界。何物かが現前への到来を肯定し、何物かが、現前への到来として自らを認める。どこから来るのでもなく、ただそこに到来する、その規定において未規定な、また実体のうちでの、あるいは実体の否定のうちでの、あらゆる結びつき、あらゆる根拠付けから解かれた、現前への到来として。ここで問題にしている経験は、「可能な経験」の状況のうちで起こる〔場所を持つ〕経験ではない。その現実性はあらゆる可能性に先立つ。この経験は、何物かの、不可能かつ現実的な経験、不可能な仕方で現実的な経験なのである。

哲学は、物の何らかの価値を決して十分に認めない。したがって、物そのものの価値も決して十分に認めない。（とはいえおそらく、ここで価値を認める〔正しいことをなす〕のは不可能だろう。それでもなお哲学は限界まで行くのだが……。）それは、哲学が抽象や概念だけで満足しているからではまったくない。というのも抽象や概念もまた物であるのだから。哲学それ自体がひとつの物であるのと同様に。それらは、あらゆる物々のお互いの混合、交換、摩擦、火花、消耗のうちにある物々である。しかし哲学は、物を自分の物にする。何らかの物の何らかは、固有化に身をゆだねはしないのだが。

（ハイデガーとともに、ひとが「哲学の終焉」と呼ぶものは、哲学の心臓においての、脱固有化の契機に他ならない。あるいは更に言えば、思考の物のうちでの、哲学の外記の契機、自分自身のために主題化され思考される契機である。）

むしろ、物の何らかの方が、固有化するものでありうる。何らかの物があり、起こる。ここで、このことによって、われわれはつねにもうすでに固有化されてしまっている。実存はまず、「ある／起こる」に帰し、それに身をゆだねることで存在する。哲学がこの帰属＝固有化（appropriation）を我が物にし（s'approprier）たいと欲するや否や、哲学はこの運動を逆転し、ついには自らが、物の物になるのだと主張する。ここに、ヘーゲルの「物／思考する」（*Dinge/Denken*）を見い出すことができるだろう。文字通り思弁的にとらえられた「物／思考する」を。この「物／思考する」は外記の瀬戸際にあるのだが、その外記が更に再び固有化された、そうした「物／思考する」を見い出すことだろう。

ところがそれもまた、もうひとつの類似した言葉の扱いであり、ハイデガーにとっては物の思考を開く、

（5）アレクサンダー・ガルシア＝デュットマン『誓われた言葉』（Alexandre Garcia-Düttmann, *La parole donnée*, Paris, Galilée, 1989）。

もうひとつの類似した命名なのである。「もしわれわれが物を物として思考するなら、われわれは物を、それが依拠している領域のうちに入るがままにして、物の存在に気を配ることになる。集めること（*Dingen*）、それは世界を近づけることである」[6]。このような思考の可能性は、「世界の本質の只中で、この本質が世界に宛てた発話に答える交信のうちにある」。ここに、同じ固有化の別の姿を、どうして認めないでいられようか。したがって、哲学の終焉の思考が、まだ十分にこの終焉の思考になっていないことを、どうして認めないでいられようか。

ヘーゲルからハイデガーに至るまで、思考が自分自身にのしかかる重みは、ますます際立ち、増している。思考の重みは、物自体が、物の全重量をかけてのしかかるよう自らを差し出す。このことは単に重要なのではない。これはわれわれに伝えられてきた伝統の、最も重要な物であり、われわれはみなこれと関わりがある。しかしながら、ハイデガー自身が物を指し示すとき、つねに問題になるのは、音や意味による、意味としての音による、音を出す物としての意味による交信であり、調律され固有化された応答である。ところがもし物々の心臓が鼓動さえ打たず、物々の任意の心臓が、呼びかけも問いも差し向けないとしたらどうなるだろうか。もしこの心臓がただわれわれのあらゆる問いを、われわれのあらゆる要求を外記するだけだとしたらどうなるだろうか。

そのときは、代わりに、物々の奇妙な特有言語《イディオム》があることになるだろう。物一般が留保された言語である点において特有言語なのだが、物一般はそもそも存在しないのだから、それは、絶対的に単一で特異な、おのおのの物の特有言語である。「ある」は、物々があるのと同じ数の特有言語で語られる。それらは、絶対的に私的で、ばかげた、意味をなさない言語である。本来の特有言語がすべてそうであるにちがいないように。それは何も語らないが、しかしそのつど、唯一で、模倣しえない規範と型のうちにある。それらが際限なく不定な仕方で、互いに置き換え可能であるのと同様に。というのも「任意の」であるのだから……。何も語らず、「無」（物（*res*）の「無」）を語るが、「無」を「いずれにしても、ある仕方で」語る。——「類似していないものが現われる点で、すべてが宙吊りにされる。そしてそこから、何らかの物、しかし何らかの黒い物が生じる」(7)。（この文章は、「詩」の文章である。「詩」は少なくとも、言葉の物にふれることを意味する。）

したがって、あらゆる固有化の脱固有化をすすめて、それが最も「開かれ」、最も「迎え入れる」ものになるまで至らなければならない。物、あらゆる物の何らかは、思考が近づけないもの、思考が自らに近づけさせることのできないものでなければならない。しかしそれは、何よりもまず思考を次の点に従わせる。思考は、それ自身が何らかの思考、任意の思考にすぎないという点に。つまり、多くの任意の物々のうちの、ひとつの任意の物にすぎない。

（この点が、物のそれ（*ça*）、物のそうあるがままの、それである。「ある」（il y a）はこのとき「それは

（6）『講演論文集』所収の「物」（« La chose », in *Écrits et conférences*, Paris, Gallimard, 1958, p. 216-217, trad. André Préau. ただし訳は変更した）。

（7）クレマン・ロッセによって『リアルなもの——愚かさ論』（*Le réel — Traité de l'idiotie*, Paris, Minuit, 1977, p. 13）で引用されたマルコム・ラウリー（Malcolm Lowry）の言葉。加えて、ジャック・ルーボーの『黒い何か』（Jacques Roubaud, *Quelque chose noir*, Paris, Gallimard, 1986, p. 76）。——それ以外の場所にもまた、「黙説法に即して口述する物のそれ自身《イディオン》、すなわち、特異な仕方でのそれ自身の叙述」（J. Derrida, *Signéponge*, Paris, Le Seuil, 1988, p. 41）がある。

……である」（c'est）に等しい。物の中立。しかしこの中立性は、「あれでもなく、これでもない」を意味するのではない。それは、あれかこれか、任意のもの、ただしつねにひとつのものを意味する。あるもの（une）とあるもの（une）とあるもの（une）。したがって、「あるひとつの物がある（il y a une chose）」〔「あるひとつのものしかない」（il n'y en a qu'une）〕という表現のうちでの、ある（une）の意味での、あるもの（une）では決してない。単なるあるひとつのもの（une）ではない。非決定的な、ある任意のもの（une quelconque, indéfiniment）である。存在すること、それはあらゆるそれ（ça）の真ん中にあることである。そしてあらゆるそれとは、さまざまな中心の非決定性のことである。「生きることは、物にとって、中心にあることです(8)」。）

この物は、他の物々の結構（agence）にふれ、それを軽くかすめ、壊す。結構の方が今度は、物を締めつけ、解放し、それを作り、壊す。物－思考も同様に為し、為される。つまり、同じ仕方で作られ、作り直される。しかしあらゆる哲学が、どのような方法であれ、最後には、哲学が物から形作る思考を、物に貸すことで（また貸しながら）終わる（*finit*）。パラケルススにとって、知識や知恵のテクストは、あらゆる物々に内記された本のテクストそれ自体であり、人間の知識とは物々に内在する知識のうちへ浸透することである。あらゆる哲学のうちにつねに、過剰にパラケルススがいる。つねに過剰な錬金術が、あるいは過剰な魔術、過剰な「交信」、神秘、グノーシスがある。何よりまず理性を引き合いに出す哲学のうちにも（しかしまじめに言うのだが、そうでない哲学があるだろうか）。理性は、物の固有化を、休むことなく求めずにはいられない。理性のものであるはずの、いかなる意味の固有化であっても（存在という「単純な」意味も含めて）。同様に、理性は時に、この意味がそれを語る音のうちで固有化されることを求める。こうして、あらゆる詩が哲学によって仲間に引き入れられ、今度は詩それ自身が、「物は固有化しうる」ということに力を貸すようになる。物質としてかつ／あるいは精神として、外観としてかつ／あるいは現実として、現前としてかつ／あるいは不在として、個体性としてかつ／あるいは一般性として、神秘としてかつ／あるいは神秘の暗号として、など。

＊＊＊

とはいえ、驚くべきことだが、理性に非合理性を対立させることにはならない。非合理性は、決定的な仕方では物々を知らない。非合理性は通り過ぎる（passe）けれども、そうするだけで何も起こら（se passe）ない。非合理性は理性自体より以上に固有化する性質のものであり、消滅させることによってわが物とする。「非合理な」もの、あるいは「超」－合理性というまったく別のかたちは、つねに思考の悲しき粗悪物である。理性のなかで、また理性から、物々はその重みを理性の上にのしかからせにやって来るのでなくてはならない。そのとき理性は、その極限において知る。「重力は世界の現前の記号であることを。しかも、取り巻く環境のように単に物の周りにある現前ではなく、おのおのの物のなかにある現前の記号であることを（…）世界はおのおのの物のなかに、あらゆる種類の物の重さのもとにある」[9]。

理性において、われわれが興味をもたねばならないものは、理性ではなく、理性に重みをかけるものであ

（8） ジョン・ケージ『小鳥たちのために』（John Cage, *Pour les oiseaux*, entretiens avec Daniel Charles, Paris, Belfond, 1976）。
（9） レミ・ブラーグ『アリストテレスと世界の問題』（Rémi Brague, *Aristote et la question du monde*, Paris, PUF, 1988, p. 313）。

り、その重みが理性に、それがあるがままのものであるよう、「理性」であるよう要求するものである。しかし、ロゴス（*logos*）としてであれ、比率（*ratio*）としてであれ、あるいは「純粋理性」としてであれ、あるいは「思弁的理性」としてであれ、理性はつねに物の理性、あらゆる物々の理性でなくてはならない。したがって、おのおのの物において理性は、いわば、物であること（l'être-chose）そのものの物でなくてはならない。というのも、理性の原因が問題なのでもなければ（理性、原因という二つの語はともに同じ *causa* に由来するけれども）、原因となる（説明する、創始する）理性が問題なのでもないからである。問題なのは、物であることそれ自体であり、何らかの物であることであり、この物であることである（ハイデガーの言う[10]ところの「各自性」、あるいは、ここ（*ecce*）、つまり«voici»の上に形成された「個性原理」（eccéité）、あるいはドゥンス・スコトゥスの、この単一の現実化である qua substantia fit haec（これによって実体はそのように作られる）「このもの性」（*haecceitas*）である）。理性、それは物を物にするものである。つまり物々の心臓である。原因に先立って、また原因の後に、物は自らが、自分自身にとって直に、物のこの現前への単一の到来にとって直に、何らかであること、これこれであることをもつ。

＊　＊　＊

物は、その原因の退去としてしか存在しない。原因は、物のこの存在（l'être-ci）に引きこもる。そのつど何らかの物がある、このここ（cet-y-ci）に引きこもる。

物々の心臓。自らの理性それ自身のうちにある物、自らの物それ自身のうちにある理性、ここに眠る（ci-gît）。とはいえ死が問題なのでも、墓が問題なのでもない。ここにのみ、実存の外記はある。

存在論はここに埋められている（しかし、死んでいるのでも生きているのでもない）。あらゆる原因からその実存を免れさせつつ、物が自己に一致する存在論、本質の、あるいは原理の存在論。[11] その固有の本質である、実存の存在論。存在が、存在論にロゴスをあてがうのであって、その逆ではない。物の非‐依存。（その「何らか」（quelque）において）自分自身によってあり、それ自身の到来、生起、そして自らのここに眠ることを除いて、何ものにも依存していない、非‐依存。ところが「ここ」は、物に先立って存在してはいない。「ここ」（ici）（« voici », *ecce*）が、これを名指し外記する。物はこれ（*ci*）として存在し、実存はこれ（*ci*）として、世界に横たわり（*gît*）、投げ出されている。その横たわることのうちで、物は、理性を曝露する。このここに眠る（*ci-gît*）という、ただひとつの自由以外の何ものでもない理性を。

物々はつねに、横たわることによって現前へと到来する。ひとが物に自らを差し向けるやいなや、この物やあの別の物に差し向けるやいなや、また、物を考えようと、あるいはそれのことをそこで（*y*）考えようと試みるや否や、既存の地質学に係わっている。地質学は、互いに圧縮し、重なり合ってできた層や地層の配置を扱う。世界とは、それらの多種多様な隣接の仕方の発現である。ところが世界はまた、それらを互いに区別する地勢図でもあり、それらの「ここ」の全体的な秘匿でもある。いかなるこの物も、別のこの物と同じではない。これはライプニッツの原則である。かりにこの物があの物と区別されないとすれば、それは、

（10）『物とは何か』（*Qu'est-ce qu'une chose ?*, trad. Reboul et Taminiaux, Paris, Gallimard, 1971, p. 27）。

（11）これはおそらく存在論の別バージョンであって、アルフェリはオッカムにおいてそれをすでに抽き出している。原因でも原理でもないような理性〔根拠〕の、「貧困で」、「ほんのわずかな事物に還元され」、「借財を負った」バージョンである。

このもののあの（*là*）が、あのもののこの（*ci*）と一致するからである。

物は、共に‐落ち来たって出会い一致する（co-incide）。物は自分自身と、自分自身の上に、自分自身で落ちる。物は、自らのこのの上に落ち、物はそこにやって来るのだが、その落下、その到来こそが、このをつくる。それは落下であると同時に驚きでもある。落下はここでは、存在の純粋で単純な位置（position）に等しく、驚きは存在を外にさらすこと（exposition）に等しい。

物は落ちる。ところが物はあまりにも高いところから落ちるので――世界中のどんな高さをもってしても――ここではもはや何ものも、「高い」と「低い」の対立を指し示さない。物は、いかなる天空も選ばない。物がそこから分かれ来る天体なき、災厄（désastre）である。夜も昼もない。物は限界から、あらゆる物々の極限から落ちる。「災厄とは、極限の特異さの肯定（…）ではないだろうか(12)」。あるいは更に言えば、物は落下と混じりあい、その傾向（*clinamen*）と混じりあう。そして落下それ自体は、結局は、世界のここに眠ると混じりあう。「落下」はなく、「ある」（il y a）があるのだ。

しかしながら、自らの一致〔ともに起こること〕にしたがって表象された物は、その自己同一性が単なる直接性ではないことを明らかにする。物の位置（position）が、外に曝露すること（exposition）であるのと同様に、物の自己同一性は、ここに眠るにおけるここ／眠るの差異、物そのものにおける物／そのもの〔同〕の差異、更に現前のうちへの到来に含まれる差異である。しかし直接ではないことは、ここでは、媒介ではない。物の固有の領域とは、直接性なき内在の領域である。

直接性においてならば、この（*ci*）はなく、こう言ってよければ、区別のない「そこ」（là）しかないだろうし、正確を期せば、そこはないだろう（il n'y aurait pas）。存在論は、存在しない存在論になるだろう。埋められた、地下の存在論ではなく。反対に、媒介においては、物を形容し、それによって物を定位することができるのは、物の「別のものになること」(devenir-autre) である。たとえば物は意識にとっては対象となり、あるいはこの意識の主題となる。[13] それは、あるひとつの現象学であり、あるいは別の現象学である。物の直接性なき内在を話すことは、物がそれ自身のうちにとどまること (in-manere) を語ろうとすることである。しかしこのとどまる仕方のうちには、この横たわる仕方のうちには、重みをかけるもの、あるいは定位する何ものもなく、重力の休止があることを、語ろうとすることでもある。つまり重力の効果ではなく、重力そのものがある。そこでは位置 (position) は宙吊りにされ、そのことが、位置を外に曝露する (ex-position)。不動を打つ心臓、ともに起こる鼓動なき心臓。

以上のことを考えることはただちに、思考の物、思考があるところの物、つまり松果腺とかかわる。松果腺は、物質的かつ非物質的な、非物質性の物質的な硬い先端であり、この先端は、思考の物を貫いてそれを汲み尽くし、そうしてそれを脅かすところまで至らずにはいられない——ついにはそれは、思考の物に思い知らせる。それは決して十分に内在的な、十分にここに眠る物の思考ではないことを……。それでもなおそ

(12) モーリス・ブランショ『災厄のエクリチュール』(Maurice Blanchot, *L'écriture du désastre*, Paris, Gallimard, 1980, p. 15)。

(13) しかし、「意識」それ自体はというと、それはまさに媒介の事物そのもの、あるいは事物である限りでの媒介であって——それは同時に、事物を構成しているように思える純粋な媒介の連関から引き剝がされる。特にヘーゲルにとってはそうだ。かくして事物として与えられた意識は、当たり前のことだが、心理学の対象とは何の関係もないだろう。この意識は、意識の中核に潜む意識なき意識のこの点と一致するだろう。当の意識はこの点を固く暗い点としてのみ知っているのだが、そこから意識は生まれ、最初にあるいは最後に、意識はそこに嵌まり込むのだ。

れは思考であり、決して一般的ではなく、つねにこの思考（cette pensée-ci）なのだが……。

そのつど、この思考であることは、思考の確実性を根拠付けるのだが、それは思考に思考する気を失くさせ、いら立たせ、思考を放棄してしまう。

物の何らかの物が、ただ思考と同じ水準に至るために、いったいどこまで思考を酷く扱わねばならないのか、あるいはどこまで思考によって酷く扱われなければならないのか。中途半端はありえない。続けることしかできない。

物々の心臓。そこで思考は突き当たり、打つ。硬い（dure）思考、それは「難しい」を意味しない。反対に、つねに単純すぎる。思考が単に思考であるために、つまり「石そのもの」であるために思考の耐え忍ぶ、石の単純な硬さである。

＊＊＊

物の、その思考の、ここに眠るは、それが本当に碑文――つまり外記すること――であるならば、それはそれゆえに、墓の上に彫られてはいない。死が問題なのでも、墓や、墓碑が問題なのでもない。もしそうならば物はただ、自分自身の記念碑に、つまり〈固有のもの〉の記念碑にすぎず、思考はその保管であり保存であるにすぎない。世界はそのとき、自分自身の霊廟となるだろう。思考は、物々をまず最初に埋葬してしまわないよう、つねに気をつけなければならない。思考はそれに抵抗し、物々の横たわることに立ち会わなければならない。

物は有限性に属している。あるいはむしろ有限性は、物がそれに則って、物として固有化される様相である。もしこれらの語で語ることにこだわるならば、物はそれゆえ、死にも属することになる。ただし物として建てられた死、物の記念碑として建てられた死にではない。物々の心臓は、それが中断されているがゆえに、死んだ物々の心臓でもあるのだが、それは有限性において、死の記念碑的性格とは別の物を、教会の前庭に置かれた存在とは別の物を指し示している。それはむしろ、死の、死に対する、極限の留保、極限の慎みである。それは否認とは逆のもの、承認と言ってもよいが、それは、自らをそこに（y）認めるとは主張しない。死にはそこ（y）などないからだ。

　物の思考はむしろ、次のような何物かを述べようとする。つまり「物」とは、あらゆる物に関して、あらゆる存在に関して、自己に達しないもの、あるいは〈自己なるもの〉に達しないもの、しかしながら物「それ自身」としてあることによって、一致するものを、意味するのだと。これ（*ceci*）やこの（*ci*）が、それに対してすでに想定されていない、いかなる「自己」も、いかなる「主体」もない。ただし、もはや「基-体」（sub-jectum）ではないような仕方でそうなのだ。つまりそれは、基体なしに、支えなしに投げ出された存在である。物をそこにもつこと〔物があること〕（*l'y avoir*）は、「前提された」とさえ言うことのできない前提である。この前提において、物をそこにもつことは、存在の無限な連結関係に結び付けられないがゆえに有限である。しかしそうだとすると、この前提によって有限であるのは、むしろ存在である。したがってそれは、何物かがある限り、そのように存在することを終えることはない——必然的に、何物かがあるのだ……。

　それ、つまり「その」物はそれゆえ、〈生〉、この生には決して属さない。〈世界〉の生、〈精神〉の生、あるいは更に、〈歴史〉の生と見なされた生には（〈生けるもの〉の生とみなされた生にも属さない）。しかしそれは〈死〉にもまた属さない——というのも、死には所有などないからだ。「生」や「死」が表しているのは、一方は、自己の固有化〔私有化〕の絶対的先行であり、他方は、この固有化の相続人が絶対的に不在であることである。しかし、実存は物々の心臓において、まったく別の仕方で、控えめな方法で、自らの明証性そのもののうちに引きこもりつつ、「何物かがある／起こる」や「何物ももはやない／もはや起こらない」を固有化する。有限性は、まず死すべき運命（更に言ってしまえば、記念碑的な運命）を意味するわけではない。それがまず意味するのは、あらゆる物の私有化〔固有化〕や所有、あるいはあらゆる物の物それ自体であることは「ある」として起こること、この仕方（ここで「もはやない」は理解される。なぜなら「ある」は、正確に言って、存在あるいは本質の支えではないのだから）でしか起こらないことである。「この」（*ci*）は、有限を自らにさらし、有限が無限に曝露されることを、自らにさらす。

この理由によってもまた、「存在の驚異」について、あまりに急いで話さないようにしよう。この「驚異」はわずかの物である。ただ物であるだけで、それはほとんど何物（*res*）でもない。しかしほとんど何物でもないことは、世界を作るのに十分である。これはまた、世界は大した物ではないこと、この世界は大した物ではないことを意味している（そしてもちろん別の世界などありはしない）。デカルト、スピノザ、ライプニッツ、カント、ヘーゲル、ニーチェ、フッサール、ハイデガーとともに、われわれはそう考え続けてきた）。しかし「大した物ではない」は、何も意味していない。というのも、それは依然として何らかの物であり、われわれはそこにいるからだ。われわれが、あきらめて、あるいは皮肉で、「大した物ではない」と言うとしても、そう言えるのは、われわれがそれでも、物々を記念碑なものによって測り、おのおのの物を、〈世界の霊廟〉に刻まれた至高の碑文（inscription）として把握しようとするところまで至っているからである。「物々」がわれわれに吐き気を催させはじめたのは、サルトルと共にである。そしてサルトルは記念碑の建立（つまり歴史的な「全体化」。実存の彷徨と特異性がそこに混在しているものの）を企てた最後の人である。言い換えれば、彼は、その崩壊に触れた（toucher）最初の人でもある（彼はそうすることに疲れ切ってしまった。彼はそれによっておそらく、剝き出しに、死ぬほど、打撃を受けた（touché）のだろう）。しかしもう長いこと、物々はすでにわれわれに、問題含みの、疑わしいものになっていた。つまり、「対象」や「商品」、「物化したもの」となって久しい[14]。更に、厳密に言えば、芸術はもはや存在しない。それはもはや、単に物々の異邦さへと開く「技術」としては存在しない。「技術の」と形容される世界は、われわれに、物々の思考の挑戦以外の何ものも提示しない、ということがありうる。技術的な物々（機械であれ、材料であれ）それ自身だけが問題なのでも、またそれらがまず問題なのでもない。むしろ次の点が問題である。「技術」はもはや、「記念碑」の秩序にも、「巨大な」ものはそこで、はかなきものの減速や変化と切り離せない。われわれが物々の思考を欠いているのにちょうど応じて、われわれが「物々」（対象）に投影した嫌悪や恐怖はわれわれ（主体）の上に逆流し、われわれを物々（玩具）としての実存と見なすよう仕向ける。それで遊ぶ者はもはやひとりもいないというのに。

実際は、西洋は、物々の世界に魂という補足物を与えようとし続けた（たとえその方式が使い古されてい

（14）ハイデガーの『存在と時間』での、手前にあること（*vorhanden*）ならびに手に向けてあること（*zuhanden*）としての「物」をここで詳細に分析しなければならないだろう。さしあたりは、そして暫定的には、第二七節の次の一節によって与えられる音調だけを銘記しておく。すなわち、「ひと」の様相においては、「世界の場所を占めるのは物である」。「物」に対するこの近代的で古典的な不信は、現存在の存在論にとって十分なものでは明らかにありえない。

るとしても。また、まさに使い古されているからこそ、それは死産した方式、誕生からすでに擦り切れた方式なのだが）。それゆえにわれわれは、すでにそこにいながらも、いまだ世界に、物々に、何物かに、居合わせてさえいないのだ。

＊＊＊

「何らかの物」とは任意である。おのおのの物の「任意さ」は、フッサールの用語で言えば、志向の相関項ではないために、現在化されない物、価値評価されざる物にほぼ等しい。つまり「世界の超越」である。世界がその内在にとどまる限りにおいてであるが。しかし「任意性」は、使い古された平凡さでもないし、くず同然にとどまるものの無意味さでもない。これはあらゆる使用に、あらゆる消耗に先立ち、「平凡なもの」に共通する（commun）性格を帯びている。それは存在するあらゆる物に共通であり、この仕方によって、存在はそれらの「任意性」なのである。ただ、そのつど何らかの物であること、これこれの物であることは、それらに共通している。特異ではない、いかなる「共通な」ものも存在しない。したがって特異な物々の数多性は、すでに述べたように、原理的〔始原的〕なものなのである。(15)

したがって「任意性」という平凡さは、物々の共同性をあらわにする。単に主体たちの共同性があるだけではなく、物々の共同性もあり、そこにもまた主体たちはある。共同性は、ある同じ平凡な実体が、あらゆる物々を構成するという意味で、共同的存在を所有することを意味しない。それが意味するのは、共同で存在すること、この「で」（en）（「そこ」（y）という意味での「で」（en）である……）のうちにとどまること、である。連続的な非連続性の「あいだに」（entre）のうちに、また、それに即して、そのつど「一致」があるような、特異な慎みの「あいだに」のうちに、とどまることである。

どの点において、物々の共同性は記されるのだろうか。それらは任意の物々として、互いに置き換え可能である。この領域では、世界はまず、それらのあいだの差異や関係がうち立て、引き立たせる、諸規定性の総体によって定められた秩序なのではない（それは結局のところコスモスではないし、言語として構造化された世界でもない）。しかし、世界は何より、あらゆる物々の交換可能性、置き換え可能性によって織り成されている。だから輪廻転生のひとつの解釈として、心的でも、主観的でも、運命論的でもない解釈として、次のように言うことができるだろう。何らかの物は、自由に、石、木、ボール、ピエール、釘、塩、ジャック、数、痕跡、雌ライオン、マーガレットである。これらの規定は置き換え可能である。これらが等価だという意味ではない。ここで語られているのは「価値」ではなく、現在化されない物々についてだからである。それらが共同的であること〔共有されていること〕(l'être-en-commun) は、共通の存在 (un être commun) とはまったく異なり、反対に、より大きな存在論的差異の可能性を差し出している。ただし、これは次の意味で理解されなければならない。すなわち、世界のうちの物々や、世界それ自身は、「ある」の合計できない、引き受けられない全体性であり、それらは、あるとは別の必然性に従っているわけではない、という意味であ

---

(15) 言い換えるなら、原理によって統一性に還元されえないもののために、ひとつの原理が必要なのだ。あるいはまた、バデュが「己が多様性という述語以外の述語を持たない多様なもの」、更には「何らかの諸状況の不安定な多様なもの」と呼ぶものについてのひとつの知を含まねばならないだろう。こういう次第であるから、なおもバデュに従うなら、「空虚」自体——私であればこの「空虚」を物の控え目さによる不在の空間として指し示すだろうが——が「多様であり、最初の多様なものである」(*L'être et l'événement*, Paris, Le Seuil, 1988, p. 31, 36, 72)。

る。この実存の必然性は、必然性のあらゆる実存を根本的に免れているのだが。
以上の理由で、それを「自由」と呼ばなければならないのだ。たとえ石《ピエール》の自由がピエールの自由とまったく一致するはずがないとしても。物々の「任意さ」は、実存の必然性の自由に存する。「ある」は「自由で」ある。なぜならそこでは、原因（原則、生産、理由、目的性）のあらゆる必然性が、物の必然性のうちに引きこもるからだ[16]。

原因の論理においては、原因を引き起こす物に、原因を引き起こされた物のあらゆる属性が集められる。それを実行する固有な力までも。当然、原因と結果はそこでは切り離せない。世界はそこでは、その原理に沿って、その目的に沿って建立された記念碑と切り離せない。（記念碑を「決定的な」仕方で、あるいは「独断的な」仕方で提示することもできるし、あるいは単に「統制的な」思考のみが問題であると、つまりそれは何も変えはしないと言うこともできる。）

物の論理においては、物それ自身の現れ／消失のみが問題である。現前へのその到来と／あるいはその出立、どこからともなくやって来て、どこへともなく去るそれらのみが問題である。なぜなら、そこには別の場所などないからだ。この言語を話したいのならば、結果を原因と通約不能にする、結果の有効性が問題である。それによってのみ、物は、原因と切り離せないものである代わりに、物それ自身だけと一致する。この点から見れば、物は絶対に、置き換え可能ではない。この物のいかなる代わりもない（とくに記念碑のうちにはない）。それは、一致の出来事そのもの、あるいは一致の偶発事、機会である。その落下、その投げ、その場合、その偏倚《へんい》（*clinamen*）、その機会（*kairos*）、その性起〔出来事〕（*Ereignis*）である。

物の実存は一致し、ともに起こる。物がこの出来事のうちで、物の性質そのものである、そこという離散量によって、（実在しない）連続体に間を空け、それを開くもののうちで。（時間自体をつくる）時間の間空け、空間の間空け、（それをつくる）「主体」の間空けなど。存在とは、このような間空けの「広々としていること」(le spacieux) である。空間性ではなく、広々としていることなのである。幾何学ではなく、現前であり、物々の不動の心臓の、現前への到来である。全般的に（*En panta*）、〈一なる全体〉(Un-tout) は、あらゆる物々にとっての「唯一同じ物」を指し示すのではなく、反対に、物ではない〈一なるもの〉に「あらゆる物々の間空けがあること」を指し示す。以上のことを思考することは、最も硬い思考であり、思考の外記である。つまりわれわれがそこにいることである。

Ding, thing（類似の仕方で、*Sache, chose*）はまず、法廷を、法律を規定する場所を、自由な人間たちの議会を意味する。物のうちではどんな訴訟が論議されるのだろうか。そして誰が、物化される（*chosé*）[17]（古フランス語で、「告訴される」(accusé) の意）のだろうか。そのつど、物自体に対面した思考が問題である。哲学はこの法廷であることをやめなかった——そしてそこで告発されることもやめなかった。思考は物の尺度に、物の高さに沿わないことで、したがって意味の尺度、意味の高さに沿わないことで、告発され、物化される——一方、自由の法は、何よりもまず（そして最終的にも）、思考がそれでもあるところの何らかの物と一致することを、要求する。何らかの物とはまさに、そのものとしての任意の訴訟の出来事、存在の到

(16) 物のなかへの原因のこの引退は、自由の事実に固有の様相を決定するもので、拙著『自由の経験』のなかで明らかにされた。

(17) *Causa* は、複数の利害がそこで賭けられているような事柄の意である。そこから、ある陣営を支持する好都合な理由としてであれ、何らかの事柄がそれによって生起するところの機会、出来事としてであれ、《cause》が派生する。

来性（incidentalité）、物それ自身のことである。

しかしながらわれわれとしては、これらの語源に、多くを読み込みすぎないようにしよう。物は何ものにも（rien）似ていない。物は無（rien）に似ている。物々の心臓は無に似ている。なぜならそれは何ものにも似ていないから。それは、知られた何ものにも似ていない。しかしそれは、心臓がたえず現前にやって来ることを意味しない。また、われわれをたえずその目前におくこと、そのつど唯一かつ任意の、存在の凝固（concrétion）の目前におくことを意味しない。以上を思考すること、それは、具体的な（concrète）思考へと導かれるのに身をゆだねることである。

粉々の愛／輝く愛

思考、愛についての

「あなたを愛しています。ひとが思考してきたすべてよりも、思考しうるすべてよりももっと。あなたにわが魂をささげます」。

ヘンリエッテ・フォーゲルからハインリッヒ・フォン・クライストへ

I

愛の思考は、かくも古く、かくも豊富で、その形式や抑揚においてさまざまであるけれども、ひとたびこの思考を求めると、それはきわめて言葉少なになる。ひとつにはおそらく恥じらいの問題だろう。しかしまた枯渇の問題でもある。愛についてはすべてが言われたのではないだろうか。過剰なあらゆることが、正確なあらゆることが言われ尽くしたのではないだろうか。愛を語ることの不可能性は、荒々しく承認されてきたのではないだろうか。愛それ自体が、語ること一般の不可能性の真の源泉であると体験されるのと同じくらい荒々しく。われわれは愛の言葉が汲み尽くせないのを知っている――しかし愛については、われわれは汲み尽くされてしまったのではないだろうか。

おそらく愛についての語りは、まだ何か語るべきことが残っているとするならば、同時に愛の言葉、手紙、送付であるのがふさわしいだろう。というのも愛は、それが言い表される限り、送られるのだから。しかし、いやというほど分かっているが、愛の言葉はただ、貧しくも、その告白を繰り返すばかりである。告白が愛を告白するのだから、いつも同じで、愛が足りないのではないかと、つねにすでに疑われる告白を。あるいは、それが告白する愛の、確かな、とはいえひどくわずかな唯一の化身、唯一の表れとしてあらわになることをつねに約束された告白を。語りが、知られすぎた愛の、こうしたありふれた貧しさや、散り散りになり、輝きを失った愛の欠片よりほかに、もはや何も言うことも描くこともたないことは十分ありうる。

それだからわれわれは、少しでも愛の思考が求められるや否や、極端に言葉少なになるのだ。（この思考は求められるはずのものなのだろうか。これについては議論しないでおこう。ただ、私が、他の人たちと同様に、こうして愛について書くように頼まれたのだから、この思考はたしかに求められることになる。それだけでなく愛の思考の要請は、われわれの歴史の中で、そのさまざまな要求を表明するために、規則的に再帰するのだとさえ言えるだろう。ひとは愛がどのようなものなのかを尋ね、しばらく後に、またそこに再び戻ることを忘れない。たとえば今日がそうであるように、愛がもう詩の主要なテーマではないときにこそ、愛の主要な部分が、詩の外で、街頭文学のうちで品格を落としたように見えるときにこそ、人々は愛を、愛を考える可能性を気にかけ、尋ねる。）

愛の思考を控えるようわれわれが誘われるからといって、それは、愛を枯らすべきではないということを意味するのではない。愛は本質的に枯らし、枯れる。言葉や芸術のあらゆる分野における奔放で恥知らずな愛の利用もきっと、愛の本質の一部をまさになしているのだろう。秘められているものの人騒がせな、惨めだが派手な一部を。愛の思考のこの慎みが意味しうるのは、愛についてはすべてが可能で必要なこと、ありうるすべての愛は実際にも、愛のありうる姿、愛の声、愛の表情であること、である。愛のいくつものありうるすがた、声、表情を混同することはありえないけれど、それらは避けがたくもつれ合っている。たとえば、慈悲と快楽、胸のときめきと猥褻、隣人と子供、恋人たちの愛と神の愛、兄弟愛と芸術の愛、口づけ、情熱、友情……。このように、愛を思考することは、すべてのありうる姿に対する、惜しみない寛大さを必要とする。この寛大さが慎みを求めるのだろう。幾多の愛からどれも選ばず、どれにも特権を与えず、階層化せず、排除しないことを。というのも愛とは、取り出して、離れて観照できるような、それらの実体でも、共通概念でもないからだ。単数の、絶対的に解された愛は、おそらくそれ自身、ありうるすべての愛の限りない豊かさにすぎず、それらの拡散に、すなわち、これらの欠片の無秩序に身を任せることにすぎない。愛の思考は、このような身を任せることに、身を任せることができなければならない。つまり、愛の過剰、衝突、矛盾を、それらが本質的に抗する秩序に従わせることなく、受け入れることができねばならない。

ところが、この寛大な慎みは、思考それ自身の鍛錬に他ならない。というのも思考は、悟性（l'entendement）がそれらを理解するような、抽象化や概念化を拒むからである。思考は、認識を操作するものを生み出すのではなく、経験を味わう。思考は経験が内記されるに任せる。だから思考は本質的に、経験を構成するひとつひとつ特異な瞬間が供され、自らを並べるがままにしておく、そうした慎みのなかで起こるのだ。したがって愛の思考は――もしこれを求める必要があるならば、あるいはこの思考が扱うべき主題、提起すべき問いとして改めて提案される必要があるならば――思考の特別な記録簿を必要とせず、それは、思考そのものへと誘う。愛が要求するのは、あるひとつの思考でも、ある愛の思考でもなく、本質としての、全体としての思考である。その理由は、思考が、まさしく愛だからである。思考とは、経験に到来するもの、つまり、迎えられるべく与えられるもの、存在するものの愛である。思考にとって、語り、証し、概念を通じて賭けられているのは、この愛より他の何ものでもない。愛なしでは、知性や理性を働かせたところで、少しもその甲斐がない。

愛と思考の、この親密な共謀と一致は、われわれの起源のうちに現れている。つまり、哲学〔知を愛すること〕という語が、この共謀と一致を明るみに出している。この語の伝説上の発案者が言おうとしたことが何であれ、「哲学」はそれでもやはり――おそらくすべての哲学が――、思考の愛を言い表している。なぜなら思考は愛だからだ。（ということは、愛への愛、自己愛なのだろうか。おそらくそうだが、この点にはあとで立ち戻らなければならないだろう。）

これによってかえって、それは何を意味しているのだろうかと自問せずにはいられなくなる。「思考は愛だ」と語ることは、思考についての問いの答えとして、愛を与えることにはならない――ましてや、感情的な答え方でも、思考についての融合的、愛情発露的、乱痴気騒ぎ的学説の方へ至るのでもない。矛盾は容易に現れうるが、「思考は愛である」とは、心のうちの吐露というよりもむしろ、困難で厳しい、過酷を極める可能性のある思考だと言わなければならない。というのも、この思考についての思考に対峙して問題になっているのは、思考の知られていない本質を探究し始めることに他ならないからだ。それに接近するいかなる明白な通路もわれわれはもっていないのだが。実際、「愛」の名のもとに指し示され、称えられ、熟考されてきたもののどれも、「思考は愛である」というこの規定に適さないこともありうる。また、すべてのものがこれに適し、すべての愛が、思考のうちで、思考として係わることもありうる。

事実、「思考は愛である」(la pensée est amour) は、「思考とは愛(に等しい)」(la pensée est l'amour) あるいは「思考は愛のようなものである」(la pensée est telle espèce de l'amour) と同じことを語ってはいない。類 (le genre) でも種 (l'espèce) でもなく、おそらくいかなる類でもないか、おそらくあらゆる種であるかであろう。何であれ、このように用いられた「愛」は、範疇的というよりも、いわば実存的な愛であろう。更に言えば、この「愛」は、思考の本性と同じくらい、あるいはそれ以上に、思考の行為を名指している。(この文章の模範はもちろん、同じ形式的意味を含んでいた、昔の「神は愛である」である。) われわれは、それが意味することを、これ以上何も分からない。われわれはただ、一種の漠然とした確信、あるいは一種の予感によって、「思考は愛である」というこの文を、いつか証明しなければならないこと、証明しなければならなくなることは知っている。しかし哲学はこれまでこれを決して明瞭に証明したことがない。

ところがただ一度だけ、哲学者のなかでも第一の人が、愛と哲学の同一性をはっきりと認証している。プラトンの『饗宴』は、それ以降の他の著者たちがするように、自分の作品のなかで愛のために取り置いた、ある特定の論考を指すのではない(しばしば、まさにこのプラトンと関連させながら。なかでもフィチーノ、レオーネ・エブレオがそうである。まるでプラトンが、「愛について」(*de amore*) のただひとつの、少なくとも不可欠な、哲学の参照文献であるかのように。プラトンの論考の時代を超えて、ヘーゲルやニーチェ――「プラトンの様式の哲学は、愛の競争である」――においても、フロイトやラカンにおいても、それは依然として現前している）。そうではなく、『饗宴』が意味しているのはまず何よりも、プラトンにとって、ありのままの哲学の開示は、哲学的な愛の呈示なしにはありえないということである。愛の神、エロスの描写からソクラテスの役割やディオティマの人物像（これはこの後、哲学の舞台につねに現れることになるのだが）に至るまでのテクストの注釈が、このことの確証を何度でも与えてくれるだろう。

『饗宴』は、愛を論じるというよりもむしろ（愛を論じてもいるのだが）、愛についての思考を開く。思考の固有の本質についての思考を開くのと同様に。このこともまた、なぜこの対話が、すぐれてプラトンの寛大さについての対話であるかを説明している。プラトンは何人もの雄弁家や思想家をこの対話に誘い、ソクラテスの対話者たちに通常与えられるのとはまったく別様に、控えめな発言が彼らに与えられる。陽気さと喜びが吹き抜けるその舞台自体が、プラトンにおける、（少なくとも、これほどのものとしては）唯一の、他者たちへの敬意を――論じられる対象への敬意と同様に――証している。ありとあらゆる愛が『饗宴』では迎え入れられる。議論はされても、除外されることがない。最後には真の愛として示されることになる、哲学者の〈エロス〉は、ただ反論の余地のない説を駆使して示されるだけでなく、思考がそこで生じる限界の経験を思い知らせる、窮迫や失敗を通してもまた示される。『饗宴』でプラトンは、諸々の限界に触れる。そして彼の思考全体が、ここでは慎みのうちで展開する。他の著作では、必ずしもこの慎みが彼の思考に伴っているとは限らないのだが。彼の思考は、その限界に、言い換えれば、その源泉に触れる。彼の思考は、自らの真理と認める愛の前で（もしくは愛のうちで？）消え去る。彼の思考はこのように、それ自身の誕生とそれ自身の消失を思考するのだが、彼の思考は、こうした仕方で、再び愛へと、限界へと連れ戻しつつ、思考の任務そのものと思考の行き先を思考する。ここでは、哲学が愛のさまざまな経験を収集し解釈するのに携わるというよりも、結局のところ愛が、思考の経験を受け入れ、展開して見せるのだ。

ところが、それは哲学の草創期にただの一度しか起こらなかった。しかもこの時でさえ、本当に、徹底的に、起こったわけではない。『饗宴』は、その寛大さの限りを尽くして、愛の支配力を及ぼしもする。あるいは少なくとも、ひとは秩序と哲学的知の選択に沿って、『饗宴』に愛の真理を読みとるか、『饗宴』からそれを推論することを欠かさなかった。愛の真理は、愛の経験を召還し、そのさまざまな審級を階層化する。愛の楽しい放恣に、欲望の焦燥と、欲望の「努力」(conatus) を置き換えながら。こうして思考は、プラトンと共に、思考は愛だということを、語りかつ語り損ねることだろう——それが意味するところのものを。

この二重拘束を逃れた哲学はない。それぞれの哲学において愛は、明白であると同時に隠された位置を占めている(デカルトの、結合の理論と感嘆の理論のあいだのように)。あるいは決定的に隠された位置を(カントの、崇高な理性の理論におけるように)、あるいはまた、本質的だが従属的な位置を占めている(ヘーゲルの、国家の理論におけるように)。これらの矛盾とこれらの回避という代償を払って、愛はそのつど、それが占めずにいられないしかるべき位置を見つけるのだが、愛がそれを見つけるのは、この代償を払ってのみである。なぜ愛にはこの位置が必要なのだろうか。なぜこの代償を払わなければならないのだろうか。このことを理解しなければならないだろう。

Ⅱ

哲学は、この思考——「愛は思考である」という思考——にまで至ってはいないものの、それは哲学のプログラムの先頭に、または哲学のあらゆる論考の最初のエピグラフに書き込まれている。こう言ってもよいだろう。哲学はこの思考に由来するのだが、そこに到達してはいないのだと。とはいえ、哲学が愛の思考をもたないというのではない。まったく反対である。『饗宴』以来——あるいはここでも他でと同じように、プラトン以前のヘラクレイトスやエンペドクレス、ピュタゴラスやパルメニデス以来、と言ってもよいのだが——愛の哲学の一般的図式はすでに始動しており、現代までやむことなく作動し続けている。哲学が自らを理解し、自らを形成する通りに哲学を規定するのと同様、われわれが愛を理解し、愛を実践する通りに愛を規定しつつ。

もしこの図式を思い切ってひとつの定型句で理解しなければならないとしたら、こんなふうに言ってみることができるのではないか。愛とは、自らを完成しようとしている存在が自分の彼方へとむかう究極の運動であると。この定型句は、よく考えればいくつかの意味をもつことが分かる。一つ目の意味は、哲学はつねに愛を、ある最終的な完結性へと至る完遂だと考えるものである。二つ目の意味は、哲学は愛を、目的というよりはむしろ接近だと考えるものである。目的は、存在の完結性である（この完結性はすると、自分自身の結果を指し示す「愛」とも解されるのだが）。三つ目の意味は、哲学が愛のうちにある存在を未完の存在とみなし、愛によって完成へと差し向けられると考えるものである。四つ目の意味は、この完成はそれが完成する者を超え、それゆえに、この完遂自身から完遂される者を取り除くことでしか、それを達成しないと考えるものである――このことは完遂の緊張を消す結果になる。こうして愛は自分自身を消してしまう（愛が完成へと到達する限りで）。五つ目の意味は、愛のうちでの自己の解消、愛による自己の相関的な解消を、哲学が、愛の真理、また愛の最終的効果だと考えるものである。すると、愛は自分自身を超えて、無限に自らを復元することになる（結局、死と変容である――これが音楽作品の題名であるのは偶然ではない。音楽は哲学のエロス的なものを達成するのだから）。六つ目の意味は、非常に一般的な仕方で愛が生じる（場所を持つ）、自己の彼方は、必然的に他者の場所、あるいは他者性の場所であることである。他者性なしでは愛も完遂もありえない。しかし七つ目の意味は、この彼方が、愛の達成される同じものの場であり、他のなかの同の場所であることである。仮に愛が、ヘーゲルの用語で言えば、「他者のなかで自らの存続の契機をもつ」ことにあるのだとしたら。

この図式に従えば、愛の本性は、二重のもの、矛盾したものであることが明らかになる。この本性は、自分自身の矛盾の無限な解決をも含むのだが。したがって愛の本性は、単純な本性でも、矛盾した本性でもなく、矛盾と非‐矛盾のあいだの矛盾なのである。愛の本性は、係わりのある語すべてのあいだを、同一な仕方で作動する。つまり、接近と目的、未完成な存在と完成した存在、自己と自己の彼方、ある者と他なる者、同一のものと異なるもののあいだを。矛盾と非‐矛盾のあいだの矛盾は、愛を無限に、あらゆる意味において組織する。結局のところ、愛に普遍性と全体性を与えるのはこの矛盾と非‐矛盾のあいだの矛盾である。哲学にとっては、普遍性と全体性にこそ、愛は正当に向けられるのであり――普遍性と全体性はキリスト教の愛の形へと結晶する。そこでは、神の愛と人間たちの愛が、新たな矛盾の、そしてその解決の極をなす。

というのも、神の愛と人間の愛はそれぞれ、お互いによって、お互いのうちで実現するからである。

当然のことながら、哲学のこの思考は、哲学的語りにのみ限られるものでも、その神学的化身に限られるものでもない。この思考が、愛のあらゆる経験、あらゆる西洋的表現を構造化していることは容易く認められる（ここでの「西洋」が、そのうちにイスラム教や仏教を含んでいないかは定かでない）。愛のあらゆる表現とは、大押韻派からボードレールへ、吟遊詩人たちからワーグナーやシュトラウスへ、十字架の聖ヨハネからストリンドベリへと至り、かつラシーヌあるいはクライスト、マリヴォーあるいはマチューリン、モンテヴェルディあるいはフロイトらを経て実現されてきた、愛の詩的、劇的、悲壮的、神秘的表現のことである。すべての人において、愛は二重のもの、相克するもの、あるいは両義的なものである。つまり愛は、不可欠かつ不可能で、甘くかつ苦く、自由でかつ束縛され、精神的かつ感覚的で、活力を与えかつ死を招き、明晰かつ盲目、利他的かつ自己中心的である。すべての人において、これらの相対する対が、愛の構造自体と生命を構成している。他方で、愛はそれと同時に、これらの同じ対立を解決し、もしくは乗り越える。あるいはむしろ、愛は、これらの対立を乗り越えると同時に維持する。つまり、現実化した愛のうちで、愛の主体は、死んでいるとともに生き、解放されているとともに囚われており、自己に引き渡されているとともに自己の外にある。ルネ・シャールの一文が、この思考とそのあらゆる伝統を最もよく要約している。「詩とは、欲望のままでいる欲望の現実化した愛である」。実際この文章は、シャールが望んだように、ただ詩の真理を語るにとどまらず、愛の真理もまた語っている。より正確には、この文は、愛の真理を通して、それにあやかって詩の真理を意味している。更に愛は、こうして、われわれにとって最も高尚な真理をもつこととも確証しながら。詩の真理とは、非－矛盾（愛）に対立し、かつそれと和した（「欲望のままでいる」）、矛盾（欲望）である。

しかしこの思考は、われわれの多くの思考に、非常に深く、つねに絶えることなく神経を張りめぐらしているために、哲学において、その名前とその概念とを授かっている。それは、弁証法の思考、というものである。愛とは弁証法の生きた実詞化であり、翻って弁証法は愛の道行きの法則を定式化すると言うことができるだろう。この法則は、単に矛盾にとどまる矛盾を解決する形式的な規則ではない。それは、この規則のもとで、存在一般の法則と論理を与える。弁証法に沿って、弁証法的本質として思考されたとき、愛は、存在の運動そのものの心臓を割り当てられる。だから、「神は愛である」という観念と、神は至高の存在であるという観念の二つが、共存しまたは混同されてしまったとしても驚くべきことではない。愛はただ存在論的弁証法に従属しているのでも、その弁証法の存在への一適用例でもない。こう言ってよければ――最も本来的な仕方で、まさにそう言えるのだが――、愛はこの弁証法の心臓である。愛の観念は弁証法のうちにあり、弁証法の観念は愛のうちにある。ヘーゲルが、キリスト教神学を、「〈絶対者〉はわれわれのもとにいることを欲する」という言明の存在論のうちに書き入れたとき、彼は、次のことと別のことを語っているのではない。〈絶対者〉はわれわれを愛していること――つまり〈絶対者〉は自らを弁証法化することを。愛は存在の心臓にあるのだ。

更に、存在は心臓をもたなければならない。より厳密に言い換えれば、存在は心臓であるのでなければならない。「存在の心臓」が意味しているのは、存在の存在、それによって心臓が存在であるものに他ならない。「存在の存在」または「存在の本質」が意味の備わった表現だとすれば、存在の本質とは何かしら心臓のようなもの――言い換えれば愛をもちうる、唯一の何ものかと仮定しなければならないだろう。ところがこれはまさに、哲学によっては決して証明されないものだ。

おそらく、存在はその本質から、弁証法に侵されている。弁証法は、存在の単純な定立を無化し、現実の（あるいは理性、〈理念〉、〈歴史〉の）生成のうちで、この矛盾を止揚する――この意味で、存在は鼓動すると言うことができる。また、存在は本質的に鼓動のうちにあり、更には存在自身の心臓の高ぶりのうちにあると言うことができる。つまり、存在−無−生成という果てしない動悸のうちに。しかしながら、存在の心臓は心臓ではなく、愛の鼓動を打たない。このことを、哲学は決して語らず、その含意を練り上げようとはなおさらしない。それを考えうるのに、哲学がいかに近いところにいようとも。それは、愛が基礎的存在論から排除されているからではない。それどころか、たった今示したように、愛においてはすべてが基礎的存在論を喚起し、すべてがそれを指し示している。だからむしろこう言わなければならない。愛は、それが規定されるまさにその場所に欠けているのだと。もっと言うならばこうである。弁証法的法則が実行されるまさにその場所に、愛は欠けているのだと。この法則を愛は、自らの法則と承認せざるをえなかったのだが――しかも、この欠如または「欠けている」ことは、もはや弁証法的なものを何ももたない。これは矛盾ではないし、止揚され、あるいは吸収されるためにあるのではない。愛は存在の心臓に欠けたままである。

愛が哲学的存在論に欠けているからといって、存在の弁証法的法則が愛に適さないというわけではない。ある意味で、われわれがたった今、愛の法則や性質について示したことは、何も間違っていない。何も間違っていない、しかし愛は欠けているのだ。なぜなら、弁証法によって制御されていることが明らかになった存在の心臓は、心臓ではないからである。弁証法の力をもつものは心臓ではなく、主体である。おそらく主体のうちに心臓を見出すこともあるだろう。しかしこの心臓は、それが心臓である限り、弁証法の力が宙吊りにされる（あるいは破壊される）場所を指し示している。心臓はさまざまな矛盾を止揚しはしない。というのも心臓は、一般的な仕方では、矛盾の体制のうちに生きていないからである——詩が（あるいはきっと、単に詩の哲学的読みが？）われわれに信じさせるのとは反対に。心臓は、曝露の体制のなかに生きている——つまり鼓動を打っている。

弁証法が、存在するために、自分自身の生成を固有化しなければならないものの経る過程だとしたら、曝露は、それに反して、その本質や使命が現前化されることであるものの条件である。現前化されるとは、外へ、他者へ、そして自己自身にさえ、ゆだねられ、差し出されることである。二つの体制は、互いを排除するものではない（それらは矛盾を成さない）が、同一平面上にはない。弁証法的過程によって生成した存在は、おそらく曝露されるよう運命づけられている（これは、『精神現象学』の終わりで、生成した存在にどうしても起こらざるをえなかったことだと示すことができる）——しかし弁証法は、それを何も知らない。弁証法は、あらゆる行く先を固有の生成のうちに吸収したと思い込んでいる。曝露された存在はおそらく、同時に、弁証法的過程の主体でもあるだろう。しかし露呈されるものが、曝露されてあるのは、この過程がそれを完成しないからであり、この過程が、自分ではないもの、自分の固有の生成ではないものへと現前化され、差し出され、外へと「自分を未－完成にする」（s'in-achève）からである。

心臓は曝露し、曝露されている。心臓は愛し、愛されており、愛さず、愛されない。心臓においては、肯定と否定が、弁証法でのように示される。しかし心臓の肯定と否定の方法では、心臓は、自分自身の判断（それが少なくとも判断であるとしたら）を自己へと関連づけながら働くことはない。心臓は、「私は愛する」（*j'aime*）とは言わない。これはエゴの反省か思索である（またこれが注ぐ愛は、コギトが注ぐ以上でも以下でもない）。ところが心臓は、「私はきみを愛する」（*je t'aime*）と言う。これは、きみへと曝露されることによってのみ、私が定立される宣言である。つまり心臓は主体ではない。たとえ心臓が主体の心臓だとしても。主体とは、自分のさまざまな判断やそれらの矛盾を、自分のものとして自分に帰し、そこから自分の固有の存在を構成する者のことである。たとえば、主体は存在する（デカルト）とか、主体は直接には自分の存在ではない（スピノザ）とか、あるいは、主体は他者のうちを経ることで本来あるものへと生成する（ヘーゲル）ことである。これは愛に似ている。いずれにしてもこれは愛を呼び、愛を求めさえする――しかしこれは愛ではない。主体は自分自身の矛盾を、それを自分に帰し、ヘーゲルが言うように、それを「自己のうちで支える」ために、提起する。こうして主体は自分の矛盾を克服し、あるいはそれを無限に止揚する。原理〔始原〕からして、曝露の瞬間は、ほんの少し粗描されただけのものであるにもかかわらず、巧みに避けられる。その瞬間は、同と他を定立し、対立させ、そして解消することが問題になる瞬間ではなく、「私はきみを愛している」という主張が、それにとって矛盾でも、非矛盾でもないものに打ち明けられる瞬間である。他者が私を愛さない恐れ、あるいは私が自分の愛の約束を守らない恐れに。

哲学の存在はひとつの主体。主体の哲学的心臓は更にひとつの主体である。それは自己への無限な関係である。この関係は、他者によって、立ち退き――たとえこの立ち退き自体が無限だとしても――を要求し、更には自己の贈与も要求するのだが、そのことはこの関係において、主体の構造がそのあらゆる一貫性を得ることを、いかなる点でも妨げない。哲学は、必ず反論するだろう。賭けられているのはそれゆえに、心臓と主体の弁証法、愛と意識あるいは理性の弁証法に他ならないのだと。この弁証法は、パスカルからヘーゲルに至るまで、更にそれを越えて、十分に証明されてきた。しかし哲学の答えは受け入れられるものではない。心臓と理性の弁証法などない。それは、これらが相容れないからではなく（これらの関係の問いは、それが問いであるとして、これらの語において提起されるものでは全くない。『愛の情念についての論』の著者、偽パスカルと思われる人物は書いている。「理性の名は、わけもなく愛から取り除かれてしまった。そしてそれらは確かな根拠もなく対立させられてしまった。愛と理性は同じひとつのものに過ぎないのに」）、そうではなく、心臓は弁証法のうちに入ることができないからである。心臓は何らかの上位の審級のうちに定立されることも、荷降しされることも、止揚されることもできないのだから。心臓は、自己を超えて自己に再び戻ることはない。また、ヘーゲルならそう望むだろうが、「精神が心臓の支配者に任じられた」のでもない。あるいは更に心臓の昇華も、愛の昇華もない。愛とは、同一のものであれ複数のものであれ、そのあらゆる境域に、そのあらゆるかけらのうちにあるものであり、愛は、たとえそれが「崇高」(sublime) であるときさえ、自己を昇華 (se sublime) しない。愛はつねに、曝露された心臓の鼓動である。

　こうした議論はある必然的な帰結を含んでいる。心臓は弁証法に無縁なのだから、主体への対立のうちにもまたない。愛が理性への対立のうちにないのと同様に。とはいえそれらは、矛盾とも、同一性とも、所有とも異なる仕方で互いのうちにあり、互いに対してある。この仕方は次のように言い表されることができる。心臓は主体を曝露するのだと。心臓は主体を否定するのでも、超えるのでもないし、主体のうちで止揚されるのでも、昇華されるのでもない。心臓は主体を、心臓による主体の弁証法や支配ではないものすべてに曝露する。こうして心臓は、主体の中心で（心臓で）鼓動を打つことができる。心臓は、弁証法の運動と似た運動で鼓動を打つことさえできるが、弁証法と混同されることはない。

　以上のような理由で、愛は哲学に欠けているのだ。とはいえ哲学は、愛をたえず指し示し、召喚し続けているのだが。おそらく愛は欠けることしかできない。曝露するものを、ひとは奪うことも、それに追いつくこともできない。もし思考が愛ならば、それは（思考が哲学と混同される限りにおいて）思考がその固有の本質を欠いていることを意味するだろう――思考が本質的にその本質を欠いていることを。したがって、思考が愛であるならば、思考は、愛について言うことのできるすべてのこと、言わなければならないすべてのことを、哲学において（また神秘神学や詩学等において）言ったことだろう――愛を欠きながら、自分を欠きながら。思考は、愛しつつ、愛を愛しつつ、愛を欠くことになるだろう。ここから聖アウグスティヌスの「愛する愛」（amare amabam）は告白の模範的な力を引き出す。

しかしこのことは、哲学のこの伝統全体のうちに、思考がなかったこと、愛がなかったこと、愛の思考がなかったことを意味するのでは全くない。その反対である。愛はそれ自身、それが思考に、思考の愛に欠けている点で、自らをもう一度思考するよう差し出すことを意味する。愛が思考のうちで、思考である愛を再び呼びおこすことを意味する。『饗宴』とともに自らを開きかつ閉じてしまった何かが、その反復を再び呼び起こす。出会えなかった逢引のように。

砕かれた心臓

「愛は一連の傷跡にすぎない。『どんな心も、砕かれた心ほど無欠ではない』と、高名なブレスラウのラビ・ナフマンは言った」。

エリ・ヴィーゼル、『五番目の息子』

I

この反復を、部分的にであっても、西洋の外で開始できることが望まれる。言い換えれば、われわれの歴史と思想によってわれわれが受け入れているような愛から離れて。西洋でないものといっても実際は、われわれが愛に認めるどんな姿形とも無縁ではない（性、エロティズム、優しさ、情熱、友情、兄弟愛、更に忠誠、安楽、和合、欲望、嫉妬、あるいはわれわれが恋のときめき、崇拝、愛の責め苦、自己愛、愛による解放と表現するもの等）。しかし西洋の外では、これらすべての姿（ここに並べたそれらの西洋的呼び名が歪めてしまいかねない姿。更に言えば、それらはおそらく姿でもなく、互いに異なる、同じ数だけの本質——あるいは同じ数だけのかけらである）を通して、愛が絶対的な仕方で問題になることはない。西洋だけが、愛のうちで——絶対的に、あらゆる意味において、あるいは、付随するあらゆる愛の意味の絶対性において

（これらの意味はみな、愛を頑固にも、ただひとつの愛、ただひとつの本質にする）――存在と諸存在者の全体性、自然、国家、知、神の全体性を秩序づける（あるいは攪乱する）原則を指し示す。西洋だけが、「愛」というこのただひとつの名前によって、このような普遍性への野心を掻き立てる。この野心が絶えず挫かれ、あるいは笑いものにされること、この野心が絶えず精神錯乱か矛盾、欺瞞だと認めること、このことは、尊大だったり、多くを要求したり、執拗だったり、あるいは狡猾だったりする、この野心の性格を確認させるにすぎない。われわれが愛と呼ぶとき、われわれが呼んでいるのは、あらゆる物々を突き抜けて拡散し、隣のものへと徐々に全体性を獲得してゆく何物かである――おそらくこの種の物はただひとつしかないが。というのも、この物は、近さと隣人の原則または運動だからである。またそれは、達成の力であると同時に、承認の明白さと確実さだからである。運命愛（*amor fati*）、神の愛、トリスタンの愛、午後の愛、地に堕ちた愛、逃げ去る恋、祖国への神聖な愛によって指し示される現実がいかに多様であっても、意味は同じで変わらず、無限である。つまり愛はいつも完遂をめざす極限的運動なのである。

愛が西洋にとらわれ、西洋の方も愛にとらわれているとしたら、どうして逢引を再び繰り返すことを期待できるだろうか。それは一度欠けたが最後、永久に逸してしまったように見える。なぜなら、逢引を損なわせたのは、この愛の性質そのもの――唯一普遍で、完全な、達成しつつある――愛の性質だからである。

この試みが空しいとしても、愛は別の場所では見出せないこともまた確かである。別の場所で（ただしこのような「別の場所」があるとすればだが、それはここでは問題ではない）見出せるのは、定義からして、快楽あるいは欲望、誓い、犠牲あるいは恍惚だけであり、「愛」を見出すことはないだろう。われわれは、愛を西洋のはずれに（もしそんなものがあればだが）追いやり、民俗学や考古学のフィクションならそうしたがるように、あるときは快楽的な儀式に重ね、あるときは無垢な戯れに、あるときは英雄的な交わりに重ねるようなことはできない。というのもわれわれは、そこで、「愛」をなしているもの、愛の唯一の名を、ただちに失うことになるからである。愛がもうけた、愛撫と献身のあいだ、慈悲と結婚とのあいだの親密な交流も失うだろう（実際には、これらの語の意味そのもの、愛に関するすべての語の意味そのものを、われわれはそこで失うことになる）。「愛」より他に何ものももはや、われわれをわれわれ自身へ（西洋へ、哲学へ、弁証法へ、文学へ）と、確実に導くものはない。

　このためひとは、愛から別れて、解放されたいと望む。存在の完遂という愛の法則の代わりに、存在者たちの、軽く、鋭く、甘美な接触、永遠であるのと全く同時につかの間の接触にかかわることしか望まない。哲学において割り当てられた位置づけでは、愛は、この心の触れあいを回避しているように見える。何も完遂せず、どこにも行かず、優美で軽々しい心の触れ合いを。魂の喜びと肌の快楽、自分自身から解かれた愛の、光り輝くただのかけらたちを。それがドン・ジュアンの願いであり、熱情であり、彼の成功でさえある。ところがわれわれは、ドン・ジュアンを罪びととしか考えることができない。彼が罰を受けないことを、愛の法則そのものへの悪魔的または背徳的挑戦だと思い描くのでない限り。したがって、無垢で、喜びを味わうドン・ジュアンはいないことになる。モーツァルトのドン・ジュアンは確かに、最後まで、有罪を陽気に挫く。それでも、たとえ彼の意に反してであっても、モーツァルトは、彼を有罪とされるままにした。とはいえ地獄に落ちてもなお、ドン・ジュアンという人物は、心の触れあいという愛の味わいが、執拗に、絶望的に、達成の法則としての愛の思考につきまとうことを、目を見張る力強さと根気で、証言している。

（現実には、われわれが愛の法則に無縁な実存の仕方や思考方法を思い描くとき、われわれは、この法則を別の物で埋め合わせして思い描いている。聖なる位階、あるいは社会的絆、自然の魅力が、結局は愛の役割を果たし、優しさ、あるいはエロティズム、兄弟愛を独立させる。このことは、次のことを意味している。われわれの想像の世界は、われわれがかつてもっていたけれど失ってしまった現実として、ある物々を思い描く。すなわち、宗教、共同体、他者や神の直接的感情である。われわれは愛を、これらの代理か、変形として考えていることを、右記のことは意味している。

ところがこの代理は、失われてしまったものの代わりにやって来るだけでは満足しない。それは深い正反《アンビ》両立性《ヴァランス》を明らかにする。代理物は同時に、それが代理となったはずのものに立ち向かいもするのだ。われわれは愛を、国家や宗教に敵対するもの、あるいは無縁なものとして思い描く――そこでは国家も宗教も、自らが愛のうちで確立され、事実上は愛のうちで達成されることを認めつつも、愛を抑制し、あるいは愛と和解する手続きをいくつも編み出すのだ。しかし愛は、それ自身によって、その生きた本質において、反抗的で、はかなく、流浪するもの、見定め難く、同化し得ないものとみなされる。こうして愛は、完遂の――しかしたえず消えつつある――約束であると同時に、いつも差し迫った崩壊の脅威なのである。現代のあらゆる性愛と精神性、ロマンチックな愛のであれ、野性的愛のであれ、背徳的な愛のであれ、それらはこの弁証法に則って規定されている。)

したがって愛はここにはなく、別の場所にもない。愛に到達することも、それから解放されることもできない。結局のところそれがすべてだ。愛の真理として示された完遂の、過剰あるいは不足、これがあるだけだ。別の言い方をすれば、またも二世紀ばかりものあいだ、さんざん言われ、表現され、理論化されたように、愛とは不可能なものなのだ。

したがって、別の仕方で反復に取り組まなければならないだろう。反復をもはや可能性や不可能性の語で考えてはならない。愛はつねに現前しているが、われわれが「愛」と呼ぶものの何ものにも、愛は決して認められないということをとらえなければならない。また逢瀬は、われわれの愛との逢瀬は起こる――一度だけでなく、際限なく起こる――けれど、約束の場所にやってくるのは決して「愛」ではなく、唯一普遍の愛（カトリック的な愛）でも、漂流する幾多の愛でもなく、愛の別の現前あるいは別の運動であることを認めなければならない。いやむしろこうである。愛の別の現前あるいは別の運動に、われわれは実際に触れるか、それがわれわれに触れるのだが、それは期待して待っていた「愛」ではない。（喜劇や恋愛劇の古典的な描写（figure）である。待ち合わせの場にやって来るのは別の女性あるいは男性なのだが、それによって、愛そのものが明かされ――愛そのものが自らを裏切り、あらわになる（se trahit）。*Cosi fan tutte.*）愛の別の現前あるいは別の運動こそ、反復が白日のもとに晒さなければならないものである。これは、もうひとつ別の「愛」を作り出したり、愛の彼方を作り出すことでは全然なく、愛が思考のうちに新たに道を切り拓き、思考を愛へと再び呼び戻すままにすることである。思考は、愛に触れられることに曝露されるのと同様、愛を逸する危険にも曝露される。思考の拙い愛する能力が測られることに曝露されるのと同様、裏切られる危険にも曝露される。

伝統の中心で授けられた、おそらく最も素朴な素材から再出発しよう。伝統的には、愛は何よりまず、自尊心でないものと定義される。これ以外の定義——存在論的、エロス的、政治的定義など——は、初めは除かれ、必要があれば後から、この定義に基づいてのみ、取り戻されることがありうる。

（愛のこの定式が優位だったのは、神秘主義的伝統の精神性においてである。たとえば次のフェヌロンの文章がそうである。）

> 神秘主義者は所有（propriété）を、非常な厳しさで断罪し、しばしば不純とも呼ぶ。所有は実のところ、神のためにすべてを欲し、被造物のためには何ものも欲しない純粋な愛の熱を失い、神の恵みを享受しながら自分自身の慰めと自分自身の利益を追い求めることでしかない。天使の罪は所有の罪であった。聖アウグスティヌスが「自分自身においてある」（*stetit in se*）と言うように。だから所有は当然、自尊心または傲慢でしかない。自分自身の卓越をそれが自分のものである限りで愛すること、すべてをただ神にのみもたらす代わりに、神の恵みを少しでも多く自分に帰して自己満足することである。

これらの語によって、「神」への関係として述べられたこのことは、いずれにしても、われわれが知りえた愛の思考のすべての方法、すべての形式に属している。ある意味で、これは愛の哲学的図式が含むものと別のものを語っているわけではない。ただしフェヌロンの場合は、固有の（*propre*）達成の経済全体をずらしている。ここで重要なのはただ、ほとんど知覚すらできない微細な運動に担われるがままになることである。この運動は弁証法的論理を再構成するのではなく、図式の心臓（cœur）に、愛自体の心臓に触れるために進む。）

愛は、自尊心の絶対的対立項として、自尊心の破壊として定義される。自尊心は、単に自己の愛ではない。自尊心とは、たった今読んだように、「自分自身の卓越をそれが自分のものである限りで愛すること」である。ひとは自己自身を真の愛で愛することもできるし、そうしなければならないということさえありうる（ただ、「自己」とか「自己自身」といった言葉が、それら自身が問題になることなく、「自己」愛において、正確には誰が問題になっているのかを、われわれに発見させることができるかは定かでない。これは後ほど再び取り上げなければならない問題である）。しかし、自尊心の語を、可感性（susceptibilité）とほぼ同義の心理学用語としてではなく、宗教的著作の著者たちがこれに与えた意味で理解する限り、自尊心とは所有の愛である（だからもはや愛ではない）。所有である限りの自尊心である。

所有は存在論的な規定である。所有は、所有された対象を指すのではなく、対象のうちにある主体を指す。「質料は、対自であって、自己自身に固有ではない」（ヘーゲル）。したがって、質料は私の所有物になりうる。ところが、この所有の中で現実化されるのは、主体としての私自身の方、私の主観性（私の意思、欲求、欲望、意識としての私）である。この限りで所有物（la possession）は、まさしく（proprement）固有のもの（propriété）となる。つまり、所有（propriété）は、主観性の客観化された現前、外界での主観性の現実化であり、そうして「自由の最初の実在」（ヘーゲル）なのである。所有（propriété）とは世界の有効性のうちでの自己の証示かつ保証である。そこでは自己は、自分の外に現れるが、この現前のうちで自己が定立するのは、自己自身である。自尊心とは、この自己定立の欲望であり肯定である。自己の外で、つまり客観性と外在性のうちで、主体は自分の真正性の契機と、自己達成の真理を手にする。

したがって、自尊心はたしかに愛の構造をもっている。つまりここでもまた「他者のなかで自らの存続の契機をもつこと」が問題なのである。ある意味で、愛と所有のさまざまな公式は哲学的経済の中で際限なく呼応し合う。互いが互いに自らの基礎と運動を与えながら。

もし愛が自己の贈与であるならば、それゆえ、愛は弁証法的に自己の所有化（appropriation）でもあるはずだ。だから自尊心はそのとき、愛の中心（cœur）にあり、その心臓（cœur）、愛の心臓である。そして容赦なく再構成されたこの経済――達成という弁証法的経済、自己の絶対的剰余価値という資本主義経済――は、愛自身のただ中で愛を禁ずることになるだろう。伝統は、愛に、愛自身が欠けていることをよく知っている。ラ・ロシュフコーが、この点に関してすべてを要約している。あるいはニーチェの「洗練された寄生」という言い回しも、またそうして、たとえばレヴィナスに至るまでが、すべてを要約している。「愛するとは、愛の中で自分を愛することでもあり、そのようにして自己へと戻ることである」とレヴィナスは書いている。実際は、アリストテレスの自己自身の愛つまりフィラウティア（philautia）についての議論から、すでに問題は提起されており、更に聖アウグスティヌス以来のあらゆるキリスト教思想を横断し、それらを揺り動かしてきた。（愛をめぐる中世のすべての論議を支配していた問いは、「人間は本性上、自分自身より神を愛することができるか」という問いであった。）したがって、愛のこの欠如によって、哲学と愛の逢瀬が叶わなかったことまで説明できてしまう。つまりこうである。愛がつねに愛に失敗し、あるいは愛を自尊心へと逸らし、ついには自分を欺き、自分を欠くのであれば、どうして愛を永遠に欠かないことがあろうか。どうして愛に代えて、あるときは愛の解体された部分（性、感傷……）を、あるときは愛の昇華したもの（友情、慈愛……）を、持ってこないことがあるだろうか。

とはいえ、この知では不十分すぎる。愛は、経済と非‐経済の単純な対立を挫く。愛とはまさに——それが存在するとき、それが特異な存在の行為であり、ひとつの身体の、ひとつの心臓の、ひとつの思考の行為であるとき——、私が留保なく自分を失う愛と、自分を取り戻す愛との二分法を、贈与と所有の対立を、終わらせるものである。

哲学と神学はおそらく、この対立を克服し、弁証法化させ続けてきた。神の、自分の子のうちでの自分自身への愛というかたちで。神の愛は、神のこの同じ〈子〉(Fils) が人間たちにそそぐ愛と同じように行われる。この〈子〉は、与えられ、棄てられたが、贖われた全創造とともに、またそうして受けた愛によって、自身を創造者へと結びつける全創造とともに、栄光のうちに復活したのだが。ただ、そうすると、二分法の分離が乗り越えられるのは、それがその始原においてすでに破棄されていたからにすぎない。神は、自分が無限に所有しているものしか与えない（だからある意味で、神は何も与えない）。また逆に、神は自分が与えるものしか所有していない（神はすぐれて所有者なのだ。神は、客観性の全体のうちで、自身に姿を現す——そしてこれこそが、この点に関して「創造」の観念が意味していることである。現代がまだなおこのような探求の時代であるにちがいないとしても、これとは全く別の方向で、「愛の神」という神秘を探求しなければならないだろう。）

愛は贈与と所有の対立に終止符を打つ。対立を克服することも、止揚することもせずに。私は愛のうちで私へと戻るとしても、愛から私へと戻るのではない（弁証法は逆に、両義性に養われている）。私はそこから戻ってこない。だから、愛する行為のなかで、私の何かが、決定的に失われ、乖離してしまった。それゆえにおそらく、私は戻ってくるのだ（少なくとも、ここで相応しいのが回帰のイメージであるとしたら）。ただし、私は壊れて戻ってくる。私は壊れて自身に戻り（reviens）、あるいは生じる（adviens）。「回帰」は裂け目を消しはしない。繕うことも、止揚することもない。なぜなら「回帰」はまさに、裂け目そのものを通じて、開いた今を通じてのみ起こるからだ。愛は私を、壊れたかたちで自分自身に再－現前化する（re-présente）（そしてこれは、表象ではない）。愛は私に次のことを示す。私というこの主体は、自らの主体性のうちで触れられ、傷つけられていること、そしてこれ以降、この傷によって開かれた主体は、愛の続くあいだ、たとえかすかであっても、壊れ、あるいはひび割れていることを。主体はそのようにある（*est*）のだ。言い換えれば、裂け目あるいは傷は、偶然の出来事ではなく、主体が自分にもたらしうる所有物でもない。というのも裂け目は主体の所有の裂け目であり、そもそも、主体が自分の外でなお自分に関わる過程の中断であるからだ。これ以降、愛の続くあいだ、私は壊れて構成されている。愛がある限り、ほんのわずかな愛する行為でも、ほんのわずかな輝きでもある限り、この存在論的断裂はある。断絶は、固有な主体の諸要素――その心臓の、心の琴線――のあいだを走り、それらをばらばらにする。これには、ほんのひとときの愛で十分だ。たとえ一回きりのキスでも、それが愛のキスでありさえすれば――そもそも別のキスがありうるだろうか。愛なしでキスできるだろうか。傷つけられることなく。たとえわずかでも。

愛の裂け目が意味するのは、ただ次の点である。私はもはや、私を私自身に、残らず、私については私以外の何ものも残ることなく、差し－出す（pro-poser）ことができない（また私を他人に押し付ける（m'imposer）こともできない）点である。たとえ私が私自身への現前をいくらか保っており、それが私を支えているのだとしても。これが意味しているのは、主体の内在（弁証法はつねにここへと戻ってくる。ここで自らを成就するために。「間主観性」、あるいは更に「伝達《コミュニカシオン》」、「合一」（communion）と呼ばれるものにおいても同様である）が開いており、傷つけられているということである――これが厳密に言えば、超越と名づけられる事態である。愛とは超越（transcendance）の行為である（運搬（transport）の、違反（transgression）の、また透過（transparence）の行為でもある。内在はもはや不透明ではない）。しかしこの超越は、なんらかの外在性や他者性のうちへと――これらを通って――移行して、そこで自己反省を行い、内的なものや同一のもの（神、コギトの確実性、所有の明証性）を再構成するに至る、そうした超越ではない。超越は外部を経由しない。なぜなら超越は外部からやって来たからだ。（超越はつねに自己－超過と考えられている。ところが、ここでは超越は「超過」（dépassement）ではまったくないし、ましてや「自己の」（auto-）でもない。超越は内在の解け《ほど》（désimplication）であり、それは外からしか内在へと到来しない。）愛は、それが続く限り、外から到来するのをやめないのだが、愛は外にあるのではなく、この外部それ自体であり続ける。つまり他なるもの、そのつど特異な他なるものである。私のうちに沈み、私の手に届かない薄片である。というのも、この薄片は私をばらばらにするのだから（正確に言えば、それは傷を負わせるのではない。愛の何か劇的な類のものとは無縁な、別のものである）。

愛の超越の運動は、単独の存在から他者へ、外へと赴くのではない。単独の存在が、自らを自己の外へとおくのではない。他者がそうするのである。他者のうちで、この運動、あるいはこの接触を操作するのもまた、主体の同一性ではない。そうではなく、他者において、この運動、あるいはこの接触が、主体を他なるものにするのだが、主体はその同一性においてつねに「自分自身」とは他なるものであって、この運動ないし接触が「私のうちで」超越するのだ。だからこの超越は何も成就しない。超越は傷つけ、壊す。超越はそれによって、愛がそこで成就する存在領域あるいは存在の審級などないことを曝露する。

このことは超越が、たとえば崇高なものの理論においてなら、「否定的呈示」と呼ばれるだろうものだけを行うことを意味しない（愛はおそらく崇高なものと、またこの極限的な呈示方法と、最も緊密な諸関係をもっている。この方法は、私が他の場所で、「崇高な捧げ物」と名指そうとしたものに他ならない。ところが捧げ物に関しては、実際には崇高それ自体を越えるものが、すでに問題である。愛においては結局のところ、愛を越えるものが、おそらく問題なのだろう……）。私に触れる超越は、愛の成就（愛は実体にも主体にもならない）を示すと同時に、愛の現実の到来を差し出す。愛は起こり、突如生じる。自分自身の呈示を控えながらも、愛は絶えず起こる。これは捧げ物である。つまり、愛はその到来を通じて、つねに差し出され（propose）、差し向けられ、宙吊りにされる。呈示される（présenté）ことなく、強いられることなく、すでに愛の終わりに行き着いている。愛は起こり、やって来る。さもなければそれは愛ではない。しかしこのようにして、愛はたえず、それを受ける「私」とは別のところに去ってしまう。愛の到来は他者への出発にすぎないのだが、その出発は、他者からの到来でしかない。

超越によって、あるいは超越として差し出されるもの、それはこの行き来（venir-et-partir）、絶え間ない行き来である。差し出されるものは、存在そのものである。到来と出発に曝露されて、単独の存在は他者の他者性に横断される。他者はどこにも止まらず、留まらない。「彼」のうちにも、「私」のうちにも。というのも、他者は行き来以外の何ものでもないからだ。他者はやって来て、私を横切る。他者はすぐに他者へと去ってしまうからだ。他者は自分自身に戻るのではない。ただ再びやって来るためだけに他者は去るからだ。この横断は心臓を壊す。とはいえ必ずしも血を見る出来事でも、悲劇的な出来事でもない。これは、悲劇、平穏、陽気の対立を超えている。裂け目は、接触以上の何ものでもないが、かといって接触が傷よりも浅いわけではない。

　したがって超越はもっと適切に、愛の横断と名づけられるだろう。愛が横切るもの、愛が自らの横断によって明かすもの、それは超越に、超越の行き来に曝露されている――これが有限性に他ならない。なぜなら、単独の存在は有限で、これを他者は横切るからだ（けれど他者は決してそれに「浸透し」ないし、それと「一体に」もならない。また、「合一する」（communie）こともない）。愛は有限性を暴く。有限性とは無限に固有化不可能なものの存在である。自分自身のうちに、また自己の弁証法的止揚のうちに、自らの本質の一貫性をもたない存在である。他者も、愛も、私も、自らを固有化することも、固有化されることもできない（「互いのうちでの、互いの無限性」、ヴァレリー）。

　このようなわけで、欲望は愛ではない。欲望はその対象――主体である誰か――を欠いている。対象を我が物とすることによって対象を欠いている（あるいは、対象を欠くことによってそれを我が物とする）。欲望は――私はここで、哲学が欲望、意志、欲求、努力《コナトゥス》、リビドーと考えてきたものを念頭においている――愛とは無縁である。なぜなら欲望は成就の論理に属しているからである。たとえそれが否定的なものであっても。欲望は、終わりへと張り出された自己である――他方、愛は、終わりを目指すことも、終わりへと張り出されることもない。たとえ愛が張り出されるとしても、それは私のなかで他者が隆起することによって起こる。（欲望とともに、愛に無縁なのは、欲望の現代的な語彙に当たるすべての語――要求、誘惑、依存など——であり、より一般的には、計算、備給、競争、報いなどの恋愛の駆引きをめぐるひとつの分析論の全体——単なる「精神の」分析ではない——である。）

欲望は終わりなき不幸である。それは有限性の無限な曝露の、主観主義的裏面〔不運〕である。欲望はまた、否定的な所有である。弁証法はそれを際限なく肯定性へと転換する。欲望は不幸な愛であり、欲望された至福の高まりである。ところが、壊れた心（臓）のうちでは、欲望それ自体が壊れてしまう。この心は、幸福である以上に不幸であるわけではない。心（臓）は、ある「感情」と別の「感情」の境に、ある「状態」と別の「状態」の境に、差し出されている。この境界は、心（臓）の有限性の境界に相当する。心は自由にふるまえない。欲望の方法に則ってさえも、ましてや幸福や不幸の方法に則っても。「わが心の底から」愛することは、私が到達できない全体——横断の全体——を巻き込むことである。あなたの心臓はあなたのすべてである（*Cor tuum mondum est totum tuum*）（ドゥヴォンのボードワン）。単独の存在の心（臓）は、すべてがその存在に属するのではないものである。だからこそ、それの心なのだ。

（実際には、裂け目に先立ってはいないという意味で、心（臓）は壊れてはいない。そうではなく、裂け目そのものが心（臓）をつくる。心（臓）は器官ではないし、機能でもない。心（臓）は次のようなものである。私は、私の現前の最も内密なところを、私の生の最も広いところを、他者に壊され、横断される。心臓の鼓動——存在の分割のリズム、単一性の分有であるシンコペーション——は、現前を、生を、意識を横切る。以上のような理由で、思考それ自体が愛なのである。思考は、現前、生、意識の、限界（終わり）が重くのしかかること、またはそれらの試練に他ならない。）

愛は有限性を変容するのでも、無限のうちで（有限性は無限なものではないけれど、いつまでも終わらない）有限性に実体変化をほどこすのでもない。愛は有限性を、いつも他者から他者へと横切る。決して同じものには再び戻って来ない――あらゆる愛が、非常につつましく類似してはいるけれど、見事なまでに単独である。愛はその真理のうちで有限性を差し出す。愛は有限性の輝ける現前である。（これは英語では*glamour*、つまり魅惑、惹きつける状態と表現することができるだろう。今日では、化粧用語や、顔の演出の用語にのみ用いられるが。*Glamour*、愛に備えた身支度、愛の兆し……。）

この輝きのなかで、愛それ自体の輝きが奪われない限り。というのも愛は、決してただ現前するのではなく、来ては去ることをやめないからであり、また同時に、愛はつねに巻き込まれているからである。愛を形容するはずのあらゆるもの（崇高な愛、こまやかな愛、狂おしい愛、仮借なき愛、純愛、放埓な愛……）よりも深く。「あらゆる偉大な愛は愛を欲しない――それ以上を欲する」、とニーチェのツァラトゥストラは言う。

享楽すること、そして気遣い

「私は言う、そしてそれを繰り返す、喜びは分かたれると」。

ルクレティウス

I

ある意味で——また、それと指定しうる意味の全体、道理にかなった意味の全体を、おそらくつねに内包する意味において——、愛は不可能である。愛はやって来ない。あるいは、横断しつつ、極限にしかやって来ない。哲学に愛が欠けていたのも、それに劣らず詩に愛が欠けていたのもまた、この理由による。哲学と詩に愛が欠けていたのは、これらが愛を語るから、神がかりな力にせよ言葉の華麗さにせよ、それらを通じて、愛を成就したものとして語るからだけではない。たしかに「私はあなたを愛している」と言いながら、私は神々へのすべての訴えを中断している。どれほど私が、神々の力に身を委ねているとしても。たしかに私は言葉の力を手放している。どれほど私がこの力を、その頂点において肯定しているとしても。しかしこれらの矛盾によって、哲学と詩は更に養われる。だがこれだけではない。というのも、ある意味で何ものも、「私はあなたを愛している」とともにはやって来ないからである。力も、消去も。「私はあなたを愛している」は、遂行的ではない（記述的でもないし、命令的でもない）。この文は何も名指さず、何ごとも為さない。（「十億回言おうとも、私はあなたを愛しているは、辞書の外にある。これは、その定義が名づけられたものを超えることのできない表現である」、ロラン・バルト）。これは窮迫の文そのものである。ただちに自分自身の嘘に、自分自身の無知に委ねられ、決してこれを真正であるとすっかり認めてくれることのない現実の荒波に、ただちに打ち棄てられる。ある意味で、愛はやって来ない。その代わりつねにやって来るのは、どうこうしても、「愛の小船は日々の生活によって壊された」（マヤコフスキイ）という現実である。

　しかし、「私はあなたを愛している」は別のものである（これは愛の唯一の言明であり、実のところ愛の名前である。愛の名前は、実体または機能であるような「愛」ではない。そうではなく、愛とはこの文、「私はあなたを愛している」である。「コギト」を語るのと同様に）。愛は約束である。約束とは構成上、自分の浮かび上がらせる法則を前に、自分自身が退く言明である。約束は、記述も、命令もしなければ、遂行もしない。約束はなにも為さない。だからそれ自体としてはつねに空虚である。しかし約束は法則を浮かび上がらせる。それがそうあらねばならない、与えられた発話の法則を。「私はあなたを愛している」は何も言っていない（言うことの限界の他は）。ただ、愛が到来するにちがいないこと、何ものも、断じて何ものも、この法則の厳格さを、緩和したり、逸らしたり、宙吊りにしたりできないことを浮かび上がらせる。約束は、未来を先取りするのでも保証するのでもない。いつの日か、私があなたをもう愛さないことはありうる。この可能性を愛から除くことはできない。それは愛の一部を成すからだ。この可能性に反して、とはいえ同時にこの可能性とともに、約束は結ばれ、発話は与えられる。愛は、自分自身の永遠性である。約束された、言い換えれば、法則としてあらわにされた永遠性である。

もちろん約束は守られなければならない。しかし、仮に守られないとしても、愛がなかったということにはならないし、ましてや愛というものがそもそも存在しなかったということにもならない。愛は自分自身にしか貞節でない。約束は守られなければならないが、愛は、〈約束〉プラス〈約束の履行〉ではない。愛はこのような仕方で、確証や、正当化、蓄積に従わされるのではない（幻想の愛、偽りの愛、信頼も法則もない愛は、もはや愛ではないのだが、たしかに異論の余地なく存在する――しかしこれらは紛い物である。ドン・ジュアンの場合は、またも彼を引き合いに出すが、紛い物ではない）。愛は約束であり、その履行であるが、両者は独立している。どうしてそうでないことがあろうか。われわれは何を守らなければならないかを決して知らないのだから。おそらく守らなければならないのは、他のあらゆる約束と異なって、約束そのものだけである。その「内容」（「愛」）ではなくて、その言明（「私はあなたを愛している」）なのである。以上のことから、耐え難いが、避けることのできない愛の最終的な矛盾とは次のようなものと言える。愛の法が同時に、自らを、イズーとトリスタン、ドン・ジュアン、バウキスとピレモンのような姿ではない姿として描かれるがままになること――これらの姿は、ある一つの類のさまざまな種でも、唯一の現実の様々な比喩でもなく、愛を、所持することも固定することもなく、そのつど丸ごと映し出す、愛の無数の輝きなのである。これが愛の最終的な矛盾である。

約束が守られるときでも、愛を形作るのはその履行ではなく、やはり約束である。愛は成就せずに、つねに約束のうちに、約束として到来する。このようにして、愛は触れ、横切る。というのも、「私はあなたを愛している」と言うとき、自分が何を言っているか分からないからである。何も言っていないが、「私はあなたを愛している」と言っていること、それが法を形作っていることは、絶対的に知っている。言った途端、いかなる主体のうちにも、いかなる意味生成にも固定されないものに分割され、横切られていることを。（更なる証明と証拠が必要ならば、こうも言える。「私はあなたを愛している」と他者が言うのを聞くときでも同様である、と。その人を愛していない場合でさえも、またその人が期待していることを拒否しようとしている場合であっても。いずれの場合も、愛ではないにしても、それでもなお、敬意ではあるような何ものかに横切られないということはありえない。そのとき、愛のではなく、敬意の約束がわれわれに触れる。）

最後に付言しておけば、それはおそらく「約束」ではない。たとえそれが約束のうちで依然として「プログラム」あるいは「予測」でありつづけなければならないとしても。しかしそれは何らかの預言のようなものであろう。他なる者に向けて、他なる者から言われたこと、という厳密な意味において。「私はあなたを愛している」というとき、私は他なる者に向かって話している。この人はもうひとりの「私」ではなく、このうえない「私」である他者である。そして私はこの他者の到来を、あなたにと同様、私自身に知らせるためだけに話している。私は、このもうひとつの声を聞かせるためだけに話しているのだ。

II

したがって、愛は約束のうちに、あるいは預言のうちに到来する。ある意味で（別の意味で、つねに別の、つねに意味の極限で）愛は、言葉や身振りで約束されるや否や、預言されるや否や、いつも到来する。このために、われわれが愛のさまざまな表象や思想の、繁殖し、相矛盾する複数性――これが実際に愛の歴史の終焉や衰弱をなすのだが――に疲れたり、てこずらされたりする時でもなお、この複数性それ自体が別の思想を提供してくれる。愛は、愛のあらゆるかたち、あらゆる姿のうちに到来し、愛のあらゆるかけらのうちに映し出される。

愛の部分や、瞬間、種類や段階なるものは存在しない。無数のかけらしかない。愛は、ただひとつの抱擁のうちに、あるいはあるひとつの生の歴史のうちに、また、嫉妬の情熱のうちに、あるいは倦むことのない献身のうちにある。愛は得ることのうちにもある。与えること、要求すること、諦めること、大切に守ること、曝露することのうちにあるのと同様に。愛は、激動のうちにも平穏のうちにもある。熱狂のうちにも平静のうちにもある。例外のうちにもあれば規則のうちにもある。愛は淫蕩で、みだらで、貞節で、慎み深い。愛は性的であるが、同時に性的ではない。愛は両性（les sexes）を横切る。性差とは別の差異（デリダが「ゲシュレヒト」（*Geschlecht*）でその分析を開始した）によって。この差異は性を廃棄はしないが、それらの同一性をずらす差異である。私の愛がどんなものであろうと、それは私の同一性、私の性的特性を横断する。また、私がそれによって男性あるいは女性の主体となる客体化をも、私の愛は横切る。愛はウラノスのアフロディテであり、伝染し広まるアフロディテである。愛はエロス、クピド、イシス、オシリス、ディアナであり、アクタイオン、アリアドネ、ディオニュソスであり、クレーヴの奥方あるいは、ジプシーの子である。愛は裸の女に絡みつく〈死神〉であり、ヒュペリオンあるいはキルケゴール、カフカの文学……である。

〈結局のところ愛とはおそらく――これは仮説であり、ここではそれを開いたままにしておくのだが――、愛と憎しみのうちにある。ただ、フロイトの正反両立性《アンビヴァランス》とは別の制度に従った愛と憎しみであるが。愛には憎しみという裏面はないが、憎しみにおいて私は、その他者性を否定している他人の愛に横切られる。私は結局、この否定に横切られるのだ。これは愛の限界なのだろうが、いまだ愛の黒い輝きは放っている。邪悪な暴力、あるいは無化したいと望む冷酷な激高は、憎しみには属さない。)

あるかけらと別のかけらで、愛は決して相似ることはない。愛はつねに見とめられるものの、つねに見分けがつくものではない。そもそも愛は、このかけらのうちのどれにも宿ってもいない。あるいはつねに、いなくなろうとしている。愛の統一性、愛の真理は、その本質——この本質自体、増殖の横断を通じて与えられ、かつ逃れる——のこうした繁殖や、限りない過剰のうちにしかない。純愛はオルガスムを否認し、誘惑者は憧憬をあざ笑う——互いに、一方から他方へと移行する事実を見ようとせずに。それらはどちらのうちにもとどまることはないのだが。プラトンは、ポロスとペニアの息子、豊かさと貧しさの息子である、エロスの本性に出会っていた。愛は、物質の欠乏、所有の欠乏以外何ものも与えることなく、無限に増殖する。

とはいえ愛は、「多形的」ではないし、一連の仮装を身にまとっているのでもない。愛は、その幾多のかけらの背後に同一性を保持しているわけではないのだ。愛はそれ自身、かけらの数多性の炸裂であり、それ自身、愛するというただひとつの営みのうちの、かけらの数多性である。愛は、売春宿での感情の震えであり、友愛のうちでの欲望の動揺である。愛はただ横断するだけでなく、自らをも横断する。愛は起こるが、自分自身にも起こる。それを通じて、「起こること」、来ては去ることより他は何も起こらないようなものとして愛は起こる。他者から、つねに他者から。それはこの上なく他なるものなので、決して作られず〔為されず〕(愛は決して作られない〔為されない〕から、ひとは愛を作る〔為す〕)、私の愛であることも決してない(私が他者に「私の愛」と言ったとしたら、私はまさに他者の方から話しているのであり、それは「私のもの」でも何でもないことになる)。

愛の一番よい姿というものも、主要な表象というものもない。散り散りになり、錯綜した、愛の幾多のかけらに共通の想定もまたない。だから、愛そのものの欠如を欠くとき、「愛」は哲学と詩で充満し、汲み尽くされることになる（また愛が、西欧的愛の運命にはめ込まれた、いくつもの主要な姿をもはや維持できなくなるやいなや、それは、性科学と同時に、夫婦関係の助言、大衆小説、道徳的啓蒙に陥る危険に晒される）。愛はいつも不意に、過剰に、やって来る（*sur*-vient）のであって、ただ単に自分に相応しい場所に、予定された日にやって来るのでは決してない。愛は自分に不意に到来し、自分自身を不意に捉える。他者の無限の横断がもたらす有限な接触として。

Ⅲ

このようにして、横断のうちに（dans la traversée）、逆らうかのように（comme à la traverse）到来するのは、存在の偶発事ではないし、実存のひとつのエピソードでもない。それは、ハイデガーが現存在と名づける存在者——言いかえれば、存在がそのなかに巻き込まれているような存在者——の存在論的規定である。現存在のなかに、現存在として、存在が巻き込まれていることは、次の事実と切り離せない。現存在の世界とはその一切が、「私が他者たちと共有している」世界もしくは「〜と共にある‐世界」であるという事実である。なぜなら、ハイデガーは哲学の限界ぎりぎりのところで、共にある存在（l'être-avec）を存在そのもののなかに帰した最初の人だからだ。そこでしばし、彼について述べるために、とどまらなければならない。

ここで問題になっている「世界」とは、諸対象の外在性ではないし、取り巻く環境でも、近隣のものでもない。「世界」は、存在が巻き込まれているその仕方を指し示している。つまり現存在によって、存在は世界－内－存在である（投げ出され、打ち棄てられ、委ねられ、解き放たれている（dé-livré）ことが、「世界内に」（au monde）の意味することである）。世界が、*Mitwelt*、つまり分有《パルタジェ》された世界であるのは、存在が「世界内に」（au monde）ある以上、それはその構成からして共にある存在であり、分有《パルタージュ》に－従う－存在であるからだ。世界の初めの分有《パルタージュ》は存在の分有であり、現存在の存在とは、こうして分有している存在に他ならない。（このことを次のように、より古典的な言語に移し変えることはおおむね可能だろう。存在を授けるものは、何に対して授けようとも、世界に産み落とすものである。ところが世界とはひとつの「ともに」（avec）である。したがって存在とは、「ともに」にゆだねられる（投げ出される？）ことのうちにある。）現存在とは、本来的に他者たちとともに存在するものである。「気遣い」が、現存在の存在を最も本来的に形成するのだとしたら（「気遣い」とは言い換えれば、自己の先へとゆだねられた実存者の構造であり跳躍である）、他者の気遣いは、現存在を構成する規定である。ハイデガーはそれを*Fürsorge*、他者「への気遣い」（souci pour）と名づける。その分析が示すところによれば、*Fürsorge* とは、その「先んじる」かたち（「支配する」かたちに対立した）において、他者を気遣いの任から解く代わりに、他者自身の気遣いのうちで他者に触れること、あるいは他者をこの気遣いへ返すこと、この気遣いへと他者を解放することである。他者の気遣いは他者を――私を彼へと送りつつ――彼の先に、彼の外へ、もう一度世界へと送る。他者の気遣いの世界として共有された世界は、この共有それ自体によって特異となった存在者たちが横切る世界である。この世界が存在者たちを構成し、彼らを互いに差し向け合いながら存在させる。つまり互いによって、互いを超えて差し向けながら。

おそらく私は、部分的にハイデガーの記述を裏切ってしまっているだろう。世界のうちにある物々への

――他者たちへのではなく――*Besorgen*（訳すとすれば souci または préoccupation となる）は、ハイデガーにおいて *Fürsorge* と類似の役割を果たしているし、実際 *Fürsorge* は基礎的存在論のひとつの規定なのだが、にもかかわらず *Fürsorge* は厳密には、私がたった今それに与えた特権的位置にまで至ることはなく、現存在がまず最初に、そしてたいていの場合、いわば孤立して現れる全体の分析のなかで、共‐存在（l'être-avec）の分析は一時的契機――この契機を改めて主題化することはしない――にとどまる。ハイデガー自身が、「共‐存在において、共‐存在にとってのみ」孤独はあると、強調するにもかかわらず。更に、愛は決して名づけられない。したがって愛は、そのありのままの存在論的‐実存的性格をもたらすことはない（*Fürsorge* に関する記述は、最も要求の多く、最も崇高で、最も精神的な、愛の古典的記述にとてもよく似ているのだが）。

私はここで、ハイデガーに沿って行わなければならないような、厳密かつ精緻な解釈に取りかかるつもりはない。次の二重の仮定を軽く提案するにとどめよう。これまでなされたよりももっと近くから、特異性における存在の、変質した（altérée）（他者に横切られた）構成に近づきつつ、ハイデガーは、⑴現存在の本質を、主観性の外で（もちろん間‐主観性の外で）、他人へと曝露された存在、あるいは他人へと差し出された存在のうちで規定した。哲学が他人を（プラトン以来？　プラトンに反して？）つねに否認してきたにもかかわらず。⑵ハイデガーは、それにもかかわらず（彼の意に反して？）、他と区別された個別性というかたちでの現存在の性格づけを、少なくとも見かけ上は保持していた。この個別性は、他の個別性に曝露されている以上それらと対立し、これによって、主観的ではないにしても、自律的な（auto-nomique）あり方の領域に、どうしようもなく引きとどめられている――これらふたつの身振りのためにハイデガーは、愛を存在論の領域に呼び出すことができなかった。彼は実際に、一方で、共存在（*Mitsein*）を主観性の空間へと追いやった、愛の形而上学的‐弁証法的思考に衝突することしかできなかった。他方、存在を横断するものとしての愛は、「他者に先んじ、他者を解放する」*Fürsorge* の運動自体を超える。この運動はなお、「私」、あるいは他者へ赴く「自己同一性」にもとづいて、そこから出発するはずのものとして思考されている。この運動は、私が他者へと赴く一方で、他者が「私」にやって来る、そのような「私」を横切り、変質させるものとは考えられていない。

愛についてのハイデガーの沈黙にはいかなる偶然もない（シェーラーへの言及や共感（empathie）の理論への批判、少なくとも、かつて行われた愛に関する暗示は、この沈黙が熟考されたものであることを示しているだけに、なおさらそうである――この沈黙が、哲学のあらゆる伝統に関して熟考されたものであることしか、これまでのところ明らかでないにしても）。愛は思考の限界を形作る。思考そのものが哲学の限界に向かうものなのだが。思考は愛から解放されなければならない。あるいは思考はまだ愛に達することができないでいる。しかしこの思考が、限界において明るみに出すのは、愛には決して達することができないけれど、それはつねにわれわれに起こっているということである。あるいはむしろ、愛はつねにわれわれに差し出されているということ。更に言えば、われわれはつねに、自らの存在のうちで――存在はわれわれのうちにあるのだが――愛へと曝露されているということである。しかしここで安易な思考に移行してはならない。問題なのは感傷主義でも、「汎‐エロティズム」でもない。更に、ここで愛の何らかの「教義」をつくろうと言うのでもない。ただ哲学が弁証法化したり、昇華したりするのをやめなかったものに、思考をどうやって――たとえ少しでも――到達させることができるのかを問題にしているのである。

（注記：私は自分の考えを論ずるのに、レヴィナスよりも、ハイデガーにずっと多く寄り添うことになる。とはいえ、愛に関するあらゆる哲学的探求は今日、間違いなくレヴィナスに負うところがある。この論考にも、近接する多くの点が、容易に見出されるだろう。というのもレヴィナスは、『全体性と無限』の言葉で言えば、愛の形而上学と呼べるものへと一歩を踏み出したのだから。愛の形而上学が結局のところ、その作品全体を統制していると言えるほどに。まさにこの理由によって、レヴィナスに沿った説明は、この論考とは区別される、別の試みでなくてはならない。とはいえ、そうした試みを行うとしたらその原則はどのようなものになるかは、示しておかなければならない。先の引用が喚起していたように、愛はレヴィナスにとって、エゴイズムに巻き込まれもするものだから、両義的に（*équivoque*）とどまる。愛の超越は、繁殖性、父子関係、兄弟愛のうちで、自分自身を超越することによってのみ、その両義性を取り除く。私がここでこれらの概念を主題化しないのは、それらをある一連の文脈から取り出すには、別の作業が必要だからである。その文脈はレヴィナスにおいて、いまだ十分古典的な仕方で、それらの概念を階層化し、目的論へと秩序づけるものである。この目的論は、彼の思考の最初の前提である、「顔の公現《エピファニー》」から生じる。愛とは、この公現に依拠した運動である。それは、公現を超越し、顔や、視覚、「あなた」の彼方に赴き、「隠されたもの――決して十分には隠れていないのだが――絶対に捕らえられないもの」に達する。この「いかなる意味作用ももはや明らかにすることのない眩暈」（エロスの眩暈）から、子供たちの兄弟愛《フラテルニテ》が生まれうる。その両義性を取り除きつつ。ただこの兄弟愛のなかで、新たに顔の公現が生じるのだが。――愛はこのように、少なくとももいくつかの、弁証法的運動の特徴をとどめている。愛がそれをとどめているのは、顔という主題のせいではないかと私には思われる。顔の主題は、他人の表出としての、意味作用としての、原初的な関係を表している。この意味作用は、最初に与えられるのだから、愛のうちで消えなければならず、愛を超えることで再び取り戻されなければならない。とはいえ私としては、顔との関係を二次的なもの、構成されたものとしてしか捉えることができない。レヴィナスは顔との関係を、ハイデガーの主題である「存在一般の開示」に対置させ、それの先に置く（pré-pose）。レヴィナスは「存在一般の開示」に、「ある（il y a）」――実存者なく実存すること――の絶対的な不確定性、耐えざる否定、無限の無起源的制限」を見る。ハイデガーの言説のうちで、たとえば孤独などのいくつかの主題が強調されることをレヴィナスはあまり好ましく思っていないが、これには私も同調することができる。しかし、存在の *es gibt*（« ça (se) donne »〔それは与える／与えられる〕）のうちに、「一般性」だけは見ることができない。事実、ある（*il y a*）のは、「そのたびごとに」（à chaque fois）である。特異な存在者の到来の「そのたびごとに」が、しかも無-起源的な（あるいはデリダなら言うかもしれないが、原-起源的な）「そのたびごとに」がある。実存者のない実存することは、ない（*il n'y a pas*）。単なる「実存すること」もないし、概念もない。あるのはつねに実存の「実存すること」である。つまり具体的で抵抗をともなう、一般性への侵入である。存在はそこに巻き込まれ、存在はそこでいくつものかけらとしてある。差し出され、光り輝く多数のかけらとして。鋭く、単独に。硬く、横切られて。ここにハイデガーにとっての存在がある。この巻き込まれることから、共-存在は構成されている――このことは、誰よりもまず、レヴィナスが理解していたことである。ところが、共-存在は、存在の不意の到来に応じてしか、あるいは存在がかけらになることに応じてしか起こらない。横断――愛が来ては去り、去っては来ること――は、不意の到来を構成するものである。それは顔と意味作用の「前に」起こる。あるいは別の平面で起こる。つまり存在の心臓で。ここではかけら、輝き（éclat）があらゆる顔に「先立ち」、顔をいつまでも横断し続ける。構成されていない、肌の輝き（éclat）、大きな笑い声（éclat）として。数が減り、増える物体として。）

IV

われわれは気遣い（souci）によって曝露されている――「われわれが」他者に「抱いている」気遣いによってではない。われわれを横切り、もう戻っては来ない他者、たえず来ては去る他者の、気遣い、心づかい、思いやり、見放しによって曝露されている。存在そのもののうちに、存在の心臓に内記された、他者の他であること（l'être-autre）として。存在の約束、あるいは存在の預言として。他者から他者へと、どこにも導かずに横切るこの作用がなければ、あるいはむしろ幾重もの誘惑のはたらき――胸のときめき、哀れみ、賛美、欲望など――がなければ、われわれが愛をなすことを、どうして想像できるだろうか。

この気遣いがそれにわれわれを曝露しているもの、それは享楽することである。享楽することは、ラカンがそれを望んだようにはありえない。性科学者が望むようにはありえないのと同様に。享楽することは、期待したり、拒否したり、引き起こしたりする事態ではない。享楽することは完遂ではないし、出来事ですらない（あるいは少なくともそれは、ひとつの出来事という統一性をもたない。そうではなく、それはおそらく、たとえば出来事の範例のようなものである）。とはいえ、それは到来する――心臓の同じ鼓動によって、それが去るのと同様に到来し、去りつつ到来し、到来のうちで去る。享楽すること、それは他者の横断である。他者は私を横切り、私が他者を横切る。各人が他者にとっては他者であるが――自己にとってもまた他者である。この意味で、ひとは自己にとっての他者のうちで、他者へと移行したことを享楽する。これは単独性＝特異性のうちでの自己同一性のシンコペーション〔切分法、中間消失、失神〕であり、宙吊りのまま他者から私へと記された足跡（の不在）であり、混濁でもフェーディングでもなく、明晰さそのものである。心臓の鼓動であり、心臓のうちでの他の心臓のリズムと切断なのだ。

　享楽することについては、愛と同様、あらゆることが言われてきたが、この言葉は抗う。享楽すること（jouir）は愛の動詞であり、この動詞は喜び（joie）（宮廷風恋愛の *joi*）の行為を意味している。何かが抵抗している。享楽すること、喜びというこの二語（これらはひとつでしかないのだが）を通して、愛についての語りが過重になり、そして尽きたことに抵抗している。それは到達点、あるいはフロイトが言うように「放出」というよりも、鋭く執拗に反復される内存的要請（insistance）、かけらの形成そのものである（ドゥルーズに倣って次のように言うことができる。「硬くなることは、愛することとももはやひとつではない」）。それは何か語りえないものではない。なぜならそれは語られ、喜びは名指されるのだから。しかしそれは、それについての語り（物語りも、詩も含めて）が尽きず、そこから放免されることの決してできない何かである。語りはいまだかつて十分に語ったことがない。いつもそれをくどくど語りすぎ、断言しすぎているというのに。

　喜びは、あらゆる自由を超えた、解放の身震いである。それは横切られ、壊される。享楽するのと同じくらい、享楽される。「愛は、外的原因の観念をともなう喜びである」と、スピノザは書く。この喜びのうちでは欲望はもはや問題ではないと、彼は明言する。というのも「この定義は愛の本質を十分明瞭に説明しているからである。それに対して、愛を、愛された物に結びつけられることを愛する者の意志と定義する著者たちの定義について言えば、それが表現しているのは、愛の本質ではなく、属性である」。ただし「外的原因の観念」を、「享楽されること」にまで移動させる必要がある——享楽されることとは、存在の極限に直面すること、つまり欲望を超えて、あるいは欲望の手前で、存在の完遂と同時に、存在の限界に直面することである。これが喜びであり、このことは同時に、別れと苦痛の本質を見つめることでもある。というのも喜びは安らぎではなく、休みなき平静だからである。享楽することは満足した状態ではなく、満たされ、溢れることである。享楽することは、それが到来させるものを引きとどめることさえできずに、横切られることである。享楽することは自らを引きとどめることができない——だから享楽することは、到達することがないにもかかわらず、終わるのだ。喜びは、喜びそのものを引きとどめることですらなく、したがって、喜びにともなう苦痛を引きとどめることでもない。享楽することの喜びは誰にも戻ってこない。私にも、あなたにも。というのも、喜びは各人のうちに他者を拓《ひら》くからだ。ある者と他の者のうちで、ある者のうちで他の者を通じて、喜びは存在それ自体を差し出し、存在に触れさせ、分有させる。喜びは気遣いを知っており、喜びは気遣いに知られている。喜びは、触れさせると共に、存在が有限性のうちにあるという、分有の本質そのものをどこかへやってしまう。（あらゆる喜びを消失させることなく、無限に享楽することなど、どうして考えることができるだろうか。）（彼自身の文脈から逸脱する恐れがあるものの、ミシェル・アンリの文章を引用しよう。「喜びは、存在の到来の後にやって来るのとはほど遠く、存在を前にして驚嘆するのともほど遠く、それは存在と不可分であり、存在を生み出し、構成する」。）

このことは逆上させ、いら立たせ、怒らせる。これを語る言語は激化する。

（別のものが話すのに任せる方がよいだろう。少し距離をおいた言語で。「全体がアスベストでできたバシリスクであるローラは、ガムを口いっぱいに含みながら、赤々と燃えた火あぶりの刑のための柱へと歩いていく。すてきと彼女は口にする。貝殻で、ぎこちなく笛を吹く唇、ローラの唇、失われたウーラニアーの愛の唇。漂う影の全体が、斜めに立ち込める霧をよける。貝殻のような唇から漏れた最後のつぶやく残りものがラブラドル海岸からすり抜ける。ぬかるんだ潮とともに東のほうへ流れ出る。ヨウ素のなかで星へ向かって軽くなりながら。（…）私はそれをジャガンナート神の像のように手入れする。ひと切れのボンバジンと交わるモロク。オーガンザと交わるンザ。まっすぐなジャブの中のボレロ。（…）われわれは互いに静かに抱き合って、長い交わりへと滑り落ちていった」。ヘンリー・ミラー）

これは、享楽することにとって、自己同一性が単に失われるということではない。自己同一性は、そこで十分満たされている。事実、同一性は過剰なくらいだ——享楽することは、主体のシンコペーションのうちで、他者の横断のうちで、絶対的な自己を肯定することの謎を開いてみせる。享楽することは、特異な存在についての問いを、あますところなく提起する。われわれはおそらく、それを論じることはほとんどできないのだが。その問いは、何ものも自己に戻らないときに、「自己」にとどまるものとは何かという問いである。これは愛の問いそのものである。愛はつねに声に出して言われるのかどうか（「私はあなたを愛している」と）、喜びは、他者から到来し、来ては去るのだとしたら、それでもなお私のものなのかどうか。

それは現前の問いである。享楽することは、現前の最たるもの、曝露された自己である。いかなる現在も吸収することのない現前のうちで、（再）現前化はされないが、たえず自らを差し出す現前のうちで、我を忘れておのずから享楽する、そのような曝露された自己である。
先の問いに分け入ろうと試みるために、少なくとも次のことは言えるだろう。他者の現前への自らの現前を享楽する自己。彼は——彼女は——、他なる現前（これが横切るのだが）の迎え入れの現前にすぎない。横切る現前はひとつのかけら（éclat）である。享楽すること、喜び、それは特異な存在の輝き（éclat）を受け取ることである。明瞭であるより以上のその現前、あらゆる外観を超えたその現れ、プラトンはこれを*ekphanestaton*〔輝き出るもの〕と言った。しかしそのとき、享楽する彼、彼女がまぶしさに目をくらまされるのは、自己自身によってでもある。彼が恍惚となるのは、彼自身のうちにおいてでもある。とはいえ彼は自分を所有しているわけではないし、自分に再び戻るわけでもない。彼は共有されている。彼が共有する喜びと同様に。

　過剰であると同時に欠けるところのない、この光において現れるもの、腹として、口づけされた口として差し出されるもの、それは特異な存在である。ただし主体でも、個体でも、合一的な存在でもなく、横切る者（彼あるいは彼女）、来ては去る者という「自己」である限りでの特異な存在である。特異な存在は、その絶対的特異性を、過ぎ去りながらのみ差し出し、横断している最中にもう運び去ってしまうのだが、そうであればあるほど、絶対的特異性を確証する。特異な存在を通して差し出されるもの——きみや私を通して、あなたや私を通して、横切られることでしかない関係を通して——差し出されるもの、それが、存在の特異性である。つまり、同じ存在、絶対的に解された「存在」が、絶対的に特異であることである（それはしたがって、何ものも自己に戻ってこないときに、「自己」にとどまるものである）。

　この構成は、存在の心臓に埋め込まれているのだが、喜びのいくつものかけらのうちで再びよみがえる。

これを、享楽された存在と言うことができるだろう。このように愛の存在論的必然性を定義することができる。とはいえ愛は唯一でも必然的でもない。それは到来し、差し出され、存在の構造としても、存在の原則としても、ましてや存在の主体性としても打ち立てられない。したがって法則のない必然性、あるいは必然性のない法則と定義できる。つまり、愛のなかの存在の心臓であり、存在の過剰のうちの愛である。結局は、基礎的存在論とも、愛の気まぐれとも言うことができる。相関関係は因果的でも、表現的でも、本質的でも、実存的でも、他のいかなる知られた類のものでもない。おそらく相関関係も語ってはならないのだろう。とはいえ、存在のこの輝ける構成はたしかにある。「愛」は、その構成を定義することはないが、それを名指し、われわれにそれを考えるよう強いるのだ。

追記

――あなたは書いた。「そしておそらく、愛についての語りは同時に、愛の言葉でもあり、手紙、送付物でもある。というのも愛はそれが言い表される限り、送られるのだから」と。しかしあなたはこのテクストを誰にも送らなかった。それは、あなたがよく分かっているように、これをあなたが皆に送ったことを意味していない。皆を愛することはできないのだ。

――しかし、手紙、送付物は、出版されるやいなや、もう送付物ではない。それはその引用か、物まねだ。いったい何人の詩人に関して、伝記作家や批評家たちがわれわれに教えてくれるだろうか。詩人たちの愛の現実は、彼らの詩とかけ離れていることを。

――あなたは信じるのか？「私はあなたを愛している」は、これだけは、まだ引用ではないと。ヴァレリーの言うことを聞いてごらん。「一人の人間に私はあなたを愛していると言うこと――これは手習い文を暗唱することだ。それが発明されたことなど、いまだかつてないのだ！」。引用《シタシオン》のための暗唱《レシタシオン》、あなたはこの危険を犯すこともありえただろう。あなたは遊びに没頭して、語るための距離を失う危険も、愛を語る代わりにそれを暗唱する危険もありえただろう。

――私はそんなことは望まなかった。この遊びをしたら、過剰に語ってしまい、それでも必ずしも愛が増すわけではないのを恐れたのだ。

——そうはいってもあなたは、愛の詩や、手紙、対話に感動したことはないのかい？　あなたの愛——もしあなたがそれをもっているとして。でもどうやって知ることができるだろうか——は、こうした公の送付物に、何も負っているはずがないと信じるのかい？

——それは分かってる。私は自分の負いを知っているし、それを返していないことも知っている。でも、あなたも読んだとおり、私は愛から逃れて、解放されたいんだ。他者からやって来て、私を横切るかけらたち、おそらくあなたから、あるいは私から来て私を横切るかけらたち、それはまだ「愛」とは別の物だ。この言葉の重み、その宣言するものの重みとはいまだ別の物だ。それはもっと軽く、もっと放埒だ。それは愛の仰々しさに服していない。

——だから、この狂気のうちには、過剰など、無限の熱狂などないのだ。それは少なくとも他者ではあるのだろうか、少なくともあなたが愛をその人に送る他者ではあるのだろうか。他者でなければ愛はないのだろうか。でも、そのつど、たとえあなたが毎日変えても、たとえ同時に何人愛しても、それはただひとり、特異に、無限に、ただひとりの者に差し向けられる。あなたの軽薄さはこれを忘れていないか？

——いや、忘れていない。でもこの無限は取るに足りないもので、愛の言葉はそれには壮大すぎる。それとも、愛の言葉はそれでも卑小すぎる……もう分からない。私はおそらくこれを全部あなたにあげなくてはならない。あなたにすべて、印刷したすべてを送らなくてはならない。いたるところで、肌の無限な微細さに触れるように印刷されたそれらを。もどかしげに。半狂乱の無秩序さで。この無秩序が秩序や節度を見出すのは、つねに揺さぶられ、つねに断たれ、自らを増やそうと焦るためでしかない。指のせわしなさ。肉塊の上、わき腹の上、秘められた襞のあいだを這う指のせわしなさ——最後にはもう何も秘められていない……。私はすべてを送るべきだった。千頁の愛を。愛についてのひと言ではなく。あなただけに、あなただけに。そうしたら、それがいつも送られるやいなや粉々に飛ぶように、あらゆる人々のあらゆる愛の言葉が……粉々になって飛んだだろう。あなたへと放たれるやいなや……。

——そう、そのために送られるのだ。

省略的意味*

カントにとっては、われわれがもう感じることのない快楽が思考の起源にある。こうして、「省略」が言うように、思考は「根源的に情熱的である」。あらゆる哲学のうちにこの快楽の痕跡を見つけることができるだろう。これは起源そのものの快楽である。すなわち源泉を発見し、中心や原理に到達する満足または喜びである。より正確に言えば、起源が自分自身を見出し、自分自身に触れるときに感じる満足や喜びであり、

* 以下のテクストは、その諸主題において、とりわけ意味という主題においては、この論文集に収められてしかるべきだが、にもかかわらず、二つの点で特殊な位置にある。まず、ジャック・デリダにオマージュを捧げる意図で書かれたため、テクストの「諸主題」を二重化するこの「宛名」によって、ここではあまり相応しくない種類のものになっている。(それでも、私はこの「宛名」にのみ捧げられた序文を削除したのだが。)また、このテクストを初めに執筆した際(*Collegium phaenomenologicum* 討論会、一九八七年、責任者:ロドルフ・ガシェ)の規定は、デリダのテクストに忠実に沿って語ることであり、私が選んだのは「省略」(『エクリチュールと差異』の結びに当たる)であった。したがって、これから始まる議論の前提になっているのは、この著作の読解である。

自分自身が自分自身になることの起源であることの享受である。

これはまさに、カントが超越論的と名付けることになる思考の身振りでもある。つまり自らを発見する理性、自らを自分自身の諸可能性の原理に位置づける理性である。超越論的なものについてはあとで語ることになるだろう。さしあたり、「省略」は、起源について書くことで、「起源（へ）の情熱＝受難」（passion de l'origine）としてのエクリチュールについて書くことで、超越論的な位置に、少なくとも、それに類似すると見なすことのできる位置に身を置いている、ということだけは言っておきたい。

この位置から、可能性の条件がわれわれに与えられる。それ自体は起源ではないが（カントの「可能性の条件」における、起源のこの省略《エリプス》、あるいは蝕《エクリプス》は確実に、現代のあらゆる思想を大いに動揺させている）、反対に、起源そのものの可能性の条件を形作るものである。カント以降、われわれの歴史はこのようなものである。起源はもはや与えられていない――起源の快楽ももはや与えられていない。起源は、諸可能性のうちにある理性が、それへと遡及するもの、それに向かって、不可能事にまで進むものとなる。起源は、デリダがその差延と名づけることになるもののうちに入る。起源は差延化し、あるいは自らを差延化する。したがって、このようにして起源は、その享受、あるいはその情熱をなす。必死で。身体を失いつつ。

起源は、あるいは定義からして起源が意味《サンス》の起源ならば、意味は、自らのうちに、起源の意味、自分自身の意味をとどめている（また／あるいは差延化する）。自分自身、意味の固有の意味、固有の場所としてありながら。まさに意味そのもの、また「省略」に書かれているように「すべての意味」である。

（これがこのテクストで唯一、「意味」が登場するところである。テクスト全体で、そのすべての省略にわたって、たった一度きり、突如として。すべての意味。思考のテクストのうち最もささやかなものでさえ、これより露出を控えることはできない。）

意味（の）起源の可能性の条件は、エクリチュールと呼ばれる。エクリチュールは意味の伝達手段あるいは媒体ではない。というのもこの場合、エクリチュールは、意味の可能性の条件ではないからである（そうではなく伝達の条件である）。エクリチュールはここでは、このエクリチュール、つまり起源、意味、エクリチュールについての話の意味や論理をわれわれに伝えるデリダの言説のことではない（いずれにしても、この意味、この論理が伝達可能であるところまで、またその限りで）。エクリチュールはこのテクストが締めくくり、閉じる本（『エクリチュールと差異』という題の本）のエクリチュールのことではない。少なくともこの本が締めくくられ、閉じられるところまで、そしてその限りで。あるいはむしろ、起源（の）エクリチュールとは、このエクリチュールそのもの、この本そのものである。他のエクリチュールはない。再び閉じられた本以外に読むべきものは何もない。経験的なものと超越論的なものという、ふたつのエクリチュールがあるのでもない。ただひとつ、「エクリチュール」の「超越論的経験」があるだけである。しかしこの経験はまさに、自己に対する非－同一性を試す。別の言い方をすれば、それについての経験がないようなものの経験である。エクリチュールとは差異である。

このようなわけでエクリチュールは、「起源（へ）の情熱」と言われる。この情熱は起源に、不意にやって来るのではない。情熱は起源そのものであり、情熱が起源そのものを形成する。起源は情熱であり、起源の差異のうちでの、自己の情熱である。そしてこれが意味をなす。すべての意味を。すべての意味はつねに情熱である。«sens»という語のすべての意味において。（カントを引き継いだヘーゲルは、それをすでに知っていた。（存在の）意味は感受しうる感覚でもあることを。これは彼にとって美学一般の十字架であり情熱＝受難であった。したがって、エクリチュールの十字架と情熱＝受難でもあり、エクリチュールと哲学の関係の、更にはこの関係の意味の、十字架と情熱＝受難であった。）意味において意味をなすもの、意味の起源となるものは、意味が、自分自身が感じているのを感じることである。（意味を感じること、意味の意味であること（l'être-sens）に触れること——たとえそれがばかげた、意味づけされざるものであっても——、これがデリダの情熱である。意味の身体に触れること。意味を身体に取り込み一体となること。引っかき、手をつけ、入れ墨を入れること。火と意味に晒すことでもある。私はここで、これについてしか書かない。）

意味とは、何かが意味（世界、実存、あるいはデリダのこの言説）を持つことではない。そうではなく、意味が自分自身を、意味として把握し、とらえることである。

このことは、意味が本質的に反復されることを前提している。とはいえ、同一の仕方で二度おかれ、与えられるのではない。「本の再版」の場合のように。そうではなく、自分自身のうちに（自分自身として）、自己に関わる可能性を開くことで、「ある記号の別の記号への送り返し」のうちで反復されるのである。このような送り返しのうちで、意味は意味として認められ、自らを認める。意味は起源の写しであり、起源における、起源から終末への開かれた関係である。また、起源にとって、起源が起源となるものを（起源がその起源であるものを、起源が起源となることを）享受することの快楽である。

これが情熱＝受難であり、エクリチュールのあらゆる情熱＝受難である。意味が意味であるためには、あるいは意味をなすためには、反復されなければならない。つまりこの語の第一の意味で解釈すれば、それは再び要求されなければならない。意味は与えられるのではなく、意味の贈与の要求である。（これは要求の贈与を想定している。しかしこのときこれが、カントの用語で言えば、「超越論的」と名づけなければならないものである。言い換えればそれは、要求されるのでも要求しうるものでもない意味の純粋な現前である、超越的なものではない。）意味は改めて（しかし「改めて」において、すべては始まる。起源は新しいものではなく、「改めて」なのだ）、自分自身を意味として、要求し、求め、呼び、祈り、要請し、懇願し、欲し、呼び出し（intimer）、欲望し、誘惑しなければならない。エクリチュールは、無限に更新され、様態化されるこの要求に他ならない。意味はそこで、意味を繰り返し要求する。ヴァレリーにとって、詩においては「意味が繰り返し形式を要求する」のと同様に。実際に、同じものが問題になっている。デリダのあらゆる詩、あらゆる哲学はこの要求から出ている。

したがって、意味はもともと自らを欠いている。そして「すべての意味はこの欠如によって変質させられている」。エクリチュールはこの変質の道筋である。こうしてこの道筋は「省略的＝楕円的な本質」〔ellipse という語はひとつの中心、ひいては円の省略ないし欠如という点で楕円をも意味する〕を帯びる。なぜならそれは、円を描いて同一のものに帰着するのではないからである。省略＝楕円とは、自己への回帰のうちの他なるもの、意味の歩み（*pas*）の、意味のないこと（*pas*）の、実測図である。

しかし、何ものも正確には変質させられない。最初の意味などはない。二次的なエクリチュールが分離し、逸らし、乱しにやって来る最初の意味、また、意味の際限ない喪失を嘆く愁訴に、意味の際限ない再構成という骨の折れる期待に身を捧げにやって来る最初の意味などはないのだ。「すべての意味は変質させられている」。これはまず、意味が渇いていること（意味が渇いたものであること）を意味している。意味は自分自身に／自分自身の欠如に渇いている。ここに意味の情熱がある。（そしてこれがデリダの言語への情熱である。ここでデリダが用いるような altéré（変質させられた／喉の渇いた）という語において、意味の省略が意味を、意味の変質と超過をなす。）意味は自分自身の省略に渇いている。意味の根源的な比喩に渇いているかのように。意味を隠し、遠ざけ、黙って見過ごすものに渇いているかのように。省略、それは意味のもとを通り過ぎる意味の歩みである。黙って見過ごされるものは、あらゆる意味において、意味の意味である。しかしこれには、少しも否定的なところはなく、実際は、黙ってもいない。というのも失われたもの、言わないでおかれるものは、何もないからである。すべては言われる――そして思考のあらゆるテクストがそうであるように（あらゆるテクスト一般と言った方がよいだろうか？）、このテクストは起源についてのあらゆることを、起源全体を語り、自分自身を起源の知と称する。「ここ」というのが、このテクストの最初の語で、もう少し先には「今やそれは知られている」と書かれているのを読むことができる。ここで今、すべては言われる。すべての意味が、直《じか》にこのエクリチュールに差し出されている。すべてをただちに考えることほど、少ない苦労で、少ない情熱で考える思考はない。絶対的に享受することほど、ほとんど享受することのできない思考の快楽というものはない。したがってこのテクストは自分自身を指し示している。あるいはテクストを支える軌道を、テクストの楕円を指し示している。まさにひとつの「システム」（un système）として。そこにおいて起源それ自体は、「ひとつの場所でありひとつの機能にすぎない」ようなシステムそのもの（*le* système）として。

エクリチュールとは、この体系の情熱=受難である。一般的に体系とは、互いに分節された諸部分をひとまとめにする結合である――より正確には、哲学の伝統では体系は、〈生けるもの〉の諸器官の結合であり、その生命、あるいは〈生命〉そのものである（ヘーゲルによれば、生命が感じること、自分が感じているのを感じることにおいて、感覚が本質的に性格づける生命のこと）。エクリチュールの結合とは、本の「継ぎ目」、あるいは本の生命である。本の生命は——それが「賭けられている」(en jeu)のだが——閉じた本のうちで働く(se joue)のではなく、「本を支える両手のあいだで」開いた本のうちで働く。すなわちこのジャベスの本。デリダが開いたまま支え持ち、われわれに読み聞かせるこの本のうちで。ジャベスという、本のことしか、本についてしか書かない人の本。デリダがわれわれに書き、読ませ、われわれの手の楕円のなかで支え持たせる、デリダのこの本。

意味の今(*maintenant*)は、本を「支え持つ手」(mains tenant)のうちで分節され、反復され、賭けられる。この「支え持つ手」(mains tenant)は、現前を分かつことによって今を多数化し、現前を省略し、複数にする。それらは「われわれの両手」(nos mains)である。つまりそれはもう「私」の発する言葉ではない。それはわれわれの繁殖であり分節である。この継ぎ目は、読んでいる生けるものの結合を越える。継ぎ目は結合を延長し、それを超過する。読んでいるのは生けるものではない。死せるものでもないのだけれど。(本もまた生けるものでも死せるものでもない。)本を今支え持つ者は、体系である。その体系性が自分自身と差延化し、自分を差延化する体系である。「エクリチュールの今における差延」はそれ自身、エクリチュールの「体系」である。その只中には、起源は、ただある「場所」として内記されている。

差延は、意味の際限ない(繰り返す)反復以外の何ものでもない。この反復は、意味の倍化でも、つねに無限に遠ざかる仕方でもない。そうではなくこれは、自分自身の要求のうちでの、意味の意味への接近、到達することのない接近である。つまりあらわにされた有限性であり、「神が死んだ」このときに、これ以外には何も考えるべきものはない。

意味が与えられ、意味への接近が自らを差延化しないならば、また意味が自らを要求しないならば(何ものも要求せずに……）、意味は、水が水のうちに意味をもち、石が石のうちに意味をもち、閉じた本が決して開かれない本のうちに意味をもつ、それら以上の意味をもつことはなかっただろう。差延は自らを概念化させない。そうではなく差延は自らを書く。差延は、エクリチュールの要求、呼びかけ、要請、誘惑、愁訴、命令、懇願、歓喜である。差延は、情熱＝受難である。

それゆえに（Du coup）――というのも、それは打撃（coup）であり、起源それ自体によって起源のうちに与えられた打撃であるからだが――「継ぎ目は裂け目である」。したがってシステムはたしかに体系なのだが、ただし裂け目のシステムである。これはシステムの否定ではない。これがシステムそのものなのであり、その集約（*systasis*）の点で中断された体系である。裂け目は継ぎ目を断ち切らない。反復においても、「何も動かなかったのだ」。あるいは継ぎ目はそれ自身、そのものとして、それ自身によって、つねにすでに断たれていたのだ。つなげるものが分かち、端と端をつなぐものが分かたれている。裂け目は継ぎ目と別のものではなく、それは継ぎ目の中心＝心臓（cœur）であり、本質であり、情熱である。裂け目とは、継ぎ目がその上で連接される、正確で、限りなく目立たない限界である。つまり、両手のあいだの本、本の中の本の折り目である。心臓の心臓はつねに鼓動であり、本質の本質とは、それ自身の実存の退却である。

情熱＝受難が要求し、要請するのはこの限界である。これは、自己であるためにであれ、自己に現前するためにであれ、自己自身へと再び戻ることのないものの限界である。輪を描き閉じられていると同時に自らと出会いそこなう円、つまり楕円である。

楕円的＝省略的なのは、自己に再び戻らない意味である。つまり意味として、自分自身の意味を輪を描いて閉じてしまわない意味である。あるいは、自分自身の意味を閉じはするのだが、自らを反復しつつ、自らを差延化しつつ、また、意味の本質やその真理にと同様、意味の限界に呼びかけ、またそれらに訴えつつ、意味を閉じる意味である。この情熱に再び戻る限りで、自己に再び戻りつつ。

限界に訴えることは、ある領土の征服を企てることではない。境界地帯（confins）を固有化にすると主張することではない。というのも境界領域が固有化されたとき、もはや限界はないからである。そうではなく、限界をそのものとして要求することとは、固有化されえないものを要求することである。それは何も要求しないことであり——限界上で起こる際限ない曝露し、限界そのものである、空間なき空間への遺棄である。限界そのものは境界をもたない。したがってそれは無限であるのだが、それは無限空間でもない。ゆえに、限界そのものは「有限」でさえなく、終焉、あるいは有限性そのものである。

起源の思考。終焉の思考。起源の終焉の思考。起源において開始されるこの終焉。つまりエクリチュール。これが、本の最後の頁であり、テクストの最後の行である——これは冒頭の「今・ここ」のあとの、楕円のもうひとつの焦点である——そしてこれが、この本、このテクストがたえず要求し、呼びかけ、誘惑し続けるものを形作っている。「省略」の楕円は、自分自身の円環性の差延の上に、自己に再び戻ることのない承認の働きの上に、輪を描いて閉じられる。デリダは、最後の行にジャベスからの引用の最後の語を書き込む。それは署名であり、先立つ断片、文章の署名、つまり“Reb Dérissa”である。テクストの、あらゆる意味ではないとしても、あらゆる権威が、この戯れによって損なわれて＝変質して（altérée）しまう。テクストはこの戯れをすでに渇望している。「私」、つまり、このテクストの起源であり、著者であり、主体であるものを戯れのうちにおきたいという情熱＝受難をこのテクストはもっている。

テクストの囲い（clôture）が、別のテクストの引用であるという省略。署名としての引用。署名がいくつもの記号の限界を画している。署名は記号の出来事であり、記号の到来、記号の起源の所有、あるいは単独で特異な記号、もしくは単独で特異な記号としての起源そのものの所有である。単独で特異な記号はもはや記号をなさず、意味を分かつ。デリダは署名し、自らを指し示す〔脱－記号化する〕（dé-signer）。彼の署名は反復可能である。というのも署名の「意味」は、その反復のうちに丸ごと存するからである。署名は意義（signification）をもたない。署名の意味は反復であり、単独性＝特異性の要求である。デリダは自らを要求し、自分自身によって変質させられる〔渇いている〕。単独性＝特異性が二重化し、それはテクストの起源としての自己を渇望する。途方もない渇望であり、すでに飲んだ者、テクスト全体を、エクリチュールの全体を、飲んだ者の渇望である。それらに酔うことがなおさら、それらを要求する。デリダは酔ったラビである。

テクストの体系を秩序立てるラビの威厳は、彼の固有名を分身に託す（それ自身非現実的な分身に。テクストは、ジャベスのラビたちが「架空の」ものであることを喚起するのを忘れない）。分身は、デリダの名前のうち、da の d に代えて、二重の s ――「散種された文字」と、デリダはのちに書くことになる――を置く。ここ としての別の場所、現存在としての、あるいは実存としての虚構の存在。薄く、鋭利で、気持ち《デリ》を晴らす《ダン》〔デリダ化する〕デリッサは、名前と身体の限界に触れる。「動物的で、生き生きし、静かで、滑らかで、輝き、すべりやすい、そんな運動によって。蛇のように、魚のように」。デリダのテクストが、中心という「危険な穴に」、それを埋めるために入り込む本についてこう言っていたように。

その穴を快楽で埋める。というのも、それは遊びであり、そう、笑いだからだ。エストス・デ・リサ（Estos de risa）、それは笑わせる。ここで笑いがはじける――笑いは、決してはじけることしかない。自らを再び閉じたりはしない。デリダとデリッサという二つの焦点の周りに、口のように開いた楕円の笑い。笑いをまねる人。しかし何をまねる笑いだろうか？　何も。そのはじける笑い声を。起源が笑う。超越論的笑いというものがある――このテクストは何度も、エクリチュールのある種の「喜び」を繰り返し語っていた……。

超越論的笑いとは何だろうか。いずれにしてもそれは、記号の転倒、あるいは思考が必然的に要請する真面目さにあてはめられた価値の転倒ではない。この笑いは真面目さを笑ってはいない。この笑いは真面目さの限界――意味の限界で笑うのである。超越論的笑いとは、何も知るべきものを与えない可能性の条件の知である。ここには喜劇はない。これは無‐意味でも、皮肉でもない。この笑いは何かを笑っているのではない。それは何も笑わず、わけもなく笑う。それは何でもないもののために笑うのだ。それは何も意味しないけれど、不条理ではない。それはその笑いがはじけることであるのを笑うのである。それはデリダ、デリッサと笑う。このことは、この笑いが真面目さを欠いていることを意味しない。ましてや痛みを欠いていることも意味しない。リッサ、リダ、これは真面目さと不真面目の対立、苦痛と快楽の対立を超えている。あるいはむしろこの笑いはこれらの対立の継ぎ目にある限界である。それらを分かつ限界であるが、それ自身はこれらの項のそれぞれの限界に過ぎず、それらの意味作用の限界に過ぎない。この限界に、これらの意味作用、そのものとしての意味作用は曝露されている。別の言葉で言えば、この類の限界――デリダならこのような限界（*telle limite*）というだろうが――、そこで苦痛と快楽が喜びを互いに分かち合うような限界は、崇高なものの場所である。私は、もっと美学的ではない用語で、それを曝露の場と呼びたい。起源は曝露される。起源ではないということに。

喜び、陽気さと言ってもよいものが、つねに哲学の限界にあった。これは喜劇でも、皮肉でもないし、グロテスクなものでも、ユーモアでもない。おそらくこれらのすべての意義を混合してもいるのだろうが。しかしこれは、あらゆる「意味作用を有した滑稽さ」（ボードレールの表現によれば）の省略でもあり、むしろ、デリダのテクストが名づけた「奇妙な平静さ」に属する。この平静さにおいて、この平静さによって、知は知ることとの重みを軽減され、意味は、「同一的なものの外に出ること」の究極の軽さとして自らを認め——自らを感じる。この究極の軽さは、「それ自体は少しの重みもない」が、「本をそのものとして思考し、その重さをはかる」ものである。言語のうちに内記されている思考と計量のこの働きは、尺度としての、試験としての思考を物語る。ここでは、本を、その継ぎ目を、測ること、試すことである。

しかし、まさにこれ、何ごとかをよく語り、語源（*etymon*）からずれた意味に満ちている働きによって何かを語る、これ自体が、何も語らず、何も意味せず、語ることを欲しない。これは語源のうちの何ものも固有化せず、意味の根源的な属性を固有化させない。デリダ／デリッサの楕円もまた、いかなる血縁関係をもわが物としない。思考はそこで、自らの重みを計らせるままにならず、自らを思考させるままにならない。もし何かがあるとすれば、笑いの軽さ、微細かつ無限な軽さがある。再度言わなければならないが、この軽さは何ものをも嘲笑しない。この軽さはそれ自身、意味の軽減なのである。喜劇のいかなる理論、機知に富んだ言葉についてのいかなる理論もこの軽さを操ることができない。ここにおいては、理論が自分自身を嘲笑する羽目になる。デリダはつねに笑うことになる。乱暴な、軽い笑いで、起源やエクリチュールを笑うことになる。

意味の軽減は、意味の重荷を降ろすことでも、意味を解き放つことでも、それを濫用することでもない。意味は軽減され、笑う。意味として、意味を呼ぶ呼び声の只中で、繰り返し意味を求める意味の要求の只中で。意味の軽減（allégement）は（これは安らぎ（soulagement）ではない）、その限界を手段としてもつことであり、それ自身の有限性の無限を意味としてもつことである。

この意味、「すべての意味」における意味、意味の変質そのものによって形成される意味の全体性。この全体性の全的な存在が、全体化されないこと（とはいえ全体的に曝露されること）にその本質がある、そのような全体性。これを、ひとはつねに「言葉遊び」へと、言葉の離れ業あるいはいたずらへと、つまりは、取るに足らない表面的な騒音へと、早急に翻訳してしまおうとする。とはいえそれでも、ヘーゲルがするように、これらの言語ゲームを「止揚し」ようと望むのは誤りだろう。ヘーゲルは、「止揚」の語の遊びを通じて、弁証法そのものを取り除いてしまうのだから。「生きた発語《パロール》」がそれを現前へともたらすような、言葉の起源、更には言葉以前の起源と見なされる、言語の精神、あるいは言語のなかにある精神というものは存在しない。これよりはるかに軽く、これよりはるかに深刻である。言葉《ランガージュ》は独りだからだ――「エクリチュール」という名が意味しているのもまたこのことである。すなわち、言葉が意味を、意味が決してそこからは出てこない、生きた声、また無言の声に預けてしまうことによって意味を手放したときに、言葉のうちで残っているもの、言葉に残っているもののことである。

「言葉は独りである」とは、言葉だけが存在することを意味しない。さまざまな断面に彩られた「生」や「具体的なもの」の「意味」を自分たちに提供することのない――つまり、彼らに対して名指すことのない――思想を、「言葉に閉じ込められた哲学」として告発する人々が、素朴にかつ平然と信じたように。「言葉はひとつきりである」が語っているのは、反対に、言葉がひとつの実存でも、実存そのものでもないことである。そうではなく、言葉は存在の真理である。言い換えれば、実存が存在の意味であるとしたら、意味の存在を指し示すのは、ただ言葉だけであり、それを自分自身の限界として指し示すということである。

　実存とは、何ものかの「ある」(il y a) ことである。あること、これが起源と意味である。そしてこの「ある」という語のうちで、言葉が燃え上がり、笑い、消える。しかし、一般に何であれ、そのものの「ある」のための言葉しかない。特に、あらゆる「ある」のなかでも、われわれを凍えさせ、驚嘆させ、苦悩させる「ある」、「そこに、しかし彼方に存在する」「ある」のための言葉しかない。つまり、存在の真理、実存、超越の内在――あるいは更に、内在と超越という形而上学的な対に挑むもの、それを脱構築するものとしての有限性である。この「ある」は現前そのもの、経験への、われわれの両手への、直《じか》の現前であり、今を基点とした今からの現前である。しかし「ある」(il y a) のyは、「そこ」にも、「彼方」にも、他のどこにもまた位置づけられない。もっと近く、何らかの内面性のうちにも位置づけられない。Yが「合図をする」(記号をなす)(fait signe) のは、もはや記号のないところである――記号の要求の反復以外は。記号から記号へ、あらゆる意味に渡って、実存が曝露されることになる限界にまで赴く反復以外は。yは限りなく軽い。それは継ぎ目であり裂け目である。あらゆるシステムの軽減、あらゆる循環の省略、エクリチュールの薄っぺらい限界である。そこでひとは、自己へのではもはやない現前に触れる――自己への現前ではなく、到来する現前の反復と嘆願である。(デリダは「おいで!」と言い、書くことになる。存在論全体の――あるいはそれを欠いた――命令法の、高圧的な省略として。) 彼のテクストは言う。「未来 (avenir) はやがて存在するはずの将来の現在ではない」と。なぜなら、未来は来るべきもの、yから、yのうちに来るべきものであり、だからこそ、「本の終結の彼方は待つべきものではない」のだ。それは「そこに、しかし彼方に」あり、したがって、ここで、いま、呼ぶべきもの、限界において呼び出すべきものである。呼ぶこと、反復される要求、楽しき懇願は語る。「あらゆるものがここに来るように」と。あらゆるものがそこに来るように、あらゆる意味が、ここに、いま、来て、変質するようにと。私が書き、書き損なっているまさにこの時点、われわれが読んでいるまさにこの時点にも。エクリチュールの情熱＝受苦は、他のものでは燃え上がらないのだ。

II

したがって、実存の「ある」のうちでは、現前へと「そこにやって来る」もののうちでは、存在と、存在の意味が問題である。哲学の大きな二つの表現形式のもとでは、超越論的なものとは、存在を留保すること、存在の引き籠り、あるいは存在の退去を意味した。アリストテレスの存在は、それによって存在が「多様な仕方で」語られる、多数のカテゴリー（範疇であれ、超越論的なものであれ）の手前に、あるいは彼方に取り置かれるものである。一方、カントの超越論的なものは、経験の唯一の諸条件についての知をもってして、この経験を支えることになる存在の知に置き換えることを意味する。存在は、この条件のなかで、主体性のなかで差し出され、そのなかに引き籠る。主体性は、実体として到達されるのではなく、要求として知られる（また判断される）。

存在の意味についての問いが、それ自体として、哲学において――あるいは哲学の限界上に――再び内記したとき、それは超越論的なものを押し破るためでも、それを超越して、退去の収蔵庫のうちに侵入するためでもなかった。そうではなく、それはハイデガーにおいては、この退去それ自体を本質として、また存在の意味として問いただすためであった。存在、それは、存在するもののうちの何ものでもなく、実存がその賭けであるようなものである。これが、「存在的－存在論的差異」である。存在するあらゆるものに対する存在の差異は、実存を、存在の意味の（有限性のなかで、また有限性として）賭けとしてあらわにするものそのものである。

こういう次第で、（起源の退去という）超越論的なものと（起源における資源という）存在論的なものの対立あるいは補完性は、問いのあらゆる妥当性を失っていた。必要になったものは、まったく別の存在論、あるいはまったく別の超越論的なもの、あるいは更に、そうしたいかなるものでもなく、それら両方の省略である。存在の退却でも、存在の与えられた現前でもない。そうではなく、この現前そのもの、存在それ自身であり、痕跡としてあるいは道筋としてあらわにされた、存在としての存在である。現前から退きつつ、とはいえこの退去を再びたどって、退去を現前させつつ、そして現前しえないというその固有性のうちでそれを現前させつつ。この固有性は絶対的な固有性そのもの、絶対的なものの固有性以外の何ものでもない。有限性の絶対としての絶対的なもの――あらゆる収集から、〈無限〉のうちでのあらゆる止揚から切り離されたその存在――は、道筋の出来事のうちで、所有しえない固有性（おそらく、「性起」〔出来事〕(*Ereignis*)である）を自らに所有させる。

（絶対的なもののこの方向転換、このねじれの、あらゆる歴史的、倫理的、政治的試みを強調しなければならないだろうか。神が死んだときには、また神とともに、〈理念〉、〈精神〉、〈歴史〉、〈人間〉も死んだときには、「実存の意味」の問い以外の何もない。しかしまた、この問い以前に、問いの彼方に、実存の意味のあらゆる情熱がある。円環を描く意味から、楕円的＝省略的な意味へ。これをどのように思考し、どのように生きたらよいのだろうか。この点に、次のことを加えなければならない。どうあっても、何と言われようとも、哲学はやり損ないはしなかった。デリダや、彼とともに他の人たちは、時代の不安と崩壊のなかで、実存の意味の配慮への道を切り拓くだろう。いつも新たに切り拓かなければならないこの道を。）

　エクリチュールについての思考（文字の意味の思考というよりはむしろ、意味の文字の思考。つまり解釈学の終わりであり、意味の開け、始動である）は、存在の意味の問いを再び内記する。存在《エートル》と文字《レットル》の省略であり、楕円である。この再度の内記によって何が起こるのだろうか。「省略」がするように、起源のうちで「書かれた存在」あるいは「内記された存在」が指し示されるとき、何が起こるのだろうか。ここでは、答えの全部を与えることが問題ではない。そこで「起こる」ことは、起こり終わることがなかった。デリダは彼自身の答えを追放し、変形させることをやめない。おそらく「答え」はエクリチュールの運動のなかにある。それは、彼「について」書くことで、しかしまた「われわれ」について書くことで、反復することがわれわれの役目でもあるような「答え」である。

　しかしここで、おそらく次のように言うことができるだろう。存在と文字の省略＝楕円のうちで、存在の意味の差延のうちで、存在はもはや単に実存者に対するその差異の只中に、あるいはその隔たりのうちに引き籠るのではない。万一、存在的‐存在論的差異が中心的とみなされえたとしても（いったいどの程度そう見なされたのだろうか、ハイデガー自身においても）、もしこの差異が、〈存在〉の継ぎ目、それ自身の差異のうちにうち建てられた〈存在〉の継ぎ目を中心とするシステムをなすことができていたとしても、それはいまやいかにしても可能ではない。（存在の）差異は、それ自体が差延化する。差異は自分自身からも引き籠り、自らを再び呼ぶ。この差異はそれ全体が退却している。「〈存在〉の差異」のうちでの（あるいは「異なる〈存在〉」のうちで、または、まったく〈他なるもの〉のうちでの）どの割り当てがこの差異を後退させうる以上に。のちにデリダが次のように書くことになる。「存在的‐存在論的差異という決定的概念のうちでは、すべてがただひと筆で思考されるべきというわけではない」。ひと筆より多く、一度の筆引き（*ductus*）より多く（ジネヴラ・ボンピアーニは、この古文書学用語を私に示唆してくれた。これは、文字を描くのに用いられる筆致の各々を意味する）、これが意味しているのは、筆致の多数性と同時に、その柔軟性であり、その継ぎ目における裂け目であり、また――これらの出来事の条件としての――筆致の消去でもある。つまり、ただひと筆よりも少ない筆致、自分自身の柔軟性によって筆致が溶解してしまうことである。これが意味しているのは、差異の、差異のうちでの筆引き（*ductus*）であり、内面性をもたない差異の「内部」のようなものである（内面性は、存在の内面性の、実存者への退去である）。外部へとやって来る内部である。

存在的‐存在論的差異の意味は、この差異であることでも、あれやこれやであることでもない。その意味は到来し、生じ、性起し（*sich ereignen*）、それが共約不可能であるという固有化不可能なもの（l'inappropriable）を固有化（s'approprier）しなければならないことである。存在は、それ「自身の」（propre）実存の襞以外の、あるいは襞以前の何ものでもない。それは、本を支えるわれわれの手のあいだにある本の襞、つまり折り目である。襞は筆致を多数化し、本をエクリチュールへと開く。差異は、それがたどると同時に消し去る無限の退去に等しい到来のうちにしかない。差異は「そこに、しかし彼方に」ある。

変質した意味である実存は、そこで、その「彼方」を要求し、呼び、出頭を命令する。省略的意味である実存は、その意味を省き、超える。つまり、実存はその意味を引き出し、それを超過する。
書くこと、それはこういうものだ、と彼は言う。

おそらく別様に言わなければならない。定義上、存在の（存在の襞の）彼方には何もないと。そしてそれは絶対的な限界を画していると。しかし絶対的な限界は外部なき限界、外国なき国境、外面なき縁である。したがって、それはもはや限界ではなく、ないものの限界である。このような限界はたしかに、限界なき拡大でもあるが、存在それ自体が無だとしたら、無から無への拡大である。このようなものが、有限性固有の無限である。この拡大は、限界なき掘り下げであり、この掘り下げがエクリチュール、自らを再び掘る空虚である（「省略」のなかでジャン・カテッソンの引用がそう述べる）。

こうして、空虚はそれ自身で溝を深め、自分を傷め、そうして自らを明るみへと曝露する。エクリチュールは、いかなる哲学的洞穴よりも更に深い洞穴の掘削機である。あらゆる大地を掘るブルドーザーやキャタピラー——機械の情熱、機械操作的（machinique）で機械的な（machinal）、工作された（machinée）情熱である。この機械、J・Dと刻まれたこの機械は、中心《サントル》を、腹《ヴァントル》を、掘り進める。腹は変質した空虚である。機械は腹裂きを行う。それ自体子宮痙攣的な（hystérique）腹裂きを。エクリチュールの子宮痙攣性は、産み落とすこと、白日に曝露すること、耐えられないが単純でもある日のなかに産み落とすことである。内臓切開と分娩の真の模倣によって、いかなる腹も内に宿せない存在のこの限界を産み落とすことである。エクリチュールは、必死で、身体を失いつつ（*à corps perdu*）、そのことに肉をささげ、身をすり減らす。

とはいえ、エクリチュールは何もなしはしない。それはむしろ機械装置（machinerie）によって、陰謀（machination）によってなされるがままになる。つねにエクリチュールよりも遠いところから、存在の情熱から、エクリチュールにやって来る陰謀によって。存在の情熱とはしかし、エクリチュール自身の来るべき差異、彼方があるそこへとつねにやって来るエクリチュール自身の差異以外には何もないという存在のありさまの情熱＝受難なのだが。

このことは次のことも意味している。エクリチュールの問いにおいては、（存在の）意味の問いが、問いとしては変質しており、もはや問いとして現れることも、自らに現れることもありえない。問いとは意味をあらかじめ前提するものであり、答えのうちで意味を明るみに出すことを目指す。しかし、ここでは意味は、意味への訴えとしてしか前提されていない。意味への訴えという、ばかげた、意味づけされ－ざる意味である。つまり、結局は何も円環に閉じこめないが、それでも訴えかける楕円＝省略、したがって、そこで楕円自体が、その幾何学的形状が、叫びによって食された、「開いた口」である。ただ、声のない叫びである。それは変質した意味でしかない。

訴えには、答えは応答せず、現前への到来、不意の到来が応答する。性起〔出来事〕（*Ereignis*）とは、ハイデガーにおいて、その固有化できないことのうちでの（への）固有の現前の出現を名付けたものであった。「エクリチュール」ならば、この出現そのもののうちなる、現在の省略を語ることだろう。現在のこの省略によって出来事は起こる。あらゆる「自然な場所であり中心」の追放より他の場所なき場所を持ちつつ。場所そのものの間空け、「痕跡」の、「われわれの両手」の間空けより他の場所なき場所を持ちつつ。

しかしエクリチュールは、自分のものである限界については、そこにおいてエクリチュールが自己として存在しないような限界については、このことさえ「語る」ことがない。エクリチュールは、確言を問いに代えることはない。エクリチュールは何かを何かに代えることはない。それは言説に、いかなる変形も、いかなる練り直し、あるいは再評価もほどこすことはない。エクリチュールの「システム」は、意味「についての」もうひとつの言説ではない。それは運動であり、情熱＝受難であり、意味に、「すべての意味」に不意に到来する、待ち切れなさである。

ある意味で、また法外な意味——省略それ自体の省略——において、言説というもの、哲学というものはない。デリダの思想というものさえない。少なくともそれが、つまり、エクリチュールのうちで思考を省略し、食することが、デリダの情熱になるだろう。もはや思考しないこと、到来すること、到来するままにすること。そしてもちろん、それは「企画」することでも、「思想の企て」をなすことでもない。それは「プログラム」をなし、こう言ってよければ——つねに自己の前にある痕跡を——衰弱のプログラムをなす。彼はこれを熱心に実行する。

存在の意味は、自らを差延化し——自分自身の差異を（と）差延化しつつ、実存と同じもの、他の何ものでもないものとなるに至る。また、自らを呼び、自らを要求し、「同じもの」であること、自らが直に（*la même*）実存と「同じもの」であること、自らの差異であることを反復し、文字どおりには意味をなさない意味の文字のうちにつねに、開かれた本たちのラビを思い起こす。「聖書」（*la biblia*）のラビではなく。したがってこれはデリダの言説でも、デリッサのでも、だれの言説でもない。これが今日、いまここ、つまりわれわれの歴史＝物語で、あらゆる言説のうちに、その裂かれた継ぎ目にやって来るものだろう。この到来がそこで止められうることもなく——反対に、そこでは到来は、つねにやって来つつあるもの、生じつつあるものである。

やって来るとは、享受するとは何だろうか。喜びとは何だろうか。これはもはや「問い」ではない。これは哲学にとって一度も問いであったことがない。哲学がこれについて何も知りたいとは思わなかったからにせよ、それが問いでないことを哲学がつねに知っていた（これに関してはスピノザが、皆の代弁をしてくれる）からにせよ。そうではなく、それはまさに、やって来ること、限界にやって来ること、来ることの限界からやって来ることであり、つまり無限の有限性である。

どこにそれがやって来て、どこからそれがやって来るのかに関しては、いまだ言説以下のものであり、エクリチュールでもない。エクリチュールは到来であり、到来の訴えだからである。とはいえそれは——残されたすべて、残されたすべてのもののすべての意味である。すなわち、世界、歴史、身体、感覚、労働、技術、芸術作品、声、共同体、都市、そして情熱、情熱とさえ呼ばれているものであり、おそらくわれわれが、一貫してそう繰り返し書かなくてはならないものである。

いずれにしても、この問題外の（*hors de question*）——しかし呼びかけの外ではない——喜びは、安易で保守的な言説の臭いがする、などと語られることにならなければと願う。悪臭を放つのは「幸福」である。幸福は死体置場で、乾物屋で、麻薬クラックで発散された。われわれはたえずこの悪臭を吸い込んでいる。もちろんその蓄積はいつか爆発するだろう。喜び、実存の意味は、際限のない要求である。とはいえ、否認も拒否もできない要求である。

III

再びテクストを取り上げ、反復しよう。楕円＝省略のもうひとつの極へと再び戻ろう。変質した輪をその始まりに再び戻してみよう。輪に始まりがあるとしてだが。

「ここあるいはそこで、われわれはエクリチュールを見分けた」。すべてがそこにある。この碑文のような冒頭句のうちに、ただの一撃で。この冒頭句の確言、あるいは肯定性は控えめな韻律法に支えられている（ここで、当の文章をもう一度読み直さなければならない。韻律をはっきりさせて）。すべてはこの言語の情熱のうちにある。非常に単純で、取るに足りないこの文章に意味をたくさん負わせ、非常に短いこの短声歌に、和声をたっぷりほどこした言語の情熱のうちに。どこか目立たない場所で、この文章が変質し、裂け、音もなく砕けてしまうほどに。デリダはつねに言語への飽くことなき渇きをもつだろう。彼は言語を砕きたいとつねに情熱的に望むことだろう。

「ここあるいはそこで」、というテクストの最初の言葉がこのテクスト自身を、またテクストと共にそれが囲んで閉じる本を、入れ子構造のうちにおく。まさに「ここで」、なされてしまったこと（エクリチュールを見分けること）は、なされたのであり、したがって、まさに「ここで」、なされているのである。ここ、つまりすでに過ぎ去り、開始された現在で。いつ、われわれは読み始めたのだろうか。いつ彼は書き始めたのだろうか。それはなされた。発見は起こった。始原はおかれた——この冒頭句は結論であり、本の体系立った結論である——、とはいえそれはここに、われわれの眼下に、われわれの両手のあいだにある。これは賭けられ続ける。それが「ここに」書かれている今なお、「ここに」書かれているからこそ。これは「過ぎ去った現在」ではなく、エクリチュールの現在の過ぎ去りである（エクリチュールの現在＝プレゼント、エクリチュールの贈与は、われわれが彼「について」書いているその与える者もまた、与えることなしには何も与えない）。これは現在ではないものが現前へとやって来ることである。（現前に到来するものは、現在にはならない。）それは到来し続け、限界に到来する。現前それ自体が限界以外の何ものでもない。そして限界それ自身が、ただ現前へと無制限に到来することに他ならない。これはまた、現前の、現在する、無制限の贈与、プレゼント、あるいは現前の捧げ物でもある。というのも、現前は与えられるのでは決してなく、つねに供され、あるいは呈示されるからである。つまるところ現前は、それを受け入れるか否かのわれわれの決断に供されているのである。

そして「ここ」はすぐに二分される。ここあるいはそこにである。そこ、そこという語は、テクストの末尾に到来することになる。そしてそこが今度は、テクストの末尾で二分化される。「そこに、しかし彼方に」である。ここあるいはそこという、テクストの二つの焦点がすでにある。すでに楕円がある。楕円は丸ごとそこにある。

何年か後に、別のテクストの末尾で、デリダはもう一度、彼自身の署名（固有名の固有の意味の署名。そこでは実際あらゆる意味が変質する）の形状と、それを真似た偽物の形状を添えて書くことになる。彼は「ここに。どこ？　そこに」と署名するのだと。ここはたち退き、そこが、自分自身の場所に（それを行うことによって（performant）穴を開ける（perfore）。デリダのすべてのテクスト、すべての著作は、穴を開けられること、行うことによって変質し＝渇いている。彼のすべてのテクストや著作は、自らを溢れさせることの、それがないところに自らを供することの、それがいまあるところにあるのを自身に禁ずることの、癒しがたい渇き、酔いを帯びており、また渇きや酔いそれ自体である。それは自分自身によってしか支えられないのだが、自分自身に耐えられない。このことは、時代の意味の、われわれの意味の、荒々しく、絶望した、喜ばしい彷徨を要約している。われわれの言葉の、今後は声の聞こえない厚みのうちで固められ、タールを塗られた意味であると同様に、西洋の向こうからの大風のうちに撒き散らされた意味の彷徨を。デリダのすべてのテクストは、聞こえず、話さないテクストである。

　したがって、すでにここに省略を内記する時間である――題名（デリダの題名であり、それを再び反復する私の題名でもある）がすでにそうしたように。あるいはもっと正確に言えば、そうしないことはできないのだが、行くところまで行かなければならない。省略の省略まで。

　というのもデリダは省略によって、彼が当然ながらおろそかにできなかったこの語の比喩的用法にしたがって、省略という語の意味を説明するのを省いてしまうからだ。（そもそも、題名の「省略」からして、題名の省略である。彼は、署名しないでいいように、また、このテクストに題名をつけないでいいように技巧をこらす。）彼はギリシャ語でそれを書き込むことになる。そしてそこに省略法で、欠如の二重の価値、つまり脱中心化と、回避とを並べることになる。省略とは次の通りである。私は避ける――私が書いていることを書くのを。私は書くことで生き（vis）、書くことを避ける（évite）。

　省略が（蝕（l'eclipse）と同様に）語源として欠如の観念を、的確さや厳密さの不在の観念をもっていると語ること（書くこと）を、彼は避けることになる。幾何学上の楕円は、われわれが知っている楕円を特定して指し示す以前（ペルガのアポロニウスが『円錐曲線論』で行ったのだが）は、まず、同一的であることを欠いた図形を指す総称的な語であった。楕円は円から逸れ、半径が一定であるという属性を、絶えず変化する二つの距離の和が一定であるという属性へと二重化する。こうしたすべてのことによって、省略＝楕円あるいは複数のそれらについての歴史的、構造的、修辞学的、文学的分析によって、省略＝楕円はなされたのだ。

しかし単に、「省略についての、また省略された省略」という思弁的な戯れが問題なのではない。「省略」と言われることによって（これは「省略について」と題するのと同じことではない）、また、その深遠な思索、それ自体は単純な、限りなく単純な思索を提示することによって、このテクストはまったく別のことを述べ、書き、あるいは「省略する」（食し、明らかにする）。このテクストは次のことを知らせる。それが更に別のものの省略も行っていることを、そしてわれわれは知ることができないこと、知ってはならないことを。われわれが何かを、まさしく、決定的に欠いていることをそのテクストは知らせる。おそらく同時にたくさんのものを。たとえば、「デリダ」と「デリッサ」のあいだの同一性、あるいは、見えないもの、名づけられないものと名づけられ、指し示され、示された「この別の手」を。そしてこの手に続く省略符を……蛇の、あるいは魚の手を……。このテクストはエクリチュールについての、意味についての、意味づけされたあらゆることを述べる。同時にそれは、別のことを隠し、別の話を物語っていると述べる。しかしまた、この秘密の開示は何も隠していないと述べ、別の話などない、あるいはそれ自身、別の話を知らないのだとも述べる……。このテクストは、それが書くだけを消し、書く限りで消し、消去を書き直し、この痕跡もまた消す……。確実に、われわれは意味＝方向を欠いてしまうだろう。意味はわれわれを変質させてしまうだろう。J・Dの情熱、それは彼の読者を変質させることである。エクリチュールに他のどんな情熱＝受難があるというのだろうか？

しかし再び、まずは、「ここあるいはそこ」である。場所の省略、二つの焦点の楕円。それらのどちらもテクストを中心におくことができず、見分けられたエクリチュールに特定の場所を与え位置づけることができない。この二重の焦点、この二つの火、二つの光、二つの焼け焦げは、われわれに示され、隠されている。更に、「二」は二以上であり、「二」は倍数に道を開く。「ここあるいは（*ou*）そこ」において重要なのは、*ou* という宙吊り、ためらい、待ち時間である。どこに（*où*）エクリチュールがあるのか語らない *ou* の。いつとも、どのようにとも語らない。「ここあるいはそこ」は、定まった場所を持たず、「時折、時によって、時々」でもあり、したがって、「行き当たりばったりで、幸運にも、偶然に」でもある。エクリチュールは幸運によってしか見分けられない。デリダがここで身をゆだねているように見えるエクリチュールの計算さえ──綿密で残忍な計算、幾何学者の厳密さ（彼もまたペルガの出身なのだろうか？　羊皮紙の街の？　これは、ここで、引っかき削られた小さな秘密なのだろうか？）、意味の変調の、意味の散種の、組織的な狩り出しに見られる、規則正しい執拗さ──こうした計算さえもが（そして実際は、こうした計算こそがとりわけ）、言語の偶然性にゆだねられている。ここあるいはそこで、エクリチュールは賭けに参加している。あるいはまた、賭けを強いる。もし意味の輪が閉じられていたとしたら、それはいたるところで起こる〔場所を持つ〕か、あるいはどこでも起こらない〔場所を持たない〕かだろう。もはや賭けはない。ただ意味だけがあることになるだろう。しかし意味の賭けは、その諸規則の、危険を伴う省略を含むのである。

明白な文字通りの解釈も、それに劣らず明白な「入れ子構造」も、テクストの意味を形作ってはいない。意味の「すべて」（tout）も、意味の「穴」（trou）も形作っていない。そうではなく、つねに新たに省略がある。つまり、省略としての意味それ自体、中心の周りに配置されないが、果てしなく、限界へ――ここあるいはそこへ――やって来る意味それ自体である。限界においては、意義が欠け、ただ現前のみがその意味へとやって来る。ラビであり、魚であり、羊皮紙である。あとは誰が、何が来るだろうか？ 現前のこの意味は喜びである。つまり、意味しうる意味の（自己－に－現在する意味の）あらゆる提示とあらゆる現在の手前あるいは彼方にあらわにされた、この現前を享受する喜びであり苦痛である。これは、場所が意義ある特権をもたないところで起こる。あらゆる現前に、それらのあいだのあらゆる差異に中立的な、離散した場所で。つまり、ここあるいはそこの、つねに変わらぬ総計である。

幸運にも起こる（起こった）ものは、識別である（「ここあるいはそこで、われわれはエクリチュールを見分けた」）。つまり、鋭敏で洞察力のある眼力である。洞察力のある眼差しは、「迷宮」を通って、「深淵」を通って、あるいは「それ自体が、曲折に曲折を経て表される、純平面の地平のうちに沈み込みつつ」（というのも、その「書記素」に直《じか》に見分けるのでなければ、どこでエクリチュールを見分けるのだろうか？）、エクリチュールにまで滑り込むことができた。「脱構築された」言説の隙間に、鋭い理論は、それ以前は見ることのできなかったものを見た。ここまでは、哲学的テクストの古典的な冒頭句の言い回しである。しかし見分けることは、垣間見ること（*entrevoir*）に過ぎなくもある。それはほんの少しだけ見ること、あるいは、楕円にした眼で見抜くことである。観照すること（*theorein*）は、ここでは究極まで縮減されてしまっている。薄明かりのうちの残余にまで、昼のではなく、「寝ずに目配りする」視覚にまで縮減されてしまっている。「われわれは見分けた」。われわれは輪郭線で分けた。つまり、輪郭と分割（division）を、輪郭としての分割を描き出す二つの輪郭線で。（テクストでそれに続く文は、この「分有」（partage）を「描く」ことになる。そして「分有」それ自体が分有される。つまり、分離と伝達、交換と孤立にである。）われわれはエクリチュールの限界を、限界としてのエクリチュールをなぞった。われわれはエクリチュールを書いた。エクリチュールは見えない。あるいはほとんど見られない。それは書かれる。それは描かれ、それを見ようと望む者の目の前で消されてしまう。エクリチュールは自らの痕跡を頼りに、手探りで進む。しかしその消去はエクリチュールの反復をなす。これはエクリチュールの要求であり、訴えである。これはエクリチュールを横断する「すべての意味」である。これらは、つねに他所からやって来て、どこからもやって来ず、つねに他所にやってきて、どこにもやって来ない。われわれ自身を避けながら、われわれに供されつつ。

だが、「われわれ」とは誰だろうか？　エクリチュールを見分けた*nous*は、哲学者デリダの威厳の«nous»であるのと同様、著者の謙譲の«nous»でもある。しかしそれはまたわれわれのもの（*le nôtre*）でもある。「われわれ」の歴史のうちの共同体に属する*nous*である。エクリチュールを見分けることの歴史性を、«nous»は語っている。エクリチュールのこの識別は、近代性《モデルニテ》において（たとえば、ベンヤミンやバタイユからブランショまで）、エクリチュールがある程度の資格《ティトル》あるいはグラフの描線を得るのと同じくらい最近のことである。デリダはエクリチュールを哲学に内記することを請け合い、引き受けるのだが（このことはまた、デリダがエクリチュールの「文学」を発明することも意味する）、同時に、この識別は、哲学への最初の内記と同じくらい古い。のちにデリダは、プラトンに至るまで、書物とテクストの分有、つまり西洋の楕円＝省略を辿りなおすことになるだろう。

われわれはこの限界上にいる。〈意味〉の黄昏（occident）と、その二焦点が離れて結びつきが緩んだことが、われわれの有限な実存の意味を思考する（どういう意味で、これはいまだ「思考する」なのだろうか？）任務を解き放つ。

超越論的経験がここにある。実際この冒頭句は、場所と機会の偶然性や、識別の単純な事実性といった、経験的なものの標《マルク》しを何にも刻んではいない。この冒頭句は、体系の起源や始原を経験の領域に置く。それは起こった。それはわれわれに起こった、という風に。この冒頭句はエクリチュールについての言説を単に開くだけではなく、すでにそれを開始している（「開始する」（entame）はテクストの最後から数語目の語となるだろう）。冒頭句はそれを、抑え難い経験性によって開始する。エクリチュールについての言説を書きつつ、正当にも「幾何学的な方法による（*more geometrico*）」（楕円状の＝省略した）論述を物語として提供しつつ。したがってエクリチュールの超越論的経験は、フッサールの「超越論的経験」ではない。後者は、経験性を還元し、純化する、純粋経験であった。他方、前者の経験は不純である――これがおそらく、「経験《エクスペリアンス》」の概念も（少なくともそれが実験《エクスペリマンタル》装置の練り上げを前提としているならば）、超越論的という概念も（これはそれでもやはり、可能性の条件として、アプリオリな純粋性をとらえる概念ではあるが）、適していない理由である。

ここではむしろ、われわれに起こることを、出来事や偶発事の非純粋性、つまり歴史の推移のうちに取り集めることが問題である。歴史の推移においては、〈歴史〉、すなわち、戦争や民族大虐殺、表象の引き裂き、世界的技術によって均一化された政治、漂流、「動き出した半島」といった〈歴史〉のあらゆる意味が変質する。

そうだとすると、経験を、テクストが名づける「彷徨」、「冒険」、「ダンス」として――結局は情熱＝受難そのもの、つまり意味の情熱として、語り、思考しなければならないということである。ここにおいて「可能性の条件」（しかし「存在論」もそうだが）をなすものは、情熱＝受難の秩序に属することになるだろう。とはいえ、情熱＝受難はつねに不可能なものに捧げられる。情熱＝受難は不可能を可能には変えず、不可能を制御することもない。情熱＝受難は不可能なものに夢中になり、身を曝露する。限界上で、受動的に。不可能なものが到来する限界上で。つまりすべてが、すべての意味が到来し、そこでは不可能なものが限界として到達されるままになる、そのような限界上で。

　不可能なもの、それは中心であり、起源であり、意味である。楕円は中心の省略、その欠如、その欠落であり、「危険な穴」の開示である。その穴に、「本の不安な」欲望が「忍び込も」うと望む。しかし本の欲望が穴に忍び込むとき、自らは、「純平面の地平」以外のものには入り込まなかった、ということを発見し、あるいは見分ける。円は穴を作り、楕円は平面を作る。中心に触れることで、ひとはエクリチュールに触れる。すべての意味は変質するが――平面上を逃げるもの（光り、つるつるした魚……）と穴の中に沈むもの（ぎゅっと丸められた羊皮紙）は、同じものではないだろうか。変質する同じものと、すべての意味もまた、倦むことなく同じものではないだろうか。また、中心に触れたいという情熱とエクリチュールに触れたいという情熱は同じものだろうか？　掘る機械も、埋める機械も、描き直す機械も、同じ機械ではないだろうか？

Ⅳ

おそらく、それは同じ機械である。ひとつ以上の情熱はこれまであっただろうか――ひとつ以上の苦悩、ひとつ以上の喜びはあっただろうか。たとえこの唯一性が、本質からして複数性を帯びているとしても。中心の情熱、中心に触れたいという情熱、中心が触れる情熱はつねにJ・Dの情熱であった。エクリチュールの情熱としての哲学の情熱。これら二つは互いに属格の二つの意味に則っている。すなわち、互いに互いが属し、互いによって互いが発生する。これらは互いに、言語に触れたいという情熱のうちで達成され、あるいは止揚され、傷められる。デリダが実際、これを何度も繰り返すことになるように。言語に触れること、それはつまり、痕跡に触れ、その消去に触れることである。「開いた口、隠された中心、楕円的な回帰」のうちで動き、振動するものに触れることである。楕円＝省略それ自体に触れること――また楕円＝省略が触れる限りにおいて、それに触れること。軌道が系《システム》の果てに触れるように。宇宙の系であろうと、眼の系であろうと。奇妙な軌道の接触。眼に、言語に、世界に触れること。中心《サントル》に、そして腹《ヴァントル》に。

それは同じ情熱＝受難である。見分けること、それは、見てかつ描くこと、見るかあるいは描くことである。そこでは輪郭線が、眼のあいだで、互いに触れ合う。見分けるとは、そこで視覚が触覚に触れる場である。それは視覚の限界である――また触覚の限界である。見分けるとは、互いに接しつつも、異なるものを見ることである。（自らと）差延化する中心、つまり楕円を見ることである。見分けのうちには収縮がある。視線はそこで究極まで収縮する。より鋭く、より絞られて。デリダはつねに、本の上で両手を組み合わせた。

それはなおも、体系《システム》であり、体系への意志である（しかし意志とは何だろうか。誰がそれを知り、あるいは知っていると信じているのだろうか。意志は本質からして、差延化するのではないか）。それは触れようとする意志である。本を通して、また本によって、両手が触れ合いますようにと。ただ彼の肌、彼の羊皮紙にのみ達することで、彼の両手が触れ合いますようにと。肌を介してわれわれの両手が触れ合いますように、いずれにしてもやはりわれわれの両手が触れ合いますようにと。自分に触れ、直《じか》に自分に触れられること、我を忘れ、何も固有化しようとするものなしに。これがエクリチュールであり、愛であり、意味である。

意味とは触覚である。意味の「超越論的なもの」（あるいは「存在論的なもの」）とは触覚である。暗い、汚れた、触れることのできない、触覚。「生き生きして、音のない、滑らかで、光り輝き、つるつるした、蛇のような、あるいは魚のような」触覚。たとえもはや手がなくても、肌の表面で。ここあるいはそこで、自らを反復する肌で。テクストはこれについては何も言わない。肌については省略してしまうのだろう。しかしそれは肌というもの（*la* peau）がないからだ。肌はつねに欠け、衰えている。そのようにして、肌は覆い、あらわにし、差し出す。

つねに意味の衰弱、つねに省略があり、そこで意味は生じる。意味はエクリチュールの肌の情熱＝受難である。意味はたえず肌に直に書かれる。体当たりで、必死で、身体を失いつつ（à corps perdu）。（こうして、デリダ「について」書く者は、意味「について」、またエクリチュール「について」書くデリダと異ならない。また、何についてであろうと何かを書く誰とも異ならない。というのも、ひとはつねに誰かひとり「について」、何らかの肌の特異性について、署名印を押され入れ墨をした表面、とはいえ滑らかでつるつるした表面について、羊皮紙について、声について書くからだ。皮膚のエクリチュール、ぴんと張り、穴が開き、無傷で、手を加えられた意味の肌の動きやねじれや変質の身振り《ミミック》、何もまねせず、どんな意味もそれに与えられないエクリチュールの身振り。ひとはつねに、至高で、崇高な、〈意味〉の〈ミメーシス〉によって、またそのまねできない文体にとり憑かれ、半狂乱になって書く。ひとはつねに、狂人の身振り、ダンスを必死で（à corps perdu）まねしながら書く。）

この「失われた身体〔必死〕」（corp perdu）が、ヘーゲルのうちにフランス語で書かれていることに、デリダはある日気づいた（『余白』の冒頭を参照）。この失われた身体はエクリチュールの情熱＝受難である。エクリチュールは身体を失うことしかできない。エクリチュールが身体に触れるやいなや、それは触覚自体を失う。エクリチュールは身体を描くやいなや、それを消してしまう。しかし身体は、「物理的な」あるいは「具体的な」現前の単なる外部性において失われるのではない。反対に身体は、感覚《サンス》で満たされた（plein de sens）、意味《サンス》というもので（plein du sens）満たされた現前の、物質的あるいは精神的なあらゆる様態に関して失われる。エクリチュールが身体を失い、自分自身を失いつつ、必死に、失われた身体に没頭するとしたら、それはエクリチュールが、一般に認められた現前のあらゆる様態の彼方に、自らの現前を内記する限りにおいてである。現前を内記すること、それは現前を（再）現前化することでも、現前を意味することでもない。そうではなく、内記それ自体が退却する（外記される（*s'excrit*））限界上でのみ現れるものが到来し、生じ、不意に到来するままにすることである。

デリダは——デリダの名のもとで、またこの名の変造のもとで——失われた身体の現前を内記するのをやめないだろう。デリダは言語に何らかの新しい権力を生じさせるために、言語に意味の何らかの新しい傾向の体系《システム》あるいは非‐体系《ノン・システム》を組むために、言語に執着したのではない。反対に、彼はつねに、失われた身体をあらゆる言葉の限界上で遊んだ――演出し、賭けた――のである。われわれの奇妙さの本体であるところの異質な身体を。

それだから、この身体は失われるのだ。エクリチュールの、形而上学の脱構築の言説にとってさえも。それが言説（哲学、思想そのもの）である限り。しかし、いわゆる「エクリチュール」の経験は言説の乱暴な汲み尽しである。そこでは、「すべての意味」が変質するのだが、ある別の意味にでも、もうひとつの意味にでもなく、外記された身体へ、意味のあらゆる資源、あらゆる充溢を形成する肉体へと変質する。この肉体は意味の起源でも、終点でもないけれど――とはいえ、場所であり、場所の省略ではある。

この身体は物質的で単数である――これはまたジャック・デリダの固有の身体でもある――が、これは特異な仕方で、物質的である。これは「物質」として、指し示すことも、表現することもできない。エクリチュールの避けられない退却の現前という現前に、デリダは居合わせている。退却においては、エクリチュールは自分自身の省略でしかありえない。そこで、彼方で。

そこで、彼方で、「デリダ」自身の彼方で、とはいえ、ここで、彼の身体で、彼のテクストで、哲学は、物質的に動き、われわれの歴史は動いてしまうだろう。哲学はいかなる可能な変形にも、いかなる存在論的なもの、超越論的なものにももはや属さない何かを内記／外記してしまうだろう（たとえ言説が非常に規則的に、このような加工作業に身を任せるとしても。それを望んだとしてだが）。哲学は、目立たず、力強く、震える運動によって動いてしまうだろう。言語の限界上にある、失われた身体の運動によって。この身体は肉、挙措、諸力、打撃、情熱＝受難、技術、権力、衝動からできている。この身体は可能的《デュナミス》、現実的《エネルゲイア》、経済的、政治的、官能的、美的であるが――それは、これらの意義本来のもののどれにも属さない。それはいかなる意味ももたず、しかし意味であるような現前であり、意味の省略かつその到来である。

デリダ「自身」――あるいは彼の省略――は、この身体の半狂乱の単独性であり、身体に狂い、身体の現前に狂い、つねに描き直された限界上で笑いや不安に狂った単独性である。そこでは、彼自身の現前が失われた身体に、必死でやって来るのをやめない――到来するあらゆるものと同様に、目立たず、力強く、震えている身体に。

笑い、現前

笑いを前にすることができるだろうか。笑いの現前というものがあるのだろうか。笑いのということで私はこう解している。笑う者でも、その者の笑いの対象でもなく、笑いそのものの、と。笑いはつねに炸裂し——その破片のなかに失われていく。笑いが炸裂するや、どんな固有化、どんな現前化にとってもそれは失われている。この喪失は可笑しいものでも悲しいものでもない。それは真面目なものではないが、それは真面目ならざるものでもない。笑いについてはいつもやりすぎであり、笑いには意味と無意味が過剰に充塡され、笑いは涙にまで、あるいは無の啓示にまで連れて行かれる。しかし、笑いは炸裂する——笑い、それは決してひとつではなく、決して笑いのひとつの本質でもないし、ひとつの本質の笑いでもない。

そうではなく、おそらくつねに女の笑い——女たる笑いでさえあるかもしれない——であり、ひとりの女のと言いたくなるようなこの現前である限りでの笑いである。「笑う男」はいつも作り笑いのなかで凝固するだろうし、作り笑いの音階は滑稽なものから皮肉なものならびに冷笑的なものに向かう。それに対して、ひとりの女、それは笑いの炸裂の現前、炸裂して砕け散る笑いの現前であるだろう。どんな現在も停止させて摑むことができず、どんな現存するものもそれと同一化することができないこの現前。それについてやりすぎないようにしよう。もし可能なら、それを現前するがままに——消失するがままにしておこう。

ここでわれわれは、それについてあまりにもしなさすぎることになるだろう。われわれは単にボードレールの次の散文詩を読もうと思うだけなのだ。

描きたい欲望

人間というものは恐らく不幸にできている、だが欲望に引き裂かれた芸術家は幸福だ！

私はある女を描きたい気持ちに燃えている。彼女はあまりにも稀に現れたと思えばすぐに逃げ去り、夜のなかに連れ去られる旅人の背後に名残りを残した美しい残像のようなのだ。彼女が消え去ってから、なんと長い時が過ぎたことだろう！

彼女は美しい、美しいより以上なのだ。彼女のうちには暗黒が満ち広がり、彼女が呼び起こすものは夜のように深い。彼女の眼は神秘が漠としてきらめく洞穴であり、彼女のまなざしは閃光のようだ。それは闇が爆発する輝きだ。

私は彼女を黒い太陽に喩えたい。光と幸福を放つ黒い天体を思い浮かべて欲しい。だが彼女はむしろ、あの月のことを思わせる。疑いもなく彼女に恐ろしい作用を及ぼしている月だ。冷たい既婚の女を思わせるあの白い月ではなく、嵐の夜の底に浮かび、流れる雲によって覆われている、あの不吉でうっとりするような月だ。人々の眠りを訪れる穏やかで慎み深い月ではなく、テッサリアの魔女たちによって、恐怖におののいた草むらの上で踊らされた、打ちのめされ反逆的な、天空からもぎ取られた月だ。

彼女の額には頑固な意志と獲物への愛が潜んでいる。だが一方で、うごめく鼻腔が未知と不可能とを呼吸している、その不安そうな顔の下部には、表現不能な優美さをもって、大きな口が笑いを炸裂させてもいる。時に赤く、時に白く、甘美で、火山地帯に咲いた類まれな花の奇跡を夢見させるような口だ。

世の中には、征服し弄びたい欲求を駆り立てる女がいる。しかし彼女のような女は、そのまなざしの下で緩慢に死んでしまいたい欲望を起こさせるのだ。


われわれはこの散文詩を笑いの現前化として、この現前化以外の何ものでもないものとして読む——あるいはまた、われわれはこの散文詩を笑いのひとつの現前として、その詩性《ポエジー》が散文において、そこで炸裂することになる現前へと差し向けられた一篇の詩として読む。笑いのひとつの現前と言ったが、この笑いは、詩が描こうと欲望しているところのあの赤く、白い大きな口の笑いである。われわれは詩を、この笑いに差し向けられたものとして読む。われわれは詩そのものを笑いとして読む——そしてわれわれは笑いを詩そのものの現前化として読む（詩は、詩がそうであるところの欲望は、この笑いのなかに与えられる）。ある笑いが「読解可能な」と言われうる限りでそうなのだが、このことは疑念を抱かせずにはおかない。おそらく、読みたいというわれわれの欲望は、われわれの知らない間に、すでに笑いの炸裂の破片として飛び散ってしまっている。けれども、詩がその題名として、したがってそのテクストとして読ませるところの、描きたいという欲望は、それもまた、笑いの炸裂以外の何ものでもなく、この炸裂のなかへと失われていく。ある欲望の笑いを読むこと、それは……神的なことでありうるだろう。けれども、もし笑いが、神々のように、そして神々と共に、われわれから離れてしまったとするなら？

とはいえ、われわれはすでに詩のテクストを読んだし、われわれはすでにその笑いを受け取った。われわれは、このテクストにおける「笑い」という語の意味作用ないしいくつもの意味作用をただ単に判読しただけではない。そうではなく、この語はわれわれの読解を笑わせ、微笑ませ、かかる読解の快楽にある特有の音調を与えた。詩の快楽はまた笑いの快楽でもあった。これら二つのもの、美的快楽と笑いの快楽との関係はいかなるものだろうか。笑いの美学なるものは存在するのだろうか（ここにいう美学は、滑稽なものの美学のうちのいかなるものでもない。なぜなら、われわれがここでひとつの喜劇を読まなかったこと、少なくとも、われわれがそれだけを読んだのではないことは明らかだからだ）。また、美学の笑いというものはあるのだろうか（芸術と美の哲学がそこで成就されたような『美学』、ヘーゲルの『美学』における笑い、微笑み、歓喜の、控えめではあるが連続した強迫を前にして、最も意想外な仕方で、そのことを疑い始めるように）。あるいはまた、笑いはいずれにしても、一切の「美学」の手前ないし彼方なのだろうか。このテクストのなかの笑い——このテクストの笑いはどこに現れるのだろうか。笑いは何に、誰に触れるのだろうか。どのような欲望に、どのような快楽に。どのような現前に。最初から、初めての読解からすでにわれわれは、問いが、この女は何を笑っているのかでも、なぜ彼女は笑っているのかでもないことを知っている。問いはむしろ、「詩は何を笑うのか」であろう——が、この実現不可能な問いには、（笑いなしに）答えることのできるいかなる読みの技法も存在しない。

これと対称を成す問い、「笑いは何を詩化し、詩篇化するのか」に関しては、それに答えることのできるいかなる芸術の哲学もないのと同様に、おそらく、いかなる詩法も存在しない。アリストテレス（あるいは他の者でもよく、それはほとんどどうでもよいことなのだが、ひとりのギリシャ人）が人間を、「笑いを備えた動物」として定義しえたということ、笑いが登場するはずであった『詩学』の部分は失われたということ、これこそ溢れんばかりの教えを含んでいることだ。われわれがそこで何も学ばないという点で。

しかしながら、われわれは読むよう試みる。詩篇がわれわれに伝達することは単純である。それは芸術家の歓喜であって、この歓喜は美を現前化させたり再現前化〔表象〕させたりする——美を、〈美〉そのものを、ひいては、当然のことながら、「美しいものを超えた」何かないし誰かを——、言い換えるなら、絶対的な仕方で芸術家を現前化させたり再現前化させたりするのだが、芸術家の欲望そのものは、それが芸術家を「燃やし」、それが「不可能なもの」への欲望である限りで、〈美〉を前にして消失するという、奇異で極限的な快楽を得させるのである。作品への欲望は芸術家の憔悴のなかで満足させられる。と同時に、そして同じ論理によって、現前化不能な〈美〉が現前化される。それは現前化不可能なものとして現前化させられる、あるいはまた、その不可能性が現前へと至るのだ。現前化不可能な〈美〉は欲望そのものによって「描かれる」、より正確には、詩篇が制作するこの絵画によって描かれ、この絵画の *sujet*（主体と主題というこの語の二つの意味で）は描きたいという欲望以外のものではない。すなわち、欲望の絵画であり、対象（ないし主体＝主題）の欠如の不可能な絵画、不可能なものの絵画である。かかる絵画の逃げ去る現前は「洞窟」ならびに「暗闇」と化し、この絵画を現れさせる者がそこで消滅してしまう。この絵画はそれ固有の現前化のなかで消滅し、絵画を現前化させる者をその闇のなかに埋もれさせるのである。

詩篇はこのように、プラトンから（少なくとも）ボードレールそのひとに至るまで、哲学的美学の主要プログラムの卓越した要約である。すなわち、〈美〉そのものの現前化としての、不可能な〈美〉への無限の欲望の現前化である限りでの、美学のプログラム。美しきものは、ひとつの実体としても、ひとつの形式としても供されることなく、直《じか》に美しきものへの欲望である。美学の哲学的エロス性、エロス性の崇高の美学。（ボードレールは周知のようにプラトン主義者である。プラトンはボードレール主義者なのだろうか。プラトンが、空の星々を見上げていて井戸に落ちた哲学者タレースを描こうとしたとき、彼はタレースにトラキアの召使娘の笑い声を聞かせた。トラキアからテッサリアまでは遠くなく、かつては同じ人々が住んでいた。奴隷の笑いから主権者の笑いまで、そのあいだの距離は無限であるはずだが、どのような意味で、この隔たりを解さねばならないのだろうか。そして、哲学から詩まで、絵画まではどうなのか。）

　しかしながら、プログラムは笑いについては何も言っていない。笑いが哲学のエロス的‐美的弁証法のうちに真の意味ではその場所を一度も見出さなかったとしても、これは何ら驚くべきことではない。私は「笑い」そのものと言っているのであって、最初にコミック、ユーモア、イロニーと言っているのではない。なぜなら、コミック、ユーモア、イロニーは、その場所が制限され居心地の悪いものであるとしても、この弁証法の内部にみずからの場所を有しているからだ。しかし、笑い「そのもの」、美的、心理学的、形而上学的なカテゴリーすべてを貫きつつもそのいずれにも屈することのない笑い、少なくとも不安と歓喜に捕らわれるところの笑い、そのような笑いは、余白に留まり続ける。ところで、描きたいという欲望は、明白に、「表現不能な優美さ」――そこでは美の贈与が捧げ物の驚きのなかに隠れてしまう――からとは言わないまでも、どんなカテゴリーからも離脱した笑いの爆発のなかで頂点に達する。

　笑いと共にここで何が起こるのか。笑いによって、美学の哲学的プログラムに何が起こるのか。詩篇がプログラムならびにプログラムにないものを同時に含むなら――あるいはまた、同じ所作で、詩篇が同じ笑いのなかでプログラムを成就しかつそれを超過するとき、何が起こるのか。

おそらく、非常に重要なことは何も起こらない。私はこう言った。あまりやりすぎないようにしよう。次のこと以外は何も起こらない。すなわち、美は笑いのなかで現前する、認知可能ではあるが予期しなかったものとして、爆発させるものであると共に爆発後の破片として。現前の、あるいは現前化のどのような様態で、だろうか。何が現前に到来するのだろうか、また、どのようにして? 到来するとは何か。到来するのが笑い——歓喜、笑いの享楽であるとすれば。「甘美な」「大きな口」によって、どんな美が到来するのか——どのようにして美は到来するのか。それは唯一の美そのものであり、その快楽であるが、しかしながら、それは美そのものではなく、美は「享楽する」ものとして与えられているのではない。われわれは、美とその現前化とのこの微細で無限な差異を読もうと試みている。

II

詩篇への最初の一瞥に対して——詩篇の二つの中心を持つ楕円への最初の一瞥に対して、目の輝き《エクラ》、笑いの炸裂《エクラ》、それらは一緒になって「眼差し」を作り、そこで詩篇は成就される——、最初の読解（善き読解であるような）に対して、ある欲望から他の欲望への移行よりも可視的なものは何もない。詩篇はこのために書かれた、すなわち、詩篇の題名をなす「描きたいという欲望」から、詩篇の最後の文が口にする「死にたいという欲望」へとわれわれを運ぶために。詩篇はある欲望から別の欲望へと赴く、あるいは、それはある欲望の別の欲望への変身である、あるいは更に、それはどちらにせよいずれかを他のものの真理として提示する。あるいは更に――詩のテクストが「欲求」(envie) という語と区別しようと配慮しているのはひとつの語だけなので――ひとつの欲望しかない。ひとつの欲望と、描くことと死ぬことという二つの対象があって、一方が他方に変容するのだ。美の「閃光」と「輝き」を描くこと、それは死ぬことだろう。死ぬこと、それは「美の眼差し」――そこで絵画は成就される――に委ねられることだろう。しかるに、この眼差しは笑いである。すなわち、まさに笑いによって、描きたいという欲望はその対象の「暗闇のなかに」浸透し、そこで、死ぬことへの欲望として認識されるだろう。

唯一無二の欲望、「対象」は持たないが芸術の「主題＝主体」であるような絶対的欲望は、詩篇をその最初の文へと開く。「欲望に引き裂かれた芸術家は幸福だ！」、これはまた詩句を奪われたこの詩篇の最初の詩句である。「欲望が引き裂く《デジール・デシール》」は、ボードレールがその有名な序で語っているところの、あの「律動も韻もない詩的で音楽的な散文」の内的律動と韻を与えている。詩篇は「死にたいという欲望《デジール・ド・ムーリール》」の律動と韻にもとづいて成就されるだろうが――この欲望には「享楽すること《ジュイール》」がこだまのように応じるだろう。この根本的な調子は「吹け」と「吸え」を――「笑い」を経ることになるだろう。笑いは詩篇のなかで「描かれた」唯一無二の調べである。笑いはこの調べの音をもたらす。笑いは滑稽な何らかの価値をまずもって有するわけではない。笑いは詩篇の音であり、笑いはこの音を聴取させる。欲望、引き裂き、霊感〔吹き込み〕、死、それは笑いとしてまず聴取される――あるいはそれは笑いによって描かれる。

「欲望は引き裂く」は詩篇の主題と同様、そのリズムをもたらし、この欲望は、描きたいという欲望である限りで、その調べとその真理を「笑い」のなかに見出す。音楽、詩、絵画――諸芸術の三位一体はそこで提示され、そこで混ざり合う。だから、すべては笑いのなかで混在し、溶け合うことになるのだろうか。笑いは三大芸術の総称的芸術であるのだろうか。しかるに、笑いの芸術は存在しない、というよりもむしろ、芸術としての笑いは存在せず、総称的笑いは存在しない。笑いはまさに諸芸術のあいだでのみ炸裂する。描きたいという詩的欲望を前にして、不在のものが音楽的に立ち上がる。芸術そのものが。相異なる芸術しか存在しないなら、芸術の場所が笑いの炸裂であるなら、いったい芸術とは何だろうか。

　しかし、あまり速く読み急がないでおこう。欲望は引き裂く。欲望は死へと導く。なぜなら、欲望の対象は不可能なものにとどまっているからだ。もっと正確には、欲望の対象がここではっきりと不可能なものそのものだからだ。欲望は引き裂く――そしてこれは芸術家の歓喜なのだが――みずからの真の対象として死を呈示するに至るまで。しかし、死がそのような対象となりうるのは、死がここでは現前するに至る、あるいはまた、一個の主体の現前的行動であるからだ。蒙られる死ではなく、死ぬという行為が欲望を成就するのだ。しかるに、「死ぬこと」のこの現前、ひとりの主体（歓喜の極みにある芸術家）の意識に対するこの客観的行動の現前、それは主体そのものの、そして主体のあらゆる対象の廃棄の現前であって、この現前はひとつの媒介によってしか可能にならない。この媒介はというと、その「下で」芸術家が死ぬ――あるいは死にたいと欲する――ところの女性の「眼差し」のうちに存している。まさにこの眼差しのうちで、死は現前する、死ぬこととして。

　眼差しは、詩篇が提示している女性描写の主要な対象である。それは美しいものを描いた絵画の主要な対象である。女性はひとつの身体として現前させられるのではない。彼女の顔の三つの部分（額、鼻腔、大きな口、ここでもまた洞穴、洞窟である）、それは彼女の顔のひとつの表情を作ることさえないのだが、これらの部分に先立っては、彼女の目しか、その「輝き」しか見ることがないだろう。描きたいという「燃えるような」欲望は、この眼差しについては「爆発」しか描かず、そこで実際に燃えてしまう。描かれるものは、見るところの眼差しではなく、まずもって「光と幸福を放つ」（「不吉でうっとりするような月」のようにであるにせよ）眼差しなのである。

「天空からもぎ取られた」この光は女性を照らすことはない。女性は彼女自身が、「夜のように深い」源へと退去した輝きなのだ。そうではなく、この光は死にゆく芸術家を照らす。自分自身の絵画――それは自分自身の肖像画ではないが、少なくとも、美を描くことの己が無能の絵画である――の輝く眼差しのもとで死ぬこと。このような光のなかで「燃えること」――言い換えるなら、そこにみずからの死を位置づけること――もっと正確には、そこでこのように「緩慢に死ぬこと」、それは死にゆく自分を見ること以外のことではない（緩慢さはこのような見えに必要な時間である。閃光がヴィジョンへと転じる時間、輝きが固有化される際の律動）。不可能性の最たるもの以外の何ものでもない、あるいはまた、この不可能なものに侵入し、この不可能なものの面前に至り、この不可能なものを現前へと至らせることの可能性以外の何ものでもない。

死にゆく自分を見る者の不死性は、この死の、欲望の、詩篇の到達点である。――不死性の話なしに芸術は一度でもあっただろうか。――「享楽すること」と対立したこの死ぬことは、それを照らし、それを見るところの女性の快楽にもっぱら差し向けられるだけのように思える。しかるに、その不死の緩慢さのなかで、この死ぬことは自己を享楽する。美の享楽を（美を描くのを）放棄することで、芸術家は、死ぬことの光のなかに溶解し、この光を固有化し、この光と同一化することを、比類ない仕方で享楽する。

この死ぬことにおいて、笑うことは何をするのか。女性の笑いは彼女の眼差しの中心もしくは中核に可視的なものとして存している。この笑いは真の意味で眼差しの可視性である。暗闇の光は笑いの輝きのなかで可視的なものと化した。不可視の眼差しにひとつの色、ひとつの調子を、更には輝きそのものまで与えるのは笑いである。すべてはあたかも、光が笑いのなかでしかその輝きを持たず、笑いのなかでしか暗闇から脱出しないかのように進行している——照明が肉と化すのだ。笑う口、その「大きさ」だけがすでに顔のなかで、顔の外で炸裂するようなこの口は、顔面の真の照明をなし、この口は顔面の「花」であり、純粋な到来における花の開花である。「火山地帯」の石化された炸裂の（外での）開花なのだ。

何を笑うのか、この笑いは——あるいは、何を享楽するのか、この笑いは。何を笑いかつ享楽するのか、女性は、美は。女性は、死にゆく芸術家を笑い、享楽することの彼方で死ぬことを享楽する。女性は笑う、なぜなら女性は死がどうなっているかを知っているからだ（女性がそうであるところのすべて、彼女が知っていることすべては夜の「神秘」に属している）。女性は不死がどうなっているかを知っており、女性自身が不死の照明である。女性は、いかにして不死が到来するかを知っている。すなわち、現前にも、現在にも決して与えられることなく到来するのだ。あるいはまた、彼女は、彼女自身が不死であること、つまり死の固有の不死であることを知っている（「彼女を目にしなくなってから、なんと長い時が過ぎたことだろう！」）。彼女の笑いは単に彼女の知識であり、彼女の知識は単に彼女の笑いである。

この笑い——この知——は、死の、芸術の悲劇を前にしての嘲弄ではない。それは、このようなものとしての悲劇へと、その悲劇的真理において向けられた眼差しである。その真理とはすなわち、不死が死と共にしか、それも死そのものとしてしか到来しないことである。笑いはかかる真理を知ることである。とはいえ、笑いはそれを認識のひとつの内容として知るのではない。笑いは笑うことでそれを認識し、笑いは笑うことでこの真理を存在するのだ。この真理は笑いと共に炸裂し、同じ炸裂で真理は笑いのなかに、「神秘の漠たるきらめき」のうちに引き籠る。笑いが神秘的なものであり続けるのは——いやそれ以上に、笑いがある神秘の暴露であるのはそのためである。笑いの輝きは、笑いの真理の構造とは隠されることであるのを開示する。後でその口を(まさに……)描くことになるとはいえ、笑う顔は死の顔でありうる——笑う顔はそれでなければならない。詩篇のテクストは他のことを描いているのではない。死の顔は何ものかについて笑うのではまったくない(その宗教的ないし道徳的機能からこの顔を少しでも解き放つならば——これは詩篇が、この顔を「美しい、美しいより以上なのだ」と描くことで行っていることだ)。しかし、他動詞的様相でこう言わなければならない。すなわち、死の顔は不死を笑い、死の顔は不死に現前の輝きを与え、この現前は死の顔において逃げ去る。闇は闇を笑う——そのようなものが不可能な「黒い太陽」である。

後でその口を描くことになるとはいえ……。絵画はここで、描かれるがままにならないものとは別のものには到達しないのだが、それに対して詩篇は、この不可能な絵画の場所そのものを描くことになるだろう。テクストのなかでの絵画の唯一の真の場所は、「火山地帯に咲いた類まれな花の奇跡を夢見させる」「時に赤く、時に白い大きな口」の場所である。テクストのなかの唯一の色がここにある——唯一の音調がそこで響いているのと同様に——だからここでこそ、描きたいという欲望は満たされる。笑いの絵画のなかで。しかるに、笑いはそれを描く絵画を笑う(笑いが絵画をあざけ笑うのと同様に、そしてそれ以上に)。同じ場所で、同じ瞬間に、この同じ口について、欲望された絵画は実行され、木端微塵に炸裂する。絵画は炸裂する、笑いで——不死の真理、死の真理、真理の真理そのもので。——いかなる完成をも超えて、真理、ひいては芸術の真理としてのいかなる指定をも超えて供与される真理で。真理である限りでの芸術、それこそ詩篇が(またしても、他の数々の笑いの後で、プログラムに従って……、ひとつの笑いだけは別として……)描くところのもの、詩篇が詩ならしめ、音楽のうちに置くところのものだ。すべての芸術が一緒になって（全体芸術作品……ただしひとつの場面を別として……）、芸術家的不死の神的な笑いとしてある。描きたいという欲望は芸術を描く、絶対的に。芸術が笑わないなら、それらのことは、結局のところ、卑俗なことだろう。絵画は詩篇であり、詩篇のなかに芸術家は沈み込み――そこで成就される。だから、詩篇はここではもはや、像としての、あるいはまた表象としてのひとつの絵画ではない。詩篇はむしろ、自分自身の彼方にまで移行し、もはや表象されえないような真理にまで至った表象である。しかるに、この真理は現前化させられる。それは芸術家の欲望の現前化であって、この欲望は、どんな表象をも凌駕するものの現前のなかで、死にたいという欲望として認識される。このような真理は、伝統が「崇高」と呼んだものに他ならない。不可能な現前の現前化、美を超えた美なのだ。とはいえ、それは「崇高な絵画」のような何かではなく、崇高なものそれ自体（崇高な感情ないし感覚）の絵画なのである。

　ここでもまた、卑俗なものしかない――そしてこの卑俗さは、笑いがここでは崇高なものの絵画以外のものではなく、また、エロス的‐美的プログラムの成就以外のものでないなら、笑いをその秩序に組み込みうるだろう。笑いは、その歓喜と苦痛、その快楽の苦痛と苦痛の快楽をもって、みずからを顕現する――それはみずからを顕現する以外のことはしない――不可能なものの崇高な花として、現前化不能なものの絵画として。純粋な現前化としての笑い。それは芸術がまれにしか触れることがないだろうひとつの極限ではあるけれども、しかし、少なくともこの詩篇のなかで芸術はこの極限に触れることになるのだ。ひとつの極限――そうではあるが、この極限は芸術の欲望全体を、言い換えるなら芸術の形而上学の全体を純粋に完成させる。崇高な美の笑いは純粋な現前化である。この笑いの詩篇は純粋現前化の芸術、すなわち、絶対的な仕方で、他の一切の真理の真理としての芸術なのだ。言語活動を超えたひとつの真理、当然のことだが、女性たるひとつの真理としての真理なのである。

　プログラムは実行された。笑いは芸術ならびに芸術家を、「美しくあるより以上の」、一切の絵画を超えた美の神秘のなかに連れ去る。笑いは、一切の表象を超えて美の不可能な言明化を言明し、笑いながら見、笑いを介して見る眼差しの生としての、死の不可能な不死を現前化させる。画家は笑いのなかで、笑いによって見られ、描きたいという欲望は、その究極的真理の展望のなかで視覚化される。笑いのなかで炸裂するところの、見る者のヴィジョン、光の、光によるヴィジョン。観照《テオリア》なのだ。芸術の哲学的観照＝理論はここで、欠けるところなく成就される。

　しかし、こう考えると、笑いについては、観照によって照らし出すその炸裂の絶対的純粋さだけが、最後に残る。ひとはそこに美しきものそのものを見る――*theomenos auto to kalon*、それはディオティマが、「体験されるに最も値するもの」として、美しきもののエロス性に定めた目標であった。ディオティマ、彼女も笑いを炸裂させることがあった……。

　最後に、詩篇は女性を眼差しに、笑いを観照へと止揚するだろう。「欲望が引き裂くところの」芸術家はそこでみずから哲学者へと自分を止揚したことになるだろう――みずからの引き裂きの不死において自己に現前せる、欲望たる哲学者へと。

III

再び読み始めよう。ただひとつの読解というものは決して存在しない――ひとつの笑いのなかにただひとつの笑いが決して存在しないのと同様に。

このものはひとつの絵画である。それはひとりの女性の絵画である――ひとりの女性が絵画のなかで描かれず、一人の女性がそこで描かれえない限りで。彼女は「逃げ去り」、ずっと前から「消え去って」いるのだ。このものは実際、ひとりの女性の消失、もしくはその消失することの絵画である。彼女を描きたいと欲することが可能であるのは、彼女が「現れ」たからであるが――「あまりにも稀」に「現れ」、「すぐに彼女が逃げ去った」からだ。欲望を作っているもの、なおも描かねばならないもの、それはひとつの無限の消失のなかでのひとつの稀な現出である。というよりもむしろ、それは消失そのもの――「洞穴」「神秘」「未知」――、それらの現出の、緩慢に消失してゆくただ一つの証言にしてただひとつの痕跡としての消失そのものなのだ。

しかし、その消失することの絵画とは、芸術家の消失することの絵画以外のものではない。「夜のなかに」――そしてその欲望のなかに「連れ去られる」のは芸術家であって、絵画ではない。なぜなら、この絵画にとって、絵画は夜そのものであると共に、夜がその「名残り」を維持しているような美そのものであるからだ。この絵画は夜の美ではなく――「嵐の夜に、雲に覆われている」――美の夜である。絵画は、消失するよりはるか以上のことをなす（あたかも単にそれが消え去るかのように）。それは、芸術家がそこへと「連れ去られる」ところの消失である。それは消失することであり、芸術家はそこからみずから消失するのだ。みずから身を隠すどころか、絵画はその逃走のなかで供される――それは逃走を供するのである。

この絵画は消失の夜を描くが、消失は〈美〉そのものであって――「美以上のもの」である。けれども、消失のこの夜は、「旅人が連れ去られる」ところの夜以外のものではない。旅人はその欲望によって連れ去られ——その旅はその欲望である。夜は、夜へのこの欲望で充満している。あるいはまた、それは欲望の夜である。夜の絵画は欲望以外の何も描くことはない。それはいかにして「私が描きたい気持ちで燃えるのか」を描く——それは夜のひとつの炎を描く、そして画家の焼尽を。

（芸術が焼尽の資本化のようなものとして理解されねばならないならどうだろうか。これは芸術のひとつの定義をなしうるのではないだろうか——少なくとも美学とそのエロス性との哲学的プログラムに即するならば。欲望として、欲望の挫折として作動すること、消費を資本化すること……。それについても詩篇が笑う——おそらく自己に反して——とすれば、どうだろうか。焼尽《コンシュマシオン》の、焼尽の消費《コンソマシオン》のひとつの芸術。すなわち、「不吉でうっとりするような月」「テッサリアの魔女たち」「恐怖におののいた草むら」。——ここではひとつの美的モダニズムの全体が〈古代〉を模倣せんと主張してもいる。トロイの大火とオイディプスの目潰し以来、連鎖的に続く模倣であり……、夜の模倣、模倣の夜であるが、何ら模倣するべきものを供さないものの模倣のなかで焼尽される芸術……、自己を消費し、模倣不能なものの模倣として自己を消費させ、崇高でかつ愚にもつかない過剰によって芸術をむさぼる芸術。そのとき、笑いは炸裂する。夜のなかにあらかじめ記入され、夜のなかで無限に響き、芸術よりも古く、芸術よりも若く、おそらく、おそらくそれ自身もまた、挫折の笑いそのものとして、挫折を資本化するイロニーとして、プログラムのなかに捕らわれた笑い……。）

　芸術家はその欲望を描く。彼は、欲望しつつあり、引き裂かれ、この引き裂きに充満された自分を描く。芸術家は、その欲望が描くべき主題〔主体〕の最たるもの、絶対的に、絵画の模倣不能な主題である限りで、描きたいという欲望を描く。あたかも絵画そのものが欲望のごとき何かであるかのように。すなわち、欲望することほど欲望されることなきもの（その資格で、無限に欲望するものであり――かつ欲望されるもの）であるかのように。ここで描かれたのは、欲望である限りでの表象である。表象したいという欲望ではなく、表象そのもの、絵画、欲望である限りでの像そのものなのだ。

そのとき、すべてはあたかも、像が描きたいという欲望の帰結ないし産物、首尾よくいった表象ではなく、単にひとつの欲望であるかのように進行している。ひとつの欲望たる像、それはしたがって、もはやひとつの表象たる像ではないだろう。（このことはおそらく、欲望はもはやその対象の表象の上に構築されるのではないことを含意しているのだろう。）単にひとつの欲望、単にひとつの欲望（そのもの）、それはもはや何かを現前させる、あるいは、何かの現前をもたらす――そして結局はこのものを表象する――のではなく、欲望することを欲望するのだ。この欲望はそれ自体ですでにして快楽である。すなわち、引き裂くと共に幸福で、快楽へ向けて終わりなく向かい、快楽へと辿り着くのではなく、快楽へと到来する欲望なのだ。したがって、フロイトが――性においてと同じく芸術においても――美的快楽に固有の秩序とみなしているあの「前提的快楽」に類似した何かなのであるが、これは欲望の快楽以外のものではなく、フロイトが打ち明けているように、彼にとって非常に神秘的なものでありつづけた。（笑いの周辺海域での、機知に関する仕事のなかで、フロイトはこの快楽を初めて発見した。実を言うと、笑いは彼において初めて「前提的快楽」をまとわされる。）

描きたいという欲望は終わりなく描きたいという欲望である。それはひとつの像を「征服し」、「それを享楽」したいとの「欲求」ではなく、この欲望は、像の到来のなかにあり続け、そこに到来し続けることを無限に欲望する。それは想像力〔構想力〕であるけれども、想像力というこの語から表象としての一切の価値を引き剝がすような意味でそうなのだ。それは像と化すことの想像力である。ひとつの像と化すことではなく、像が到来する限りにおいて、到来する像であり、像の虚構性――その型取り――の可塑性そのものであるのだ。更に言い換えるなら、可視的なものである限りでの可視的なものの出来、場所、時間、そして――月がここでひとつの影の舞踏と混じり合うように――光が照らし出す諸形態の誕生と混じり合う光の所作である。――それは生成することへの欲望であって、現れではなく、現出することであって、現象ではなく、その現象化、その *phainestai* である。それは、詩篇が崇高な美の本質として差し出すところの「驚き」と化したいという欲望であり――女性そのものであるようなこの驚きは芸術家を驚かせ、彼の芸術を困惑させるが、彼の芸術全体がそこに捕らわれるものと化すのだ。

　描きたいという欲望は驚かされることの技法〔芸術〕の欲望と化す――、画布に描かれたものとしては実行されないであろうひとつの絵画、可視的なものの底から到来するだろうひとつの絵画によって驚かされること。絵画の奥底から到来するひとつの絵画、その出所では、何も描かれておらず、すべてがそれ自身の現出の「奇蹟」に向けて開花する途上にある。かかる驚きの場所と時がここでは笑いのそれなのである。

　このような笑いのなかで、現前（女性の、芸術家の、美の）は、ひとを驚かすその現出のなかで自分自身を欲望し――、その現前への到来のなかで自分自身を驚かす。女性の顔は、この顔がひとつの顔を成さず、それが自分自身を驚かし、それが、一切の顔（そしてその欲望、その快楽）が炸裂するような自己の外なるこの可視性である限りで、笑いのなかで描かれる。描かれるもの、それは、驚かせ、困惑させ、表象の欲望全体をはぐらかすような絵画の快楽である。おそらく、この笑いの絵画――絵画のこの笑い――は、ディドロの次の言葉を像〔詩篇〕たらしめることに他ならないのではないだろうか。「一体〔画家にとって〕人間の顔というこの画布は、魂と呼ばれる、軽く動き回る息吹きの無限に数多くの選択肢に即して動き、拡がり、緩み、色づき、色あせるこの画布は、なんという拷問であることか！（…）ひとりの女性は快楽を待望するときにも、快楽の腕に抱かれたときにも、その腕から解き放たれたときにも同じ顔つきを維持しているものだろうか。ああ、友よ、絵画とはなんという芸術だろう！」（『絵画論』）——魂もしくは快楽、快楽である限りでの魂、これこそ、ここで欲望され、想像不能なものとして想像され、笑われることなのだ。

描きたいという欲望は表象しようと欲望しはしない——この欲望はもっぱら……自己を現前化させようと欲望するだけである。描きたいという欲望、それはこのタイトルが呈示〔現前化〕しているものであり、それはこのタイトルしか呈示〔現前化〕していない。けれども、この欲望の自己への現前の中核では、芸術家ならびに芸術のこのような *ego sum, ego existo* のなかでは、それはひとつの笑いとしてしか与えられず——笑いは、霊感を与える女について、享楽することと死ぬことを引き裂く、欲望の韻としてのみ与えられる。ではいったい韻とは何だろうか。それは答えられないだろう。この散文は韻を欠いているからだ。笑いは韻をなし、それに答えるのを拒む。

笑いは詩に答えることも、詩に責任を負うこともないし——同じく笑いは表象に答えることも、表象に責任を負うこともない。笑いは、芸術という事象の消失を、その現前そのもののなかで現前化したいという欲望である限りでの、描きたいという欲望に答える。笑いは現前のなかで消失する現前化への欲望であり、またそれと対をなす欲望、笑いの現前化のなかで消失する現前への欲望である。それはもはや、現前の原型にしてその真理たる表象を超えた現前ではない。それは、現前が現前化し、現前が到来するとおりの現前である――きわめて遠くから一切の現前の手前に到来し、きわめて遠く彼方へと赴き、これらの遠さをその現前化の中核に留め置くのだ。しかるに、それらの遠さを留め置くことはできない。それらは、逃れ去ることによってのみ遠さであるのだ。

ただひとつのものが、この散文詩のなかで、現前へと到来し、不在のなかに埋没することを潔しとしない。「だが一方で、その不安そうな顔の下部には、大きな口が笑いを爆発させてもいる。時に赤く、時に白く、甘美な口だ」。テクストは「だが」を中心にして回転し――不安は消えないが、待望として按配され――もうひとつの律動、もうひとつの韻が互いに聴取され（時に赤く、時に白い大きな口）――絵画が最後に現れる。赤と白、それらは二つの色であるよりもむしろ、色そのもの、色の色づいた（色づける）本質であり――女性は描かれ、絵画にされ、化粧され――この女性は自分自身に直《じか》に絵画を有している。彼女は絵画の直にであり、根底へのこの直の接触が絵画を定義できるだろう。この赤と白は直に口と接し、口であり、口を、あたかも根底を欠いた根底へのように、それ自身へと開くのだが、笑いはこの根底に到来し、この根底から到来する――笑いそのものが深淵であり、この根底なき根底の到来である場合は別だが。絵画はつねに「火山地帯に咲いた類まれな花の奇跡」なのである。

絵画は、笑いのなかで、笑いである限りで供される。これは描かれた笑いではない。笑い「そのもの」は何ものでもない――花の中心には何もなく、この花の開花以外の何ものもない。絵画は笑いで炸裂する。笑いは絵画の爆発であり、絵画自身の消失のなかでのひとつの現前の現前化である限りで、絵画の描かれてはいないが、しかし「描く」ところの本質である。ただ単に、肖像画は笑いの「大きな口のなかで」消失するだけでなく、絵画そのものが、絶対的に自分を供しつつ退却しもする。純粋な色と純粋な開花、触れられることなきものに直に触れる、純粋な触れることの純粋な快楽。――しかし、詩もまた消失する。ここで絵画が「表象する」しかなかった詩もまた。笑いは律動と韻、そして言語の全体を持ち去るが――だからといって、音楽的なものとして真に自己を価値あらしめるわけではない。

　このように笑いはひとつの現前でもひとつの不在でもない。笑いはそれ自身の消失におけるひとつの現前の捧げ物である。それは与えられるのではなく、供されるのだ。それ自身の現前化の限界に宙吊りにされるのだ。笑いは「ひとを驚かす」この女性の驚きである。笑いはこの驚きを供し、それを引き取り――この驚きは笑いのうちで供され、そこに引き籠る。驚きは笑いに到来し、そこに到来する以外のことはせず、そこに回帰する。詩篇はこの笑いのうえで宙吊りになる、芸術家の「死ぬこと」がその眼差しの下で「緩慢に」宙吊りになるのと同様に。笑いは完成することなく完成し、それは完成――現前化さられた女性、享楽、芸術――を供するが、それを与えることはない。笑いは、贈物としては実行されることのない贈物であり、この贈物は、「与えること」と「とどめおくこと」が一緒に価値をもつことのできないような経済のなかに単に書き込まれることはない。とはいえそれは、笑いが「純粋な蕩尽」であるだろうという意味ではない。笑いは、何ものも純粋にそこで蕩尽されないが、純粋に節約されることもないような限界で炸裂する。欲望は幸福と共にそこに果てなく沈み込むが、快楽がそこで報われるわけではない。しかし、それは現前がこの欲望の対象、現前の把持ではもはやなく――欲望そのものの自己現前でさえなく――ただ単に、一切の現前を超え、一切の現前に先立つこの到来なのである。ひとつの現前化の輝き、あるいはまたその捧げ物。しまいには、欲望の対象はもはやなく、ひいては主体はもはやなく、それは欲望ではない。これは燃える何かであり、歓喜であるような何かである。

なぜ女性が笑うのか、女性は誰のことを、あるいは何のことを笑うのかは誰も知らない（もっとも、笑っているのが彼女だとしてであるが。詩篇はそうは言っていない。それは「大きな口の」笑いである、としか言われていない）。それはイロニー、愚弄、嘲笑、娯楽、陽気さ、「狂おしい踊り」の後の神経的消耗であろう……。それはこれらのあらゆる仕方に同時に属する——あるいはそのいずれにも属さない。笑いは、その根拠も意図も現前化させる、あるいは再現前化させる〔表象する〕ことなしに炸裂する。笑いはただ単にそれ自身の反復のなかで炸裂する。そうであるならば、笑いとは、もしそれが「存在する」として、反復以外のものだろうか。笑いが現前化するもの——そして、すべて同時に可能的でかつ現実的な一群の意味作用のうちに存しうるもの——笑いはそれを意味作用によって現前化するのではなく、笑いはそれをいわば純粋に、無媒介的に現前化するのだが——ただし笑いがそうであるところの反復として現前化するのだ。笑いの「破片」はただひとつの笑い、切り離されたひとつの断片ではないが、それはまた破片の本質でもない。それは炸裂の反復にして——反復の炸裂なのだ。それは多様体である限りでの意味作用の多様性であって、意味ならびに意味の志向〔意図〕である限りでの意味作用の多様性ではない。志向は笑いのなかで廃棄される。笑いはそこで爆発する。そして笑いはその破片を笑うのであり——笑いのなかにはつねにひとつの笑い以上のものがあるのだ。

このようにして現前は笑う。現前は、志向なしに、ひいては、一切の現前を超えた、一切の現前に先立つ到来以外の現前化なしに現前へと到来することを笑う。そのようなものが捧げ物の「表現不能な優美さ」である。そこでは何も、与えられたものとして、与えられたひとつの存在ないしひとつの意味として把持されることはない。ひとはただ単に優美さ〔恩寵〕によって捕らえられるのだ。実際、ここで、優美な笑いの驚きのなかで把持するのは死であり——「不幸な人間」はこの死を決して笑うことができない。「芸術家」とは、死を笑わせる「幸福な」者であり、彼は、芸術の縁、その限界——絵画はそこから逃げ去るが、芸術はこの逃走を、そして芸術固有の欲望の焼尽ももはや資本化することはない——にあって、ただ単に芸術を笑わせ、その笑いを反復させるだろう。笑いに委ねられたひとつの芸術。エロス的‐美的なものの終焉、優美さ〔恩寵〕の始まり、そして一方のなかの他方。

IV

まったく明らかに、絵画はこの詩篇のなかで詩性《ポエジー》を表象する。詩性はそこでみずから自分自身を表象し、芸術一般も、絵画の詩的表象——それ自体が詩性の絵画的表象である——という迂路を通ってそうする。「描くこと」は、言語のなかで、音楽のなかで等々、「表象すること」一般のためのひとつの共通の隠喩——実はひとつの濫喩(catachrèse)——である。絵画は、それが表象することを任として課せられている点で、あらゆる芸術の濫喩だ。「描くこと」は表象一般を表象する(そしてこのことは、～の像を形成する、もしくは絵で覆うといった「描くこと」の曖昧さにもかかわらず、あるいはそのおかげでなされる)。

詩性はここで美を、崇高で究極的な美を表象したいという欲望として現前する。詩性はその真正な、あるいは真実に即した表象を産出し、ミメーシスのポイエーシスとなり、かくして、詩性の本質の行先に応えようと欲しているのだが、詩性は、単に諸芸術の最初のものとつねにみなされてきただけでなく、芸術の本質の成就もしくは現前化ともみなされてきた——ただし、この本質が、ミメーシス、ポイエーシスのミメーシスという二つの公理の戯れのなかに存しているとしてだが。その結果、「詩性」（そしてわれわれにここで「詩性」をもたらしてくれる「詩篇」）が、すべての諸芸術と／もしくは芸術一般を表象することになる。詩篇が他の符牒もなしにただ「芸術家」と名づけるのはまさにそのためである。（このように、詩性はここで名指されてさえいない。しかし、詩性は、一切の読解に先立ってすでにそこにある。なぜなら、それは読まれるために与えられているからだ――描きたいという欲望が読解に供されるのである）。絵画でさえ、それがそうであるところのもの、ひとつの芸術もしくは芸術に属するものであるためには、詩的でなければならない。しかるに、詩性は、それがそうであるところのもの、すなわち真正な表象であるためには、絵画的でなければならない。だから、両者〔詩性と絵画〕の各々が他方の原型となる。絵画のように（ut pictura）……詩のように（ut poesis）……。重要なのは諸芸術の序列であるよりもむしろ、ut（のような、と同様に、に倣って）である。諸芸術は単に本質からしてミメーシス（自然の、美の、ポイエーシスの、あるいはそれらすべての同時的なミメーシス）的であるだけではない。諸芸術はまた相互にミメーシス的でもなければならない。

（絵画と詩性のあいだに、まさに正確に詩篇の空間とその時間であるところのこの二つのものの間に、音楽はある。詩性はここで「音楽的散文」として与えられたが――笑いが詩篇の唯一の音調であるのと同様に詩篇の唯一の運動であるところの「踊り」は、音楽と絵画との交差点で供されるように思える。音楽もまた諸芸術ならびに芸術一般のひとつの原型である、知られているように。それを忘れないでおこう、われわれはまたそこに立ち戻ることになるだろう。）

詩性なきこの詩篇における詩性の標し、詩性（詩篇ならざる詩性）がそうするよりも巧みに音楽を模倣せんと欲しているこの詩性のなかの詩性の標し、それはわれわれが知っているように、「欲望は引き裂く《デジール・デシール》……死にたいという欲望《デジール・ド・ムーリール》」の律動と韻であり——、まさにそれに詩性は霊感を受けて、「享楽する《ジュイール》」のを放棄し、享楽することの彼方で、笑いへと曝露された死ぬことのなかで享楽しようとする——それは詩的なものを超えた詩性、自分自身の乗り越えを描くところの詩性——実は、真実においては、それが欲望の終わりなき変容としての芸術そのものなのだ。

　詩性は欲望である限りでみずから現前する——かくして、詩性がそのことを知っているように、詩性は死に至るほどに美しいものとなるだろう。詩性はそれ自体が欲望として成就される。逃げ去った詩性、真理のなかへのその逃走、闇の光の「爆発」としての、何も言わないが黙りもしない口の「表現不能な優美さ」としての逃走の真理のポイエーシスでありたいという、無限の欲望のミメーシスではいまだなく、また真にミメーシスでないものすべてがそこで解消されるような、散文のなかの詩性のポイエーシス。詩性は、現前の欲望から欲望の現前へ、死ぬのを享楽することから享楽して死ぬことへ、引き裂く笑いから笑う引き裂きへ向かう無限の運動と化す。それが自分自身の絵画の「未知と不可能」のなかで「呼吸」される限りで、「霊感を吹き込まれた」詩性なのだ。（このこと全体は、無際限に、弁証法を成すと共に成さない……。）この永続的な不決定について、笑いは決断する。けれども、笑いは何も一刀両断しないし解決しもしない、それはむしろそのようなものとして不決定を供する、笑いの多様性であるような笑いで炸裂しつつ。みずからの欲望（それは絵画の現前を享楽することも、絵画の現前のなかで享楽することもない）のなかでの芸術家の挫折、その焼尽を笑うところの笑いが存在し——絵画そのものを笑うような笑いが存在するのだが、この笑いにおいては絵画は笑いであり、みずからの芸術を享楽することなき芸術家自身が享楽されるのだ。

詩性は絵画的模倣を模倣することに失敗する。だから絵画は完璧な模倣である。それにしてもなぜだろうか。それはまさに、絵画がここではひとりのモデルの再生産ではないからだ。モデルは逃げ去ったのであり、それがモデルをモデルたらしめ、それがモデルをして模倣の欲望を欲望させるのだ。モデルは一切の原型の手前から到来し、彼方へと赴く。それは詩性がここで、同じひとつの所作で、模倣するのに成功すると共に失敗するところのものなのだ。

絵画それ自体が芸術的表象の原型であるとして――また、「私は描きたい気持ちに燃えている」が「私はこの女性の詩篇を実行したい気持ちに燃えている」と「私は詩篇を絵画に変容させたい気持ちに燃えている」を同時に意味する――二重の意味は自分自身を燃やすが、しかし、ひとつの意味でしかない――として、それは絵画がこのようにモデルの表象としてではなく、むしろモデルの表象不能な逃走の現前化として、範例的な、いや範例を超えた夜――そこからモデルは到来する、なぜならそこでモデルは消失するからだ――の現前化として供されるからである。絵画は模倣としては理解されず、……モデルのモデル化として理解される。（デッサンというよりも描線、描線というよりも色、色というよりも絵画の生地そのもの、その肉もしくは皮膚。すなわち、赤く、白い大きな口。）絵画はモデルを象り、絵画はそれ自身の原物《オリジナル》に形式を与える――あるいはまた、絵画はモデル（モデルにしてモデルの逃走、この逃走への欲望、欲望のモデル、かくしてそれは無限に自己を象っていく……）である限りでそれ自身に形式を与える。絵画は女性の不在の肉体と顔を象る。それはこの不在を象るのだ。

この「象ること」それ自体はモデルがモデルと-化することであり、それがモデルをモデルにし、そのようなものとしてモデルを現前化する。モデルの逃走とその驚きという到達不能なもののなかで。象ることはいまひとつのモデルに即してなされるのではない（いかにして、「美しいより以上の」美について、ひとつのモデルが存在しうるのだろうか）。けれども、それはまた単にモデルなしで、純粋な自己形成としてなされるのでもない。それは異質的でも自己発生的でもない。一方では、象ることはひとつのモデルとして与えられるが、他方ではこのモデルそれ自体は表象するために与えられるのではない。それはひとつの形象でもひとつの〈理念〉でもない。それは見えるものではまったくなく、ひとつの不可視の形式あるいは不可視のものの形式を持つものではまったくない。それは可視性と不可視性の論理学には属しておらず――ひいては表象可能性と表象不可能性の論理学に属していない。象ることはひとつのモデルを有することも、自分自身をモデルとして有することもない。描きたいという欲望は、（表象のなかで）女性を享楽する欲望と、死の永遠のなかで自己へと自己現前したいという欲望のあいだで燃え上がる。女性は自己を表象するのではなく、緩慢な死ぬことのなかで、女性の目が（自己を）現前化するのだ。それは他のどんな始原的現前からも、同じく純粋な不在からも到来することのないひとつの現前である。それは消失のなかで、消失として、消失の現れることとして到来する現前である。それは、以前に一度もそこにあったことはないが（かつては欲望しかなかった）、不在であったこともなく（欲望そのものが快楽である）到来する快楽――快楽に先立ち、後続する快楽なのだ。

　このことは（この快楽、この象りは）、絵画がそこに到来するところで生じる。すなわち、赤く白い口のなかで（カントが思い起こさせるところでは、白は無垢の色であり、赤は崇高性の色である）。まさにここで絵画は象り、芸術のモデルとして自己を象るのだ。絵画はひとつの形象を描くのではなく――詩篇はひとつの意味作用を描くことはない。絵画は描かれた口のなかで消失する。口は炸裂する、口なのだ、絵画の爆発、色の開花は。絵画はここで到来する、絵画はその快楽に至り、その快楽を象ることに至る——けれども、それは絵画ではなく、それは肖像画ではない。

笑いは、他のモデルなしに、それ自体がモデルとなることなしに、ここで自己を象る。あらゆる芸術に先立つ、あるいはそれらに後続するひとつの芸術、芸術なき芸術、すなわち芸術のモデルであるが、これはそれ自体ではいかなる芸術でもなく、芸術一般のいかなる本質でもない。笑いは芸術のモデル、諸芸術のモデルすべての到来である。絵画の、したがって、詩性の、そして音楽の到来なのだ。それはこれらの相互的範例性ならびに、どこでも閉じられることのないそれらの循環的ミメーシスの笑いである。それは、絵画が炸裂して音調と化し、詩性が炸裂して絵画と化し、絵画が今度は……と化すことを笑うのである。

音が残されている(音とはいえ、聴取不能な音であり、それは音楽には属しておらず、それは音楽的散文の解体である)。笑いはひとつの声ならざるひとつの声の音、それがそうであるところの声の音ならざる声の音である。それは声の質料にして音色であって、それは声ではない。それは声の色、その抑揚(*modulation*)(ないしその象り)と、その分節化のあいだにある。笑いは声の諸性質なきひとつの声を笑う。それは声の実体のごときもの、更には、声の主体——主体ではあるが自己を現前化しつつ消失する——のごときものである。

笑いは芸術の実体、芸術の主体(そして詩篇の、あらゆる意味での主題)である。笑いのなかで、芸術の本質は炸裂する——自己を現前化する——、諸芸術の各々を他のひとつの芸術のなかに、他のあらゆる芸術のなかに消失させると同時に、それ自身の本質のなかで、それ自身の本質の不在のなかで自己を消失させるこの「技法」として。嘲りの、愚弄の、無限のイロニーの笑い。芸術の主体〔主題〕はそこで、炸裂し、爆発し、燃え、消失するものとして認識される。しかしまた、「表現不能な優美さの」笑いと微笑、「芸術」がそれをもって隠れ、諸芸術の各々が他の芸術のなかに消失してそこで新たに開花するところの優美さの笑いと微笑、見事ではあるが、認知することもその原型と関係づけることも不可能な火山地の花、そこには「芸術」のごとき何かは決して存在しないし、どんな本質もそこでは石化させられてしまう。

笑いは芸術を同一化作用全体から逸脱させ――、芸術そのものを現前化させること以外は何も欲しない詩篇は、笑いのなかでこの無限の逸脱を現前化する。同様に、笑いは、諸芸術の各々が他のひとつの芸術によって現前化し再現前化〔表象〕すること以外のことを欲せず、笑いのなかで、各々の芸術は諸芸術共通の逸脱をこの表象へと曝露する。（これとは逆に、この詩篇の哲学をも含む一切の芸術の哲学がいかにして、諸芸術のあいだの差異を消し、それを止揚ないし昇華することしかめざさないかを示すことができるだろう。）

諸芸術は互いに表象し合うわけではなく――それらは互いのうちに移行し合うこと、互いに対して現前化し合うことをやめない。それは諸芸術のうちのいずれも何かを表象するのではないからだ。諸芸術の各々は、何らかの現前の現前への到来であり、この現前はそこで自己を象る。とはいえ、現前なるもの一般の現前への到来でも、現前のひとつの本質の現前への到来でもない。現前は本質を欠いている、それは、語られることがないがゆえに、詩篇によって笑われるものでありうるだろう。何らかのひとつの現前にして、いくつかの現前。もっぱら特異なもの＝単数的なものであり、それゆえ多様なものであるために現前する多様な特異性、それは現前のいかなる天界からも到来することはない。「唯一の」現前はこれらの現前の差異のなかでしか生じず〔場所を持たず〕――これらの現前の各々は現前へのひとつの特異な到来、現前が自己を供することで消失するような移行にのみ由来している。

諸特異性は諸感覚＝意味の、言語の諸特異性以外のものではない。諸芸術の超越論的条件はこの質料的事実である。すなわち、複数の感覚＝意味があるのであって、ひとつの共通感覚＝意味があるのではなく、また諸感覚＝意味と言語とのあいだには感覚＝意味の共通性があるのでもないのだ。

（おそらく、ここで非常に長い回り道をする必要があるだろう。感覚＝意味の分有はどうなっているのか——この分割が分有一般の、特殊には声の分有、総体的存在の分有であるならば、すなわち、分断とコミュニケーション、分断の、分断によるコミュニケーション、回折されたアプリオリな共通性〔共同体〕であるならば。いかにして諸感覚＝意味は他と係わるのか——われわれがそれらの習慣的配分を単に維持できると想定するならば。諸感覚＝意味は自己を感じることができるのか。それができないことを諸感覚＝意味は知っているのか。各々の感覚＝意味の純粋さは存在するのか、それとも、触れることの痕跡なき視覚、味覚の痕跡なき触れることは存在しないか、等々。一方または他方の痕跡なき言語は存在するのか。更にまた、いかにして諸感覚＝意味は、芸術に関して、自己を分割するのか。「本来的な意味での」芸術を欠いた三つの感覚＝意味、触れること、嗅覚、味覚は、それらもまた最も「本来的な意味での」官能的愛の諸感覚＝意味であることに、いかにして目を塞ぎうるのか。——「赤く白い大きな口」。鼻腔のすぐ近くにあるこの口は、まさしく詩篇のなかでこれらの感覚＝意味の場所ではないのか。……）

笑いは、諸感覚＝意味と言語活動の多様な限界の上で炸裂する。それは感覚＝意味に——色の見えに、口による触れることに、炸裂の聴取に、それ固有の声の意味作用なき声に供されつつも、確信が持てない。笑いとは諸感覚＝意味の歓喜であり、それらの限界における感覚＝意味である。この歓喜のなかで、諸感覚＝意味は互いに触れ合い、それらは言語活動に、口のなかの舌《ラング》に触れる。しかし、この触れ合うことがそれらを間空けするのだ、それらは相互に浸透しない。「芸術」は存在せず、それにもまして「全体的」芸術は存在しない。しかしまた、芸術そのものの退却せる崇高な真理としての「笑い」も存在しない。笑いの破片しか存在しないのだ。

V

「冷たい既婚の女」の口ならざるこの「赤く白い大きな口」は、「天空からもぎ取られた、不吉でうっとりするような」月のまばゆい輝きを有している。この口の「神秘」は神々のそれではない。それはむしろ神々の出立、神々の不在ないし方向転換の「神秘」である。神々と共に、神々の静謐の堪えられない笑い——「ホメロス的な笑い」、始原的な〈詩〉もまた消え去った。そうなると、残るは悪しき笑い、「頑固な意志と獲物への愛」のなかで享楽する笑いであろう。滑稽なもの全体、おそらくはわれわれが滑稽なものと呼んでいるもの（ボードレールが「意味深い滑稽なもの」と名づけていたもの）全体がここにその場所を見出すだろうし——詩篇は、いかにして詩人が落ちぶれて栄光を失ったかを物語る、あのいまひとつの詩篇のいまひとつの版でもあるだろう。アウラの喪失、その神秘における芸術の喪失、すなわち美的なものの近代性《モデルニテ》そのものなのだ。

けれども、この女性、この口の笑い、この月の輝き、この花の奇蹟は詩篇のアウラ——「表現不能な優美さ〔恩寵〕」を形成しもする。この優美さがもはや神的なものでないなら、とはいわないまでも少なくとも、天空からもぎ取られたその破片がこのもぎ取り、すなわち引き裂きの痕跡なしに神々の何も保持していないとするなら、この優美さはいかなるものだろうか。

このような優美さは卑俗である。自分自身の欲望によって疲弊した芸術家を楽しむ笑い、芸術家を獲物のように貪り食うこの口は卑俗なものでしかありえない。芸術の終末で、（ヘーゲルにとってそうでなければならなかったように）「思考」そのものが出来するのでないとしたら、そこに卑俗さ以外の何があるというのか。「女性は卑俗である」とボードレールは言っている。この赤く白い大きな口は卑俗でしかありえない。それは、ボードレールの語彙を用いて言うなら、「売春婦」の口である。

しかしながら、売春しているのは彼女ではない。それは芸術家なのだ。「賛美すること、それは自己を犠牲にし、売春することである。だから、どんな愛も売春である……。売春と最も係わる存在は存在の最たるものであり、神である。なぜなら、この存在は……涸れることなき愛の貯水池だからだ」（「赤裸の心」）。芸術はここでは、神のように、神を模して、あらゆる神々の不在のなかで、売春婦である。芸術は卑俗さのために犠牲にされ、芸術は緩慢に売春婦の目のもとで——その笑いのもとで死にゆく。笑いは卑俗である、卑俗でなく、売春婦でないようないかなる人間の笑いもたぶん存在しない。

ここで犠牲にされたのが芸術の卑俗さであるとしたらどうだろうか。表象の卑俗さ、唯一のもの、この下品な理想、「芸術」または「美」の卑俗さであるとしたら。描かれた口を持つこの女性、この売春婦は「美しいより以上である」。彼女が卑俗であるとしても、彼女は、芸術の喪失を笑うこの低俗で、矮小で恨みがましい卑俗さでもって、ただ単に卑俗なのではなく、あるいは少なくともただ卑俗であるのではない。彼女は、これと対称的な卑俗さ——それが実のところ、最初の卑俗さを引き起こすのだが——でもって卑俗なのでもない。そこでは、「芸術」は、それが模倣不能なものの模倣、無限の欲望の満足である限りで、現前し、現前化可能で、有益に消費できるに相違なかったものとして思考され、欲望される。すなわち、歓喜なく享楽する芸術なのである。

けれども、描かれた口の笑い、ここでは絵画の笑い——互いに触れ合い交換し合う絵画の、音楽の、踊りの、詩性の笑い——、それは、おそらくつねに端的に笑いをなすだけの諸感覚＝意味の「卑俗な」笑いである。諸感覚＝意味の歓喜は、それらの感覚＝意味が互いに触れ合い、言語に、このもうひとつの感覚＝意味に触れつつも、ひとつの感覚＝意味、ひとつの顔を完成することがなく——一切の表象の表象、その原型とみなされうる一幅の絵画を決して完成しないということを笑うのだ。この絵画が——ひとつの口とその笑いをなす唯一のタッチの場所で——実現されるなら、すべては現前化されるだろう（神は置き換わられるだろう）し、もはや何も現前へと到来すべきでも、誰のために到来すべきでもなくなるだろう）。もはや世界への到来は存在しないだろう。なぜなら、もはや世界は存在しないだろうし、世界にあることにとっても、もはや感覚＝意味は存在しないだろうからだ。「卑俗なもの」はまた、それはまずもって「人間たちに共通なもの」である。人間たちに共通なもの、人間たちが何よりも先に分有するもの——そこにおいて人間たちが分有されるもの——それは諸感覚の差異によって、意味の諸差異によって世界にあることだ。それはいくつものタッチによって、破片によって、韻の律動と散らばりによって、溶岩のようなねばり強くて甘美な踊りによって——確実な死、人知の及ばぬ天体によって、笑いに震撼させられたひとりの少女の優美さによって世界にあることなのだ。

魂と身体のうちに真理を所有すること

「……魂と身体のうちに真理を所有することが僕に許されるだろう」。

誰が話しているのか。誰がこうして話し終えるのか。それは知られているように、『地獄の一季節』の最終行でのアルチュール・ランボーである。ランボーはこの文を書き、最後の言葉を強調している。その後、書くのを終えるために、詩と縁を切るために彼がしなければならないのは、少し下に「一八七三年四月―八月」と書き込むことだけである。

少なくともこの言い伝えを私は支えにしたい。日付が提起する諸問題は気にかけず、『イリュミナシオン』のいくつかのテクストは先の言葉より後のものではないかどうかを知ろうとも思わない。なぜなら、これらの言葉をもって、ランボーはランボーに「アデュー」を言っているからだ。『一季節』のこの最後の詩篇は『アデュー』と題されている。アデューと言うこと、それは後戻りもできず取り消しもできない別離を語ることである。同じテクストが少し上で言っているように、「勝ち取ったこの歩みを続け」なければならないのだ。この歩みはアデューのそれである。それが勝ち取られたからには、後戻りする必要はない。続けるだけで、それにこだわるだけでいい。たった一歩、一歩だけ、しかし、この歩みは申し分なく、成就され、後戻りすることがない。

私はただそこに、この限界の上にいたいだけだ。ランボーに対しても同じことで満足しなければならない。おそらく、詩に対しても同じことで、同種のことで満足しなければならないだろう。ランボーが、われわれのために、われわれに至るまで、勝ち取った詩の歩み〔詩の不在〕(*pas de poésie*)は廃棄不能である。それはいかにして勝ち取られるのか。その真理はいかなるものか。もっと正確には、先の最後の言葉がわれわれにこう問うよう促しているように、なぜ、いかにして詩の歩み〔詩の不在〕は真理への通路を与えるのだろうか。そして、勝ち取られた歩みを維持すること以外にもはや何もするべきことがないとすれば、いかなる未来のなかでそうするのだろうか。

＊＊＊

同じテクスト――『アデュー』――のなかで、勝ち取られた歩みを維持せよとの要請は、「絶対的に現代《モデル》的《ヌ》でなければならぬ」という命法に呼応してもいる。現代的であること、そして何よりも現代的であること、それは流行に乗る《ア・ラ・モード》ことではもちろんないし、前衛の位置に身をおいて、そこで数々の明日を予見し、それらを切り開こうとすること――これらの明日はそれ自体が「現代的《モデルヌ》」もしくは「ポスト現代的《モデルヌ》」でなければならないのだが――でもない。「絶対的に現代的でなければならない」は、「勝ち取られた歩みを続けること」に存する。言い換えるなら、そこで時間が到来するような限界上に位置して、もっぱら到来させることに存している。

時間は、ここでは、もはや経過しない。時間は、何かがやがて到来するであろう、ひいては何かがいかなる仕方でも到来することなきこの限界上での、時間の到来の緊張でしかない。それは切迫であって、ただこの切迫は、ここで維持され下支えされた緊張が、無際限にその到来のうちに引き留めるところのものだ。現代的《モデルヌ》とは、一切の時間――過去として過ぎ去り、現在として現存し、経過していく時間――に先立つ時間であり、その経過＝通過のなかで自分自身に先行するような時間である。（ランボーがデメニーに「詩は先にあるだろう（*sera en avant*）」と書いたのはこの意味においてだろうか）。これは、来るべきものに単にみずからを曝露しはするが、自分自身はそこへと進み出て行くことのない、そのような前（*avant*）という時期ないし場所なのである。

このような限界の上で、このような緊張のなかで、ひとは未来形で、「真理を所有することが僕に許されるだろう」と話す。何もここでは、未来の真理についても、未来形の真理、予期によって現在においてわが物とすることが許されているような真理についても話してはいない。そうではなく、ひとは真理の未来、その来るべきことについて話しているのだ。未来は、いまだ時間がないようなところから到来する。未来は、時間を奪われたこの場所、ひとつの場所ならざるこの場所から話すのだが、そこからは何もわれわれのところに辿り着くことはできない。なぜなら、すべては、そこからは、来るべきものだからだ。とりわけ真理はそうである。

未来については、何もわれわれに伝えられたり伝達されたりすることはありえない。それは、未来形で話されたことが言わんとすることであり、また、未来形で話されたことは、ひとつの意味をすでにして有することはありえない。それは語られる、それはわれわれに、そこからは何もわれわれに語られえないような場所の不在から語られる。（それはおそらく、別のところで、ランボーが「永遠」と名づけることになるものだろう。）勝ち取られた歩みを、詩の歩み〔詩の不在〕を維持すること、それはまず、現前し、現前化〔呈示〕可能な真理が存在しないような真理に曝露されたままであることだ。にもかかわらず、そのようにしてこの真理は現前化される。私にはそれを所有することが許されるだろう。

「ランボー」とはこのことを現前化するところの名である。すなわち、真理の永遠なる未来に直面させることを。この永遠なる未来が到来するのを見る者。次のことしか見ない者。すなわち、自分は真理の永遠なる未来が到来するのを見るということ（「私には～が許されるだろう」）、そしてまた、自分は到来するもの（「真理」）を見ないということ。詩の歩み〔詩の不在〕、目を開いたまま眼差しの不在のなかに入ること。アデューと、未来に向けて言うこと。アデューと未来形で言うこと。かかるアデューの現在、詩の歩み〔詩の不在〕。

そのためには、言語の「未来の時間」を、それが未だ知られず、予言されているところにおいて、ひとつの先取りされた既知の現実的時間に変容させてしまわないことが必要である。このように解された「予言」は、来るべき未来のひとつのヴィジョンである。しかるに、『一季節』がアデューを言うのはヴィジョンに対して、一切のヴィジョンないし見ること（voyance）に対してである。ランボーはテクストのもっと前の部分でこう書いた。自分は今や「詩人たちや見者たち（visionnaires）」「よりも豊か」である、と。ランボーとは、最後に、そこで見ることなく書くに至った者である。それが最後には書くこと――そして詩の歩みを維持することである。

ヴィジョンはない、それゆえ、来るべき未来の音信はない。われわれは「魂と身体のうちに真理を所有すること」が言わんとすることを知ることができないが、けれども、絶対的に現代的であるためには、われわれはそれを知らなければならない。語ることの不在、ヴィジョンの不在、詩の不在を起点として到来するものが言わんとすることをわれわれは知らなければならない。最後の決め言葉の後に、更に語をもつこと。

ここで開かれているもの、それは詩によるところの歴史であり、それは詩の後に詩に到来するものの歴史である。そしておそらく、この歴史は、ランボーの時代に哲学が考えていたような「歴史のひとつの意味＝方位」をもたないだろう（ただ、この哲学は、ランボーがかつて詩人を「進歩の増大者」と名づけたとき、彼自身の哲学であったのかもしれない）。歴史のこのような「意味＝方位」は、その予見を通じて歴史を無効にする。到来するものはこのような意味＝方位をもつことができない。それはただ来るべきものであるという意味、到来するところの意味をもちうるだけだ。言い換えるなら、前なる真理の意味、あるいはまた、それが先立つものである限りでの真理の意味を。ランボーはこのことを知った。すなわち、真理は来るべき未来から期待しなければならないものではまったくなく、逆に、来るべきものの到来へと曝露されていることなのである、と。

最後の言葉はまずこれを語っているのだが、これはひとつの歴史であり、それはわれわれの歴史であり、それが不断に到来し続けるのはわれわれのもとにである。われわれはなおも絶対的に現代的であらねばならない。

＊＊＊

アデューが詩に対して言われたということ、未来は必然的に、本質的に、詩が、ここにしてすでに、今からすでに放棄されるだろう場所から到来しなければならないということを、勝ち取られた歩みとみなそう。何も見るべきものはなく、何も「幻視するべき」ものはなく、したがって何も書くべきものはない。しかもそれは、果てに至るまで、最後の言葉に至るまでそうなのだ。

よく知られているように、ランボーが詩と縁を切ったと言っても、何も新しいことを言ったことにはならない。しかし、このことそのもの、それを詩にしてはならないのだ。ランボーと共に、それも勝ち取られた歩みとして、この不可欠であると同じく支持できない賭けを維持しなければならない。すなわち、依然として詩に属する言葉である最後の言葉のなかで詩に終止符を打つこと。だから、次の点にこだわらねばならない。実に頻繁にそうされているように、冒険家もしくは貿易商たるランボーのうちに、詩人の頭に血がのぼった、あさましい分身を探るのが妥当ではないのと同様に、詩のうちで、それに終止符を打つものを捕捉し、詩のうちに、詩の中断の契機を回帰させたり逆流させたりするべく努めてはならない。しかしながら、この中断の契機それ自体は、それが属しているエクリチュールから抹消されてはならない。「魂と身体のうちに真理を所有すること」、それは詩の最後の言葉であり、われわれがこの最後の言葉を読まねばならないのはかかる完成においてであり、また、かかる完成そのものとしてである。

真理とはすなわち、抹消されてはならない抹消であり、来るべきものとして読まれねばならない抹消である。

おそらく、詩《ポエジー》はつねに完成され、詩の本質には完成されることが属している。ランボーはおそらくそれ以外のことを言ってはいない。詩《ポエム》は、ブランショの表現によるとその「引き締められた特異性」のなかで、つねに閉じられ、もっぱら閉じられるだけである。つねに、結局のところ、詩《ポエム》は沈黙へと開く。けれども、この沈黙、それはつねに完成として、詩的発語の引き受けとして、かかる発語の和声の無限に微細な振動として理解される。（事実、『イリュミナシオン』の詩人は「私は沈黙の主だ」と書いていた）。とりわけ、模範的な沈黙、かくも混乱させ、かくも重々しい、一八七三年以後のランボーの沈黙はこのようなものにされたのだ。けれども、作品の放棄、アデューの断絶は、なおもそれ自身、自制として、発語の可能性として（更に、例えばハイデガーが望んでいるように、発語の最も高度な可能性として）呈示される沈黙のうちへの至高の入場とは同じものではない。バタイユそのひとも、ひとつの詩のように、こう書くことができたのだった。

詩の
アルコールは
死せる
沈黙である

しかし、ここでまさに、ランボーは一切の酩酊を放棄している。そして沈黙をも。そして、「死せる沈黙」のどんな弁証法をも。「私に許されるだろう……」という未来形は、発語の存在しない場所から語っているが、それはひとつの沈黙を発しているのではない。非常に単純に、とはいえ、おそらくそう見えるほど取るに足らない仕方でではなく、このことを話すとすれば、これら最後の言葉のなかにはいかなる嘆息もない。すべてがきっぱりしており、すべてが、魂と身体が保たれている。

最後の言葉はここでは沈黙へと続くのではない。続くものはつねに何らかの仕方で言説である。ここには詩の言説は存在しない。逆に、どんな言説も、詩をもって、詩のなかで、詩によって断ち切られるのだ。それは中断され、完成されてさえいない詩である。息を引き取ってさえおらず、死体として防腐処置を施すことの不可能な詩。「魂と身体のうちに」、それは、墓碑のための決まり文句に見紛うほど類似してはいるが、ここにはそのようなものはまったくない。死も復活もなく、アデューの真理だけがあるのだ。

＊＊＊

ランボーは、「頌歌はない。勝ち取ったこの歩みを続けるんだ」と書いている。「頌歌はない」、言い換えるなら宗教はない、もちろんそうなのだが、また、と同時に、歌がないのでもある。宗教的な歌がなく、歌の宗教がないのだ。芸術は宗教と縁を切る、言い換えるなら（おそらくヘーゲルにとってそうであるように）その宗教的奉仕と縁を切るのである。芸術は奉仕もしくは、真理を現前化〔呈示〕し再現前化〔表象〕するところの勤めと縁を切る。宗教は真理の現前化〔呈示〕である。それは真理を、見て感じて分かち合うものとするのだ。このことは「神秘的な跳躍」にまで至るのだが、ランボーは（『一季節』の草稿におけるように）かかる「跳躍」をもはや欲してはいない。そこでは「超自然的な力」が分かち合われているが、ここ『アデュー』のなかでは、そのような力は錯覚と宣せられている。錯覚であるもの、それは「力」そのものではない。一瞬たりともランボーは詩的魔術の力能も、「言葉の錬金術」の力能も否定しなかった。しかるに、まさにこのような力が実在するがゆえに、まさに詩を信じ、かつ一切の信を詩たらしめることが可能であるがゆえに、このような力の様々な効果や、錯覚である超自然的なものと絶縁しなければならないのだ。

言い換えるなら、不在であるような現前のこの密売と絶縁しなければならないのであって、かかる現前の真理はというと、歌の崇高な絆のなかに捕らえられるのである。更に草稿が言っているように、「芸術が愚行である」とするなら、それは芸術がこの密売に、この工作に委ねられるからだ。

　魂と身体のうちに所有された真理はしたがって、詩人が神秘によって到達し、ヴィジョンに対して現前化〔呈示〕ないし再現前化〔表象〕するところのこの真理ではないだろう。――「新しい花々、新しい星、新しい肉、新しい言語」といったヴィジョン、ここではそれにアデューが言われているのだ。この真理、われわれは、それが未来においてどのようなものであるのか、それがどのようなものであるだろうかは知らない。ただ、われわれが知っているのは、決してこの真理は、どの真理もが、それによって、われわれに対して告知されるはずだと思われるような「新しいもの」の詩的真理などではないということだ。新しさ、未曾有のものの湧出、既成の諸事象の変容はつねに、われわれにとって、科学的、宗教的、政治的、形而上学的など一切の真理に固有の詩を形成している。まさに真理の詩に、そのポイエーシスに対してアデューが言われているのだ。

　ただしわれわれは、ひとつの詩が別の詩に反して賭けられているのではないことも知っている。詩はまるごと賭けられており、あらゆる詩のあらゆる真理もそうだ。『一季節』でランボーは「もはや言葉はない」と書いたが、その際、これらの言葉を強調してもいる。これはまさしく詩の最後の言葉であって、もはや他の詩の言葉はないだろう。そこを起点として逆に、バタイユがやがて「詩への憎悪」と呼び、アルトーが「詩への反抗」と呼ぶものの可能性と必然性が、われわれに至るまで、開かれる。「詩的錯乱はその場所を自然のなかに有している。詩的錯乱は自然を正当化し、それを美化するのを引き受ける。拒絶は、自分に起こることを測る明晰な意識に属する」。ここにいう拒絶、それはランボーのものたる拒絶である（おまけにバタイユもここでそれに思いを馳せている）。そして、起こること、それは真理である。やがてアルトーはこう書くだろう。「人間的〈言〉《ヴェルブ》の諸形式のなかには、得体の知れない貪欲な工作、何らかの貪欲な自食があって、そこでは、詩人は対象だけにみずからを限定しつつも、この対象によって自分が食べられるのを見る」。貪るところの対象、それはバタイユのいう「美化された自然」であり、それは新しさの、ランボーのいう「新しい花々、新しい言語」の流出なのである。

憎悪と反抗は、おそらくまだその場しのぎでしかない。それらは愛という裏面を有している。バタイユとアルトーを超えて、われわれを超えて、別のものがこれから開かれようとしている、おそらく。けれどもさしあたりは、歩みを続けてこう言わねばならない。「明晰な意識」に「起こるもの」、それは正当化されることも美化されることもないが、かといって自分を貪ることもない真理である、と。それは数々の美化を、ひいては一切の美学を拒絶し解体する真理であり、貪欲な自食とその自己満足を崩壊させる真理である。拒絶されたものの名、それはだから、『アデュー』のなかで、そしてまた『一季節』の全体を通じて繰り返されている言葉にほかならず、それが「嘘」なのである。「とにかくおれは、これまで嘘を喰らって生きてきたことについて赦しを求めておこう。そして行くのだ」。

＊　＊　＊

しかしその際——そして行こう、ひとつのきわめて単純な問いを回避しないでおこう。詩を嘘として糾弾することは、プラトンから少なくともヘーゲルに至る哲学の最も恒常的な身振り——放棄と要請——であるが、そうだとするなら、ランボーはこの身振りを反復していると考えるべきだろうか。詩人は哲学者の宣告に共鳴したのだろうか。

いかにして「そうだ」と答えないでいられるだろうか。少なくとも最初の段階では、それは不可避である。たしかにランボーは、ある哲学的断絶によって詩と縁を切っている――あるいはまた、彼は詩を断っている――のだが、この断絶は哲学的断絶の最たるもの、すなわち、人格となった真理〔真理の化身〕、裸の真理それ自体――魂と身体――を要求する断絶であるかもしれない。このような真理はそれが崩壊させる真理の数々の表象、そしてまた、それが失墜させるミメーシス全体と対立している。プラトンが彼自身のいくつかの詩を燃やしたときに始まったものが、ランボーと共に成就したのである。「なんということだろう！　おれはおれの想像力とおれの数々の思い出を埋めなければならない！　芸術家の、語り手のすばらしい栄光は奪い去られた！」（これは『アデュー』の一部だが、アデューそのものである）。

ここでもまた、一歩も譲ってはならないのだが、詩なき人生のなかへのランボーの参入を「詩たらしめては」ならないのと同様に、結局はそれと対をなす仕方で、ランボーが彼なりの流儀で詩の哲学的排除をくり返しているのを示す標しのいかなるものをも拒んではならない。

たとえば、『アデュー』のうちに留まるなら、「おれたちは神的な光の探求に携わっていた」。これらの言葉から、最も重く、最も恒常的な形而上学的負荷を取り除くことができるような読解はないし、そのような解釈は存在しない。そして、このようなエクリチュールを解釈すること、「詩」そのものに反して／あるいはそれゆえに、意味を授けられた言説とみなさざるをえないものの唯一の意味ないし複数の意味を解釈することが課題である限りそうなのだ。しかしそれこそ「単に詩に属して」いることだと言われるだろうが、そうだとしてわれわれは、そのような詩は哲学の成就された欲望以外のものではまさにありえないと答えねばならないだろう。なぜなら、哲学はプラトン以降、みずからを真の詩として、真実の、神的な光の嘘なき詩として、と同時に、詩の真理、一切の詩の真理として構成すること以外のことを決して欲しなかったからである。（最後に、「プラトン」の名はこのこと以外の何も名指してはいない。）

そうであるなら、「魂と身体のうちに真理を所有すること」というこの最後の言葉は、哲学的詩の最初の言葉を成している。それらは真理を全体として我が物にすること、主観的かつ客観的に我が物にすることであり、結局は、主観的と客観的という区別そのものを超えて上昇して、真理の自己への絶対的現前のうちに入っていくのだ。思考を詩に対立させるためにヘーゲルは言っている。「思考は、現実の諸事物をそれらの本質的特殊性ならびに現実的実在においてまさに把握するとはいえ、にもかかわらずこの特殊なものを一般的で理念的な媒質に至るまで上昇させるのであって、この媒質のなかでは思考だけがそれ自身のかたわらにあるのだ」。

ヘーゲルのなかでランボーを翻訳し、解釈することはできるだろうか。おそらくできるだろう。このことは不可欠でさえある。そして、このことが不可欠であるのは、一方と他方がまさに、しかも必然的に同一の詩の概念を有しているからだ（詩についてひとつの概念を有することが課題である限りでそうなのだが――どうしてそれ以外でありうるだろうか）。すなわち、真理についての比較を絶して豊かで感性的な表象の概念がそれなのだが、ただ、この豊かさ全体は必ずや衰えて、思考の純粋な同一性と化し、思考はあたかもその真理に向かうかのように、そしてまた、真理そのものに向かうかのようにかかる同一性へと向かうのである。このような衰退は必ずしも詩の「嘘」を表してはいないが、いずれにしても次のことを表している。つまり、思考は、詩の美しき現前化〔呈示〕を思考それ自身のうちで集摂し、そこへと昇華させるのだ。それだけではない。詩は思考された（思考の）真理としてみずからを集摂し、みずからを昇華する。（ヘーゲル自身にとっては、最終的読解においては事態はこれほど単純ではないということ、これはまた別のことであって、ここでは取り上げない。）ランボー自身もそうだが、何人かの者たちがロマン主義者たち以降、結局はロマン主義者たちに即して、思考の、思考におけるこの同一性を「詩」と名づけたとしても、それはほとんど重要ではない。ただ、それは同じ概念であり、〈真実〉という同じ観念なのである。有名な「見者の手紙」が、真に哲学的なもの、プラトン／ヘーゲル意味での思弁的なものとして何を有しているかを改めて読むだけで充分である。「詩人たらんとする人間にとっての最初の学習は自分自身の認識の全体である。彼は自分の魂を探求し、彼はそれを検査し、それを試し、それを学び（…）、彼は自分の魂のうちですべての毒を汲み尽してその精髄だけを保持する。（…）彼は至上の〈学者〉となる」。

＊＊＊

ところが、まさしく「見者」の〈学問〉に対して、『一季節』は「アデュー」を言っている。そして、まったく同じく、〈知〉のヴィジョンに対しても。

このような知とそのヴィジョンにアデューを言うこと（言う者）と同一的である。アデューにおいては、詩は、より高度な哲学的真理へと止揚され、昇華されてはいない。そこでは詩はより真実になるのではない。詩は、そこを起点として、真理の来るべき所有が単に名指しされるようなこの縁、この限界に置かれ、残され、遺棄されるのだが、かかる来るべき所有は、詩の最後の言葉の把握不能で予見不能で意味づけ不能な未来である限りで、粗暴とも言える仕方でただ名指しされるだけである。

ここでランボーは詩を放棄するが、それによって、詩の彼方に、自己のうちに回帰せる詩の真理として、哲学の純然たる道を開こうとしているのではない。逆にランボーはまさにこのことを拒絶しているのだが、まさしくその一方で、先の言葉のなかで、拒絶はその反対物と識別不能になる。しかるに識別可能である。なぜなら――、これらは最後の言葉だからだ。拒絶されているもの、それは哲学であり、真実のヴィジョンであり、手紙はそれを「詩」と呼んでいた。それは哲学によれば詩である。言い換えるなら、真実の現前化〔呈示〕として、真実の真なる現前化〔呈示〕として、みずからを思考し、自分自身を詩ならしめる、そのような詩なのだ。

けれども、このことは詩のひとつの特殊な種類を成しているのではない。ここで揺るがされているのは詩という観念全体であり、詩についてのおそらくはありうべき一切の観念である。それは、われわれが詩について何らかの観念を有する限りで、詩がそうであるところのすべてである。たとえこの観念が哲学の観念と対立しているとしても。なぜなら、かかる対立は哲学からのみ生じるもので、そこでは、詩と哲学は真理を現前化〔呈示〕する同じ意志、真理の同じ密売、ひいては同じ嘘の共犯者だからである。「詩」の「概念」と「類《ジャンル》」と「意味」がある、そしてありうるまさにその限りで、詩はここで揺るがされている。更には、「詩」というこの語があるだけでも。『一季節』を書く者は詩人ではない。彼は、自分は「詩人たちと見者たち」より「無限に豊か」であると言っている。

ところで、もはや概念も類も意味も詩という名称ももはやないなら、詩を作るための詩人ももはやいないなら、まさに何が残りうるだろうか。――アデュー……。

実際、『一季節』の末尾がそれについて、のみならず何よりも、そこから語っているこの未来を起点とすると、何も残らないだろう。これらはまさに詩の最後の言葉であり、これら最後の言葉のなかで、それらを通して、それらによって、それらにもかかわらず、「詩」はすでにもはや意味をもたない。意味の全体が、すべての言葉と共に（もはや言葉はない！）、詩の後に来るものと識別しえない面に向けて投げ出される。『一季節』あるいは――いかにして意味を意味の明日に投げ出すのか――「徹宵だ（…）。そして夜明けには（…）おれたちはすばらしい町々に入るだろう」。過ごさねばならない夜は、そこでは何も維持されず、そこからは何も維持されないような夜である。歩みしか〔一歩も〕ないのだ。

これはひとつの弁証法ではなく、未来への移行であって、それは通り過ぎず、ここにとどまり、来ることを控える（来るがままに任せる）のだが、かかる移行は、いまひとつの意味への、いまひとつの言葉――「思考」ないし「哲学」の意味と言葉――のなかでの移行ではない。詩が自分を放棄するのは、詩が詩である限りで自分を放棄するのは、哲学である限りでである。彼方では（しかしそれは彼方ではない）まったく別のものだろう。彼方では、「明晰な意識」――「勝ち取られた歩み」――が、「それに到来するもの」の前に身を保持しているだろう。何が？――いずれにしても、哲学ならびに詩によって指定可能ないかなる意味よりもはるか遠くから到来する何かが。

＊＊＊

ランボー自身そう指摘している。彼は哲学にもアデューを言っている。詩の場合とは対称的な仕方で、哲学は詩である限りで糾弾されるのだ。「哲学者たちよ、世界に年齢はありません。人類は移動するだけです。あなたたちは西洋にいらっしゃる。だがあなたたちは、どんな昔の東洋だろうと、ご自分の東洋に自由にお住みになれる——楽しく住める。敗北者にならぬことです。やれやれ哲学者たちよ、あなたたちも西洋種です！」。このように哲学は歴史を否定し、それが何であれ到来することを否定する。同様に哲学は、西洋がひとつの限界であることを否定するのだが、哲学には、東洋をもたらし、そこに逃げ込み避難するべき数々の根源と純粋さを作り出して商う用意が整っている。東洋、詩そのもの、詩の根源——ヘーゲルは他の多くの者たちの後に、またそれ以前にこうはっきり言っていた。哲学は詩的闇取引に、すなわち逃走と幻影に委ねられる。ランボーはすげなく、哲学を、「あなたたちも西洋種です！」という嘘の閉域に閉じ込めてしまう。嘘というのは、あなたたちは「詩的老いぼれ」に属しているからだ。

『一季節』のもっと前の箇所では、ランボーはすでにこう書いていた。「おお！ 科学！ 何もかも取り戻したぞ。身体のため、魂のため——これは路銀〔臨終の聖餐〕だ——今では医学と哲学が、うまく按配された数々の民間療法と民衆歌になっている」。愚行をめぐる按配と妥協（「言葉の錬金術」も民衆の「純朴さ」を商っていた）。按配、言い換えるなら世界のヴィジョン。見者のヴィジョンは哲学的ヴィジョンとセットになっており、哲学的ヴィジョンはそれ自身一種の医学、「民間療法」であって、この「民間療法」もまた、それを何とかうまく機能させるために、それがうまく機能していると思い込ませるために「按配」されている。

「路銀」（viatique）、旅のための備え、魂から身体への、そして——臨終の聖餐（saint viatique）——身体から魂への移行のための備え、超自然的で幻覚的な生、詩的真理。盲目を代償とした治癒。けれども、『アデユー』はまったく別のことを語っている。それは眼をもはやヴィジョンならざるものへと開き、それは「息絶え、やがて裁かれるこれら無数の魂と身体」を名指しする。詩的‐哲学的真理に最も近いところで、この真理の神学版のなかで、この真理それ自体の審判が告知される。最後の審判がここにある、数々の媒介、ヴィジョン、按配の闇取引が終わるところに。未来とは、媒介もなく分離され、分散されてここにあるような数々の魂と身体の真理への、容赦のない曝露なのである。

アデューのなかでは、もはや他所へ移行することが問題ではない。「求めるべき義務と、抱きしめるべきざらつく現実をかかえて、おれは地上に戻される！（…）辛い夜！　ひからびた血がおれの顔のうえで煙り、おれの背後には何もなく……」――そして「おれの前には」同じ地面以外の何もない。「勝ち取られた歩み」はいかなる新たな岸辺のうえにも置かれはしない。この歩みはむしろその場に置かれる。なぜなら、真理もまたすぐ近くにあり、「たぶん真理は、泣きぬれた天使たちでおれたちを囲んでくれる」からだ。

真理の天使たちは泣いている。なぜなら、審判が厳しいからだ。「そうとも、新しい時というものはともかくおそろしく厳しいものなのだ。（…）正義を眼に見るのは神おひとりの楽しみだ」。審判は厳しい、夜のように厳しく辛い。なぜなら審判は次のことを、それだけを告げるからだ。真理はわれわれを囲んでおり、真理はここにあって他所にはなく、真理の将来はここへの到来そのものである、と。しかるに、ここは詩ではない。真理はそこにあるが、それはヴィジョンにも錬金術にも依存してはいない。だから真理は、見えないものでもない（「見えないもの」は実際、より高度なヴィジョンに依存している。見えないものはつねに詩ならびに哲学の事象である）。真理はそこに、真理が来ると語る言葉に直《じか》に接して、言葉に来るべきことに直に接してあるのだが、これらの言葉は最後の言葉で、地面に、地上に戻されている。そして、これらの言葉は、真理を見ることではなく、真理を所有することが今も、これからも課題であることを語っている。「魂と身体のうちに真理を所有すること」。これはどういうことだろうか。

最後の言葉はなおもそれらの報いを待望している。最後の言葉は、言葉である限りで、それらが必要としている意味をわれわれがなおもそれらに与えるのを待望しているのだが、とはいえ、ここにいう意味は、新たなヴィジョンのためにも新たな学問のためにも、もはや意味を形成することはできない。これらの言葉は、詩ならびに哲学のすべての言葉の限界で、言葉としてのそれらの最後の意味を待望している。「魂」と「身体」――哲学の、詩のすべての言葉を、いかにしてこれ以上うまく集め、分節し、歌うと共に、それらを無効にすることができるのか。

＊＊＊

先にすでに言われたことだが、哲学は魂のためにある。哲学のなかにいるとき、原理的には、魂と身体の二元性の界域にある。最後の言葉は、「魂と身体」である。最後の言葉はこの二元性を曝露する。しかし、最後の言葉がこの二元性について語ることよりもむしろ、最後の言葉がかくしてこの二元性に対してなすこと――最後の言葉が、最後の言葉である限りで、それに対してなすこと――それは極度の暴力である。形而上学的で詩的な多大な負荷を課せられ（このうえもなく形而上学的／詩的な唯一の負荷を課せられた、と言わねばなるまい）、終末へと投げ出され、将来へと供され、将来から到来するところのこれらの言葉そのものであることで、これらの言葉は件の二元性の体系に暴力をふるう。「魂と身体のうちに」、それは、一方と他方との純然たる外在性を否定する。それは、一方と他方が必要であり、この条件が充たされて初めて真理が所有されるだろうことを語っている。しかし同時に、それはまた、かかる所有のために二つの場所があることも語っている。それは、二つとも一つとも言ってはいない。ここには、一方と他方であるだろうもの、あるいはまた、一方でも他方でもないものにとっての言葉は存在しない。それは二つのものの結合についてもそれらの体系についても語ってはいない。媒介はないし、どのようなものであれ体系もないし、「共措定」(systase)も、実体的結合も、予定調和もない。「魂と身体のうちに」――唯一の「内部」、同一の内密性しかないことになるが、かかる内密性はその差異のうちで、差異として同一的なのである。

「魂と身体のうちに」というきわめて単純なこの表現は、まずもって宙吊りにする――「魂」と「身体」の何たるかを語らない、知らない、歌わないようになるに先立つ最後の言葉、終末の縁で――、この表現は、「魂」と「身体」というこれら二つの言葉ならびにそれらの「繋辞《コプラ》」の意味作用を宙吊りにする。この表現は、これら二つの言葉をその最大の強度にまで至らせつつ、それらを宙吊りにする。魂と身体を剝き出しのものとして、二つのもののいかなるヴィジョンもいかなる媒介もなく語る、それらを連関はないが結合された二つの語彙として語るために、これ以上剝き出しの語は存在しない。これら二つの語は互いに、内容と容器のように関係しているのではないし、形相と質料のように関係しているのでも、シニフィエとシニフィアンのように関係しているのでもなく――結局は魂と身体のように関係しているのでもない……。それらは繋辞を成してはいないのだ。

善き哲学ならびに善き詩においては、「魂」と「身体」はそれらの連関(この連関は真理の、一致の連関としてある)以外のものを何も言わんと欲しないのだが、その場合には、これら最後の言葉はそれらが言わんと欲することをもはや語ってはいない。そうではなく、二つの言葉はただそれらの意味作用の限界――

「抱きしめるべきざらつく現実」——に投げ出され、打ち捨てられているのだ。

身体はここでは魂を服のように蔽っているのではない（『イリュミナシオン』のある詩篇は、身体は骨々を服のように蔽っていると言っている）。身体は、解読可能《デシフラブル》なあるいは解読不能《アンデシフラブル》な（引き裂き可能《デシラブル》なあるいは引き裂き不能《アンデシラブル》な）包みではない。身体は魂の数々の徴しの体系ではないし、魂もまた身体の賦活とその意味＝方位の原理ではない。さもなければ、いかにして真理を一方と他方のうちに所有するというのか。

言葉は真理の包みではなく、真理は言葉に取り憑いた語りえないものではない。この意味では、もはや言葉はない！　ただし、真理はここで、剝き出しの言葉のなかで、各々の言葉と各々の言葉のなかで、言葉の縁で、それ以上の言葉なしに所有されねばならない。

「ひとつの魂とひとつの身体」——これはそのつどひとつであり、そのつど単数形であり、そのつどとであり、そのつど結合によって結びつけられてはいるが、この結合は離接を伴っている。一方は他方の意味でも他方の真理でもない。〈一〉は二つのものの意味ではない。けれども、真理は交互に各々のなかで、ならびに、一方と他方が分離しつつ共属するようなところでも所有されねばならない。一方と他方が分離すること、それは、まず最初は独立していた二つの「実体」へと送り返されるのではない。同様に、唯一の真理が、現前化〔呈示〕の競い合う二つの審級、詩と哲学に送り返されることはありえない。なぜなら、真理はひとつであり、ひとつだけだからだ。哲学は詩の魂ではなく、詩は哲学の身体ではない（しかしながら、それは詩についての、哲学についての一切の観念が提唱していることだ）。ただし、魂と身体、それは統一性であるが、この統一性は、それ自身によっても、他の仕方でもみずからを現前化〔呈示〕しないことで成就される。

このことはみずからを現前化〔呈示〕しはしないが、しかしながら、このことは現前へと不断に到来し、このことは「明晰な意識」に不断に起こる。「魂」と「身体」が一緒にも別々にも意味をもたないということ、それが「明晰な意識」に起こる。が、一緒にならびに別々に、それらは意味の、すべての意味の限界を作っているのだ。身体は受肉（incarnation）ではない。ここでは身体は、受肉という西洋の存在－神学の大いなる動機に従ってはいないのだが、この動機はまた、「言葉の錬金術」に至るまで、西洋の詩的論理学の大いなる動機をなしてもいる。「言葉の錬金術」と言ったが、それは「あらゆる感覚が接近しうる詩的な言葉」であって、ランボーは、「詩的老いぼれ」の全体にアデューを言いつつ、かかる言葉にもアデューを言っているのだ。

これは受肉ではない。なぜなら、これは「感性的なもの」による「精神的なもの」の媒介ではないからだ。そうではなく、ここにあるのはむしろ、魂の、そして身体の二重の無媒介性もしくは二重の「無媒介化」である。だからこそ、魂と身体は、同一的ではあるが分散させられた無数の運命として、やがて審判されるだろう。その場合、「正義の楽しみ」は、一切の楽しみと通約不能なこの楽しみ、享楽を超えたこの歓喜となるだろう。かかる歓喜はというと、統一性の仮定が、それと共に統一性のヴィジョン、その完遂が一時中断されるような差異に正義が返されるときに生じる。

「ひとつの魂とひとつの身体のなかの真理」を語ること、それは――一方ではかかる真理の本質的媒介を中断しつつ――、プラトンからわれわれにまで至り来るような美学とエロス的なものの詩的－哲学的プログラム全体を反復することである。媒介が中断されたとすると、魂と身体は、意味作用の、表現の、現前化〔呈示〕の本質的連関にとっての二重の名ではもはやない。そうではなく、魂と身体は連関の不在、更には有限ならざる＝終わらざる無限の連関を名指ししている。有限ならざる＝終わらざる無限の、未完成の真理、それは自己との連関を欠いている。

＊＊＊

魂と身体――ランボーはこの連辞、この連合、この解離を好んでいる。彼はしばしばそう書いているし、彼がそれを最後の言葉にしたのは偶然ではない。『イリュミナシオン』に収められたある詩篇はこの点を理解させてくれる。「創造されたおれたちの身体とおれたちの魂」(『酔いどれの午前』)。身体と魂、それはそのようなものとして創造された‐存在だ。創造された存在、それは有限性の存在である。それはこの生活、この生存の存在であるが、かかる実存にとっては「本当の生活が欠けている」。けれども、『一季節』の経験は、「おれは生活を祝福するだろう」というこの未来形へと導く経験である。これは有限な生活のなかでの真理の承認の経験なのだが、どんな媒介もそれを成就しないし、それを意味することもない。私は生活を祝福するだろう。ただし、頌歌なしに。

(この経験、この思考は、詩の最後の言葉からランボーの死に至るまで継続される唯一のものだ。ランボーはこの真理を試練にかけることでこの期間全体を過ごすことになるだろう。すなわち、生活はその真理のいかなるヴィジョンにも到達させることはないのだ。彼の書簡集のなかから数多の引用が可能だろうが、ここでは以下のものを挙げておこう。「結局僕たちの生活は悲惨だ、終わりなき悲惨だ。では一体なぜ僕たちは生存しているのか」。「幸いにもこの生活はひとつだけだ、そしてこのことは明らかだ。というのは、これ以上に退屈なもうひとつの生活を想像することなどできはしないからだ！」。「生活は厳しく辛いと繰り返す者たちは、哲学を学ぶために、ここで少し時間をつぶさねばならないだろう」。

　魂と身体は、創造された‐存在である限りで、それも創造された‐存在でしかないような創造された‐存在である限りで、創造行為に差し戻されることはない。魂と身体は創造者の不在に差し戻される。創造されたものしか存在しない。「見者の手紙」のなかで、ランボーは、「著者、創造者、詩人、こうした人間は一度も実在したことがない」と書いていた。この時期ランボーは、こうした人間、著者、創造者、詩人が、結局は実在することを望んでいた。しかし、アデューの時期には、彼はこの意志を放棄している。創造者は、自分が魂のために仕立てた身体のなかに魂を見る。このように創造者はつねに自分自身に属する何かを見ているのであり、真理として把持されるのはつねに、彼の創造的力の崇高な同一性なのである。これは創造であり、これはポイエーシスそのものであり、絶対的「作品」の絶対的「製作」こそが真理として自分を見、自分を思い描く——それこそが真理なのである。創造されたものは逆に、ある依存のうちに、ある依存として自分を認識するのだが、この依存は、それが依存しているものを何も示さない、あるいはまた、それが無に依存しているのを示す。これはさまよえる依存である。「それにしても、友人が差し伸べる手ひとつないとは！　どこで援助を汲み取るのか」。創造された存在は、魂と身体との不安定で不透明な接合で、一方は他方にとってヴィジョンも意味も形成することはない。そうではなく、この接合は「抱きしめるべきざらつく現実」なのだ。

　有限な真理は、その最も高度な可能性として、魂と身体との解離、美しい現前化〔呈示〕の解体に到達する。とはいえ、それは死ではない——というか、それは単に死ではないし、まずもって死であるのでもない。ランボーの言語活動、そして彼の言語ほど、死から遠いものは何もないし、それ以上に活き活きしたものも何もない。有限な実存はまさに、この鋭い活力と生気（「流れ入るすべての生気と真の情愛を受け入れよう」）を無限に存在しているのだが、この活力と生気は自己自身へのこの疎遠さのそれである。この疎遠さを軽減するものは何もないし、「生活を変えるための秘密」などない。それは哲学でも詩でもなく、更には、変貌を遂げた生活をつねに自任してきたあの哲学の詩でもない。もはや変貌はない。「ひからびた血がおれの顔のうえで煙る」。これは血である、これは、魂と身体という向かい合った言葉の意味である。

したがって、アデューがあり、その肯定の未来がある。真理とは、それがすでに自分自身に対して未知なるもので、自分自身に対してつねに来るべきもの、つねに来つつあるものだ、ということであろう。ひとつの魂とひとつの身体はまさに、ひとつの実存、「ただひとつの生活」を形成するが、それらは互いに見合うことなく、互いに話し合うこともない。「神秘」はここにはない、あるのは、媒介もなく供された単純な明証であって、この明証は、明証であるとはいえ、このように単純な可視性ならびに、魂と身体というその言葉の単純な可読性のなかで不可視な明証であることを示して〔供して〕いる。あるいはまた、『イリュミナシオン』に収められた『ソネ』（詩そのもの……）が語っているように、「何の形象もない世界のなかで仲良くおとなしく暮らしている人類」である。アデューの全体がすでにそこにあり、なおもそこにある。

＊＊＊

いかにしてこのような真理は所有されることになるのだろうか。所有されるのであって、現前化〔呈示〕されるのでも、再現前化〔表象〕されるのでも、ましてや形象化されるのでもない。現前化〔呈示〕不能なものと言ってもよいが、ただし、それは現前の彼方のごときものとしてあるのではない。逆に、現前へと不断に至り、この到来のなかで所有され、その所有の未来そのもののなかで所有されるものとしてなのだ。この真理は、ひとつの魂とひとつの身体が愛のなかで所有されるように、やがて所有されるだろう。とはいえ、それは同じ「愛」ではない。『アデュー』の末尾全体をもう一度読んでみよう。

おれは友の手について何を話していたか！　素敵な取柄がひとつある。おれは昔の偽りの愛情を嘲弄し、あの嘘つきの番《つが》いどもを辱めてやれるんだ、――おれは下方に女たちの地獄を見た。――やがておれは、ひ、と、つ、の、魂、と、ひ、と、つ、の、身、体、の、う、ち、に、真、理、を、所、有、す、る、こ、と、が、で、き、る、だろう。

数々の「昔の愛情」は、詩や哲学と共に、偽りないし嘘のなかに捉えられている。詩にとっても哲学にとっても、いずれか一方による他方にとっても、愛はつねに成就そのものだった。知であり媒介であり眩いヴィジョンであった。『イリュミナシオン』では、「真理を、本質的な欲望と満足の時を見ようと欲していた」者が問題となっている。しかしここには、もはや欲望はない。未来は欲望における不安で貪婪な待望ではなく、寛大な施しのように、恩寵のように、更には不意の贈物のように、やって来るものの迎え入れである。「ひとつの魂とひとつの身体のうちに真理を所有することができるだろう……」。ここにいう所有は、欲望に応える「満足」を生み出すことはないだろう。同じく真理は単に「女」ではないだろう。哲学にとっても、詩にとっても、真理は絶えず「女」であったし、詩のほうもまたつねに「女」であり、身体も、哲学者の魂にとっては「女」であったのだが。

このことは、かかる所有が享楽なきものであろうと言っているのではないし、真理は男性的なものだろうと言っているのでもない。それはまた、すべては無差別＝無差異のうちに解消されると言っているのでもない。そうではなく、かかる所有においては、性、愛は、それが各々の性のなかでひとつの性である以前に、それがそうであるところのものであるだろう。すなわち、それ自身における二元性、それ自身における自己自身との分割、性「なるもの」がそうであるところのこの「魂と身体」、つねに二重のこの性、それらを、『イリュミナシオン』のあるテクストは、意味論的かつ性的な明証的両義性を伴って、若き牧神の身体のうえに指し示している。「おまえの心臓は、二重の性が眠る腹のなかで打っている」。どこで、二重のもの〔二重の性、分身〕(le double) は眠っているのか。

　有限な真理を享楽するべき場所が二重であるように、愛も二重であるだろう。ひとつの魂とひとつの身体のなかで。愛は、魂と身体が触れ合うような場所なき場所であるから、二重であるだろう。魂と身体は触れ合う、それらはひとつにはならず、それらは意味づけ合うことはない。これは身体の媒介によって魂へと上昇するところの愛ではなく(プラトンにおいてはそうであるし、哲学全体ならびに詩の全体においてそうなのだが)、したがって、それは自己へと回帰し、自己を享楽するところの愛ではない。「そもそも愛ってやつはくりかえし作り直すものなんだ」と、『一季節』には書かれている。真理は所有されるだろう。しかし、真理は自己を所有することはないだろう。真理はひとつの魂とひとつの身体のうちに所有されるだろうが、この魂とこの身体が私のものであるか、それとも他の誰かのものであるか——どの性に属しているか——といったことはほとんどどうでもよい。なぜなら、「おれ」、真理を所有するその「おれ」が最後にはそこで所有されるだろうからだ。「このおれがだ！　一切の道徳を免除され、博士《マギ》とも天使とも自称したこのおれがだ、求めるべき義務と、抱きしめるべきざらつく現実をかかえて、地上に戻される！」。媒介も、所有物も、形象もなく、私はやがて真理に所有されるだろう、魂と身体の二重の疎遠さに所有されるだろう。

所有者は享楽するだろうが、所有者は享楽されるだろう——このことが享楽することである。「ああ！腎臓が引き抜かれ、心臓は唸り、胸は燃え、頭は殴られ、夜は眼のなかを遍歴する、〈太陽〉へ」、とある手稿は言っている。『アデュー』はこうだ。「辛い夜！ひからびた血がおれの顔のうえで煙る。（…）精神の闘いは、人間どもの戦と同じように荒々しいものだ」。

ここにはなおも、言葉を享楽するための「詩人」がいるのだろうか。「詩人」を享楽する言葉はある、最後の言葉は。ざらつく現実の抱きしめ。真理はそこでは自己に回帰しないし、いかなる「おれ」〈自我〉にも回帰しない。しかし、未来から到来するこの非 - 回帰、この無限の非固有化、それが真理である。それがアデューの真理である。魂と身体、愛する女と愛する男、詩人と言葉は互いにアデューを言い、そのとき、唯一無二の真理が一方と他方のなかで所有されるだろう。これが、もはや昔のものでもないし、偽りのものでもないだろう愛である。

そして、それは死ではない。（ロンサールと共に、詩と哲学は「なぜなら愛と死は同じひとつのものであるからだ」と繰り返しているが。）『アデュー』では、「死の友たち」は「地獄に堕ちた者たち」である。それは、鎮められない欲望の満足や、媒介的否定性のようなものとして、不可能なものの内記として欲望された死ではない。それはひとつの肯定であり、ひとつの歓喜であり、到来する未来の歓喜である。「今は前夜だ。流れ入るすべての生気と真の情愛を受け入れよう。曙とともに、おれたちは、燃え上がる忍耐で武装して、輝く町々のなかへ入っていくだろう」。

町々は現代的である。「地上に戻される」「農民」が町々に入ることになろう。魂と身体はそこでは火と泥であって、それらは、現代世界の輝きと跳ね返りのように、結び合わされては切り離される（「火と泥の染みた空の下の巨大な町」と『アデュー』にある。――もっと前には、ランボーはこう書いていた。「売女のパリに何をしてやれる／おまえたちの魂と身体は、おまえたちの毒とぼろは」）。町々は現代の真理である。二重の、分断された真理で、すでに所有しているところで、もたらされるもの、到来するもの。有限な真理、無限に有限な真理、それは、そこで未来が自分を奪われ、何も知らしめず、何も見るべきものを与えない。現代的であること、それは決断を伴わないこの真理の縁にあることなのだ。

とはいえそれは、この真理が革命を呼び求めないという意味ではない。アデューの直前では、こう問われている。「沙漠を越え、山々を越えて、いつおれたちは出かけるのか、新たな仕事の誕生を、新たな智慧を、暴君や悪魔どもの逃亡を、迷信の終末を称えるために、また――誰よりも先に――地上の降誕祭を礼拝するために！」。けれども革命はアデューを要請する、そしてまた、何も知覚せず、みずからの明日を何ら知らない徹宵で持ちこたえ、勝ち取られた歩みを維持することを。この徹宵は自分が過酷であるのを知っているだけだ。そこでは歌という歌は消え、言葉はその終末に至る。明日、徹宵の者は黎明によって、有限な実存の歓喜によって喜ばされるだろうが、この歓喜が、「想像力」も「思い出」もなしに、意味をこの者に到来させるのである。

＊　＊　＊

私はこれは歓喜であると言った。ランボーはというと、『酔いどれ舟』の言葉と未来を再び見出すことでこう語ったのだが（「数知れぬ黄金の鳥たちよ、おお、未来の生気よ……」）、しかしそれでは、詩の最後の言葉はなおも詩に属していると打ち明けねばならないのだろうか。町それ自体が、ついこの間まで、「聖なる至上の詩」であった。嘘がなおも未来を蔽っていると言わねばならないのだろうか。

明らかに——論理的には——アデューの言葉はなおも詩の言葉である。どうしてそれとは別様でありうるというのか。まったく同じく明らかに、これらの言葉は哲学に属してもいる、すでに私が言ったように。これらの言葉が哲学に属していないなら、それらはわれわれにそれらを解釈するのを許容しないだろう。けれども、解釈はここでは次のことに触れる。すなわち、魂と身体は互いに解釈し合うことなく、それらは「内容」ないし「意味」として、絶対的で未来の真理、魂と身体のうちで解離したこの真理だけを有しているということに。解釈は言葉そのものに触れるために到来し、それらの血にこだわる。

ランボーは（そしておそらく一切の偉大な「詩」は）、謎や神秘（詩的なものを哲学的に重層決定する際のロマン主義的様相）によって解釈に立ち向かうのではない。ランボーは、言葉によって、あらゆる言葉の忍耐強く、また荒々しい剝奪によって、解釈に立ち向かい、解釈を果てまで導くのだ。

なぜなら、勝利はおれのものだと、おれは言うことができるからだ。歯ぎしり、火のはじける音、臭いため息も和らいだ。汚らわしい思い出はすべて消え去った。（…）精神の闘いは、人間どもの戦いと同じように荒々しいものだ。しかし、正義を見るのは神おひとりの楽しみだ。

「言葉の錬金術」にいう「言葉による幻覚」ならびに「母音」にいう「潜在的誕生」は、正義に真正面から向かい合う。言葉たちは死に、詩の生は言葉たちのもとを去った、言葉たちは死に曝露され、死に呑み込まれて、今や過酷で、生気に溢れ、堪えることのできない現前を充填されるのだが、まさにそこにおいて、ランボーはその言葉とともに、持ちこたえることなく存している。「言葉《モ》」＝「死者《モール》」、文字以下のもの。

> もはや言葉はない。おれは死者たちを腹のなかに埋葬した。叫びだ、太鼓だ、踊りだ、踊りだ、踊りだ、踊りだ、踊りだ！ いつのことかも分からないけれど、いずれ白人たちが上陸し、おれは虚無へと落ちていくだろう。飢え、渇き、叫び、踊り、踊り、踊り、踊り、踊りだ！
> （「賤しい血」）

最後には、魂と身体、これらの限界的な言葉があり、それらは、言語一般がそこで形成されうるような限界を語っている。言語とは魂と身体の媒介なのだ。最後の言葉はこの媒介を宙吊りにする。魂と身体における真理は言語の真理なのだが、それは、かかる真理がもはや言語には属していない限りにおいてである。言語の真理はもはや詩化されることがない。それはその文字以下の語である。それは、言語活動とヴィジョンから、極限の、死につつある、極限で生まれつつある言語から引き剝がされた不可能な言語であり、数々の文は言語の怪物、自分自身以外の何でもないものの怪物化しか分節せず——そのような言語の声は何も話すことはない。

> おれの仲間の乞食女よ、怪物のようなみっともない子よ！、おまえにはどうだっていいんだね、あの不幸な女たちも、いろんな駆け引きも、そしておれの困窮も。やりきれぬ声を張り上げておれたちにまといつくがいい。ああ何て声だろう！ その声だけがこの下劣な絶望におべっかを使う。
> （『断章』）

最後の言葉の限界――アデュー――、これら最後の言葉が自身の権能、魔術、語義にみずから標すところの限界は、魂と身体が互いに触れ合いつつ背き合うような限界そのものである。それは、詩と哲学がそこで互いを欲し、互いに同一化することで互いを棄却するところの限界と同じ限界であり、それは、言葉の、語ることの可能性がそこで、みずから来るべきものとして語ること、すなわち真理から分離されるような限界と同じ限界である。

最後の言葉――それらが詩に属しているのか、それとも哲学に属しているのか、はたまた両者に属しているのかを語るべく努めるのはもうやめよう。最後の言葉はいずれにしても他のいかなる言語にも属してはいない。最後の言葉はまさに、それらがやがてそうなるであろうものですでにある。すなわち、もはや言葉ではないのだ。最後の言葉はそれらがやがてそうなるであろうものだ。言い換えるなら、今はまったくそうでないものなのであって、言葉はおそらく、言葉とは別のものであるし、これからもつねに別のものだろう。最後の言葉は言葉の究極的可能性の言葉であり、ここにいう究極的可能性は同時に、最後で、最高で、最小の可能性でもある。それらは来るべき未来、無限で有限な来るべき未来の言葉、アデューの言葉である。アデューからこれらの言葉は到来するのだが、その際、われわれのもとに到来することで、発音され、解釈され、歌われ、触れられる。

> 彼は愛だ、再び発明された完璧な尺度であり、思いも及ばなかった驚くべき理知たる愛なのだ。そしてまた永遠だ。つまり、持って生まれた数々の資質によって愛されている機械なのだ。
>
> （『守護神』）

しかし、この将来のなかでは、この来るべき未来の永遠のなかでは——実際それは永遠である、なぜなら、この来るべき未来は時間の外で、時間がそれによって織られる時間の外部で時間に到来するからだ——、言葉はすでに生起したわけではない。言葉は、ヴィジョンの言葉としても、意味作用の言葉としても、言葉がそこでは通用しないようなところから到来する。もはや言葉はない。もはやいつになっても、もう決して。

見つかったぞ!
——何が?——永遠が。
太陽にとろけた
海

そこには、えも言われぬものについてのいかなる詩的-哲学的神秘主義もない。「意味づけられた」意味とは言わないまでも、リズムがここではそのことを語っている。何もえも言われぬものではない。なかでもランボーはそのようなことをまったく語っていない。あるものはすべて言葉へと至り、もはや言葉はないへと至る。だからこそ永遠は不断に見出されるのだ。ただし、永遠はアデューのなかに、アデューとして見出される。なぜなら、このことは、言葉が語り、語りつつ、そのつど更に遠くから到来させるところのこの他所から到来するからだ。言葉は、つねに来るべきものたるこの他所のなかに不断に外記される。「詩」なるものが、このような外記を再び内記しようとの意志を言わんとするなら、詩にアデューを言わねばならない。

けれども、詩がこのことを言わんとしているのではないなら、詩がもはや何も言わないことを欲しつつ(神秘や奥義や、何でもいいが何かを更に語ろうと欲することなしに)、なおも話し、最後の言葉を語るなら、その場合、詩はアデューと言うのである。

＊＊＊

「ひとつの魂とひとつの身体」、それは結合であり、外部と内部、他所とここを接合する体系の最たるものであり、それは魂と身体との申し分ない相互性における生気づけにして受肉である。しかし、それはまた、そのつどとのうちにある。結合がそこで宙吊りにされるようなひとつの点であること、そこで詩は打ち捨てられるのだ。

詩と思考。言葉のこのような分割が実在して以降、二つの言葉の結合／分離の始まり以降、詩と言葉は、互いに表現し合い、交互に魂と身体を一方と他方によって表現し合う無限の意志である。アデューは詩と思考をそれらの分割において不動化する。一方と他方は、それらがそこから到来する場所の縁にあるのだが、それらが不断に到来し、決して到達しないのは、この同じ縁においてのみなのである。それは何かの縁であるが、この何かは、他の素晴らしい崇高な言語がそうするであろうようには、また、えも言われぬ沈黙のような仕方でも、言葉を乗り越えることはない。そうではなく、この何かは、真理だけがそこに宿るところの物――「物自体」で一向に構わないではないか――としてあり、そこで真理は所有されるべきものなのだ。これは言葉のいまひとつの曝露である。曝露された詩。

「ひとつの魂とひとつの身体のうちに真理を所有すること」は、われわれにとって言語と思考、詩と哲学、芸術と愛のすべての秘密を内包した最も詳細で最も単純な言葉である。これらの言葉をもって、すべては語られるのだが、ランボーは決定的な言葉を、偶然にアデューの最後の言葉として選んだのではない。そうではなく、彼は決定的な言葉を未来形に活用させ、それらの出所に、「もはや言葉はない」に、決定的な仕方で曝露するのである。

「絶えずパーテルやアヴェ・マリヤをうなっている乞食と同様、おれにはもう自分の考えを伝えることもできない。もうおれは話すこともできない！」——説明のつかない祈り。

ランボーは終えるにあたって、物とも、現実とも、実存とも無差別的に名づけうるだろうもの——名づけられることのないもの、言葉が外記するところのものを話すのだが、それについて話すことはないし、もはや話すこともない。「魂と身体」を語ること、それは、「現実」が我が物にされない限りで、しかもそれが所有されたときにもそうである限りで、この「現実」を語ることである。誰が享受するのか、魂と身体を。これら二つのもののうち、誰が他方を享受するのか。——ただし、享受すること、それは魂と身体の分割の特異な歓喜によって享受させられることである。

アデューは言葉による言葉へのアデューであり、かかる分割のなかへのこれらの言葉の外記である。これらの言葉は、それらが始まったように、それらが始まるであろうように終わる。言葉の外で、物のなかに、真理のなかに、エクリチュールの裏面に内記されながら。そこにおいてエクリチュールは、終えるために——エクリチュールは不断に終わる、エクリチュールはそうしなければならず、「ランボー」とはかかる義務の知識である——、向きを変え、その上にみずから自己を外記するのだ。

この縁《ふち》で、アデューは聴取される。しかし、アデューの使命はわれわれをこの縁へと連れ行くことであって、もうひとつの縁に連れ行くことでは決してない。何も通過すべきものはない。「詩」は次のことを言わんとしていた。「新しい花々、新しい星々、新しい肉、新しい言語」への移行を。この縁では逆に、われわれは、言葉の、同じ古の言葉の到来に曝露されるのであり、これらの言葉はいかなる言葉からも生じず、他のいかなる言葉にも導かない。けれども、それらは有限な実存の未来から、そしてそれと共に、この自由から到来するのであって、かかる自由のおかげで、「私は真理を所有することができるだろう」。この真理はやがて、最後の言葉、つねに最後のものであるような言葉を私にもたらすことで、私を話すことから解放するだろう。もうおれは話すこともできない。このことは生起する、このことはつねに生起する、説明のつかない祈り。

＊＊＊

アルチュール・ランボーによって書かれた最後の言葉（一八九一年十一月九日、マルセイユで、海運会社の所長に宛てて）。「私は完全に麻痺してしまいました。ですから、私は乗船したいのです。何時に船上に移送してくれるか教えてもらえませんか……」。

神の進行性麻痺

一八八九年一月トリノ、ニーチェは死んではおらず、麻痺している。「進行性麻痺」（*Paralysis progressiva*）、これが、オーファーベックとバーゼルに戻ったとき、精神科医のヴィーレ（Wille）博士（意志博士……）の下した診断である。ニーチェは、十一年に及ぶ凍てついた生存のあいだ麻痺していたのだが――来るべき死の時点から言うと、最初の書き物の出版からこの死に至るまでの三十三年の三分の一の歳月が流れたことになるだろう。かかる麻痺はまずもって停止、廃棄、破壊であるのではない。それは何よりもまず呈示＝現前化（présentation）である。雷に打たれるかのように麻痺に襲われた者、この者を麻痺は呈示＝現前化する。麻痺が彼を捉えたその姿勢、その形で、不動のまま、この呈示＝現前化を成就し、遂には決定的に動かざるものとして、デスマスクと、このデスマスクが閉じ込めた永遠性をもたらすに至る（ただすでに、イエナの診療所に入った時点で、彼の顔は「マスク同然のもの」であった。こうペーター・ガストは書くだろう）。

ニーチェがそこで麻痺している姿勢と形は、神の姿勢と形である。神の死――復活なき――を言明し、宣布した者は、神のペルソナ〔仮面〕において（*in persona Dei*）死ぬ。神は生き延びる、ただし麻痺して。

神のペルソナにおいて。神の仮面をかぶり、神のポーズにおいて。これは舞台そのものである。
あるいはこうかもしれない。神が死んだのは、ニーチェ的言説においてではなく、ニーチェのテクストにおいてではなく（一体誰が、テクストのなかで、虚構的ならざる死によって死ぬのだろうか）、フリードリヒ・ニーチェの死によって神は死んだ。そして十一年間、進行性麻痺は、神と、もはや書くことができず、次いで話すこともできなくなった者とを同一化した。神は最後にもう一度甦った。麻痺し、おかしくなり、気が狂い、死を先取りした姿勢で――死そのもの、絶えず自分に先立つ死そのものに先立って――かくも凝固していたので、彼はもはや甦ることは決してありえなかった。なぜなら、死は彼にとって、これ以降、絶対的偶発事――それに劣らぬほど絶対的な力量をもって精神がそれと相対峙し、それを経てなお生き延びることができるような――ではもはやなかったからだ。そうではなく、死は神の存在そのものと化した。神の存在、神の舞台と。

　一八八九年において、神はもはや単に死んでいるのではない。『悦ばしき知恵』のなかで、かつて神がそうであった、もしくはそうであるように見えることが可能であったのとはちがって。つまり、死の質ないし死の状態が、もはや神の存在に単に帰されることはないということであって、その場合、神の存在は死の質や死の状態を支え、極限においては、それらに己が神性の何がしかを伝えさえするだろう。神は単に死んでいるのではなく、死は神の存在のなかにある。死は神の存在を暴露する。（ニーチェはある日書き留めた。「存在――それについてわれわれは〝生きる〟ということ以外の表象を持たない。では、死の何かがどうして〝存在〟できるというのか？」

　別言するなら、「神は死んだ」という叫びは、一八八九年にはもはや、「結局、道徳的神のみが乗り越えられたのだ」という、かき消され抑え込まれたこだまをもはや伴っていない。なぜなら、このこだまは、「神は死んだ」という表現をひとつの隠喩でしかないと告発し、道徳を超えての神のいまひとつの生、道徳を超えて生きるもうひとりの神についての思考を権威づけていたからだ。ところが今や、神は本当に死んだ、神の存在は廃棄された、だからこそ、「神は死んだ」というこの宣布を言明するための声はもはやないのだ。なぜなら、述語をそれに帰すべき主語がもはやないからである（「今ここで死んだ、とここで述定されるような主語とはいったい誰だろうか」――アドルノ）。しかし、神「それ自身」が存在し、神自身は自分の死を語ることなく（誰もそれはできない）、反対に、気の狂ったような声で、自分自身の自己同一性《アイデンティティ》を、大きな穴の開いた、そして徐々に麻痺していく自己同一性を口にするのだ――なぜなら、この自己同一性はもはやないからだ。何かを（神が死んだということを）語る文が聞かれることはもはやないが、もはや自分を語ることのできない誰かが聞かれ、見られる。なぜなら、この誰かはもはやなく、喉を締め付けられたような彼の声のなかで消失したからだ。

　狂った者が「神は死んだ」と叫んでいたとき、ひとは誰かの声、その声音と訛りを持った声を聞いていた。それは『悦ばしき知恵』の著者ニーチェの声であったし――また、結局は、プリンツ・フォーゲルフライの詩的で飾られた声でもあった。けれども、ここでは、もはや誰の声も聞かれない。それは匿名の声ではなく、なおも「ニーチェ」の声であるが、この声は「ニーチェ」という名の消失もしくは四散しかもはや発することがなく、それは己が出自と発出の漂流もしくは錯乱しかもはや発することがない。この声はもはや話さず、それは、ひとつの発話《パロール》がそこから出て行けるような点を自分に得させてくれるだろう（音と、名詞の）分節を形成しようとするが、無駄に終わってしまう。もう遅すぎる、この声は発話を失い、発話を到達不能なものとして感得する可能性をも失ってしまった。この声は、話しながらも、もはや言語活動《ランガージュ》と発話の試練に晒される〔曝露される〕ことができず、ひいては、沈黙の試練に晒されることもできない。それは言語活動に先立つ、あるいは後続する言語《ラング》を紡ぎ出すのだが、そこでは、数々の名詞はもはや何も誰も名づけることもなく無限に交換され合い、そこでは、意味の戯れが恣意性の限界で解体されると同時に、麻痺させられた必然性のなかに捕らえられる。それは神の声である、「神は死んだ」がそれ以降次のことを意味する限りで。すなわち、〈名づけえないもの〉が自分を名づけ、それがあらゆる名を獲得し、それが言語と歴史を過度に緊張させ、かくしてそれが現前するのだ、生きた口が死を発しながら。（一八九二年から九三年にかけて話すのをまったくやめてしまう前に、ニーチェは、「私は死んでいる、なぜなら私は馬鹿だからだ」といった文、あるいはまた、文の体をなさない「ざっと死んで」(en gros mort) などの言葉を繰り返していた。）

神は死んだ、しかし今度は、それはもはやひとつの音信ではなく、死者の現前的呈示であって、だからこそ、〈狂った男〉がそうしたように、神の不在の上に閉ざされた数々の墓として教会をわれわれに示す代わりに、トリノの場面はわれわれに「自分自身の葬儀に二度赴いた」者を見せるのである。神は死んだものとして、みずからペルソナとして (*in persona*)、現前する。神の死が神を現前させるのだが、その現前はというと、神の現前、その表象、その不在の過去のあらゆる様態と通約不能な、絶対的な現前である。この現前は耐えがたく下支えすることが不可能である。神の不在は苦悩をもたらしたが、死んだ神の現前は、その声は麻痺を課する。ニーチェとはかかる現前の名であり身体である。キリストとは逆に、あるいは、キリストの片割れのように、ニーチェは死んだ神の受肉であって、生きた神の受肉ではない。だから、ニーチェは〈息子〉ではなく〈父〉である。

不快であり、私の謙虚さに嫌悪を催させるもの、それは、私が根底的には歴史の各々の名であるということだ。私が世界に生み出した子供たちについては、私はまた、若干の不信感をもって、「神の王国」に到達するものたちが神から来たのではないのかどうかを訝しく思う。

トリノで、〈父〉なる神は直接的に受肉する。媒介なしに――いかなる種類の救済に向けての〈媒介者〉なしに――言い換えるなら、まずは、死を突き抜け、墓の外で復活するための〈媒介者〉なしに受肉する。もはや墓はない。通りの真中で、身振りの最中に、舞台の真中で、ガストやブルクハルトに宛てた書き物《エクリチュール》の頁の只中で、神は死んだものとして現前する。神は死んだものとして受肉する。死そのもののように、麻痺のなかで自己を現前させ、自己に先立ちつつ。死として現前する神、それは無として、あるいはまた、「無」のなかでの不動の宙吊りとして現前する神であるが、この宙吊りは厳密に言うなら「死」と呼ばれうることすらない。なぜなら、この宙吊りは自己同一性《アイデンティティ》を持たず――あらゆる自己同一性を運び去ってしまうからだ。神が死者と‐なることのうちで、神の自己同一性は運び去られ、それは神と化した者の自己同一性の喪失のなかで失われる、歴史のすべての名と共に、神のすべての名をまといつつ。麻痺したニーチェは死んだ神を現前化する。ニーチェは死んだ神を表象するのではない。なぜなら、死んだ神の真正なる実在は、そこからこの実在が派遣され、そこからこの実在が「ニーチェ」という形象を得るような、いまひとつ別の場所には見出されないからだ。しかし、死んだ神はそこに存在する。というのは、ニーチェの麻痺――それは神の死の先駆だ――は、神が存在しないということ、あるいはまた、「神」について存在するすべては死のなかにしかなく、死にまつわるものでしかないということを呈示している。ニーチェは、一切の人間的死が呈示するもの以外の何も呈示しない。それは単にこのことだ。すなわち、それは死であり、「神」は、あったということにさえ先立って、死のなかに陥らされているということ。（神がそこに陥らされているのは、神が、名づけえるものとして思考された死であり、ひとつの名のもとに、この名の現前として思考された死であり――現前化された死、名づけられ現前化された現前の終焉だからである。）

ニーチェと共に、トリノにおいて、死が自己に先立ち、死が自己を追い越して、自分がそう「である」ところのものを示そうとする歴史のこの時がある。この時に至るまで、「神」は、ひとりの「神」（dieu）が存在して以来、死が存在しないことをつねに意味してきたし、また、神はつねに、死からあらかじめその獲物を引き剝がし、死にその死の操作の幻影だけを認めることで、死に無限に先立つ者、もしくはそれであった。（「死よ、どこに汝の勝利はあるのか？」）。だからこそ、この意味づけが廃棄されるとき、何世紀ものあいだ（あるいは幾千年ものあいだ）課せられてきたこの意味がその限界に触れ、自己を閉じるに至るとき、トリノでは、死がみずから名乗りでて自己を示す、それも、自己がそうであるところのものとして、すなわち麻痺、そして死として示す時が訪れる。

それはもはや「死はない」ではなく、「死の存在は非-存在であり、それは神の存在でもある」である。だから、神は死に先行することはなく、神は死を消滅させることも、自分のうちで止揚することもない。そうではなく、死が神のなかで自己に先行するのだ。かくして、神は死んだものとして自分を見、死んだものとして自己を現前させる（ニーチェはジャン・パウルを読んでいるが、そのジャン・パウルは『神はいないという、死せるキリストの演説』を書いている）。神は、創造の戯画〔紛い物〕によって麻痺させられた創造者として自己を現前させる。すなわち、「私は神だ、この戯画は私の創造物である」(*son dio, ho fatto questa caricatura*)。戯画とは神の戯画である。神は自分自身の戯画であることを自己に宣言する。なぜなら、神は存在しないからだ。ニーチェがトリノで通行人たちの肩を叩き、彼らに「この戯画は私の作ったものだ」(*ho fatto quest caricatura*) と言うとき、彼が示しているのは彼自身であり、だから彼はこう言っているのだ。「私は神である。私はこの戯画を作った。濃い口髭を生やして学生の格好で散歩する、四十五歳のこの男を。なぜなら、もはや神はいないからだ。なぜなら私はいないからだ」。そして同様に、ニーチェが歴史の各々の名であるとして、それはニーチェがこれらすべての名を通して、それらの出自ならびに超越的想起、神の名であるからだ。しかし、ニーチェはまた歴史の数々の名でしかない。なぜなら、神の名はひとつの存在の名ではなく、ニーチェは、不可能な名のもとに自己を言明しつつ麻痺するからである。

神の名がすべての名を超えた名ではもはやなく、〈名づけえないもの〉の極限的命名でももはやなく(なぜなら、神の名はつねに不可能な〈名〉の名でしかなかったからだ)、神の名が一切の命名の空虚であり、すべての名の背後に穿たれた名の不在であり、あるいはまた、すべての名の麻痺と死であるようなこの歴史の時がトリノで生まれ出でる。神である限りで、また、彼がオーファーベックに宛てて言うことになるように、「死んだ神の継承者」たる神である限りで、ニーチェは、逆上し、我を忘れると同時に凍りついた顔を現前させるのだが、それは、ひとつの不可能な名を有した者の顔ではなく(ニーチェは、少なくとも、自身のうちに彼の命名の秘密を保持していただろう)、名を持たないもの、名ではない者、いかなる仕方でも〜と称する〔自己を呼ぶ〕ことのない者の顔である。なぜなら、彼は存在しないからだ。「神」は一つの名とは別のもの、ひとつの名の名とは別のものと化した。それは、存在しない自分を見る者の叫びと化したのだ。

その者、それは死のなかに入ってしまった者であり、何らかの仕方で、死において自己を認知し、そこにおいて自己を再び見出す者である（最後に書かれた書簡群のなかで、ニーチェは死者たちにと同時に暗殺者たちに自己統一化し、死の二つの縁に留まるのだが、この二つのものの‐間でニーチェは神なのである）。したがって、ニーチェは、その「生が死を担い、まさに死のなかで自己を維持する」ようなヘーゲル的〈精神〉のすぐ近くにいる。ニーチェの麻痺させられた精神はこの〈精神〉の双子の兄弟である。あるいはまた、それはこの〈精神〉の戯画である。更に言うと、あるいはまた、ここでは同じことなのだが、それはこの〈精神〉の真理である。

実際、「死そのもののなかで自己を維持し」、結局は、この死から再び出来して、充溢したものとして自己を確証しようとする精神、それは〈自己〉（*Soi*）である限りでの精神である。〈自己〉――もしくは主体性――それは、自己‐生産（auto-production）ないし自己‐措定（auto-position）としての存在の（あるいは生の、ヘーゲルが「生きた実体」と名づけるものの）規定なのだ。〈自己〉の存在論のなかで、自己‐への‐関係（その現象学的側面が自己意識である）は「自己‐自身」の位置に従属させられてはおらず（自己意識についての外的で経験的な考察がそう信じ込ませることもあるだろうが）、それは逆に先行的でかつ産出的である。自己は「自己‐を‐自己に‐関係づけること」からやってくる。これはエゴを構成する運動であり、それはすでにしてモンテーニュの〈自我〉の運動なのである。しかるに、自己‐への‐関係が生じる〔場所を持つ〕ためには、自己‐への‐関係が自己を分節化するためには、自己‐の‐外の契機、「自己を関係づけること」（se rapporter）〔rapporter には利益をもたらすの意がある〕がそれによって（関係の確立の意味でと同時に、所有の復元、「収入」〔戻ってきたもの〕の意味で）自己産出するような自己否定がなければならない。死とはこの契機であり、それ自体では何ものでもなく、その何ものでもないことが、〈自己〉に媒介となる（自己を媒介する）ことを許容するのである。

〈自己〉は直接的なもの、無媒介的なものではありえない。なぜなら、直接的なものは産出されたものではないし、成ったものではないし、実行されたものではないからだ――これは、ヘーゲルにとって、また実のところ哲学全体にとって、実行的でないことに帰着する。死は結局のところ、〈自己〉の実行的生産の契機でありその運動である。神の死においても同様であり、更に、神の戯画の致死的麻痺においても同様である。もっとも、今生産された現在は生産の反対物であり、それは生産的審級の再生産でしかないという差異を別にすれば。麻痺させられた〈自己〉は死から再出来した〈主体〉を現前化させはせず、それはこの主体の真理として死を現前化させる。麻痺させられた〈自己〉は、自分自身の運動の途上で（形而上学が運動、移行として表象していたものの途上で）停められた死そのもの、麻痺させられた死を現前化させ、この死を主体の真の主体性として現前化させる。これ以降、「私は神である」という文の「神」が言わんとするのはこれであり、それは更に、神がみずから自分の文に充填したイロニーもしくは揶揄が言わんとすること、言い換えるなら狂気の意識となる。意識された狂気についての狂った意識は、麻痺するに至った主体の自己意識を構成する。

なぜなら、この文について誤ってはならないからだ。神的顕現の予告をそこに見たい気になるかもしれない。ひとりの神が自己を現出させにやって来て、そのようにしてこの神はその到来を宣言するだろう。ニーチェは、おそらくトリノに至るまでは、これとは別のことを待望してはいなかった（彼は叫んだ、「なおもどれほどの新たな神々が可能であることか！」）。トリノで、彼はわれわれの歴史では初めて、この神的顕現はもはや決して起こらないだろうということを知った人物であった。しかし、それが起こるにせよ起こりえないにせよ――それが場所を持つにせよ決して持たないにせよ――いずれにしても、神的顕現がこの文〔「私は神である」〕を伴いえないことは確実であろう。定義からして、神的公現《エピファニー》はこの自己‐言明のなかで自己を宣言する必要も、そこで自己を反映する必要もない。そのなかでは、生産されたものならざる直接性が直接的に顕現する。（神的顕現についての諸テクストの注意深い読解は次のことを示しうるだろう。すなわち、神が自己を宣言し、「私は神である」と言うとき、神は心ないし魂の奥底ですでに認められていたのだ。この神の神性はすでにして現前していた。なぜなら、それなしには、かかる神性を言明しても理解されることさえないだろう）。「私は神である」とは、その者にとって、自分自身の神性が廃棄されたところの者の文である。逆に、主体の文のほうこそ、主体自身の生産に先立つものとして肯定されるのだ。主体は、自己‐への‐関係の操作を支配したと肯定するのだが、そうなると、この操作は主体に先立つことはないだろう。これは実際には、その極限の厳密さにまで推し進められた自己‐への‐関係の論理学以外のものではない。この極限において、〈主体〉は、その生産が要請するところの無なる瞬間〔契機〕と同一的であることが明らかになる。この瞬間は、自己‐生産の不可欠で不可能な瞬間であって、そこでは、自己の何ものも自由にはならず、決してそうなることもないだろう――端的な死の瞬間なのである。「私は神である」は「私は死んだ」を意味し、この新たな言明は、私が生きた者の資格を失ったということを意味しているのではなく、私は決してこの資格を持たなかったということ、私はそれを決して持たないだろうということを意味している。それは、自己への関係の自己‐構成が死と同一的であること、あるいはまた、この自己‐生産は、生きた何ものにも不意に到来することなく、単に、自己に無限に先立つ死であるような死としてのみ生じる〔場所を持つ〕

ということを意味している。なぜなら、自己への関係の自己－構成だけが、結局のところ、この先行性を可能にし、しかし同時に、この先行性——〈主体〉を構成する存在論的自己－先行性——が麻痺以外のものではなく、麻痺以外のものではありえないことを明かすからである。〈自己〉とは存在論的麻痺であった、その真理は次のように分節化されて表現される。すなわち、死だけが自己－生産的であるが、だからそれは何も生産しない。デカルトが、エゴ・スムはまた狂気のエゴ・スムでもあるのを理解していたとき、この真理はすでに作動している。これは盲目的明証の闇の真理であって、そこからコギトが生じる。おそらくはこの真理で、ある日ヘーゲルは狂ったと思い込んだのだ。この真理によってのみ、神は、それから一世紀も経たないうちに、ニーチェの進行性麻痺に入り込んだのである。

トリノでニーチェが、デカルト的明証の一種の最終的内破によって、「死そのもののなかで維持される生」の最後の痙攣によって、知ることになったこと、それは、彼自身そう書いていたように、「ひとは不死であることで死ぬことができる」ということだ。別の言葉で言うとこうなる。〈主体〉は、死、言い換えるならその者の死以外の何ものでもない。けれども、それは〈主体〉の死ではない。それは、主体性が、自己－への－関係の絶対的構成において、自分自身の不在にしか達せず、それしか現前化させないということだ。けれども、この不在はあまりにも固有のものなので、それは数あるなかのひとつの不在ではない。言い換えるなら、それは、以前にそこにあったであろう何かもしくは誰かの現前の欠損ではないのである。この不在は、その現前化の過程そのものにおける現前の消失である。ヘーゲルが言うには、主体は「自己の外に媒介を持つことなく、この媒介そのものであるような……存在」である。ところで、死とは媒介である。死のなかで、そして死のように、主体は自己を実行し、自己を現前化する。動く前に不動化し、麻痺させられたこの動かぬ眼差しは、それに現前するものについて、その現前の非現実性だけを見つめる（もしわれわれがそのようにこの非現実性を名づけたいのであれば、それは死である……とまたしてもヘーゲルは言っている）。彼は自分自身の埋葬に立ち会う――彼は二度立ち会う、なぜなら、実際には、この阻止され固定された神的公現は終わりなく、空しく反復されるからだ。

「私は神である」とはこのような知の言明である。そして「神」という語は〈主体〉の名づけ＝名づけないこと（dé-nomination）である。〈主体〉はいかなる名も持たない。それは、すべての名に息を吹き込みながら歴史を貫き、神のすべての子を自分自身と共に天の空虚へと追い払う。麻痺はニーチェの顔の上に、もはや何ものも、どこにもそれを内記しない者、いかなる痕跡も残さない者（最後の時期に書かれた書簡は、ニーチェと呼ばれていた者の痕跡をかき乱し、次いでそれを消すひとつの仕方でしかない）の不在の特徴を凝固させる。この者は、死がこの者を奪い去る代わりに、あらかじめその死から、この者を襲う力を奪う。なぜなら、この者はすでにしてもはやいないからだ。死それ自体は、十一年後に、無意味なものとなるだろう。死はニーチェの生の流れを一刀両断しにやってくることはないだろう、それは神がどうなっているか、そのあり方を単に確証するだろう。すなわちそれは、〈主体〉がそこで生起する、言い換えるなら麻痺するところの全面的夜の、絶対的で無なる自己の知識なのである。

＊＊＊

十一年にわたって、〈自己〉と一切の内記の消失との対面がそうであったにちがいない冷たい恐怖を自己に表象するのは不可能である。

けれども、奇異な陽気さを、更には、この夜のなかでではなく、そのかたわらで、ニーチェの目の片隅の非常に小さな輝きのようにきらめいていた歓喜を自己に表象することもまた可能ではない。それは、トリノで書かれた書簡のほとんどを生気づけている陽気さである――例えばブルクハルトに宛てた最後の書簡では、自己を創造の神として指し示した後でこう記している。「私は〈不死の者〉たちを称える。ドーデ氏は四〇人に属している」――そしてペーター・ガストに宛てた短信の歓喜。

わが巨匠ピエトロ
私に新しい歌を歌ってくれ、世界は姿を変え、
すべての天が悦んでいる。

礫刑にされし者

詩篇作者の言葉をもって、その欣喜雀躍をもって歌われたこの歓喜はどこから生まれるのか。いくつもの天は何を悦ばねばならないのか。まさに、神がこれらの天を去って、〈主体〉の厚い闇のなかで凝固することをである。これらの天には〈自己〉はなく、〈至高の存在〉はなく、これらは主体性の必然性から、言い換えるなら、存在の自己‐生産ならびに自己‐措定から解き放たれた天である。言い換えるなら――そして世界はそれへと変化させられたのだが――、これはそれらの新しい真理へと開かれた天である。それらはもはや世界を支えるものの住処ではなく、それらは自由な空間であって、世界はそこに、あたかも子供の遊戯によってのように投げ込まれるのだ。この子供、それはまたひとりの神―― *pais paizôn*〔子供の遊戯〕――で

あり、ヘラクレイトスの言う神たる子供、ニーチェがそう呼んでいたように、「諸世界の偉大な子供たるゼウス」である。

しかし、神たる子供は神ではなく、小さな神でさえない。神たる子供は世界の戯れであり、その存在は主体なのではない。そしてこの戯れはひとつの戯れなのではない。それは、世界を〈自己〉の麻痺させる拘束から解放するが、同時にひとつの責務、「新しい歌を歌う」という責務へと世界を巻き込むところの、自由の空間への世界の送付である。ニーチェはこの歌を歌うことはなく、他の者たちにそれを歌えと言う。彼は、みずからの狂気のかたわらで笑いながら、みずからの狂気と麻痺させられた神を笑いながらそう言う――いくつもの陽気な天へ向き直った沈黙せる笑い。

これらの天はニーチェにとっては、死を経由することで赴くような天ではもはやない。そして、やはりこのような仕方で、死は無意味さのなかに退いていく。それも今度は、死が麻痺のなかで自己に先立つからではなく、死に達することになる生、つねにすでに死に達しつつある生が、死のうちでその媒介の瞬間に触れることがないからなのだ。かかる生は、主体の形式でみずからの実体を固有化するために、自己を媒介する必要はない。けれども、この生は、世界という遊戯の空間へ曝露されていたのと同様に、その終末へと単に曝露されている。この生の終末はこの遊戯に属しており、それは遊戯空間のなかにひとつの名――ここではフリードリヒ・ニーチェの名――の線を内記する。それも、歴史の各々の名をもって、特異な線が内記されるのと同じ仕方で刻むのだが、この特異な線、それはひとつの有限性であって、その限界はそのつど世界の間空け全体をやり直すのである。

キリスト教的読解に反して、ニーチェが福音書のなかに読み取ろうとしていたように、「死はひとつの橋ではなく、それはひとつの移行ではない」。なぜなら、「〝神の王国〟は何ら待望すべきものではなく、それは昨日も明後日も持たず、それは〝千年〟後に訪れることもない――それは心のなかでのひとつの経験である。〝神の王国〟は至る所に現存し、それはどこにも現存しない……」からだ。だから、死はまさに終末であり、この意味で、ニーチェの欣喜雀躍はその麻痺以外の何も発することはない。しかし、彼の麻痺にとっては、終末は終わりなきものである。それは主体の眼差しを主体の無の永遠へと凝固させる。それに対して、ニーチェの「心のなかで」は、神から解き放たれたこの王国の大いなる歓喜が存在しており、そこでは、数々の実存が、子供たちのように、ただ単に世界に置かれるのである。

訳者あとがき

本書は、Jean-Luc Nancy: *Une pensée finie*, Galilée, 1990, 362p. の全訳である。

著者のジャン＝リュック・ナンシー（一九四〇―　）が現代世界における最も重要な哲学者のひとりであることには異論の余地がないだろう。訳者も、『無為の共同体』の邦訳（西谷修訳、朝日出版社）が一九八五年に出版されたときから、ナンシーの思考を意識し続けてきた。刺激され触発され続けてきた。不遜な言い方をお許しいただけるなら、限界とは、境界とはいかなるものか、いかなる運動であり、いかなる出来事なのか、そしてこの出来事は「主体の後に到来する」何をもたらすのか、という問いを「分有」ないし「共有＝分割」してきたと言ってもよい。「分有」したくないもの、「分有」されないと思われているものはどのように「分有」されるのか。どのように「分有」するのか。「終わり」と「終わりなきもの」はどのように「分有」されるのか……。

「終わり」（fin）という語のもとに、そして、おそらくは「哲学の終わりと思考の課題」（Ende der Philosophie und Aufgabe des Denkens）というハイデガーの講演を踏まえた標題のもとに、いわば分音されて集められた本書の論考群も、そのどれもが、意味、エクリチュール、犠牲、ミメーシス、決意、崇高、物、愛、笑い、省略など多様な主題を論じながら、バタイユ、デリダ、レヴィナス、マルディネ、バデユ、ランボー、ニーチェ、ラカン、スピノザなど多様な著述家を取り上げながら、他ならぬ「分有」、「シンコペーション」、「内記・外記」、「タッチ」、「特異性」、「システム」などいくつもの鍵概念を提起しながら、àという小さな前置詞を操りながら、この問いを廻って戦慄的な思考をくりひろげている。「思考されるべき思考されざるもの」(ハイデガー『思考とは何の謂か』)を廻って。

ここで本書の記述について解説のようなことを書き記すつもりはない。ましてや、ナンシーという哲学者について訳者の思いを打ち明けるつもりもない(訳者は『水声通信』第十号、二〇〇六年八月、に小さなナンシー論「像・表徴・図式――ナンシーの思考を貫くもの」を寄せている)。ある意味では、そうしたことはすべて訳文のなかに込めたつもりである。「翻訳」とは、ある言語で書かれたことがらを別の言語に「同化」することでないのはもちろん、それればかりか、あたかもひとつの容器から別の容器に何かを移すように、離散数的に分離されたひとつの言語からもうひとつの言語への変換を遂行することでさえない。精神科医でありかつヴァレリー、カヴァフィスの訳者でもある中井久夫は、精神医学と「翻訳」との深いつながりを示唆しながら、言語と言語が出会う「ミーティング・プレイス」――本書(三二五頁)の語彙では confins(境界地帯)となるだろう――なるものを語っていたが、逆に言うと、「翻訳」は、言語が離散数的に分岐するその裂開の瞬間の蝕ないし空隙のごときもの、この「犠牲にしえないもの」を「再現」することに存しているように思われる。複数の言語ゲームないし「システム」がもつれながらも解《ほど》けかける動き。もっと言えば、「翻訳」とは「図式論」――「モノ・グラム」にして「魂〔文字板〕の暗闇のアート」――そのものなのだ。ナンシー自身の仕事がたとえばハイデガーの言語の「翻訳」をその心臓に有しているのだが、この意味では、「翻訳」の過程で、訳される言語も、訳す言語も共に「異化」を被ることになる。

実際、本書を訳出する作業は、「シンタクシス」（文の縦列構造）の面でも「パラタクシス」（選択されるべき語彙の並列）の面でも、リズムと拍の面でも、「心身」という「エクリチュール」の「場所」ないし「システム」が軋み、たわみ、悲鳴を上げる、いや「不整脈」に、「麻痺」という「舞踏」に陥る、そのような経験となった。もちろん、「異化」といっても、それは一方向のものではなく、巨視的に方角を共有する多方向性でもなく、「異化」を妨げようとするそれ自体が微視的に多方向的な抵抗を伴っている。「テンソル場」と言ってもいいだろうが、この引き裂きに訳者が耐えることができたかどうか、はなはだ心もとないし、このような粗雑な翻訳論が、かくも重要な著作を台無しにしてしまったことへの単なる弁明とならないことを願うばかりである。読者諸氏の忌憚のないご意見、ご批判を切に請う次第である。

当初、翻訳は共訳の形で進められたが、様々な事情が作用して合田の単独訳となった。もっとも、丹念に訳文を検討して下さり、数多の過ちを正し、的確な指摘をなしてくれた法政大学出版局編集部の郷間雅俊氏の多大な支援なくしては、こうして本書を世に問うことは到底不可能であった。ここに記して深謝するとともに、作業の大幅な遅延を心からお詫び申し上げたい。

二〇一一年一月四日

合田 正人

《叢書・ウニベルシタス　953》
限りある思考

2011年2月15日　初版第1刷発行

ジャン=リュック・ナンシー
合田正人訳
発行所　財団法人　法政大学出版局
〒102-0073 東京都千代田区九段北3-2-7
電話03(5214)5540 振替00160-6-95814
組版: HUP　印刷: 三和印刷　製本: 誠製本

Printed in Japan

ISBN978-4-588-00953-2

著　者

ジャン=リュック・ナンシー（Jean-Luc Nancy）

1940年生まれ．ストラスブール・マルク・ブロック大学名誉教授，現代フランスを代表する哲学者の一人．デリダやハイデガーの問題圏のもと，Ph. ラクー=ラバルトとともに西洋哲学の脱構築的読解を展開．ロマン主義やナチズムの批判をはじめ，文学・宗教・芸術の広範囲な分野で，「分有」概念を軸にした独自の共同体論を提示している．主な邦訳書：『無為の共同体』『侵入者』『イメージの奥底で』（以文社），『声の分割』『ナチ神話』『訪問』『複数にして単数の存在』『映画の明らかさ』（松籟社），『自由の経験』『私に触れるな』（未來社），『肖像の眼差し』（人文書院），『ヘーゲル 否定的なものの不安』『世界の創造あるいは世界化』『哲学的クロニクル』『ダンスについての対話』『脱閉域——キリスト教の脱構築1』『水と火』（現代企画室），『神的な様々の場』（ちくま学芸文庫）他．

訳　者

合田正人（ごうだ・まさと）

1957年生まれ，一橋大学社会学部卒業，東京都立大学大学院博士課程中退，同大学人文学部助教授を経て，現在，明治大学文学部教授．主な著書：『レヴィナスを読む』（NHKブックス），『レヴィナス』（ちくま学芸文庫），『ジャンケレヴィッチ』，『サルトル『むかつき』ニートという冒険』（みすず書房），『フランスを知る』（編著，法政大学出版局），『世紀を超える実存の思想』（明治大学ブックレット），『吉本隆明と柄谷行人』（近刊，PHP新書），主な訳書：レヴィナス『全体性と無限』（国文社），同『存在の彼方へ』（講談社学術文庫），同『困難な自由』，ザラデル『ハイデガーとヘブライの遺産』，デリダ『ユリシーズ グラモフォン』，モーゼス『歴史の天使』，『ベルクソン講義録 全四巻』（以上，法政大学出版局），ジャンケレヴィッチ『最初と最後のページ』，グットマン『ユダヤ哲学』，メルロ=ポンティ『ヒューマニズムとテロル』，デリダ『フッサール哲学における発生の問題』，リクール『レクチュール』，ブーレッツ『20世紀ユダヤ思想家1』（以上，みすず書房），ベルクソン『意識に直接与えられたものについての試論』『物質と記憶』『創造的進化』（ちくま学芸文庫）他．